U0513975

法華經新释

[日]庭野日敬 著
释真定 译

上海古籍出版社

图书在版编目(CIP)数据

法华经新释/(日)庭野日敬著;释真定译. —上海:上海古籍出版社,2013.10（2025.3 重印）

ISBN 978-7-5325-6955-7

Ⅰ.①法… Ⅱ.①庭… ②释… Ⅲ.①大乘—佛经②《法华经》—研究 Ⅳ.①B942.1

中国版本图书馆 CIP 数据核字 (2013)第 172375 号

法华经新释

[日]庭野日敬 著

释真定 译

上海古籍出版社出版发行

（上海市闵行区号景路 159 弄 1-5 号 A 座 5F 邮政编码 201101）

(1)网址:www.guji.com.cn

(2)E-mail:gujil@guji.com.cn

(3)易文网网址:www.ewen.co

常熟人民印刷有限公司印刷

开本 890×1240 1/32 印张 16.25 插页 6 字数 420,000

2013 年 10 月第 1 版 2025 年 3 月第 10 次印刷

印数:15,251-17,350

ISBN 978-7-5325-6955-7

B·831 定价:72.00 元

庭野日敬（Niwano Nikkyo，1906–1999）

1906年出生于日本新潟县。1938年以《法华经》为本创立了立正佼成会，取意于“立于正法，广交同道，成就佛果”，旨在“通过菩萨道的实践，完善人格，为家庭、社会、国家以及世界的和平环境建设作贡献”。立正佼成会是日本著名在家佛教团体，现有几百万会员。

作者长期倡导宗教合作，曾担任新日本宗教团体联合会名誉理事长、世界宗教者和平会议国际委员会名誉会长等职务。1979年获得被誉为宗教界诺贝尔奖的“坦普顿奖”。生平著述等身，《法华经新释》是其代表作。

作者于1982年参拜天台山国清寺。图为作者与国清寺方丈唯觉法师一同在石梁瀑布坐禅。

1986年作者以世界宗教者和平会议（WCRP）国际委员会名誉会长的身份出席在北京召开的WCRP国际理事会议。图为国家副主席乌兰夫在人民大会堂接见与会的各国宗教界人士。（前排右一为乌兰夫，前排右二为作者，右三为中国佛教协会赵朴初会长）

释尊在灵鹫山讲述《法华经》。图为晨曦中灵鹫山山顶说法台（图片中下方）。

精研众经的天台大师智顗断定释尊本怀在《法华经》中，并于天台山著“法华三大部”。图为天台山群峰。

比叡山（位于京都市西北部）被誉为日本佛教的发祥地。传教大师最澄以《法华经》为本，于比叡山创建了孕育日本佛教界各宗各派的延历寺。图为比叡山全景。

序

《法华经》者，诸佛秘藏，众经实体，法喻真秘，本迹二门，会三归一，开权显实，素有“经中之王”、“成佛法华”之美誉。鹫岭垂文，传真贝叶；龙宫写妙，东传震旦；前后六译，现存译本有三种：一、西晋竺法护译《正法华经》；二、姚秦鸠摩罗什译《妙法莲华经》；三、隋阇那崛多、达摩笈多译《添品妙法莲华经》。译文虽三，所宗唯一。《法华经》自罗什译后，盛传汉地，受持、读诵、书写、解说、依教奉行者，代不乏人。唐道宣（596—667）律师《弘传序》有云：“自汉至唐六百余载，总历群籍四千余轴，受持盛者，无出此（妙法莲华）经！”

陈隋国师、东土小释迦——天台智者大师（538—597），“发妙悟于大苏，睹灵山于言下；纵一旋陀罗尼力，宣四不思议辩才；究权实之攸归，阐本迹之深致”，著法华三部：《法华玄义》（十卷）、《法华文句》（十卷）、《摩诃止观》（十卷），以“法华”为宗，弘宗演教，教观总持，宗风远播，法流海东。

《妙法莲华经》传入日本后，弘传甚广，影响尤深。公元七世纪初，圣德太子（572—621）弘传此经，亲制《法华经义疏》，并据法华思想创立“宪法十七条”。九世纪，传教大师最澄（767—822）创立日本天台宗，特倡此经。十三世纪，立正大师日莲（1222—1282）专奉此经，创立“日莲宗”，广劝“唱题成佛”；现代又有许多新兴的日莲系宗教团体，无不尊奉此经。《法华经》在日本的影响，诚如作者所介绍的：它开启了日本文明之窗；其精神现已深植于日本人的内心深处，并在日本人的血液里脉脉相传；《法华经》可说是日本文明的基础，亦为人类道德（尊重人类、成就人类、人类和平）的教说。

立正佼成会，为日本法华系在家佛教团体，成立于1938年，信奉《妙法莲华经》，取意“立于正法，广交同道，成就佛果”，旨在“通过菩萨道的实践，完善人格，为家庭、社会、国家以及世界的和平环境建设做贡献”，现有信徒数百万人。

庭野日敬（1906—1999）先生，乃是该会的创始人，积极致力于世界国际宗教和平及宗教合作事业，是世界宗教者和平会议（WCRP，简称“世宗和”）和亚洲宗教者和平会议（ACRP，简称“亚宗和”）的发起人之一，与中国佛教协会有着良好的交往关系，与原会长赵朴初先生结下了深情厚谊，并为我国宗教界加入“世宗和”及“亚宗和”等国际组织起了决定性的作用。为进一步促进世界宗教和平及友好交流合作事业，特设立庭野和平财团，每年颁发“庭野和平奖”，以表彰对此有重大贡献者，赵朴老就曾获此奖项（1985年4月）。

庭野先生著述等身，其中之一便是《〈法华经〉新释》。虽题名如此，但实际上却是法华三部经（《无量义经》、《妙法莲华经》、《普贤观经》）的现代注释书，此三乃是立正佼成会所依的根本经典。正如本书译者所说：“作者对经文非采全文解释，而是撷取精要呈现各品精髓，并以非常贴近日常生活之方式，重新诠释已经僵化的佛学名相。”借助新颖的现代诠释风格，赋予了《法华经》新的时代意义，为《法华经》注入了新的生命力，更为现代人开启了一扇重新理解《法华》并登其堂奥的大门。

弘宣法华，劝人往听，功德无量！《法华经》有云：“若复有人，语余人言：有经名法华，可共往听，即受其教，乃至须臾间闻，是人功德，转身得与陀罗尼菩萨共生一处，利根智慧，……人相具足，世世所生，见佛闻法，信受教诲。”；“劝于一人令往听法功德如此，何况一心听、说、读、诵，而于大众为人分别、如说修行！”

《〈法华经〉新释》中文译本的出版，犹如当年南岳慧思禅师(515—577)初见智者大师时所说的：“昔日灵山，同听法华；宿缘所追，今复来矣。”付梓之际，忝叙数言，以表赞叹，并以《法华》结愿偈，普皆回向：“愿以此功德，普及于一切，我等与众生，皆共成佛道！”

中国佛教协会会长 传印 谨识

佛历 2555 年(公元 2011 年)岁次辛卯五月吉日

译　序

《法华经》成立于公元100～150年以前的西北印度，是大乘佛教兴起运动中所产生的经典代表作。经中传扬佛塔、阿弥陀、观音、普贤、陀罗尼咒等信仰，并包罗佛教以外的文学、艺术、道德、伦理。而本经之思想核心“三乘归一”，则反映了纪元前后的西北印度一乘思想的萌芽，以及当时印度的文化、宗教之交涉与融合之诸种现象。

本经现存汉译本有三种，分别由竺法护、鸠摩罗什、阇那崛多所译出。其中以罗什所译《妙法莲华经》译语最为流畅，流传最广，一般持诵者亦用此本。

中国隋代智顗(538～597)以本经为最高指导原则，建构了宗教实践(止)与哲学思辨(观)，完成了“止观哲学”体系，也是天台教学解行之规范，其学说深深影响中国佛教。遣唐僧最澄(767～822)于日本开天台宗后，此经更成为日本佛教之骨干。本书作者更服膺本经为开启日本文明之窗，是日本文明的基础。

本书虽书题《法华经新释》，实为法华三经之注解书，故亦包括了《无量义经》与《普贤观经》。作者对经文非采全文解释，而是撷取精要呈现各品精髓，并以非常贴近日常生活之方式，重新诠释已经僵化的佛学名相。

作者并以现代产物，诸如以电视影像比拟迹佛，以电波比拟根本看不见、听不见，但无所不在的本佛。这种精妙之比喻，正是本书所赋予《法华经》新的时代意义之所在。

书中启示吾人真正的“解”不仅仅只是理解，而是“行”于“解”，“解”于“行”，两者互为表里，也就是在“行”当中，实践“解”。而佛陀所开示的“法”正是吾人思惟事物、辨别事物的依循与准则。不仅在家众或初学者，可借本书认识《法华经》之精粹，出家众更应虚怀若谷，借此书找到真正的佛性，再次真正地认识自己并找到心灵真正之皈依处。

此书诸多发人深省之处，更待读者一起来挖掘与细细品味。而作者新颖的诠释风格，为《法华经》注入新的生命力，更为现代人开启一扇重新理解《法华》之大门。译者承此译事，再次以不同之侧面领悟此经之甚深微妙义，实幸之也。

为顾及尚未接触佛教的读者，译者特将书中佛教专有名词赋予若干译注，使本书除了可以了解《法华》精髓以外，更可以成为佛学入门书。

本书之译文完全地忠于原著，必须感谢日本佼成出版社聘请专攻汉语之正野留加女史，承担第二校阅，全面逐字检校译文。

译者留日期间于博论撰稿完成前夕，忝幸受邀于日本佼成出版社前洋书出版课吉田晃一郎课长积极与恳切之力邀，而承此译作。今欣喜上海古籍出版社出版中译本，使广大的中国读者能借作者全新的诠释方法一窥《法华》堂奥。于中译本付梓之际，呈以译序。

释真定

2010 年 11 月 30 日

目　　录

前　言

佛教的教义，一直被认为是一种难以理解的法门。其最大的因素之一，乃由于佛教的经典的确有着难以亲近的外表。这也不无道理，因为佛典乃将近两千年前，以印度语写成，再以艰深的古典汉文翻译而成，此汉译原典就这样原原本本地传到日本，并且流传至今。

佛典之中《妙法莲华经》(《法华经》)被视为最殊胜的经典，虽是不可动摇的定说，但现在我们所持有的汉字夹着假名的和译《法华经》，难懂的汉字太多、读起来感到困难重重。而即使是解说书也只不过是将原典照本宣科、大略叙述而已。而《法华经》里，有着梦幻般的画面、神话般的故事，其中又出现了多种含义的哲学用词，总觉得《法华经》的教义脱离了现实生活，给人一种不可思议、神秘的感觉。因此，一般人以“《法华经》深奥而无法理解”而放弃，以“不能融通于当今社会的梦幻世界”而未能正视其殊胜之所在。

《法华经》是易解的教说

然而，世尊教化众生当时的说法，并不是那么令人难以理解。世尊既未假借神的力量去示说一般人无法理解的神秘法门，也未对世人强迫灌输他自己的想法。世尊用很长的时间去思考着有关于“这个世界是什么样的世界呢？人是什么呢？所以，人在世上应该如何生存？人类社会必须如何实现？”等等问题。于是，世尊完成了能够适应“随时”、“随处”、“任何人”的普遍真理。这种能够适应“随时”、“随处”、“任何人”的真理不可能会是令人难以理解的。举个例子，就像“一分成三等于三分之一”的道理，无论是谁都能理解。而世尊所完成的普遍真理，与那种用理性无法理解的叫你只要相信就行了，就好像“如果拜这个的话，病必定痊愈”的教说，是全然不同的。

然而，即使“一分成三等于三分之一”这样浅而易见的道理，明白的时机未成熟的话，还真是无法领会。日本立教大学一位有名的数学家吉田洋一教授，写了这样的一段回忆录：“在小学三四年级学习小数的时候，遇到永远无法除尽的计算题1÷3＝0.3333……。但是，试着把纸折成三份看看，事实上却正好可折成三份。哎呀！搞不懂。按道理是除不尽，实际上却能分成三份。于是到了五六年级，开始学习所谓的分数。老师教了‘三分之一’这种新的概念。刚开始听到把一分成三的时候，总觉得有点被愚弄的感觉，但却开始非常喜欢分数，并且很努力地把‘三分之一’当作一个数来看。由于这样的缘故，而明白了一张纸可以分成三等份的事一点也没什么好奇怪。”不愧是日后成为数学家的人物，曾经认真地思考着“把纸折成三份”和“1÷3＝0.3333……”之间“不可思议”的奥妙关系。

佛法也正如这种道理一样。原本任何人必当理解的道理，可是未达到某种境界时，就是不知道差一点点就能达到。数学也是如此，假使一开始就教分数那样晋级的观念的话，好像不错，但对一二年级的小学生来说，一步登天地教导分数反而会适得其反，所以先从整数开始教，再教小数。或者，不要教“三分之一”这种只是在头上搔痒的观念，而先教“实际”把纸折成三份就是三分之一。世尊教导当时的人们也正如那样，为了适应众生的理解力、理解程度，使用种种不同的说法方式。例如譬喻、因缘故事等等。所以，当时的人们都能理解世尊所说的法。有些人只是看了《法华经》所呈现的表面文意，就认为“说一些现实中不存在的梦幻世界，根本无法令人相信”。其实这种看法是非常肤浅的，若能得知其精神之所在，就会不得不惊讶整部《法华经》充满着人间的真理，非常的现代而且具科学性。

再一次地说明，世尊的教说对当时的众生而言，是非常易于理解的，因为人们深得其意，所以改变他们的一生，也丰富了他们的生命。如果不是这样的话，在短短的五十年间，不可能有那么多人心悦诚服地来皈依。而且，据说世尊的教团是极其自由的，“来者不拒，去者不留”。《法华经·方便品第二》中的“五千起去”就是这个例子，即使有五千弟子一时从法座中退席，世尊也未加以阻止。世尊即使对弟子的去留，采取来者不拢略、去者不阻拦的自由方式，在短短的期间里皈依者仍然多达数十万，这当然是由于世尊具有无与伦比的感化力和说服力，但最重要的是，世尊的教法本身至高无上，且无论任何人都能得其奥义。

然而，世尊这种彻底的自由主义，在世尊入灭后的佛教教团，出现了一时的困境。入灭时的遗旨也只留下一句“一切的现象是迁移变化的。你们要好好努力精进不懈怠”而已，并未咐嘱应该由谁来如何地统理教团的事情。佛弟子们在保持地方性的自然统合当中，遵守着世尊的教说。但是，由于教义未统合，在地域辽阔的印度各个地区或各个教团，对教义的解释产生了一些差异。

这个差异扼要地说，据称在世尊亲自游行教化的地方，佛法的解释还能够正确地传播，可是在世尊未能亲自教化的地方，布教者加上自己的想法，佛法则以判然不同的形式被传播开来。这种情形，不只是地方性和人为的因素所造成，也可以说是因为时间所产生的问题，世尊在世时以及入灭后的不久之间，佛陀的法是生动而融通的，可是随着时光的推移，佛法却渐渐地失去其真正的精神，结果变成只是形式化地传授而已，这些都是众所周知的。

前面所提到“一时的困境”中所谓的“一时”，绝对不只是一百年、二百年而已，一时的困境在佛灭后两千数百年的今天仍然存在着。

从佛陀永远的生命(佛的无量寿)来看的话，两千数百年也只不过是刹那的“一时”而已，佛教从中国传到日本，每每在高僧大德辈出的时代，一时之间也曾经掀起了高潮而带来朝气蓬勃的力量，这种高潮却又在须臾间悄然引退。为日本佛教注入新生命的高僧应该是日莲圣人[①]最为拔萃，在他圆寂后随着岁月的迁移，其教说也被曲解，变成形式化而已。

在世尊入涅槃后不久的印度，也存在着前述的诸现象，由于地方性以及佛陀弟子们的教团所造成教义解释的不同。出家众试图酝酿出家人的权威，特别修在家众无法修的法，说在家众无法了解的法等等。世尊在世时，如《法华经》中所经常出现的，比丘(男性出家众)、比丘尼(女性出家众)、优婆塞(男居士)、优婆夷(女居士)们，彼此感情和睦地一起听佛说法、修行，共同致力于佛法的弘扬，可是出家众与在家众之间不知什么时候开始产生了鸿沟。

是什么样的鸿沟呢？就是在议论佛教的根本精神时，有一部分的出家众提出，与其议论着“为什么必须遵守戒律(佛教徒的生活规范)呢”，不如确确实实地“遵守戒律”。也就是说，这个鸿沟带来了形式主义的产生。

还有，为了对抗当时印度其他教派和学说，也有出家众把原来为了现世利益众生而产生的教义，故意编造成难解难懂的哲学。

另一方面，也有人陷入了“不可能如世尊所说的那样，引导所有

---

① 日莲圣人(1222～1282)日本日莲宗之祖。敕谥“立正大师”(大正天皇敕赐)。十二岁出家于清澄寺。然于所受之台密与念佛法门起疑，乃向虚空藏菩萨祈愿，欲成为日本第一智者。后登比睿山，修学十一年。又游历高野山、四天王寺等，遂了悟《法华经》乃佛陀一代圣教之精髓。返乡后始唱“妙法莲华经”五字之题目，为日莲宗创立之始。后赴镰仓，破斥净土、禅、律等诸宗之说，并著《立正安国论》，上呈北条时赖，然不为所信，弘长元年(1261)被流放至伊豆伊东。弘长三年获赦，返镰仓名越，对其宗之诽谤更为激烈，致有小松原之法难。文永八年(1271)九月于泷口几遭斩刑，后因故免死，谪配佐渡，此称泷口法难。三年后获赦归镰仓，于身延山结草庵，高扬宗风。后因病下身延山，示寂于武藏之池上，时为弘安五年，享年六十一。

众生到达佛陀的境地。我们自身也终究无法成就佛陀的伟业。只要自己能从现世痛苦与烦恼中解脱出来就好了”这样利己的想法。

佛陀的教说就这样被曲解，看到佛法渐渐地失去生命力，在家信徒之间掀起一股热望“不能再这样继续下去了，无论如何必须回归世尊真正的本怀”。于是，产生了新兴教团大乘佛教。所谓大乘，乃“殊胜的乘坐物”之意，就是为了到达佛的境界所须搭乘的乘坐物。尔后新兴教团把大乘佛教出现以前旧有教团的教义贬称为“小乘”（粗糙的乘坐物），旧教团也不服输地反驳道：“你们所说的教义不是真正的佛法。”于是新旧两教团产生激烈的对立。

一佛乘的教说

《法华经》中也反映出大小乘之间曾有过的矛盾，其情形大致是这样的——佛陀的教说中无大乘亦无小乘，只有一乘。世尊说过“一乘就是最殊胜的法门”，而一切法中最精辟的、最真实的，就是这个法门，所以大家应该遵照世尊所说停止争论吧！

此说一般被认为是发生在佛陀灭后七百多年的事，我则认为佛教在佛陀灭后七百年间所发生的变迁，与佛陀入灭两千数百年后的今天，其之变迁是非常相似的，也就是所谓的换汤不换药，令人深感意义重大。在20世纪，已对现世人类失去救拔之力、只剩虚壳的佛教，反而在日本全国，由皈依三宝的在家信众发起，号召回归佛陀真正教说。这种运动越来越扩张的事实，着实不可等闲视之，我相信这一切都是佛陀甚深意旨的安排。

今后的佛教乃世界性的宗教

这种运动不仅止于日本全国。重新正视佛陀教说的活动，正在全世界掀起了风潮。对欧美先进人士来说，已无法从一神教、无神论、唯物主义中得到精神上的满足，最后进而向佛教寻求解决之道的人为数不少。

的确，现在正是重要时期。趁现在地球上的人类正想要认真地来思考“人类尊严”的问题，并且想要返璞归真地回归佛陀教说。而人类除非回到“自他共生共存”的生活方式，否则可能很快就会被毁灭。

欣逢此时，最让我感到遗憾的是，倾注了佛说中最高教义的《法华经》，其外观却让人有着非常困难的错觉，而使得《法华经》变成只限于少数人的研究品，或者只是宗教家的独占品。为此之故，《法华经》未被日本人，不，应该说亦未被地球上所有人类真正地亲近与理解，因此，使得《法华经》难以渗透在人们的生活中。

我试图解说《法华经》而着手本书的第一个目的就在这里。彻底尊重《法华经》原典的原意固然重要，但是更重要的是，《法华经》的精神能够被理解、被共鸣，乃是我由衷的愿望。

必须加以补充说明的是，《法华经》并不是只读解一部分就能完全理解的。《法华经》在含有深奥教义的同时，也是一部杰出的艺术作品，整部经文中所呈现的内容宛如一部戏曲。所以，若非从头到尾彻底通读，便无法捕捉其真正的含义。然而，纵使从头到尾彻底通读这个包含很多艰深用语的经典，要捕捉其真髓亦非易事。综如上述诸种因素，无论如何，以现代人的脑筋可以理解的解说书是非常必要的。这就是我撰写本书的第二个目的。

但是，正因为《法华经》具有高度的艺术内涵，则必须更加彻底地忠实原典。同时，正因为其艺术内涵，使整部经典（即使是和译经典也好）中，具有一股无法言喻的强大力量，仿佛能渗入我们的灵魂深处。因此，拜读本书时，若能一边参照原典的话，那会如虎添翼般更加能够得到理解。但对于想要了解《法华经》精神的人，单凭本书亦足以得到充分领会。

经由本书对《法华经》的精神有所体悟之后，再早晚依照经典读诵其各要义的话，那么《法华经》的精神将可深入人心，《法华经》的精神必当在每天日常生活的实践中显现出来，如此一来，将会别开生面地为各位带来新的人生吧！由衷地祈望与相信能够如此地实现，这是我撰写本书的经纬。

《法华经》的成立与弘扬

有关《法华经》产生的由来，前已大致叙其梗概，现在再详细地介绍其成立过程，并加以说明其传至日本后之演变。

世尊在世当时的印度，文字的使用尚未普及于一般民众。因此，世尊所说的法乃以口传、诵记流传下来。在那种口传的时代，人的背诵能力确实超乎现代人的想像力。还有，那个时代，人们生活方式不像现在的人那么复杂、紧张，而且，佛陀的大弟子们各各头脑聪明、心性澄净，对于世尊的教说一字一句细心领会，因此不会有误听之嫌。再加上佛弟子们在世尊入灭后，为了确认自己的所记无误，数次举行结集，相互订正，做了确认与统一的工作。因此，虽然是耳闻后再口传，世尊的说法还是如实地被保留下来。

纵然如此，世尊在辽阔的北印度，赤足行化五十年，走得脚心硬如木板，为了适应众生根机而说了八万四千法门。这种种法，由于各个地域、各个教团，各自以不同的方式受容，在解释及实践上，因时代的迁移而产生表达方法的不同，实乃情非得已。

但是，前面也提到，世尊的法，由于佛弟子们的努力，如实地被保留下来。所以，所有的佛典无一不是珍贵的。如《阿含经》、《般若经》、《阿弥陀经》以及其他经典，各各传述着宝贵的教说。只是《法华经》中首次明白地传述了佛陀一生教化的根本精神，而且在此经中详细解说全部教义的精神所在，也将全部的教义在此经里做了统一汇释。换言之,《法华经》中把佛说的精髓,以容易明了、充满感人的方式,描写得淋漓尽致。

有时,议论各经典之间的优劣,使得有些人产生了错觉,误以为世尊的教说有着优劣之别,这种想法是千错万错的。而事实上,经典并非世尊亲自所编。佛法,乃是世尊一生行化五十年中亲自教说的法,也就是佛陀初证菩提后,从鹿野苑为五比丘的最初说法,到八十岁入涅槃的五十年当中,为度化无边的众生所说的无量法门。而经典的产生,乃是各个教团佛弟子、再传弟子们,对佛说的无量法门,无论是亲闻或经由传闻,各随己见地编集成书,而产生了各种经典。我们无论透过任何经典来尊仰佛陀,佛陀都会以平等的光芒照耀我们。因此,必须事先说明,《法华经》虽为最殊胜的教说固然没错,但如果为了赞叹《法华经》的殊胜而轻蔑其他经典的话,那可就会错意了。

象征式的表现

《法华经》的编集者,为使当时众生得以理解,除了以戏曲方式编集以外,并且致力于把非具形式的思想给与形式化。因为不具形式、摸不着边际的概念,除非是专门做这种学问的人,否则是难以理解的。

譬如说,在“序品第一”所出现的,释迦佛的眉间放光照见东方一万八千世界,可以彻见十方诸佛及诸佛弟子,这个描述,乃意指不只这个地球,任何星球、任何天体,也就是整个宇宙的任何地方,都有佛的存在。

还有,大地震动、天降花雨,这些都是具体形式化所呈现的种种描述。这些描述对现代人来说,可能难以想像和接受,但《法华经》所要强调的不是“事实”的存在与否,而是应充分地掌握其“真实”的含义。

这个地方就是理解《法华经》的一个关键。最重要的是掌握“真实”而非“事实”。佛陀要教导我们的就是这个“真实”。因此，即便所描述的是实际上不可能存在的东西，但贯穿文字文章的背面，隐藏在其深处中的“真实”才是佛陀真正要教导我们的，所以我们必须牢牢地掌握住其“真实”之意。

译者——鸠摩罗什

《法华经》传至中国，经过多人传译，但现在所流通的乃鸠摩罗什所译。他的父亲原出身印度名门，与龟兹国（汉时西域国名，今之新疆维吾尔自治区库车、沙雅两县之间）国王的妹妹结婚，于是生了鸠摩罗什。该国佛教非常鼎盛，鸠摩罗什七岁时随母亲一同出家，并留学印度参学大乘佛教。鸠摩罗什的师父须梨耶苏摩，洞悉他的才华与德行超越万人之上，在鸠摩罗什即将返回故乡时，授予《妙法莲华经》的梵本，并手摸其顶对他殷勤付嘱①：“佛日西入。遗耀将及东北。兹典有缘于东北。汝慎传弘。”而“有缘于东北”这句话，现在回想起来，真是意义深重。尔后，《法华经》更往远在东北的日本传播，并在日本绽放出生命之光，这个事实真是不得不令人感动万千。

话说罗什遵从师父的付嘱，下定决心前往位于龟兹国东北的中国汉地去传弘经典，但当时的中国正处于战乱频仍、诸国林立的五胡十六国时代，所以难以实现其志。可是，罗什却声名远播，终于在后秦国建立时，受其国王的邀请来到当时的国都长安。当时罗什已经62岁，此后的八年间，至70岁圆寂为止，荣受国师之礼，并汉译了很多经典。

---

① 付嘱：原为付托、寄托之意，在佛经中，被引申为佛陀付托弘法布教的使命。又作咐嘱、嘱累。如《法华经·嘱累品》云：“我于无量百千万亿阿僧祇劫，修习是难得阿耨多罗三藐三菩提法，今以付嘱汝等。”另，禅宗有名公案“拈花微笑”中，亦云“今将正法付嘱于汝”。

罗什所译的经典中,《法华经》当然是最重要的。在此之前所译出的《法华经》,由于错误很多,所以罗什以非常谨慎的态度,倾注很多心血,非常投入这个翻译工作。罗什自身虽然精通梵文与汉文,但罗什并未采取自己独译的方式,而是在讲述《法华经》的法堂中,云集当时精通两国语言的饱学之士,并邀请国王、信众们列席。然后把那些学者们记录下来的笔记作为基本材料各自译成汉文,再把这些汉文汇集起来重复地研究再研究,再经过严谨的讨论,才作出定本。据说当时从事这个翻译事业的人数多达两千人。因此,此汉译本虽然译自梵文,但不妨可以断言,罗什所译的《妙法莲华经》几乎毫无错误地诠释了佛陀的教说。

接着,有这么一段故事。国王非常诚服于罗什的才华,无论如何想要留下罗什的后代。因此,强迫他娶妻生子。有过这样的历程,罗什在圆寂时对众人说道:

> 我虽然不得已破戒娶了妻,但坚信我所口述的,绝对没有违反佛陀的意思。若契合佛心,焚身之时,舌头应该不会烧坏!

相传罗什全身荼毗之后,果真只有舌头不坏,并且在青色莲华上绽放着光芒。

此后,《法华经》成为中国佛教的枢轴,此乃归功于有小释迦之称的天台大师智𫖮①。他精通所有大小乘经典,实际体悟出佛

---

① 智𫖮(538~597)为中国天台宗开宗祖师(一说为三祖,即以慧文、慧思为初祖、二祖)。隋代荆州华容(湖南潜江西南)人。世称智者大师、天台大师。

师之思想,系将《法华经》精神与龙树教学,以中国独特之形式加以体系化而成。又将佛教经典分类为五种,将佛陀之教化方法与思想内容分为四种,此综合性之佛教体系的组织,被视为具有代表性之教判。依禅观而修之止观法门,为师之最具独创性者。

师之著述,建立了天台一宗之解行规范,其中《法华玄义》、《法华文句》、《摩诃止观》,世称为天台三大部;又《观音玄义》、《观音义疏》、《金光明经玄义》、《金光明经文句》、《观无量寿佛经疏》,称为天台五小部。其特点在于教观双运、解行并重。其学说影响中国佛教颇巨。

之真意所在，为《法华经》作注释而撰述了精湛的《法华玄义》（十卷）、《法华文句》（十卷）、《摩诃止观》（十卷）。其中明确地指出“佛之真意”，使得《法华经》在中国更加弘通，尔后经过朝鲜半岛再传入日本。

《法华经》是日本文明的基础

罗什译《法华经》在公元577年到达日本难波（今之大阪），经过三十八年后，日本圣德太子①亲制《法华经义疏》，为日本最初的《法华经》解说书。在日本的现存书籍中，最古老的书本就是这本《法华经义疏》。

圣德太子根据《法华经》的思想创立了万史留青的“十七条宪法”，首次建立了日本的“国家宪法”和“世人应行之法”。即使说从此开启了日本文明之窗，一点也不为过。为日本文明带来曙光的，正是《法华经》的精神，我们日本人千万不可忘记这个事实。从此以来，经过一千四百年的恒常岁月，《法华经》的精神已深植在我们日本人的内心深处，在我们的血液里脉脉相传。

继圣德太子之后，致力于弘通《法华经》的古圣大德有传教大师

---

① 圣德太子（572～621）乃日本用明天皇第二皇子。天资聪明，为推古天皇之摄政。于儒学、佛学之外，博通历学、天文、地理等。曾遣留学生至中国隋朝，致力于中国文化之输日。又为抑制豪族，加强皇权，制定冠位十二阶（603）与宪法十七条（604），成为日本善政之骨干，其宪法第二条即规定笃信三宝。平生信仰佛法，极力发扬大乘精神。又亲自开讲三经（《法华经》、《维摩经》、《胜鬘经》），建立悲田院、敬田院，大兴国民救济事业。所建之寺院有四天王寺、法隆寺、广隆寺、法兴寺等，奠定佛教在日本之传播基础，为调和中国文化与日本文化之指导者。后于推古二十九年薨（一说推古三十年），享年四十九，葬于日本大阪矶长。民间与各寺社中亦普遍供奉太子之肖像或雕刻。

(最澄①)、承阳大师(道元②)等等,特别是立正大师日莲圣人,为《法华经》注入新生命,不惜豁出性命努力宣扬流布,其不朽的伟业,也是众所周知,不必赘言。

《法华经》是人类道德的教说

继日莲圣人后到现在又经过了七百年。佛法在世尊入灭后也曾经渐次地失去了蓬勃的朝气,佛灭七百年后由于《法华经》的成立,佛法又再度地绽放其原有的光辉。最令人感到不可思议的是,在日本继圣德太子后的七百年间也发生了同样的情况,接下来,七百年后又出现了日莲圣人,此后的七百年间,《法华经》真正的精神又渐渐地被世人遗忘,只剩下空壳。最近的日本佛教流行着,只要敲着太鼓反复地唱诵"南无妙法莲华经"就可得渡彼岸,或者是只要拜"曼陀罗"就可以心想事成,而使得日本佛教陷入低级的信仰方式。

---

① 最澄(767~822)日本天台宗开祖。近江(滋贺县)人,十四岁出家,游学南都(奈良),后于东大寺受具足戒。专研佛教各宗之经论,而特崇一乘思想。曾发愿书写大藏经,并修法华十讲,又于高雄山寺讲天台宗教义。

延历二十三年(804,唐贞元二十年),为深研法华一乘教义,由翻译僧义真伴随,与空海同行来华。从天台宗九祖湛然之弟子道邃、行满受天台教义,从天台山翛然受牛头禅,并从道邃受大乘菩萨戒,后又从顺晓受密法。翌年返国,于高雄山寺设灌顶台传密教,为日本秘密灌顶之始。二十五年,获准正式独立日本天台宗。

后与南都诸宗学僧对论法要,与法相德一之间关于一乘三乘权实的论争,最为著称。又因认为大小乘戒不应合并一起,上表请建大乘圆顿戒坛,遭僧纲与南都诸大德反对,然直至其示寂后,日本天台宗方获准在比睿山设立大乘戒坛。弘仁十三年于比睿山中道院示寂,世寿五十六。终其一生,可谓一本新兴之精神,与旧宗之弊害对抗。以所创天台宗为圆密一致,故主张四宗(圆教、密教、禅、戒)合一,对日本镰仓时代禅宗之兴起,有深远之影响。清和天皇追赠"传教大师"谥号。

② 道元(1200~1253)日本曹洞禅之开祖。又称永平道元。十三岁,投比睿山之良显出家,习天台教义。建保二年(1214),至京都建仁寺谒见荣西。建保五年,师事荣西之门人明全,深究显密奥旨,兼习律藏威仪。贞应二年(1223),与明全相偕来宋,直上四明天童山,时为宁宗嘉定十六年。先后参礼无际了派、浙翁如琰、盘山思卓等,历访天台雁山、平田万年、庆元护圣等诸刹,终以因缘不契而返天童山。后与长翁如净相见,豁然大悟,抖落从来所疑,得如净之印可。归返日本后,凡十五年,居止于京都一带,然因受到比睿山旧佛教之迫害,遂移居越前之山奥,创建永平寺,大扬曹洞禅,提倡"只管打坐"之实践法门,后人称其禅风为默照禅。

《法华经》的内容、精神是至高无上的。因而实践其教说就是智慧的。能够理解、相信、实践经中之教说，即使在社会上过着普通的生活，“心”也能够渐渐地不被烦恼、痛苦所执著。人与人之间会很融洽地相处，并且不为别人日行一善，就会渐渐地浑身不自在。一个人若是能在一天当中的一点点时间里，起了这样日行一善的念头，他的健康与生活环境就会自然地改变。这样才叫做真正的救度众生。如果全世界人类有了这样的心境，世界自当可以和平共存。这就是《法华经》究竟的理想与境界。

《法华经》是一个“尊重人类”、“成就人类”、“人类和平”的教说。一言以蔽之，就是人道主义（humanism）的教说。日莲圣人圆寂后正好七百年，现在正是我们复苏其教说精髓的时候，为了自己、家人、他人、社会，相信当能为人类带来幸福，为人类创造更和谐的社会。

法华三部经的构成

所谓法华三部经，就是《无量义经》、《妙法莲华经（法华经）》、《佛说观普贤菩萨行法经（普贤观经）》之三部经。

无 量 义 经

《无量义经》乃世尊解说《法华经》之前，同在灵鹫山所说的法，并与《法华经》有着不可分离的关系。

此经叙述了世尊游化四十多年以来，教化众生的目的，以及说法的顺序、次第，可是世尊却说："到目前为止尚未彻底说出真实之法。"在此可千万别误会，在此以前世尊说的都是不真实的法，在此以前所说的法也都是真实无误，只是还没有彻彻底底将真实中的真实全部说完而已。因为众生的信仰还未到达一定的程度，即使说了可能会不明白，所以未把真实的法全部呈现而已。然而在《无量义经》中佛说："现在，我要彻底说完。"继而对说法做了重要性的规定。

当然，之后世尊说的就是《法华经》的内容，因此不读《无量义经》就无法确实地了解《法华经》在世尊一生所说的法当中的位置，也就无法确实地了解《法华经》的殊胜所在。

再者，"无量义"就是"教义含义无限"的意思，世尊说："含义无限的教义只源自一种真理。"而这种真理就是"无相"，但在此经中并未具体详明其意。所以，对"无相"的要义仍然无法掌握。那么，这个问题在哪里得到解决呢？就是在继《无量义经》之后即将解说的《法华经》中有了详尽的说明。《法华经》里把"无相"毫无遗漏地解释得淋漓尽致。归根究底地说，就是把"无量义"在《法华经》所说的真理中作归结，而世尊一生所说的法当中，最重要的教义就在"无量义"中阐明。

也就是说，《无量义经》是为了解释《法华经》所说的前经，与《法华经》有着不可分离的关系，因为须从《无量义经》入门才能得以理解《法华经》，所以也被视为《法华经》的开经。

《无量义经》乃由《德行品》、《说法品》、《十功德品》三品所构成。所谓"品"，就是类、别、部分的意思，类似现代书籍中"章"的意思。

《德行品》为《无量义经》的"序分"、《说法品》为"正宗分"、《十功德品》为"流通分"，这种分类法乃是各个经典所共通，在此扼要说明之。

序分·正宗分·流通分

"序分"乃叙说一经教说产生之由来，说明经典是在何时、何处所说，说法的对象，为何必须说这部经，以及内容概要等等，也就是进入正宗分的绪端。"正宗分"乃经意核心之处，述说一经宗旨、宗要所在之部分。"流通分"乃述说受持本经之利益，说明理解、相信经意之后并且身体力行的话，会有什么功德，所以努力弘通流布此经的人当受到诸佛加护等利益。

妙法莲华经

《妙法莲华经》乃由二十八品所构成。序品第一、方便品第二、譬喻品第三、信解品第四、药草喻品第五、授记品第六、化城喻品第七、五百弟子受记品第八、授学无学人记品第九、法师品第十、见宝塔品第十一、提婆达多品第十二、劝持品第十三、安乐行品第十四、从地涌出品第十五、如来寿量品第十六、分别功德品第十七、随喜功德品第十八、法师功德品第十九、常不轻菩萨品第二十、如来神力品第二十一、嘱累品第二十二、药王菩萨本事品第二十三、妙音菩萨品第二十四、观世音菩萨普门品第二十五、陀罗尼品第二十六、妙庄严王本事品第二十七、普贤菩萨劝发品第二十八。

这些品名的表题，已显示了内容的一部分或全部，其中意思只要阅读经文自会明白，所以在此省略各品内容的介绍。

过去的古德先学们为了使整部经意更加易于明了，在解释上做了很多的分类。但可以说是比较适当的，应该是迹门、本门之二门分类法，从《序品第一》开始到《安乐行品第十四》是属于“迹门”，此后的部分属于“本门”，而“迹门”、“本门”又各分成“序分”、“正宗分”、“流通分”三部分来解释。

也就是说，在“迹门”中，《序品第一》属于“序分”，从《方便品第二》到《授学无学人记品第九》属“正宗分”，从《法师品第十》到《安乐行品第十四》属于“流通分”。

在“本门”中，《从地涌出品第十五》前半属“序分”，其后半、《如来寿量品第十六》、《分别功德品第十七》前半属“正宗分”，此后属“流通分”。

迹门与本门·迹佛与本佛

在此必须先解释“迹门”与“本门”之别。

所谓的“迹门”就是“迹佛”的教说。而“迹佛”就是实际出生在这个娑婆世界，经过修行达到佛的境地，八十岁入灭的本师释迦牟尼佛。因此“迹门”的教说，一言以蔽之，乃达到人间理想境地的世尊，根据亲自的体验，教导我们宇宙万象万物是如何形成的；人是怎样地来到这个世间；人类彼此的互动关系必须如何地营运。世尊告诉我们，人与人之间维持正确和谐的关系，最重要乃在于“智慧”。而“迹门”中教说的中心应该可以说是“佛陀的智慧”。

可是，在《如来寿量品第十六》中，世尊说："我从久远过去以来，一直在此宇宙的所到之处，为教化引导众生而说法。"这种说词看起来有点不可思议，但其实一点也不奇怪。以下将详细说明这个问题。

所谓"佛"，换言之，就是"宇宙（概括人类）的真理"。使太阳、星星、人类、动物、植物及其他所有事物运转、生存的根本真理，或者也可以说是宇宙的原动力。因此，自有宇宙开始，佛陀就布满在宇宙的所到之处。具有这种意思的佛就是"本佛"的意思。

"本佛"必须以人的模样显现，而出生于这个娑婆世界的世尊就是"迹佛"。进一步了解两者的关系，可以把他比喻成电波与电视的关系，譬如说，从电视台发射出来的电波，在我们的周围到处充满着。虽然眼里看不见、耳里听不见、手也摸不着，但处处充满它的存在却是个不争的事实。因此，只要打开银幕开关，对准频道的波长，家家户户就可接收到影像，听到声音。

"本佛"就相当于电视台中说话的本人。不只是存在于电视台的摄影棚，且已变成电波到处充满着。"迹佛"就好比出现在银幕中的影像与声音。如果没有电波就无法呈现影像与声音，因此没有"本佛"将无法呈现"迹佛"。话又说回来，我们如果不透过银幕，光靠电波也无法接收到影像与声音，同样的道理，如果不透过"迹佛"也无法看见"本佛"。

也就是说，"本佛"乃从无始久远过去以来，到无始久远未来，在宇宙中随时随处无所不在的佛，而"本佛"所体验的真理，通过娑婆世界出世的世尊来示现之，才使我们得以有幸理解此教说。因此，无法去区别"本佛"与"迹佛"之中，哪一个是珍贵的、哪一个是至高无上的。

话说发出电波的电视台，一边送着电波总是期待着尽可能更多的人打开电视银幕的开关。与此相同的，"本佛"随时随处救度天地万物，怀着这种救度的精神而遍满于宇宙之中。所谓的"救度"并不是像用网去救鱼的"救度"，乃是依人类、动物、植物原本就拥有的自性，使之各自去挖掘发现其潜藏于自我内在的本性，并使之尽速成长，才是真正的“救度”。

换言之，“本佛”正是“宇宙真理”，因此，无论任何人，随时随处，只要按下开关，把自己原本生活方式的频率，设定在“宇宙真理”的频率上，不一会儿的工夫，“佛”就会出现在那里。也就是说，把覆盖在我们身心中的黑暗消去，使原本的自性从内在释放其应有的光芒，而且一定可以实现。这才是真正的“救度”。

佛陀，从无始久远过去以来，到无始久远未来，恒常地实际存在着，也就是无始无终的存在。依时间空间、依众生的根机显现各种不同的身相，做好了万全的准备，随时等候救度众生。这就是“本佛”的思想。

“本门”中的教说，乃在阐明佛与众生之间的关系，也就是述说着关于“本佛”的“救度”方法。“救度”即是佛陀的慈悲，应该可以说“本门”的中心即是“佛陀的慈悲”。

佛说观普贤菩萨行法经(普贤观经)

《普贤观经》系佛陀于说《法华经》之后，在毗舍离国大林精舍所说，述说着有关普贤菩萨。本经与《法华经》最后一品《普贤菩萨劝发品第二十八》互为表里。其中意思，就是教导我们如何身体力行去实践《法华经》精神之具体方法，此方法就是忏悔法门。

我们读《法华经》时，领会了世尊一生说法的真实之意，再依照修行次第而得知自己也能达到佛的境地，就会自然而然地涌出一股无法言喻的勇气。然而，实际日常生活中的我们;时时刻刻地被烦恼痛苦所侵袭，涌出来的却是各种各样的欲望，一个接一个。所以，好不容易才产生出来的勇气，也仿佛要被一个接一个涌出来的欲望消灭殆尽。

即使脑袋里知道“自己也能成佛”，但执迷不悟的心到底应该怎么办才好呢？由于不知解决之道，一天到晚仿佛被乌云吞噬一般，总是迷迷茫茫。拂去这种迷茫乌云的良药就是忏悔，而《普贤观经》中教导我们的就是忏悔法门。

因此，《普贤观经》也和《法华经》有着不可分离的关系，乃作为《法华经》的归结所必读之经，因而被称为《法华经》的“结经”。由于经的内容，一般人也称为“忏悔经”。

以下，将从《法华经》的开经《无量义经》开始循序解说。

无 量 义 经

德行品第一

此品乃进入本文之前的序文，叙述着菩萨们赞叹歌颂世尊的情景。也就是，透过菩萨们的歌颂称扬，来验证佛陀至高无上的德行。其中大意，叙述如下。

首先以“如是我闻”作为经典的展开，以庄严华丽的景象描述一时世尊在耆阇崛山（耆阇崛乃鹫头之意，指灵鹫山）精舍，有大比丘众一万二千人围绕着世尊，众菩萨摩诃萨们皆来与会的情景。

所谓比丘是指男性出家众，大比丘众，乃指舍利弗、迦叶等佛陀直传大弟子。佛陀的大弟子们各个都是阿罗汉，所谓阿罗汉乃指依小乘教义修行“已断尽所有烦恼”，而证得阿罗汉的境界，但尚未到达菩萨的果位。所谓的一万二千人，我们先不要拘泥这个数字的问题，因为后面还会有更大的数字出现，不妨将之当作“众多”之意。

所谓菩萨乃修行大乘法门的有情众生。摩诃乃“大”之意，“萨”乃“众生”之意，摩诃萨乃“大众生”、“大士”，系指愿大、行大。为达佛之境界发大悲愿，于世间上求菩提下化众生。

不排斥其他宗教

接着登场的是天人、龙、夜叉、还有其他的鬼神及各种动物。天人乃指住在天界的人、龙乃指住在海底的众生、夜叉乃指空中飞行的众生。当时的印度，从一直被视为只会危害人类的鬼神，到地上爬行的动物都一同列席世尊说法的法会。这是其他宗教不可能看得到的情形，此乃佛教一大特质。佛陀，不仅只是引导人类离苦得乐而已，包括天地一切万物，皆以广大慈悲平等之心而救度之。因此，甚至连会吃人的恶鬼（恶人），也能被允许在世尊说法的法会中出席。因不排斥其他宗教的神，所以他们也都一起集会来听闻佛法。这种不排斥其他宗教的情形，是佛教非常独特之处，也是意义非常深远之处。

供　养

除此之外，还有其他的参会者一时将会场挤得水泄不通。参会者有比丘（男性出家众）、比丘尼（女性出家众）、优婆塞（男居士）、优婆夷（女居士），还有仁德兼备的国王、王子，以及他们的家臣、国民、中产阶级的国士国女、大地主、富豪等等，总之，无论贫富贵贱，任何阶级的人皆来与会。这些人五体投地顶礼佛足，绕佛千百周，以示诚心归依，并且烧香、散华、作了种种供养之后，退于一方入席而坐。供养乃用以表达对佛陀感恩心的一种表达方式。只要心里生起感恩心，必定会表于行，如果无法表于行的话，就不能算是真诚的感恩。我们每天在佛堂前供花、供茶、上香、敲钟、礼佛，就是表示对佛陀的感恩。

与会中诸菩萨们，皆是真正的大士，皆已成就戒（严守佛订的戒律）、定（心能调伏止息静虑）、慧（甚深智慧）、解脱（远离世间烦恼与痛苦）、解脱知见（自知已得解脱）等诸德俱备的人。

这些菩萨们，心不会因处境的变化而动荡不安，精持一种法门而能始终心不散乱（其心禅寂常在三昧中），不论处于任何境遇都能随遇而安，不以本位主义去待人接物，不会被物质欲望所迷惑（恬安惔怕无为无欲）。无利己心，不会为芝麻绿豆小事钻牛角尖（颠倒乱想不复得入），经常可以保持一颗清静的心，始终思考着深奥玄妙之事

(静寂清澄志玄虚漠)。菩萨们可以长期地保持这样的心境,所以,可以牢牢记住佛所说的无量法门,并且"得大智慧",具有穷究一切万物的能力。

智　　慧

"智慧"一词后面会经常出现,所以现在先详细解释一下。"智"乃是具有明辨一切万物物物之间差别的能力。好比说,太郎与次郎有何差别?"智"就是可以明辨两者不同的能力。与此相反,"慧"乃是具有洞悉一切万物物物之间共通真理的能力。又好比说,太郎与次郎看起来好像拥有不同的性质,但再深入观察之,其实一样是人,同样具有佛性、具平等性,皆可成佛,"慧"就是这种具有得知万物皆"平等"的力量。能完全具足这两种能力,可以正确地穷究世上一切万物,乃佛陀的教说。即使用现代科学方法来观察,佛说的这种"智慧"确然是可以穷尽一切万物的道理。

像这样诸德具备的菩萨们,恭请诸佛转法轮(弘扬佛法),而且菩萨自身亦遵照这种精神去弘扬佛法。在此最重要之处,乃阐明着弘扬佛法的次第,而且是人人易解之顺序。

此次第,先以"微渧先堕以淹欲尘"开陈之,其意乃指只有被露水(微渧)沾湿的那块土不受尘埃所沾染。也就是说,刚开始即使教义有些琐碎也没关系,听到这个法门,如能平息世人无穷欲望当中的一点点也好,因为这是非常难得宝贵的法,这个法就是进入涅槃门的入口。接下来渐次地说明解脱道,目前的烦恼痛苦一个个地除去,由于听闻这个法门,仿佛染浊心被清水洗涤后尝到清凉喜悦的滋味。接下来说明以"十二因缘",来对治被无明(烦恼)、老、病、死等苦得喘不过气来的心,而这个法门仿佛夏日午后雷阵雨,使那些在炎炎夏日之下热得苦不堪言的众生顿时得到清凉,使他们从痛苦迷途中苏醒过来。

十二因缘

“十二因缘”乃佛法要门之一，详细说明人（凡夫）从生到死的过程，以及前世到今世、今世到来世的轮回过程。人生苦恼之根本根源乃起自无明（烦恼），无明若断，就不会有苦恼，恒渡三世，福报圆满，有关“十二因缘”之详细内容将于《化城喻品第七》中述说之。

菩萨按上述之顺序，致力于教化众生，普令一切众生发菩提芽，以非常巧妙的方法（方便法门）引导众生，协助大乘佛教事业的弘扬，使众生不必绕远路即可证得阿耨多罗三藐三菩提（意译无上正等正觉，乃佛陀所觉悟之智慧，含有平等、圆满之意）。经文“令众疾成阿耨多罗三藐三菩提”中之“疾”，并非快速的意思，而是“不必绕远路、直行”。看起来好像有点咬文嚼字，但却是非常重要的关键字。

接下来赞叹菩萨及比丘的功德。以各种比喻叙述菩萨的功德，示说着菩萨对娑婆世界的众生而言是如何地重要，并极力称赞诸比丘除尽心中杂念与烦恼后，皆证得阿罗汉的果位。

像这样赞叹菩萨、比丘并不是没有意义的。此乃示说人如何透过实际的身体力行去实践佛陀的教说。然而我们不可能一步登天地到达佛的境地。而菩萨、比丘们的修行过程正是成佛之路的指标，所以刚开始必须效法菩萨、比丘们的修行方式。各位可能仍然会觉得这些都是非常脱离现实，根本无法效仿。这样想也是理所当然的。但是，虽然这么说，也不能就这样自暴自弃。经中所述众菩萨的种种德行当中，只要效法其中一种法门，都是觉悟之关键，皆有机会开启觉悟之门。

此时，参与法会的众菩萨中有一位德行圆满的大庄严菩萨，遍观在座中的诸众生们，皆已身心安定，并对佛法深信不疑，即与诸菩萨们一同从座而起，顶礼佛，供养佛。

然后，跪在佛前赞叹世尊而说偈言。所谓“偈”乃以诗的形态，重复叙述前面的叙述文以及歌颂诸佛菩萨功德时，所使用的一种韵文。

大庄严菩萨与诸菩萨们，同声赞叹佛陀至尊至贵的慈悲心；赞叹佛陀循循诱导我们如何去思惟天地间一切事物，如何去觉悟、超越一切万物；赞叹佛陀不假造作浑然天成的德行所自然显现的法相、身相、音声是多么庄严；赞叹佛陀教说之稀有、难得、珍贵，能感化众生而使渐渐地觉悟；赞叹世尊长期精进修行，单单只是为了救度众生竭尽一生，不回顾自己的过去，忍受种种痛苦，舍弃一切世间物，为众生寻找人生诸苦的根源，因而成就了大智慧，并以此证悟的智慧度化众生，使众生离苦得乐。偈言的最后以"归依能勤诸难勤"之偈作为结束。

为了使佛陀完美无缺的德相及大智慧力刻画于我们心中，为了使佛陀成为我们永久精进的目标，此经透过称扬佛德的方式，把佛德成为我们的理想并深深地铭刻于我们的心中。因此我们读此经时，必须知其甚深含义，不可马虎草率。

勤诸难勤

其中特别切身地铭感于心的，是最后一偈"归依能勤诸难勤"。称赞大悟大圣主的世尊所成就的"证果"；以及到达"证果"之间的"过程"。换言之，赞叹佛陀为了救度众生，"努力精进"所修持的一切德行，正是此品最具意义之处。

说法品第二

此品如同其标题，叙述有关佛陀的说法。佛陀于证悟之后，以此品所说的顺序、目的进行其教说。佛陀的法虽然曾经以各种方法演说过，但其根本的真理只有一个。世尊在《说法品》中说明了，无量法(无法计量)乃由此唯一的真理所衍生出，而此《说法品》乃相当于整部《无量义经》经义的核心。

大庄严菩萨在赞颂佛陀之后，面向世尊询问说："我想请教您有关佛陀的教义，能否垂听我的问题呢？"世尊则回答说："好的。你问得正是时候。如果现在不问，就没有机会了，因为再过不久我就将要离开这个世间。不要留下任何疑问，尽管问吧！"

于是，大庄严菩萨和其他菩萨们异口同声地问："修行大乘法的人，想要迅速到达佛的境地，应该要修行什么样的法门呢？"世尊回答说："这里有一个非常尊贵的法，其名为'无量义'。菩萨如果能够学习这个法门，就可以到达佛的境界。如果想要学习'无量义'的话，首先，必须彻底了解，一切万物呈现在人们眼前的虽然是不相同的事物，再者，一切万物看起来似乎时时刻刻都在迁移变化，但实际上其本质是不变的。也就是说，彻底了解一切万物的真实相，其本质是一种超越差别(空)，具不变性、调和性(寂)。"

六趣(六道)

接着，世尊又说道："由于众生不明白这个真理，无论什么事都以自我本位为中心，总是斤斤计较其得与失。因而产生种种得失心，使这颗心老是在六种痛苦中转个不停。"

所谓六种痛苦的世界(六趣又称六道)是指地狱、饿鬼、畜生、修罗、人、天，此六趣可以二种次元来解释，就是阐明人心的起心动念之同时，亦可阐明以人为中心所构成的世界。在此先说明前者。

“地狱”乃意指被愤怒所占据的心。当一个人气得发狂时，通常会敌视一切事物。比方说，夫妻一旦吵架，就会把碗盘乱摔，其实碗盘根本与吵架毫无关系。可是纵使把碗盘摔破，并且把对方痛打一顿，也无法打败对方。结果真正最痛苦的，仍然是怒发冲冠的自己。像这样的情形就是“地狱”的意思。

“饿鬼”乃意指贪婪无尽的心。当人的贪欲心炽盛时，纵使想要的东西已经得到很多，却还想要更多更多，而没有歇息的时候。此贪婪心不仅指对金钱和物质上的需求，亦指对追求名誉地位上的贪，以及对世俗人间的贪爱。像这样总是贪得无厌、不知满足的心，就是“饿鬼”的意思。

“畜生”乃意指完全没有智慧的愚痴心。由于不了解事物的道理，只是依动物本能而为所欲为，行事前后未加以深思，就是“畜生”的意思。

“修罗”乃意指无论思考任何事都是以自我为中心，只考量有利于自己的心。如果人与人之间大家都是抱持这种心态，必然会相互冲突，产生摩擦。当对立产生时，就会引起纠纷和争执。所谓“修罗场”，虽然是用来形容激烈战场的样子，但实际上是在说，人与人之间由于利己心而产生钩心斗角的情形，就是“修罗”的意思。

“人”乃意指同时具有以上四种心，但是由于良心的使唤而能适度控制，不会极端地使自己的行为过度。如同其字面的意思，泛指一般世间的凡夫，就是“人”的意思。

“天”乃意指欢喜心。但是，这种欢喜心不同于佛陀证悟所得的喜乐。也就是说，这种喜乐非具不变性（寂），乃是由肉体与感情所生的暂时性的喜悦。也就是说，由于迷妄所生，只要发生不愉快的事，即有可能立即跌了个四脚朝天，掉落至地狱道、饿鬼道、修罗道等。

有顶天[①]就是指这种状态。

这里所说的“天”，乃指无苦无忧的地方，但只要是未得到真正觉悟的人，即使是住在天上，其内心也是绝对无法满足的。比方说，住在宫殿般的豪宅、又有众多仆役可以使唤的亿万富豪，一般人可能会认为这些富豪一定事事不必操劳，不必吃什么苦头，不过事实上要达到事事不劳心亦是不太可能的事。或者说，有个俗称极乐的地方，人们可以整天在那里游手好闲无所事事，但只要在那里生活上一段时间，也会渐渐地感到无聊，心就开始不安于现状而怨言百生。这种现象就是“天”的意思。

像这样，在人的内心里六种现象相续地生起，这样的状态称为“六道轮回”。如果不听取尊贵的教义，也不精进修行，把我们的心置之不顾的话，这颗心就会在六道中转个不停，痛苦和烦恼则不会有消失的时候。这种内心的执著无论是谁，只要试着深省自身的话，必定能察觉出其中的道理。

接下来，世尊面向菩萨们而教述道：

> 菩萨们看到众生在六趣（六道）中轮回，必须要起大慈悲心，发大志愿，把众生从六道中拯救出来。为此，必须深知一切万物（法）的道理。如果能够明白此道理，自然而然地就能了解，万物生起的原因（生）；生起的现象可能会暂时地持续下去（住）；暂时持续的事相也可能会有所变化（异）；变化的事相必定会有结束的时候（灭）。如此一来，就会明白，一切事情善恶生起的原因。
>
> 可以真正理解一切事物“生、住、异、灭”之后，就自然能分辨一切诸法（世间一切万物）乃“念念不住”的道理。也就是说，一切事相并非原原不动，而是瞬间都在不停地转移变化的。若能

① 有顶天：梵语 akaniṣṭha，巴利语 akaniṭṭha。音译作阿迦尼吒。又称色究竟天。乃色界四禅天之第九天，为有形世界之最顶峰，故称有顶。

清楚地识别此一真理，那么对于每一个众生的机根、习气、欲望，就可以了若指掌，仿佛可以洞察其心。

然而，由于众生的习气、欲望无有穷尽，因而众生的祈求也各有不同，所以佛陀随众生的根性所说的法，必然是无量的。因为说法的方式多得无法计量，教说的内容也必然是无量的。

虽然说法是无量的，但必须了解此无量法乃源自同一法。那个法是什么呢？——就是真理。而真理又是什么呢？——就是超越一切万物差别之本性（无相）。一切万物在具有佛性这一点上是一律平等的，这就是所谓的真理、实相（真实的形态）。各位菩萨们因证悟此实相而自然地生起慈悲心，必定可以带来明确的功德，能拔除众生的痛苦，甚且进而为众生带来快乐。所以，只要学习这个“无量义”的法门，就能够直接到达佛陀的境界。

世尊说法至此，大庄严菩萨又寻问道：

佛陀您所说的法，我们都能够十分了解，不过一般人可能因无法理解而产生困惑，为了这些众生，再度请教世尊。

如来开悟以来的四十余年间，经常为众生说四种苦谛的行相（四相义）。也就是说，“人生是痛苦的世界（苦义）”，“一切万物看似好像有所差别，但必须观察超越差别的另一面则是平等的（空义）”，“世间事物，时时刻刻都在迁移变化，不会始终保持相同的状态（无常）”，“世间上，自己本身并不可能单独存在于世上，所以，对小小的自我不可有所执著（无我）”等等。然后又教导我们种种一切万物真实之相。

于是，曾经听闻这些教说的人，均获得不同阶位的证悟；发菩提心并想要成为菩萨的人，也都证得菩萨位中的最高境界。

像这样，如来到现在为止的四十余年间，好像都是在说同样的法，但是同时也逐渐地进入更深奥的教义。教义的深浅之间的关系，一般大众会觉得比较难以理解，请世尊为这些众生开示，好吗？

世尊回答说：

你问得很好。你并非只为了你自己一个人的证悟，而是为了许多的众生，而询问佛所说的大乘法之奥义，这是真正的大慈悲。真的是非常了不起。那么，善男子啊！最先我在菩提树下得悟之后，立即以我所证得的佛眼观看一切法时，就已得知，一切事相的生灭具千变万化，超越言语所能解释的范围。所有众生的习气、欲望，乃因人而异。因此缘故，应运众生根性所说的法（方便力）各有种种不同，我虽然说法已持续了四十余年，但最真实的法尚未说尽。因为众生的根器不同，理解力也有所差异的缘故，所以并非每个人都可以直接到达佛陀证悟的境界。

所谓“法”可以比喻成洗净人们迷妄心的水，水亦有井水、池水、河水、海水等种种不同。“法”就像这种洗净人们污垢的水一样，即使教说看似雷同，但是我最初以及后来的说法是不相同的。

我最初在鹿野苑为五位弟子说法时，已说过：“人以及世间一切事物，表面上看起来好像有所差别，但事实上，其根源是无差别的平等相；而且，无论表面起了什么样的变化，其根底是永远不会改变的。”在中间行化中，对众比丘和菩萨们说十二因缘、六波罗蜜等，也说了相同的教义。然后，现在在此所说的大乘无量义的法门，也是示说着相同的教义。

此三项教义虽然措辞相同，却包含不同的意义。因其含义不同，众生的理解就会产生差异。由于理解有所差异，当然证悟的程度就会不同。这个道理，是我在鹿野苑最初说法时，教说四圣谛；在中间教化时，说十二因缘、“方等十二部”等教义；仔细观察众生教化的结果所得知的。也就是说，众生由种种教化，随其众生的根性，其得悟的程度各有不同。

换句话说，从最初说法以来，我说的只有一个真理。不仅仅是我，所有诸佛也都是如此。可是，虽然说根本真理只有一个，由于佛陀应众生的所求，应其根机而说法，佛陀便以种种相示现于众生的面前，因此，其功德及其教说也就无量无边。

由于佛所证的境界非常深奥，不可思议，二乘（指声闻和缘觉。所谓声闻，由听闻佛陀的教说，且不断地温习其所听受过的法，而得到某种程度的证悟。换言之，就是学习主义的修行人。缘觉又称独觉，经由体验而了解事相的显现乃由因缘而生、因缘而灭，进而了解无常的道理，远离世间，独自证悟。换言之，就是体验主义的修行人。）人无论如何是不可能理解这种大乘法的，甚至连已证入菩萨位最高境界的菩萨也是无法得知的。

这种究竟法只有佛陀才能深解其意。正因为如此，为了达到佛陀的境界，现在必须要依据我所说的“无量义”法门，努力精进修行。这个无量义是真实而正直之道，没有比其更宝贵的法了。当我们如实地实践此无量义时，不会被邪魔所挫败，无论在什么样的处境中也不会丧失勇气，更不会被任何邪见所困惑，因为诸佛会加护着我们。

所以说，大乘的修行人，都必须学习这个无上甚深的《无量义经》。

世尊说法至此，天地因感动而震动，天神示现世间无以得见的庄严华丽的景相，赞扬歌颂佛陀、菩萨、缘觉、声闻、大众等。并且，其中在座的许多菩萨们，由于已经确实地理解了《无量义经》中佛陀所说的教义，对此法亦生出坚决的信心，因而得到了陀罗尼门[①]。陀罗尼门是指“可以引导诸众生，使他们停止造恶，劝引他们行善的功德力”。

比丘、比丘尼、优婆塞、优婆夷以及其他的列席者，都各自证得相应自己根器的境界，并且发愿“遵循佛陀的教义，誓愿到达佛之境界，精进永不懈怠，且积极推广此无量义的法门”。

---

① 陀罗尼：梵语 dharani 之音译。意译总持、能持、能遮，即能总摄忆持无量佛法而不忘失之念慧力。换言之，陀罗尼即为一种记忆术。陀罗尼能持各种善法，能遮除各种恶法。

十功德品第三

此品中彻底详细说明了，理解此经之经意后，若能够力行实践的话，会有什么样的功德、会有什么样的利益、能给世人带来什么样的幸福。

明确肯定的功德

虽然有不少人认为信仰不需要功德，但这完全是一种虚谈。对正法有了真正领悟，虔诚相信且身体力行，没有功德的话，那才奇怪呢！本来功德大小就因信仰程度的不同而有所别，且功德的显现也会有时间早晚的不同，总之，必有功德是绝对肯定的。

如前节所述，佛陀的教说乃总括全宇宙人类之真理。依此真理去处世待人，身与心必然协调，无所滞碍。这并不是什么奇迹。换句话说，这种情形就如同把电视机的频道和电视转播台发射出来的频率对准时，就自然会出现鲜明的影像、音声的道理是一样的。

但假使转动了选台器，影像却总是不出现的那种电视机会有价值吗？它的命运一定是永久地被扔至一旁，过着蒙着尘埃的日子。有史迄今的各种宗教，渐渐地失去力量，被扔到心田的角落，使之蒙着尘埃，就是因为遗忘了功德的利益。倘若有提到功德的话，姑且也只不过说一些死后的功德，譬如死后升天、死后到极乐世界等等之类。

然而，佛教的功德说，并非世人所未经历过的死后世界的那种暧昧而含糊的功德。佛教的功德说，乃是不仅仅可以为自己，也可以为他人，甚至为世间所有众生带来功德利益。忽视、轻视这种功德，就如同用一块黑色窗帘蓄意遮断了佛法的光芒。这就是现代人心肤浅，不具前瞻性、不深思熟虑所造成。

我们应该舍弃这种肤浅之见，打开心窗，无怖无畏，坦荡荡地徜徉在佛光的普照之下。这才是佛陀出世的真正本怀和悲愿。

话说，听了无量义教说而深受感动的大庄严菩萨，将自己所理解的甚深无量义及其不可思议之功德力，向世尊说并请求："唯愿世尊广为大众慈哀敷演，此经典从何所来？去何所至？住何所住？而有如是无量功德不思议力？"

世尊答言："是经本从诸佛宫宅中来，去至一切众生发菩提心，住诸菩萨所行之处。"

这段话非常重要。此经从何所来？此经"本从诸佛宫宅中来"，就是说此经乃"佛心所自然涌现"之意；也就是特别强调，大乘教义中的此无量义乃出自佛心真实甚深之教说。此经去何所至？也就是说此法门的目的在于"使一切众生发菩提心（愿成佛道之心）"。此经住何所住？此法门乃安住在菩萨行当中；也就是说，"为了完成佛道所修的一切善行，都是此法门的安住之处。"所以，若能依此法门修行用功的话，都能获此功德，那就是无论是谁都能到达佛陀的境地。

世尊继而详细示说十种功德。其中以第一种功德最为根本。佛陀说：

> 功德第一，能令未发菩提心者发菩提心——有些人虽熏修大乘法门，但发愿成佛的心未能坚定，此经将使这些信心尚未坚固的人发菩提心。
>
> 能令无仁慈之心者起慈心——使吝于给予他人幸福的人起慈悯心。
>
> 能令好杀戮者起大悲心——使喜欢给人痛苦、好杀戮的人，生起爱怜与同情心，不仅仅只是使其停止让人痛苦和停止杀戮，反而使其生起使人离苦得乐的救苦救难之心（大悲心）。
>
> 能令爱嫉妒者起随喜心——有些人有种习气，对于比自己

优秀的人总是忌妒、嗔恨，读诵此经后，若能由衷地感恩佛陀教说之可贵，即使是那种总是妄自菲薄的人，也会明白在佛的眼里自己和他人毫无差别，由于满心欢喜，一心“只想要成佛”，对人的忌妒心就会自然消失。

能令有爱著者起能舍心——对财产、地位、名誉、家人等身边周遭之事物，产生占有欲乃当然之事，但如果对其执著（爱著），心就会有所挂碍而生出许多烦恼。假如对这些身外之物，你能做到随时舍弃的境界，你的心就能得到自在解脱，由于不执著（爱著）周遭之事物，反而能与家人和乐融融，对金钱能用度适当，对名誉地位能顺其自然。《无量义经》就是有这种使你生起不执著心（能舍心）的功德。

能令悭贪者起布施心——即使是悭贪的人（悭乃珍惜自己拥有的东西，吝于布施与人；贪乃过度想要占有他人所拥有的东西，贪求无厌），若能明白佛陀一心“只是为了众生”的话，布施心就会自然而然涌现出来，心甘情愿地施舍、心甘情愿地为他人奉献。

能令憍慢者起持戒心——有些自视甚高的人，老以为自己凡事了彻通达无碍，对于自己的所作所为总是津津乐道，有这种憍慢心的人，若能读此经，进而领会佛陀的德行，就会相形见绌地看到自己的想法以及行为的偏差所造成的错误，必然会牢牢地遵守佛陀的训诫。

能令嗔恚者起忍辱心——犯有嗔恚（愤怒）毛病的人，若能把佛心变成己心，那么！不管别人怎么骂我们、背叛我们，自然能够平息怒气冲天的情绪而不起愤恨心。不仅如此，反而对有嗔恚心的人生起同情心，而“想办法要调直这种错误的嗔恚心”。然后便能忍别人所不能忍，进而己心便能经得起诸种磨难，此乃所谓的忍辱。

能令懈怠者起精进心——有些人对一生中应作应行之道，怠惰而不用心努力，而沉迷于无谓的纸醉金迷之中，这种情形就叫懈怠。若能知悉佛所教示："宇宙万物一切生命体，应刚正不阿地坚守自己的岗位，才能使整个世界正确地运行其道，在佛法中这个道理就是'诸恶莫作，众善奉行，自净其意'。"而能明了此一法门，便能自发性地努力做好自己本分应作的事。

能令散乱者起禅定心——有些人只要周遭事情一有变化，心就随着浮动(散乱)，一天到晚不是惶恐不安就是不知所措地发呆，这种人只要能悟出"一切万物看起来似乎时时刻刻都在迁移变化，但实际上其本质是不变的"之真理，便能随时保有一颗清静安定(禅定)的心。

能令愚痴者起智慧心——愚痴的人对事物的判断大都只着眼于表象，无法分辨事情的真相。因而只会被眼前所发生的事情牵动而烦躁、担心。若能如实地修习大乘法门，只要智慧起了作用，就能渐渐地了了分明而能明辨是非。进而便可抹去心中的不快，拨云见日，将烦恼一扫脑后，使你的心性变得明朗、头脑变得澄澈。

能令未能度彼者起度彼心——还没有生起救度他人之心的人，使之清楚明白"人在这世上并非单独的生存者，自己与别人不一起救度的话，人生将一无所用"。就会自然而然地生起帮助他人的念头。

十恶

能令行十恶者起十善心，令乐有为者志无为心——犯十恶(杀生，偷盗，邪淫，妄语，两舌——即说离间语、破语，恶口，绮语——即杂秽语、非应语、散语、无义语，贪欲——即贪爱、贪取、悭贪，嗔恚，愚痴)罪业的人，若能熏修大乘法门，渐渐地会警惕自己尽可能不要起诸恶念。还有一些人处世接物"皆以自我为中心(有为心)”,有这种强烈本位主义倾向的人,若能使之亲近佛心,了解了佛乃以平等心看待一切众生的话,自然地就会以“无我心(无为心)”去待人接物。

能令有退心者作不退心——使容易退失道心的人,若能经由此经而了解真正大乘法门的话,就会猛然奋起“好! 从现在起就要把成佛当作人生指标,永不退道心地努力去修行”之勇气。如此便能预见自己的未来呈现康庄大道,心中自当会昂然奋起非证佛道不可之决心。

能令有漏者起无漏心,能令多烦恼者起除灭心——由于烦恼而生出种种颠倒妄想的人(有漏),使之生起远离烦恼之心(无漏心),使烦恼炽盛者生起熄灭诸烦恼之决心。

世尊如此详细地解说并作了结语。以上所说就是此经的第一种功德。

第一种功德的说明虽就此告一段落,但光是这些就已经是非常不容易了。不,应该说是以生活在现代社会中的人来说,只要能成就其中一个功德,便是值得赞佩,非常了不得了。但是,可千万别妄自菲薄地认为自己终究无法成就那么多的功德,我们必须明白只要能成就其中一个功德,其他的功德自当随之成就。即使是其中小小一个功德也好,重点是要认真去思考之,努力去实践之、修行之。

接着,说明功德第二,经文中每一段、每一偈、每一句都义大博深,因此若能了解经文一段、一偈、一句,即可贯通所有教义。好比从一粒种子发芽,茁壮长成植物,植物中又生出很多种子,种子中又长出无数植物一样,经由此经知悉一个法门,就能洞悉无数的法。此乃第二种功德。

功德第三,了解了一切法,即使心中仍然残留着烦恼,但不会被它迷惑颠倒,对周遭的变化(生死)无怖无畏,甚至心中会生起想要救度那些仍然不了解佛法的人,进而鼓起排除一切万难的勇气。譬如说，假如船夫生病了，即使自己无法独力撑船划到对岸（自己的烦恼仍未断尽），船（法门）仍然坚固牢靠。若把这船（法门）授予众生的话，众生之中自当有人能依此法门，也就是替代掌舵者去划众生船，最后的结果是使大家都能得度彼岸（证悟）。

功德第四，即使只了解经文中的一句，虽然自己尚未完全得度，由于对别人解释，也能使别人得悟。这样一来就能成为菩萨的一分子。成为菩萨的一分子的话，诸佛如来将会示现于此人面前直接说法。

“诸佛如来将会示现于此人面前直接说法”一词别有深意，也就是，“佛一直就矗立在不远的彼方，而未曾想要转身或侧身去瞻仰佛的自己，现在却正面对着佛”。所以，不管你愿不愿意，佛光无时无刻总是照耀着你。这种功德是非常珍贵的。像这样，接受熏习更多佛陀的教诫，就越来越能应对方的根机来传述佛法。

至于尚未成菩萨的人，亦就是所谓的未来菩萨也是如此，何况已经到达菩萨境地的人反复地一再修习此经。当然刚开始仍无法体会其奥妙，但能渐渐地渗入佛法精髓之处，而能时时刻刻感受到佛陀慈爱的拥抱。这就是第四种功德。

功德第五、六，受持、读诵、书写此经的人，即使自己还有未除尽的迷妄执著，也能运用此经的理念与修行去利益社会，为众生说法，使之脱离执著与痛苦。

这也是非常重要的修持之一，并非自身尚未证道就不能向别人传述佛法，而是只要彻悟一法就向别人转述该法，这样就是行菩萨道。譬如说，当国王行幸或者生病，年幼的太子代行王权时，其权同于王命，只要是依法（佛法）施政（说法），国民如同服从于国王的法一样被统治（教化）着。

功德第七、八、九、十，每晋一种功德就更加进入深奥艰深之境界，简单扼要地说，就是越发深入理解、修行此经，随着影响他人之同时，自己也会随之开悟，同时也广度更多的众生，最后终能成就与佛同等的果位。

世尊说法至此，天地共感，人神共奋，所有一切有情众生，皆来供养世尊、菩萨们以及出席法座的大众。于是大庄严菩萨以及与会的诸大众同声对佛宣誓，如来灭后将致力流布弘扬此经，至死不渝。世尊听后欢喜付嘱："此刻你们已成为真正的佛子，能真正救度众生，希望你们能时时刻刻对一切众生施予大乘法门。"大庄严菩萨及诸大众皆不胜欢喜，牢牢地将佛的教诫铭记于心，向佛问讯作礼而退。

《无量义经》就此结束。再一次概其要，"一切法乃源自一种无相（实相）法"。包括人类在内世上一切万物的事相，的确是千差万别，有生起、有消逝，迁移变化，呈现着各种不同的状态。而我们的心却被这种变化、差别的现象弄得团团转而不知所措地痛苦着、烦恼着，假如我们能不在乎事相所呈现的变化与表面上的差别，而能够看穿万物的本质，其实是一种"超越差别的真实之相"、"具不变性调和性"，则我们即使过着一般的社会生活，也不会被任何东西牵绊而能获得自在解脱的心境。

而"实相"是什么呢？如何正确地认识"实相"的问题，未在此中说明。如前所述地，这个问题的诠释将在《法华经》中得到解决。

妙法莲华经

经题之意

现在终于要进入《妙法莲华经》了，先来说明有关经典的题名。所谓经题，乃扼要地彰显经典的成立与内容，但是，恐怕没有一部经能像《法华经》那样地能以短短的几个字便能够陈述整体经文含义。

经题的原文，乃古印度语中的一种梵文"萨达磨芬荼利迦修多罗(Saddharma-puṇḍarīka sūtra)"，而鸠摩罗什的汉译将之定名为《妙法莲华经》。详读前面《无量义经》解释的人便能明白经题"法"的意思，不仅意义重大且含义甚深。其意之一，如"诸法实相"一样地包含着"一切万物(宇宙中存在的一切事物，及世间所发生的任何事情)"之意。其意之二，贯穿着此"一切万物"的乃唯一"真理"。其意之三，依此唯一之"真理"而因时因地适当地彰显"教义"，广而言之，就是"佛法"。其意之四，乃合乎伦理道德地"实践善行"。

此四种含义其根本根源乃源自唯一之"真理"，而此"真理"正是"佛"，站在此真理、法则之上来探讨"人在世上应该如何生存"的"教义"也是佛。"法"与"佛"是同义词，换言之，"佛"与"佛的功德"都以"法"一字而诠释之。因为"法"无上微妙，而无法用语言表达，所以用"妙"字来形容之。

"莲华"就是莲花。因其出淤泥而不染且清净高洁，所以在印度视其为世上最高贵洁雅之花，以此比喻经典之洁净完美。用以比喻

“人生活在滚滚红尘(泥)中,而能不被其染著,不受金钱欲望所迷惑,而能够过着悠闲、自在的生活。”经题中“莲华”一词已如实地彰显着《法华经》的根本精神。

“经”原意为织物的纵线,在印度有一种风俗习惯,就是把花用线串起来系在头上。其意进而延伸为把佛陀无上微妙法,用一条有系统的线连串起来,就称作“经”。扼要地说,就是“示说人生活在现实的社会里,能够不被烦恼所执著,可以过着幸福的日子,无上至尊至贵之教说”,就是《妙法莲华经》的题名。

序品第一

序品就是进入经文本论绪端的部分。经之始描绘世尊在耆阇崛山(灵鹫山)教示"无量义"的情景。当世尊一说完无量义之教说,便身心不动,进入三昧①(心止一处,不令散乱,而保持安静之状态)。

非常重要的是,佛每次在说法之前后必定进入这种冥想。沉思着如何将佛法如实而恰当地种植在众生的心田之中。一心一意希望所说的法门能够被正确地理解与弘扬。据悉世尊一天进入三昧至少五个小时以上。为了让所闻的法更加深植于心,我们也应该至少在闻法的前后几分钟闭目静思,使内心宁静清明,诚心祈祷,与佛成为一体。

话说世尊进入三昧后,天地为佛的教说所感动,空中降下皎洁优雅的花朵,地也为之震动。此时与会闻法的一切众生各个得未曾有的体验,心生欢喜地合掌,一心瞻仰着世尊。

当时,佛的眉间放出白毫相光,照见天地间所有世界。于此世界能够尽见彼土世界的众生在六趣中迷惘徘徊。可以清楚地观照出众生迷惘的根源。也能彻见诸佛无所不在,一切众生听闻佛的教诲,精进地修行。亦能彻见诸菩萨行菩萨道,也能看到诸佛逝去后启建七宝塔安奉着佛的遗骨舍利等。种种景象,皆历历在目。

看到这种景象感到非常不可思议的弥勒菩萨,想要请问世尊此不可思议之景象究竟是什么因缘所成,但世尊仍在三昧之中。正当不知如何是好之时,忽然想起了文殊师利菩萨过去世曾经如同佛子

---

① 梵语 samādhi 之音译,巴利语同。又作三摩地、三摩提、三摩帝。意译为等持、定、正定、定意、调直定、正心行处等。即将心定于一处或一境的一种安定状态。

般地，长久以来在诸佛的身边亲闻过佛法，供养过诸佛，文殊师利菩萨应该会知道这个不可思议的因缘吧！而且弥勒菩萨也已觉知所有在座的一切众生们都想要知道这个因缘，因此面向文殊师利菩萨，询问为何佛的眉间放出白毫相光？而且那个白毫相光为何能照遍东方一万八千世界无边无际的国土？为何能看见如此庄严华丽之佛世界？这些种种到底是什么因缘所成就的呢？于是，以朗诵长诗（偈）之优雅方式，重新描述当时亲眼所看到不可思议的庄严景象，谦和地恭请文殊师利菩萨解说之。

于是，文殊师利菩萨面向大众说道：

依我之推察，世尊即将示说非常重要的法门。因为过去世我侍奉诸佛时，每当诸佛示现此不可思议的景象之后，必定会示说重要的法。

久远以前有佛名为日月灯明如来，此佛诸德兼备，诸行圆满，以初善、中善、后善①演说正法，为了应机教化，虽然说法方式渐渐有所改变，但所说的法始终是架构在唯一真理上。

所说之教义深远，演说方法巧妙而浅显易懂，内容精粹圆融，具足令众生实践清净梵行之功德力。

为想要借由听闻佛法来去除心中烦恼的人说四谛法，使其心不被生、老、病、死之人生种种苦所束缚，使之对这些种种苦先有事前心理准备，当面对人生种种变化时，便能不惊慌失措。为求辟支佛（缘觉）的人，说十二因缘法。为诸菩萨说六波罗蜜，令得最高智慧。

---

① 初善、中善、后善：又称初中后善。为称赞经文之词。有三释，（一）配合身语意三密，即以身密为粗，故配为初善；以意密为细，故配为后善；以语密系引自内心而显于外者，故配为中善。（二）依戒、定、慧之顺次而为初、中、后善。即依准《成实论》之"捉戒、缚定、杀慧"等顺序而配置。（三）配合一部经轨之序分、正宗分、流通分而有此义。据《理趣释》卷上所载，初善者，谓一切如来身密，指一切契印、身威仪；中善者，谓一切如来语密，指真言陀罗尼、法王教劫，不可违越；后善者，谓本尊瑜伽，指一切三摩地无量智解。

所谓的“四谛”、“六波罗蜜”，乃教导我们如何根本解决日常生活中所面临的痛苦与烦恼，而能引领我们到达绝对安稳境地的法门。此乃世尊教说的重心部分，在此先详说其意。

四　　谛

所谓“四谛”，就是“苦谛”、“集谛”、“灭谛”、“道谛”的四种觉悟。

“对未听闻佛法的众生而言，总是觉得世事一切皆苦。”人生中充满着种种诸苦，第一种苦——精神苦，第二种苦——肉体苦，第三种苦——经济苦。正视、明辨人生诸苦之百态，而能不从中逃逸，这就是“苦谛”之意。

“集谛”，反省、探求人生诸苦发生的原因，彻底从诸苦中走出而觉悟之，并彻底觉悟这个诸苦的根源。这个概念将在《化城喻品第七》“十二因缘”之处，以及该品后面即将要说明的“诸法实相”、“十如是”中，才详细解说。

“灭谛”，人生诸苦消灭殆尽的安稳境地。精神苦、肉体苦、经济苦以及其他种种诸苦皆断尽。如能实现“灭谛”的境地，世间将出现寂光土①之安乐境界。

这种境界必须能够证悟世尊所证的“诸行无常”、“诸法无我”、“涅槃寂静”三大真理方能到达。此三大真理乃重点中之重点，下面就要立即详说。

然而，证悟此三大真理，对凡夫而言并非轻而易举之事。必须每天精勤不懈、努力修行才行。也就是必须具体实践妙(心)、体(性)、行(动)三种菩萨道。更深入地说，也就是精进修行“八正道”、“六波

① 寂光土：又称常寂光土。指诸佛如来法身所居之净土。为天台宗所说四土之一。佛所住之世界为真如本性，无生灭变化(常)与烦恼之扰乱(寂)，而有智慧之光(光)，故称常寂光土。此土乃佛自证最极秘藏之土，以法身、解脱、般若为其体，具足圆满“常、乐、我、净”等四德。

罗蜜”。消灭人生诸苦的教说就是“道谛”的意思。

如此，正视人生乃诸苦的现象世界（苦谛），掌握诸苦生起的根源（集谛），然后日日实践修行（道谛），以铲除人生诸苦恼（灭谛），此教说就是四谛法门。为了易于明了，以图示之。

四　谛

苦谛——正视人生诸苦的问题，清清楚楚地明辨精神上的、肉体上的、经济上的，以及其他一切苦恼之真实面貌。	集谛——本着诸法实相、十如是、十二因缘之法门修行，去探究并深省诸苦的根源（渴爱·贪欲），而明明白白地觉悟之。
灭谛——已灭尽精神上的、肉体上的、经济上的以及其他一切苦恼，到达安稳（解脱）之境地。	道谛——灭除诸苦的修行法。也就是，实践菩萨道——自行的八正道，化他的六波罗蜜。

接着，说明“诸行无常”、“诸法无我”、“涅槃寂静”。

诸行无常

“诸行无常”一词曾在《平家物语》卷头题下中出现过：“祇园精舍钟作声，响彻诸行无常律。”，可能是由于古文之故，其义渐渐被误解成“世事难以预料”。这也是造成佛教被严重误解的因素之一。也就是使得一般人误以为“世事难以预料，一心一意求生到更好的世界，寄托来世，不求现世利益，就是佛教的宗旨”。

为了纠正这种错误观念，必须先确切理解“诸行无常”之意义。所谓“诸行”乃“世间一切诸相”之意。所谓“无常”依字面“不是常有的”，也就是“并非一直始终保持相同状态”。换言之，乃“变化”之意。因此所谓“诸行无常”乃“世间一切万物与一切现象，念念之间转变不息”之意。

而我们必须彻底洞悉这种现象。

太阳总是被认为在天边的彼方永远不变地发着光，但事实上今日的科学已证明太阳是时时刻刻不停地在变化着。昨日的自己与今日的自己看似毫无变化，但事实上人体的细胞却是连绵不绝地灭了又生、生了又灭，大约以七年的时间更换一次全部的细胞，更换之后又再继续不停地生生灭灭。

何况，世间人不论是谁都能据如经验得知，人心所感受到的悲、苦、喜、乐完全没有终点站，完全没有休止符，永远持续不断地变化着。

这就是"诸行无常"，可是若是把"世事难以预料，世事不可捉摸，世事不可信赖，就死心吧"这样的想法当作是佛陀之教说的话，那可是千错万错了。正确的理解应该是，佛法"可以使人清楚地明白一切万物并非一成不变，而是时时刻刻不停地迁移变化，使人可以沉着稳重、从容不迫地面对眼前发生的小小变化"。

再积极地进一步了解"诸行无常"，便能深深地体会到人类与生俱来所具有之坚韧的生存奋斗力，继而也就能明白为何人类的求生方式必须不断地向上，精益求精；而且心中自当涌出一种真实感受，这种感受就是人类必须彼此心存感恩，必须以平等博爱、同心协力、和睦共处的生活方式生存。体悟此一道理正是"一大事"。

据说几十亿年前的地球，到处充斥着泥浆，而泥浆乃火山所喷出的几千度以上的岩浆所成，空气中笼罩着水蒸气、瓦斯，完全没有生物。然而，大约二十亿年前，地球渐渐地冷却，才开始有生命体的诞生，而地球初次诞生的生命物体，如细菌般的微小，必须使用显微镜才能看得到。

那微小的生命体，被洪水、地震、火山爆发、干旱、酷寒不断地侵袭，但始终未被铲灭，反而坚毅不拔地延续着生命。不仅如此，还逐渐地进化。根据现代学界的研究成果，人类的进化乃从变形虫开始，渐渐演进为虫类、鱼类、两栖类、贝类、鸟类、哺乳类，最后进化成人类。

我们必须试着再度思考这种坚忍不拔的生命力。当重新深省之时，就能够使我们对随时就要丧失的生命力再度恢复自信心。对于目前自身的病情、生活上的痛苦便能释然于怀而不挂碍，因为人类是从那样的大灾大难中历尽沧桑所演化而来，而这种坚忍不拔的生命力就住宿在自己的身体里。想到这些，便能自然而然地对自己原本拥有的生命力产生无比的信心。

再看看从变形虫开始进化成人类的过程，再回顾自有人类以来到今天为止的人类历史，人类是这样一步一步地向前演进而来的。这么一来，便能领悟唯有向前演进的生存模式，方为契合人类应行之路；能警觉到假若人类的生存方式停滞在某处，不往前走，走回头路，就是违背了人类应行之路。若能了知这些，自当明白我们必须朝着人类理想之境地时时刻刻不断地前进。噢！不，与其说“必须”，不如说那是一种极其自然的道理。

所谓人类理想之境地，不用说就是“佛”之境地。因此念念祈求想要成“佛”，且时时刻刻去实行，这种理念与精神，方符合人类的应行方向，所以这并不是什么特别的事，也是理所当然之事。正因为如此，人类到目前为止因与应行方向背道而驰而造成生活上的、身心上的种种不调和，而影响了健康，所以回归人类应行之正道，也是当然之事。

再说，最初的生命体乃由火山岩、金属、水蒸气、瓦斯之类的物质所形成，这些物质再经分裂，一部分变成植物，一部分变成动物，而这些再变成虫、鱼、两栖类、贝类、鸟类、哺乳类，最后才演变成人类。试着追溯这些演变过程，就会明白树木、石头、金属、天地万物的祖先都是同一物质所演进而成。那么对植物也好，飞禽走兽也好，自然而然地会产生一种亲切的亲密感，而真实地体会到万物皆兄弟也。

于是很自然地对植物、虫、鱼、鸟、兽会隐隐约约、不由自主地生起感恩心。更何况是我们最亲密的父母、祖父母、历代祖先，当然心中必然会确实地铭感终身。

的确是万物皆兄弟也。何况，现在活在此世界的人类伙伴不是兄弟那是什么呢？既然是兄弟，却互相对立、憎恨、掠夺，进而导致互相残杀的地步，这绝非人类原有的本性。

不能觉悟这个道理，就是因为被眼前的差别变化所颠倒，被眼前的利害得失所迷惑，只要用“诸行无常”之法门仔细地去观察人类的一切现象，迷惑、颠倒自然会连根拔除，人类正确、和平的生存方式，必能实现于世。

诸法无我

接着说明所谓的“诸法无我”，乃“世上一切万物，并非全然地与他物切断关系的孤立者，必定与他物之间存在着相互的联系关系。”

试着思考一下与我们毫无关系的小虫、飞禽、山林小松，在几十亿年前地球运动刚刚完成的时期，与我们同样也是溶化在岩浆中的火块，进而便能明白一切万物乃由一个生命所贯穿。即使是土、云、空气，皆无例外。

再把视线从古代转到现代，注意观察现在我们所生活的环境，试着仔细地去思考，其实土、石、虫、鸟皆与人类有着息息相关的关系，人类因受土、石、虫、鸟之所惠而生气勃勃。没有云不可能下雨，就像人若没有空气则不能活命。所以我们必须明白一切万物不可能单独存在的事实。如此仔细地观察大自然的生态，就能体会出，即使表面上看似毫无关系，但必定在某个意想不到的地方存在着联系性。

简单地说，人体亦是生物的一种，即使看起来与石、铁等等矿物质全然不同，但人体的大部分由水矿物质所组成，人若没有盐、钙、铁、铜等等矿物性物质的滋养则难以存活，我想这个不争的事实大家应该可以深切地体会得到。

不必赘言，人类的生活中，这种互生互有、共生共存的关系是越来越浓厚、紧密。

有一位诺贝尔和平奖得主史怀哲[①](Albert Schweitzer)博士，在非洲内地的原始森林里，为黑人医疗与传教持续达四十年之久。个人以为他应可列为二十世纪伟人之一。博士在年轻时代，有一天在听巴哈曲子之刹那间，忽然心中强烈地闪过一个念头——下定决心要去非洲“拯救非洲内地的黑人”。

看到这样的真实故事，不得不使我们深深地感慨因缘的不可思议。早在百年前就已逝世的德国作曲家巴哈，大概作梦也不会想到自己与非洲内地的黑人有什么关联吧！但是那首倾注巴哈神髓心魂的动人旋律，却成为当时尚未出生的亚耳沙斯的年轻学者——史怀哲的世纪大抉择的机缘。

这只是一个小小例子，人与人之间的关系，就像这样在看不见的深处中，像网状物般地一直扩大着。更何况，同样是日本人之间的话，那个网状物将更容易紧密结合吧！即使从最现实的经济行为方面来看，自己缴纳的税金被谁使用了？没有生病的人交付的健康保险金被谁使用了？失业者所领取的失业金是谁付出的呢？像这样光是浮现于表面的关系，其网状的关系性就那么复杂。更何况，隐藏在眼睛看不到的相互关联性，其复杂的程度已非用想像可以得知的了。

---

① 1952年诺贝尔和平奖得主史怀哲(Albert Schweitzer)是物理学家、哲学家、风琴演奏家、音乐乐理专家、医生、作家。他在斯特拉斯堡大学时已经被师友视为不可多得的天才，在哲学、神学和巴哈音乐上均造诣精深。毕业后不论追随父亲之后成为牧师和宗教家，或当学者，甚至潜心学习音乐，条条都是光明大路。他也的确作过这几种工作，只是内心却不能安稳。某晨，他在收音机或什么地方，听到一段关于非洲大陆土人的需要和救济他们的宣传片段，脑中闪过一个念头，这时，他知道自己应做什么——往非洲行医。家人、师友、同事，都大力反对他的决定，但没有用。结果，他在三十岁时入医学院学习，五六年后毕业，前往非洲设立医院，救治土人，一做四十年，直至离世。奇妙的是，他放弃自己钟爱的音乐、哲学，但后来却有机会重拾这两种兴趣与工作，他的管风琴演奏，成为医院募集经费的途径。

所以，物物之间原本就存在着不可分割的关系，正本清源地说，尽管人类必须遵循自他共生共存的铁则方能生存下来，但人类却仍然执著小小的自我，各自以本位主义的思惟方式去处世，不管他人瓦上霜，只要自己好就行的生活态度，经常引发人与人之间的对立、争执、掠夺、杀戮等等。所以，我们必须彻底了解"诸法无我"之意义，其重要性就在此处。

再进一步深思，如前所述地，人类向前不断地精益求精乃历史的必然性，此乃人类应行的自然之道，然而若是停滞在某处，或是在停滞处走回头路，这种逆向行驶的情形可以说是一种"罪"、一种"恶"。

"罪"或者"恶"在佛陀的教说中原本是不存在的，如现在所说的，人类理当行之而不行之，甚至还往后退，就称之为"罪"、称之为"恶"。因此，舍去逆向驰行，就等于舍去"迷惘"，在这舍去的瞬间，"恶"立即就会消失，而只有佛所发出灿烂的光芒能为我们启开光明世界。

既然"佛道"是人类应行之道，那么在我们不断地精益求精当中，却不去亲近佛，就是违反人间正道，所以说是"罪恶"。这种情形，若从本位主义者"我"的角度来理解的话，就会变成"奇怪了！既然自己的恶报自己承受，那有什么关系！别人有什么资格干涉东干涉西的"。然而，这种想法也是大错特错的，因为所有人类的生存，必定在某处存在着环环相扣的关系。一个人的"恶"一定会在某处波及众多的人，一个人的懈怠必定妨碍人类全体的进步。

能体会这些道理，就能领悟"自己若是自甘堕落，悠悠哉哉地停下脚步漫游，将会给很多人带来困扰。还是一小步一小步地往前走吧！"这就是"诸法无我"真正的精神。佛教之所以被称为努力主义的宗教，就是源自"诸法无我"的精神。

涅槃寂静

至于“涅槃寂静”一词也是从误解“涅槃”之意开始而被误导。也就是说，目前大多人都把“涅槃”视同“死”的意思。所谓“世尊入涅槃”，通常意指入灭。因此，“涅槃寂静”就被一般人当作到达死后安乐世界的意思。

涅槃①在梵语中具有否定之意，因而含有“无”之意，所以也有“没有肉体”、“肉体消失了”之意，同时也具有“无执著烦恼”的状态。在佛法上这样解释是没有错的。也就是“执著烦恼”完全熄灭殆尽，此后的未来永远不再被“烦恼”所束缚，能到达这种境地乃涅槃之真实意。因此，“世尊入涅槃”并非“入灭”，而是“成道”之意。

因此，“涅槃寂静”乃“执著烦恼熄灭殆尽，人生的痛苦才可能消失，才可能获得平稳、安定的生活”之意。

那么，要怎样才能到达“涅槃寂静”的境界呢？只有亲证实证如前所述的“诸行无常”、“诸法无我”，此外别无他途。

被人生诸苦所烦恼的我们，乃由于忘记“诸行”本“无常”的道理，也就是忘记了一切万物经常有生灭变化的现象乃由因（原因）、缘（结果）和合的法则所产生，我们的心只是被表面的事相颠倒；在利害得失中迷失了我们原有的本性，假如我们熏修佛的法、实践佛之道，能够确实地觉悟“诸行无常”之真理的话，那么不管眼前的环境如何变化，我们的心也不会为其所动，且可以随时保持一颗如如不动的心。这样就是“涅槃寂静”的境界。

再者，我们感觉物质上的不足，事情进行不顺利，冲突、争执

---

① 涅槃：梵语 nirvāṇa，又作泥洹，意译作灭、寂灭、灭度、寂、无生。与择灭、离系、解脱等词同义。原来指吹灭，或表吹灭之状态；其后转指燃烧烦恼之火灭尽，完成悟智（即菩提）之境地。此乃超越生死（迷界）之悟界，亦为佛教终极之实践目的，故表佛教之特征而列为法印之一，称“涅槃寂静”。

频仍，烦恼、痛苦等等，这种种现象的产生是由于人与物、人与人之间未取得调和。为什么说是未取得调和呢？因为彼此不知道、或者是忘记了“诸法无我”真理之故。万物、人都是一个生命所贯穿，在眼睛看不到的地方隐藏着一条绳子，联系着彼此的关系，我们只要把这个的事实联想起来，然后舍去彼此的小“我”，让那个联结关系发挥功能，也就是内心真诚地希望自他之间共生共存的关系发挥应有的功能，那么自他之间便能自然地产生调和。产生了调和之后，过与不足、冲突、摩擦都会自然地消失，便能够随时随处拥有一颗处之泰然的心。这也是一种“涅槃寂静”的境界。所以，“涅槃寂静”乃经由体悟“诸行无常”、“诸法无我”后所得到的理想境地。

在“八正道”、“六波罗蜜”法门中，示说到达“涅槃寂静”境地之具体生存方式以及修行方法，因与“四谛”有着不可分割的关系之故，此处须一并说明之。

八正道

所谓“八正道”，就是“正见、正思、正语、正行、正命、正精进、正念、正定”。在此须先稍微解释一下，在佛典中会出现很多像这类附带着“数”词的教诫、法门，这些都是因为佛陀说法的当时，文字仍未普及，为了便于记忆，而采用了数字。特别是四与四的倍数都是非常易于记忆的数字，这里也是世尊用心良苦之处，现代人的话就不一定要去拘泥数字的问题了。

若有人觉得“八正道”分成八项实在难以忆持，不妨划分为四项来理解记忆亦可。第一，当作根本大事“依佛之知见起正信心”；第二，“保持正直平常心”；第三，“正当日常生活应有的行为”；第四，“实践佛说之正道”。

所谓的“正见”乃考量事物时，应遵循合理而平等的佛之知见，不以自我为中心作是非标准的准则。因此，直接途径就是归依佛。

“正思”乃判断事物不私心，总为大局着想来作行为的指标。也就是，舍去“贪欲(对于自身所好之对境生喜乐之念，而起贪著之心及取得之欲望)”、“嗔恚(不合己意就发怒)”、“邪心(为贪著于我之邪见，一意孤行，固执己见)”，舍去这种“意三恶”，以如佛般地宽容心，正直地考量一切事物。

“正语”，即离妄语(说谎)、两舌(在两者间搬弄是非、挑拨离间，破坏彼此之和合)、恶口(口出粗恶语，毁訾他人)、绮语(信口开河，说话敷衍搪塞)等“口四恶”，说话正直正当，不歪曲事实。

“正行”，日常生活行为符合佛陀的教诫，不作不正当的行为。特别是离“杀生(无谓地残害动植物)”、“偷盗”、“邪淫(非正常关系的性行为)”等“身三恶”，过着清静合乎道德标准的日常生活。

“正命”，索求有当地谋求衣食住行之生活所需。不从事危害人以及对社会无所帮助的职业；也就是从事正当、有利于他人的职业，依靠正当收入维持生计。

“正精进”即不犯“意三恶”、“口四恶”、“身三恶”等种种恶，总是做正当的行为，不怠惰，不误入歧途，不旁门左道。

“正念”，即以佛心而修己心。此处特别重要的是，不仅对自己本身，对待他人以及人以外的一切事物，也都必须保持正当念头，否则就不能说是等于佛心。凡事只想到自己、只要自己好就行的话，就会渐渐地离群索居，变成顽固、独善其身的人。不能依平等心对待天地万物的话，就是尚未达到把佛心当作己心，亦就是己心尚未到达宽容平等的佛心境界。

“正定”，即对佛法具有坚定不移的信心，不为周遭的变化而犹豫不决，亦即始终一贯不断地行持正法。

总括而言，“八正道”乃“正当的日常生活”之教说。为了一目了然，制表如次：

八 正 道

一	正 见	对世间一切事物不本位主义、不偏见，不偏不倚，合于理性地判断世间一切事物。
二	正 思	舍去意三恶（贪欲、嗔恚、邪心），以宽容心来考量一切事物。
三	正 语	离口四恶（妄语、两舌、恶口、绮语），说话正直正当，不歪曲事实。
四	正 行	离身三恶（杀生、偷盗、邪淫），过着清静合乎道德标准的日常生活。
五	正 命	适度正当地谋求衣食住行等生活之所需。
六	正精进	对正当的使命、目的，始终不怠惰，努力不懈。
七	正 念	心始终保持正当念头，始终朝着正确方向。
八	正 定	心始终对正法坚定不移，不为周遭的变化而犹豫不决。

六波罗蜜

所谓"六波罗蜜"乃大乘佛教中菩萨欲成就佛道所实践之六种德目，即"布施"、"持戒"、"忍辱"、"精进"、"禅定"、"智慧"。

菩萨不同于声闻与缘觉，不以自己出离烦恼为满足，上求无上菩提，以悲心下化众生，修诸波罗蜜行，亦即自利利他二行圆满者。所以，"六波罗蜜"之修行均以救度他人为前提。现在依次说明如下：

第一"布施"，有"财施"、"法施"、"身施"三种。"财施"乃对他人施予金钱、物质。"法施"乃教导人正确的事物。"身施"乃尽力付出自己的心力、体力，减少他人的负担、劳苦。这三种当中连一种也做不到的人，恐怕不存在吧！纵使经济生活上仅够糊口度日的人，只要有那颗心，就应该会为比自己还不幸的人，或者是为社会福祉，去喜舍一点点的布施。纵使连这一点点的经济能力都没有的人，那么总可以通过劳动去为他人、社会奉献吧！或者有知识、有智慧的人，不用金钱、体力，也可以教导人、引导人。

其实不必那么大费周折，便可轻而易举地作得到“法施”，那便是只要与别人分享自己的亲身体验即可。比方说，教教别人腌制酱菜、编织毛织品等等，这都是值得令人赞叹的“法施”，也都是“法施”的一种。

其中任何一种都行，实践自己能力做得到的“布施”，实际去利益他人，才是最重要的。当然，三种“布施”都能做得到，自然更好。总之，“布施”列为菩萨行的第一要件，当然存在着很深的意义。

第二“持戒”，乃“依佛所制定的戒，去除自己心中的烦恼执著，过着正当的生活，自己若不先自我成就的话，将无法救度他人。也就是须先自度而后度他。”

但是，在此可别误解，以为自己离完美人格仍然遥不可及，怎么能有资格引导别人呢！千万不可这么妄自菲薄。要是过着自我封闭的生活，反而无法达到“自我成就”。“为人克尽己力”也是“持戒”上很重要的一点，透过为人克尽己力的实践，自己亦能向前进步；在自我前进之中，相对地就有能力为别人奉献一己之力。帮别人开启一扇窗，也就是让自己看到更完整的一片天空。自利、利他这两种关系会无止境地一直循环下去。

第三是“忍辱”，这种波罗蜜行对现代人特别的需要。世尊乃诸德兼备、经过累劫累世修行的大成就者。所以，对世尊的德行评头论足、大作评论，是非常不恭敬，是万万不应该的。但假设把世尊视为凡夫来看待的话，其最大的德其实应该可以说是“宽容”。翻遍佛陀的任何传记、任何经典，从未记载过世尊有忍无可忍而发怒的记录。就算前前后后的情节可以推察出可能动怒的场面，但世尊连微小的怒气也不曾发过。无论受到什么迫害，甚至弟子们的背叛离去，世尊不但不起嗔恨，反而会觉得：“唉！真是可怜啊！”悲伤地生起慈悲心。

假如只知现实世界的人，问起如何用一句话来形容世尊的人格的话，我会毫不犹豫地回答："世尊是个彻底宽容的人。"

我们总是因某种外境而动气、起嗔心，而且将怒气、恨意肆无忌惮地向对方发泄，没有比诸如此类的事更能让世尊悲伤的了。因此，首先最要紧的就是，彼此赶快停止此类情形的发生。

"忍辱"就是"宽容"。不仅仅只是对人，随着修行功夫的累积，逐渐地就不会怨天怨地。我们只要稍微遇上一点小事，比如说下了雨就郁闷、发牢骚，如果天晴的话，这回就会抱怨到处尘土飞扬。但是，累积了修行功夫的心，可以从容自在地看待这一切，下了雨就会感谢雨"下得好"，天气若晴朗了就会赞美"太阳的光真是好极了"。换言之，就是你的心不会轻易地为境所转。

再进一步地说，即使对曾经伤害、侮辱、背叛你的人，不只是不会感到一丝怒意、恨意，相反地，反而变得积极地想要救度他、帮助他。反过来，当你被人戴起高帽子地称颂道"你真是个非凡的人物"时，不会乐不思蜀地忘了自己是谁，即使被人奉承阿谀、被人褒扬，会时时刻刻切实地反省自身，不会生起优越感，而总是怀着谦卑心，这也是一种"忍"。

像这样的境地应可说是"忍辱行"之最高境界。即使无法一下子就到达这样的境界，但对于那些莫名其妙来找碴的人，想想这样的人是"不了解佛法的可怜人"，反而能迅速到达忍辱的境界，至少会努力去完成这小小的境界。如果这种"忍辱"的精神，在某种程度上成为全世界人类的习惯，那么，单凭这种精神，就能保障全世界的和平，不是吗？单凭这种精神，就足以给人类带来前所未有的幸福。

第四，"精进"中的"精"字表"无杂质"之意。即使拼命地学、拼命地修，脑子里以及修持行为中有了杂质，就不能说是精进。舍弃无益于世的多余事物，迎向切实的目标，心无旁骛地勇猛前进，才是真正的精进。

可是，即使如此一心一意地辛勤耕耘，不开花结果不打紧，反而时不我与地出现逆境，或者是在精进修行中发生了来自外境的怂恿煽动。但是这种情形有如大海中的小小涟漪，只要风一停息就立刻消逝，说穿了只不过是个幻影罢了。因此，一旦下定决心，就须不退缩，一心一意勇往直前，才叫做真正的“精进”。

第五“禅定”。“禅”乃“宁静的心”、“不动的心”之意。而“定”之意乃心安定，无所动摇。不是只有拼命精进就好，用沉着的静虑心来观察世间事物、来思惟一切事物，才是要紧的。如此一来便可看清事物的本质。如此方能恰当地掌握应对世事应有的方法。

这种应对事物应有的态度，洞察事物本质的能力，就是第六“智慧”。智慧字面上的意义在《德行品第一》的章节中已详说过了，此处不再解释。

若无“智慧”将无法度人。比方说，路旁躺着一位脸色苍白的年轻病人。稍微瞄了他一眼觉得很可怜，未思前虑后就施予金钱。如果这个青年是个轻度毒品中毒者的话，结果会如何呢？他是不是刚好拜此之赐而拿着这笔钱继续去吸毒呢？因为这样，结果反而把他变成严重的中毒者也说不定。假如取代金钱布施，而安排他进入戒毒中心使之就医，或许能使他重新做人。原本是善意的“布施”，方法错误，会导致这种结果。虽然这个例子有点夸张，但世间上的确有很多这种类似事件。

像这样地，我们要实践裨益于人、救度众生等等之善行，不拥有真“智慧”的话，好不容易生起的慈悲心，不仅不能发挥其功效，更有可能适得其反，导致不良结果。所以，在菩萨行来说，“智慧”乃绝对不可或缺的要件之一。

话再回到经文，文殊师利菩萨继续说：

> 日月灯明如来为求声闻者、求缘觉者、求菩萨者，应其所求而示说适得其所之法门，并使之各各成就无上正等正觉与智慧。此佛涅槃立刻又出现一佛，亦名日月灯明如来，也说着同样的法门。就这样一个接一个地出现二万佛，皆同一佛号，叫日月灯明。

二万佛中最后出现的日月灯明如来,未出家以前,曾为一国国王,其有八位王子闻其父王出家后证得无上正等正觉,皆舍王位随父出家,并在诸佛处修持种种善行。

最后出现的那位日月灯明如来,对大众讲解《大乘无量义经》,教示《无量义经》乃行菩萨道之法门,亦是诸佛所护念、所弘扬。说完经,即于大众中结跏趺坐,入于无量义处三昧,身心不动。

是时天空降下缤纷动人的花雨,大地震动。当时日月灯明如来眉间放出白毫相光,照见东方一万八千佛土世界,靡不周遍,正如现在我们所看到的情景。

弥勒啊!当时会中有二十亿菩萨,一心期待着听法,诸菩萨们见此不思议光普照诸佛土,欲知此光的因缘由来。之后日月灯明佛从三昧中出定,对着与会中一位名叫妙光的菩萨说《妙法莲华经》。

此后六十万年间日月灯明佛一直保持着结跏趺坐的姿势殷勤地教说此经。与会闻法者亦坐一处,六十万年间身心不动地听闻佛法。所有闻法者听佛说法皆甚欢喜,虽然闻法六十万年,但都觉得仿佛如食顷之间那般的短暂。

同一佛号、德行的如来,一个接一个地出现二万佛,如来乃“由真如而来的人”之意,千真万确的成就者,与“佛”同义,亦是佛之别名。日月灯明佛出现二万人之多,皆以同一德行、同一德相显现。其最后佛说《妙法莲华经》长达六十万年之久,却让听众觉得只在须臾之间。这种天方夜谭之说,不免令人匪夷所思百般不解,到底涵盖着什么意思呢?虽有点模糊但终会有一个令人释怀的答案。

其真正的意思将在《如来寿量品第十六》中弄清楚,在此不作详细解释,一言以蔽之,此情此景乃欲强调真正的觉悟所涵盖的真理,乃超越时间,永远存在;超越空间,无处不在。

文殊师利菩萨继续说:

日月灯明佛说法结束，对着大众宣言“我将于今晚入夜后，与各位告别”。说毕便于夜中入灭，佛灭度后由妙光菩萨继续演说《妙法莲华经》。

妙光菩萨的弟子中有一人叫求名。因贪著利养、名誉，虽读诵诸经而不能通达，多所忘失，故号求名。可是这位弟子深知自己的缺点，诚心忏悔，多行善行，因而种下诸善根因缘，得遇无量百千万亿诸佛，对佛供养、恭敬、尊重、赞叹，最后终于开悟。此人正是弥勒菩萨的前世身，而妙光菩萨正是我的前世身。

因此，如我思忖，现在看到入定于三昧中的世尊额头所发出的白光，照见东方一万八千佛土世界，这种靡不周遍、令人难以想像的现象，我于过去世曾见此瑞，诸佛放斯光后即说大法。因此，世尊肯定即将要说《妙法莲华经》。

我们大家一起合掌一心一意期待，今佛世尊当将降无量甘露法雨，当使求道者所愿皆满。

文殊菩萨说完，即以偈言重申此意。此品到此结束。在此最扣人心弦的是世尊无与伦比的精神力，而我却以如此的笔调来描述无上至尊的佛陀，不禁令人感到无比诚惶诚恐。

自知即将入涅槃的世尊，为了后世人类，决定以其毕生八十年在修行生涯中所证得之精要——大彻大悟的真理，以遗言留给世人。此处虽假借最后一位日月灯明佛的一生，而示现种种相，但依照传记所载，世尊的肉体，由于年老病衰而呈现衰退的现象。

尽管如此，世尊却开始教说含义甚深、浩瀚无边的教义，而且还是描绘深入、内容丰富、光明无限、具积极性和真实教义的《法华经》。当我们佩服世尊所证甚深无上觉悟的同时，亦被其伟大的精神力量所感昭。当然，我们千万不可忘记，此精神力量，乃世尊的大慈大悲心因悲悯后世众生而产生。

方便品第二

方　便

此品被视为是迹门的梁柱，是《法华经》前半说法的重心部分。字典中方便[①]的“方”乃“正方形，转之为‘正’之意”，“便”乃手段之意。因此，方便乃为正确适当的方法与手段之意。在佛法中其原意为“恰如其实地因人因地对机说法”之意。到了后世，方便一词在日本被广泛沿用。而最具代表性的一句就是“说谎有时也是一种方便权宜之计”，使得方便一词的受容与理解渐渐地被扭曲，实令人深感遗憾。若不把此话的原意牢固地记在脑里的话，就无法真正理解此品。现在就要开始进入本文。

《序品》中文殊菩萨说：“世尊接下来肯定要将其所证悟之最高境界，当作最后遗教教示世人”，所以大众们满心欢喜地期待着。

尔时世尊从三昧安详而起，告诉舍利弗说：

> 佛乃能够洞察一切万物实相之觉悟者，其智慧甚深、无量、难解，入此智慧门相当艰难。一切声闻、辟支佛等辈无论如何也无法得其奥义。
>
> 怎么说呢？所谓的“佛”乃闻名于普天之下、至尊至上的成道者。曾经亲近过百千万亿无数诸佛，行尽诸佛所教授的无量法，无所畏惧，勇猛精进，终于成就了世上未曾有人到达的境地。因此只是修行入门法的人，根本不可能了解。佛根据众生的根性随宜教说了种种法门，但对闻法的众生而言，佛到底为了什么

---

① 方便：梵语 upāya，巴利语同。音译作沤波耶。十波罗蜜之一。又作善权、变谋。指巧妙地接近、施设、安排等，乃一种向上进展之方法。

目的而示说此法？真正的目的令人百思不解。

舍利弗！吾从成佛以来，以种种因缘(过去世的因缘本事)、种种譬喻言教，广而演说之；以无数方便法门引导众生进入证悟的世界，令之远离本位主义的处世态度(诸著)。

为什么能有这种使众生离执著的能力呢？因为，如来具有善巧引导(方便)一切众生之能力，也具足了究极一切万物实相之能力(知见波罗蜜)。

舍利弗！所谓的“究极一切万物实相之能力”，意指如来的知见既广且深，能够知见久远的过去以及遥远的未来。

佛具有凡夫的想像力无法评估的宽大包容心，亦就是“慈——慈爱众生并给与幸福”，“悲——同感众生苦，怜悯众生并拔除其苦”，“喜——思惟无量之众生离苦得乐而感到欢喜”，“舍——忘记他人的加害，舍去报复心，对他人施恩不求回报”之四无量心。

佛的说法，完美无缺(四无碍①)；具足洞察世间一切事物实相之智慧(十力②)；说法无有恐惧与顾忌(四无所畏③)；心保持宁静不动摇(禅定)；离一切执著(解脱)；心止一处不令散乱(三昧)。佛兼具此等诸种能力。

---

① 四无碍：梵语 catasrah pratisamvidah。即指四种自由自在而无所滞碍之理解能力(即智解)及言语表达能力(即辩才)。均以智慧为本质，故称为四无碍智；就理解能力言之，称为四无碍解；就言语表达能力言之，称为四无碍辩。即(一)法无碍解、(二)义无碍解、(三)词无碍解、(四)辩无碍解。

② 十力：梵语 daśa balani。即十种智力。指如来十力，唯如来具足之十种智力，即佛十八不共法中之十种。谓如来证得实相之智，了达一切，无能坏，无能胜，故称为力。十力即：处非处、业异熟、静虑解脱等持、根上下、种种胜解、种种界、遍趣行、宿住随念、死生、漏尽智力。

③ 四无所畏：梵语 catvāri vaiśāradyani，巴利语 cattari vesarajjani。谓佛菩萨说法时具有四种无所惧畏之自信，而勇猛安稳。又作四无畏。为十八不共法之一科。即：(一)诸法现等觉无畏、(二)一切漏尽智无畏、(三)障法不虚决定授记无畏、(四)为证一切具足出道如性无畏。

由此缘故，佛的法甚深无边无际，佛成就了过去以来未曾得知的法、过去以来未曾得证的法，成就一切未曾有法。

舍利弗！如来善解人意，能种种分别巧说诸法，言辞柔软，可悦众生心。

舍利弗！综上所说，一般人无法想像，过去以来未曾有人到达的真理实相，佛皆已完全彻底证得。

三请三止①

话说到此，世尊突然沉默了一阵子才又再度开口说：

罢了，罢了！舍利弗，即使解释这个法，众生也不可能理解的。因为，佛所穷尽之真理，史无前例可循，凡夫终究无法理解，唯有佛与佛之间能理解此真理之意，因此，未成佛道者终究无法领解。

此真理，乃世上一切事物共通的道理。此真理之法则，乃一切万物虽以种种“现象”呈现，然其真实形态、本质（相、性、体）是什么呢？其所存在的功能、作用（力、作）如何呢？其本质与功能间相互作用而产生种种变化现象，是什么原因（因）？有什么条件（缘）？而导致什么结果（果）？此结果以什么形态（报）残留下来？这个法则，不论有形无形，皆存在于一切万物之中，世上无有一物能脱离这个法则的轨道而单独存在（本末究竟等）。

以上所说就是《法华经》中“如是相”、“如是性”、“如是体”、“如是力”、“如是作”、“如是因”、“如是缘”、“如是果”、“如是报”、“如是本末究竟等”，此称之为十如是。如世尊所说，此乃宇宙一切共通之真理，

① 乃佛陀宣讲《法华经》之典故。《法华经·方便品》之初，先赞叹如来之二智，然以诸法实相甚深微妙，欲说又止，后由舍利弗代众请说。如是，佛与舍利弗交互各三止三请，佛乃允其第三次之请而广说妙法，称为三止三请。

从十如是中再展开"一念三千"之概念，这些名相正是佛所说之诸法实相，如果现在先解释诸法实相的真意，连世尊也担心众生可能难以理解，不能因此而使众生产生混淆，所以我们也在此先暂时将其搁下，在后面的《化城喻品第七》中再彻底说明。

世尊欲重宣此义而说偈言，其意大致如下：

佛之智慧不可测、不可量，此智慧并非以懒散的修行态度就可轻易骤然获得的，此智慧乃受教于无数佛，长时间地经过各种修行、各种磨炼，好不容易才证得之智慧。换言之，合于理性地思辨，千锤百炼，所完成之最高、无有穷极之智慧。

因此，佛之甚深智慧，即使在大众中堪称大智慧者，即使是自修自证的觉悟者，即使是刚刚发菩提心誓愿成佛者，哪怕是修行已有相当成就的人等等，皆望尘莫及也。

唯有我与诸佛，能了彻此深奥之真理。诸佛虽教说种种法，但其根本根源是相同的。因此，我们必须知道，佛的教说，即使表达方式有所不同，其根本乃源自于唯一之真理。

正因此"根本真理以种种方法（方便）呈现"，所以更是难能可贵。

我为了使初发菩提心的人，能拔除日常生活中的执著烦恼，而为学习主义者示说声闻乘，为喜好自修自证的体验主义者示说缘觉乘，为自利利他的行动主义者示说菩萨乘，此三乘法皆为示现佛方便力之巧妙而示说之法门。

此时，在座之诸大众们各作是念，今者世尊，何故如此殷勤称叹此方便法门？

因为至目前为止，世尊一直教说着"世事无常（一切事物迁移变化不息），所以不要被这种迁移变化的事相所颠倒"，因受此说之惠，而不懈怠地精进，好不容易才理解了这种心境，现在却又说"这般程度的人不可能理解佛之智慧”，不仅无法掌握世尊之本意，反而顿时感到漫无头绪。

不愧是被称为智慧第一的舍利弗，察知众人心有所疑，而向佛请求说道：“世尊！何故世尊如此殷勤称叹‘方便’为诸佛第一法门呢？我们自昔以来未曾闻如是法，且众人皆百思不解。呈请世尊简易地为我们解说好吗？”

舍利弗欲重宣此义，而以偈言的方式再一次地向世尊请法。但世尊却说：“止止不须说，我法妙难思。若说此一法门，世间人、天人皆当惊愕不已，如此一来，也许反而会使他们失去修行的信心与勇气，所以还是不说的好。”

但是，舍利弗仍然不死心，追求真理的热望愈加高涨，说什么也不肯就此打退堂鼓。再一次地向世尊请求道：“世尊！唯愿说之。在此与会之诸大众们，长时间以来闻、思、修佛陀的教诲，各各贤明聪慧，对艰深之教义具足了达之能力。只要能有受教的机会，相信大家听了之后一定会深信不疑，也一定会努力去实践。”

世尊说：“不，还是不说的好。增上慢[①]人（自以为已经得悟的自大傲慢者）若听了这个法门一定会不相信而起怀疑，或者嗤之以鼻地认为，这种真理境界怎么可能做得到呢？”

但是，舍利弗说什么也不肯就此放弃，又再一次地向世尊请求。然后世尊凝视舍利弗一会儿，终于欣然首肯舍利弗的要求而说：“舍利弗啊！我被你的热诚折服了。三度殷勤恳切地请法，若再不说真是辜负你的一片赤忱之心了。那么，现在就深入浅出地为你解说。你必须心无旁骛地专心听。听完后必须好好思考，而使之成为你自己的东西。”

---

① 梵语 abhi-mana，即对于教理或修行境地尚未有所得、有所悟，却起高傲自大之心。

五 千 起 去

可是，佛陀话未说完，在座中的比丘、比丘尼、优婆塞、优婆夷约五千人等，突然从座而起，向佛问讯作礼而退。

怎么说呢？这些人因两种原因而退出会场：(1) 因为罪根深重，羞愧得难以自容，无法继续待在会场；(2) 其实尚未真正证悟，却坚信自己已经得道，即使在场继续听法也会倍感无聊。

世尊只是沉默，并未加以劝止。怎么说呢？因为世尊考量着，即使现在勉强他们留下来，他们也无法了解即将示说的法门，反而有可能产生反效果。世尊认为总有一天他们也会渴求正法，那一天来临时，他们领解之根机才可能成熟，那个时候方是说法之时机，这样才是救度增上慢人之最佳捷径。

这种态度乍看之下好像有点冷淡，其实此中深含着世尊的智慧、慈悲心。证明世尊用心良苦之实例，如后面的《五百弟子受记品第八》中，世尊依修行次第给予诸阿罗汉成佛之保证时，对迦叶嘱咐："声闻乘亦同，还有未出席此会之诸大众也请务必转告之。"

未出席此会之诸大众者，指的正是刚刚说的那些退出法座的五千人。因此，世尊当时未予以挽留，就是因为世尊权宜巧妙地运用"方便力"之故。

话说增上慢人离开后，在座与会之大众都是一心追求真理实相，并对佛法确信无疑者，因而佛才又再次对舍利弗开演：

> 有一种花叫优昙钵华①，三千年才开一次花，现在开始即将

① 优昙钵罗，梵语 uḍumbara，巴利语 udumbara。略称昙花。属于桑科中之隐花植物，学名 Ficus glomerata。产于喜马拉雅山麓、德干高原及斯里兰卡等地。

据《慧琳音义》卷八记载，此为祥瑞灵异之所感，乃天花，为世间所无，若如来下生，以大福德力故，能感得此花出现。又以其稀有难遇，佛教诸经中以此花比喻难值佛出世之处极多。印度自吠陀时代至今，用其粗叶作护摩木，亦即作为祭祀时之薪木。又在佛教，过去七佛成道之菩提树各有不同，优昙跋罗树为第五佛拘那含牟尼如来成道之菩提树。

要示说之法门也是稀有难以得闻。无论哪一位佛，说法时机未成熟绝不会轻易示说，而你们正逢此大好时机，舍利弗啊！佛之所说言无虚妄。你应当仔细听着！

佛以无数方便，种种因缘、譬喻、论理演说诸法，因为方法太多，此中目的也许令人难以琢磨，但其实只是为了示说一大事而示现于世。一大事是什么呢？是乃“真正地认清人活着到底为了什么”，而此正是佛的智慧，只要能认清这事实，能了达人活在世上的根本原因，那么人人皆可成佛，可以掌握真正的幸福。

开示悟入

有关于此，首先必须先了知“自己也有佛性”。若能了知自己亦拥有与佛相同的本质——佛性，自然而然地便能舍去小小的自我，而放弃本位主义的处世态度，心就会变得清净、泰然自若；也就是，佛以这种佛之自性智慧，欲令众生“开”佛知见，故出现于世。进而为已觉知、已意识到佛知见的人，清清楚楚地示现“以佛眼、佛智慧观察而看到的世间百态”；也就是欲“示”众生佛之知见。只要了知世间真实之相，有了佛智慧的话，便能了悟。当不为烦恼所执著之时，这个世界仿佛就自然而然地变成一个无苦无忧之净地；也就是欲令众生“悟”佛知见。可是这种无苦无忧之境地并非可以不劳而获，非得精进修行方可“入”此境地，而佛就是引导一切众生“入”此佛知见之道。

总括而言，依严谨慎重之顺序使众生“开示悟入”佛之知见，引导众生“真正地认清人活着到底为了什么”的佛之自性智慧，并使之拥有这种智慧。佛乃为此一大事因缘而出现于世。

但教化菩萨

说完一大事因缘的世尊，格外郑重地一反其平常和蔼之语调，态度严肃而慎重地说："诸佛如来，但教化菩萨。"这也是此经中很重要的一句话。

照字面之意好似"佛只教导菩萨，所以声闻、缘觉非为佛弟子"。这好像与"佛为了使一切众生开悟故而出现于世"的道理有所矛盾，但仔细再深思一下，便立刻能够明白其实不是这么一回事。

佛法中诸多类似这种乍看之下好似矛盾的说法。《法华经》里也有很多这种情形。但是，在佛法中矛盾是绝对不存在的。因为佛直截了当地一语道破之故，所以肤浅之见无法读懂其中奥义，因无法领会所以才会觉得矛盾。因此，若只是大略随便读一读，当然怎么也弄不懂，总是觉得佛法漫无头绪，教义杂乱无章，不具一贯性，所以就不能诚心来归依佛。

然而我们必须知道，读经必须精读细读，不可随便翻一翻便敷衍了事。精读对有些人可能会有些困难，但只要多读几遍，懵懵懂懂之间自会悟出真正道理。若还是弄不懂，就应该去请教适当的人，以个人武断的方式认为其中"充满矛盾，所以毫无意义"，这样的看法是大错特错的。即使刚开始无法融会贯通，深觉困难重重，一定不要轻易放弃，应有锲而不舍之决心，总有一天必能悟出其中奥妙。这个日子必定会到来，必定能实现。必须对《法华经》具绝对坚定之信心，原因就在于此。

那么，"觉得只要自己悟道就好，并非真正的证悟。应该要明白还有很多人仍未证悟，那种不管他人瓦上霜的态度，就等于是一种离群索居的想法。这是由于未能与多数人水乳交融所产生独善其身的心境。这也是因为还存在着一个'我'，仍未进入'诸法无我'之境界，所以还不算真正的觉悟。了了分明，唯有自觉觉他，自度度人，众生未度尽，自己终不能成就佛道。了知此一道理，才能算是真正的悟道、真正的解脱。"才是"但教化菩萨"真正的意思。

所谓的证悟这种境界，真的是差之毫里谬以千里，如"前言"章节中所述，才学过小数却遇到永远无法除尽的计算题 1÷3＝0.3333……。虽已经非常靠近真正的数“三分之一”，但是就是没有办法搞懂，等到一学习了分数这种新的概念时，就立刻抓住完全吻合的数而融会贯通了。

与此相同地，在一味地想要得证、想要得度当中，就算是佛十大弟子中被尊为智慧第一的舍利弗，纵使已经非常接近佛的悟境，这之间的距离仿佛只有一小步，却总是难以跨越这个障碍。可是，一旦知晓“众生得度方能得证”的道理后，这个障碍便能立刻消融。

这便是佛所演说“但教化菩萨”之真正用意。此乃意味着若非菩萨则无法汲取佛之真意。因为所谓菩萨乃“为了度化众生而行菩萨道之修行者”。

但以一佛乘

因此，声闻、缘觉只要发菩提心，修菩萨行，从发心的瞬间开始便成了真正的佛弟子，佛绝对不可能将之视同陌路人，必定会使声闻、缘觉也悟入真正“佛知见（佛智慧）”。此乃依据《法华经》中佛说：

> 舍利弗！如来但以一佛乘故为众生说法，法无有二乘三乘，唯有一乘法。

所谓一乘，穷其义乃“众生皆可成佛”。声闻所证的果、缘觉所证的果、菩萨道所证的果，全都是为了成“佛”所必经之证悟，本源相同也。有些人得声闻果，有些人得缘觉果，这些都是入“佛智慧”之门。

进了入口的人，必须通过菩萨道的玄关才能进入“佛智慧”大宅之内院。因此，门、玄关不能说不是佛的住处，算是已经进入佛的殿堂之内了。但是，在门之入口处，若是下起雨来，水花会溅在身上吧！若是下起雪来，会受到冰冻之寒吧！因此，大家都入内院吧！不管是东门、西门、玄关都是入内院必经之处。此意味着“唯有一佛乘，无二乘三乘之别，示说二乘三乘乃为‘方便’说，真正的目的只有一个”。

只要能了解此根本道理，此后长行（经之本文）、偈（诗句）的内容，便自然能理解，因此接下来只述其大意，对不易理解之用词、专有名词，及容易混淆、容易产生疑问、容易矛盾之处，仅就要点解说之。

如前所述，世尊出现于世，只为了一个目的，那就是“为使一切众生皆证得‘佛之智慧’”，换言之，“为使一切众生皆能得知‘自己亦能成佛’”。

所以，实际上世尊的教说也仅有一种一乘法门，但由于五浊恶世的众生，被强烈的欲望所染著而难以教化，因此，佛陀开方便门而说三乘法。

此中有“深心所著”这么一句话，确实是可以贴切地反映出人类内心深层的一句话。人即使从表面上看起来好像已经远离了执著，但累劫以来的积习，只要一逮到机会，执著就有可能再度复出，再度束缚你，或者是像残滓那样紧紧地黏住你不放。这东西就叫“习气”，我们身上确实就是存在着这样的东西。比如说，已经下定决心不再动不动就大发雷霆，也觉得自己的脾气已经变得十分温和了，但一旦受到了极大的侮辱，便立刻又不由自主地怒上心头，这就是因为“习气”藏在心性中的某处。像这样地潜伏在内心深处，就是“深心所著”，若不釜底抽薪地将这种“习气”连根拔除，就到不了真正解脱的境地。

这种潜伏的习气也会影响人类的健康，而世尊早在两千数百年前就已经提起过的这个问题，直到最近，心理学家以及医学界才终于开始讨论这个问题。

五浊恶世

经文中“五浊恶世”一词，第一劫浊，乃由于时代染著历时长久后，在末世中所产生之社会诸恶现象。社会上，只要同一种现象长期地持续一段时日，时间久了自然就会瘫痪、或是失去其原有的功能，种种弊端也会接踵而起。因此，偶尔也必须要有新鲜事物予以刺激，才能使整个社会始终朝气蓬勃。

第二烦恼浊，如其字面意义，由于烦恼执著，导致人做一些无意义的、无谓的行为。胡作非为地犯罪就是因此之故。

第三众生浊，由众生表面性质的差异所产生的争执。由于不明白众生之本源乃由一个生命所贯穿而来，皆在表面的差异中著相，各各坚持自我的主张，各各自我意识强烈，因而产生了对立，造成家庭失和、社会不安宁。

第四见浊，乃对事物的判断各各观点不同所造成的社会乱象。因为大家皆以狭隘的自我本位为出发点来衡量世间的事物，所以各各意见分歧。大家若是能以佛说的正见来看待世间物，那么与世无争的太平世界当可实现之。

第五命浊，由于人的寿命变短，众生的所思所为，只知一味地急功好利、唯利是图；眼睛所看到的只有眼前的利益；使得人心丑陋、社会杂乱无章；人们生活紧绷，毫无悠闲的空间。但只要人类本来具有的自性能够苏醒，人心必能得到解脱。

像这样的五浊恶世当中，众生的，执著实在是太深。佛陀若是一开始就教导最甚深、最微妙的法，恐怕众生终究难以理解。

因此，佛陀将法分成“听闻佛法以去执著”的学习主义（声闻乘），“光靠熏闻是不够的，必须亲自体验亲自证悟”的体验主义（缘觉乘），“唯有自觉觉他，自度度人，众生未度尽，自己终不能成就佛道”的行动主义（菩萨乘）的三乘，有次第地、渐进式地引导众生。

于是，了知这些都是方便法门。当了知这些法门是多么崇高、多么难能可贵之时，那扇方便之门就会变成直通真理实相之大道。

所以，从哪一扇门入门都无妨。从供养佛舍利开始亦可，从建塔开始亦可，从荒野中堆土建寺开始亦可，甚至小孩子在游戏间堆沙建塔，也是入佛道之门。总之，只要是做好事都是入门，这样便能渐渐积聚功德，长养慈悲心，最后便能成就佛道。

在此必须注意“我记如是人，来世成佛道”这句话中的“来世”，非专指“死后”而是“渐渐累积修行功德后的某时”之意。

此意味着“悟道后此身即佛身，此世界即寂光土世界”。并非非得死后才能去极乐世界，佛就在我们心中，极乐世界其实就在我们日常生活当中。这就是《法华经》的教说。

还有一句“终不以小乘，济度于众生”。此句经常被误解成“小乘教义无法救度众生”，想必感到一头雾水的大有人在，其意当然并非如此。其真正之意乃“只有小乘教义，将不足以引领众生至最高境界”。即使是小乘的教说也是具备救度众生的能力，但是小乘教义所涵盖的领域，不具备提升众生臻于最终极的救度和最上乘的救度。

最后，佛陀慎重其辞地对说法作了总结：

> 舍利弗！过去诸佛以无量无数方便法门，因应不同场合、不同状况、适应众生不同的根机而演说种种法。因此，修行此门之要领是一再重复熏习这些法门，将这些法门实际应用于日常生活上，切实去实行才是最重要的。不这么力行的人，将无法确实明白“佛依修行次第渐进式地教化众生，最后终会引导一切众生同登佛的果位”之一大事。你们也已经确确实实明白这个道理。那么，心中就不该再存有任何疑问，应生大欢喜心，自知自己也能成佛。

譬喻品第三

前面的《方便品》当中，舍利弗被世尊以“止止不须说”地拒绝，但舍利弗还是不厌其烦地一再请法，于三请三止之后，终于获得世尊开示教授“一佛乘”与“方便”之间的关系。舍利弗正感到方便法门的独到微妙之时，便领悟了开启真正觉悟门之关键所在。获此无上法宝的舍利弗，心中欢腾鼓舞，喜不自胜。然后，起身合掌对着世尊不胜哀伤地感叹道：

我是多么地愚痴呀！到现在才真正觉悟。长期以来亲侍佛之左右，亲闻佛法，亲眼看着世尊一一地为菩萨们授记作佛，自己却不能受此殊荣，而经常感伤不已地哀叹着：“啊！无法悟出佛性智慧，难道就这样终此一生吗？”当我独自在山林树下，不管是行或坐，每每想到“我与诸菩萨同样地熏习佛陀的教诫，也觉得自己应有某种程度的证悟，可是为什么佛陀却只教我小乘法呢？”便不禁悲从中来。

可是现在终于明白，我这么想是不对的。因为闻法至一定程度后，佛陀必定会次第地引导我们“行菩萨道，证佛果位”之大乘法，然而我却是如此地焦急又自卑。

并且，世尊因人因地，为了适应众生不同的根机而演说种种法，而我却体会不出方便法门之巧妙所在，反而以为初闻佛法便可立刻证果。

不仅如此，看到其他的菩萨们得佛授记作佛，却反而苛责自己是个没有慧根、没有福德的人。

而今终于完全明白了。此时此刻我就是名符其实佛之真弟子，觉得自己仿佛是个重新脱胎换骨的新生儿。亲闻佛陀开演此无上法门后，完全地改变了我对修行的态度，使得我可以加入宣扬佛法的行列。真是不胜感激之至！

尔时舍利弗，欲重宣此意而以偈言的方式，忏悔过去以来的不慎不备，巨细靡遗地阐述当时的心境。

世尊听了以后非常高兴地对舍利弗说：

舍利弗！很好，你终于明白了。你只要能永久地保持现在的心境，时时刻刻不忘佛的恩德，不违背佛法，持续正确地修行，一定能够到达佛的境地。将来你成佛后，佛号叫华光如来，佛国之名为离垢，那个时代名为大宝庄严。

成佛的保证

就这样，佛对舍利弗作了"当来成佛"之保证，这种成佛的保证就称之为"授记"，这个名相后面亦会经常出现，在此必须要先有一个认知，就是"授记"并非坐享其成的"无所作为，便能成佛"之承诺。

宗教一旦开始衰落，就必定会套用一些固有名词，比如死后往生天国、极乐世界之类。诸如此类的教化还算可以。但如果是假借宗教名义，诱骗人们只要拿出家当、拿出钱财来，便能使曾经犯下的滔天大罪得到豁免，而且还能得生天国与极乐世界等等，诸如此种利益交换式的信仰和契约式的膜拜信仰，便经常地受到有识之士的轻蔑，而无法得到他们的肯定。

我们必须了解，佛教中真正所谓的救护众生，并非光说不练。也就是说，只有知解是不够的，必须身体力行，而此行必须能够实际地带给他人幸福，才能算是真正的救护。换言之，就是用理性、常识可以明确得以理解的救护。

话说出席法会的大众们看到了舍利弗得到成佛的保证，各各喜出望外、欢心踊跃地来供养佛。天人也不胜欢喜地自天飘然落下天衣和白色莲花供养佛,而说偈言:“大智舍利弗,今得受尊记,我等亦如是,必当得作佛。”

为什么天人也来供养佛呢?因为天地万物皆为佛之弟子也。换言之,一切万物皆为宇宙真理所衍生而来,真理乃一切万物之本源,因此一切万物由衷地赞颂真理、皈依真理,乃理所当然之事。

一般人的观念总以为天人,就是住在极乐世界的人,在那个世界里无苦无忧,不再需要听闻佛法,然而事实并非如此。

前面曾提起过,不断地向上精益求精乃有情众生真正的本质。因此,即使成了天人,若不更上层楼,听闻更高深之佛法的话,就无法喜从中来。并且,不随时随处为娑婆世界的众生牺牲奉献的话,就无法生欢喜心。

这就是佛教思想蕴义奥妙之处,若是认为到了极乐世界便可永远安闲、无苦无忧的话,那只能算是一种初入门的世俗信仰阶段罢了。

尔时舍利弗向世尊请愿:

> 世尊!我今已确实明白,不再有任何疑问,并且亲于佛前得受成佛的保证。但是这里还有很多修行者,已经脱离烦恼的束缚,可是世尊常教化言:“我法能给予众生离苦得乐之力量,使众生不再受世间生老病死的种种变化所颠倒。”这些人也因而以为“烦恼已灭尽,所以已经证悟”。而今世尊又说:“单凭这些不能算是真正的觉悟。不修菩萨行、不实践菩萨道、不上求菩提、下化众生的话,将无法达到真正的悟境。”此与前面所听到的法大相径庭,所以大家都感到非常困惑。呈请世尊,能否再为这些人仔细说其原委,好令他们解除疑惑呢?

世尊回答说:

> 我先前曾说过:“诸佛世尊以种种因缘、譬喻、论理等等方便

法门，因人因地，为了适应众生的根机而演说种种法，这些法门看起来有深也有浅，事实上其说法的唯一目的，只是为了引导一切众生皆得佛之智慧。”也就是说，佛所说的法，在形态上以及内容上看起来好像有所不同，但事实上无论是哪一种形态、哪一种内容的法，都是为了接引想要成佛的修行者，最终要抵达的地方是相同的。

舍利弗！现在我再用譬喻来说明此义。只要是一般的才学之士，就能从中得到充分理解。

三车火宅喻①

世尊接着说道：

舍利弗！在某国某聚落有一大长者，年衰老迈，财富无量，拥有很多田庄、家宅及僮仆。其家宅广阔，但唯有一门。这里曾经住了很多人，现在堂阁朽烂、墙壁隤落、柱根腐败、梁栋倾危，濒临倒塌。这里曾经发生过火灾，当时周匝俱时欻然起火，焚烧舍宅。

当时，长者心爱的孩子们皆在宅中，而长者正在外头，看见大火从四面起，非常着急，立即赶回家来。但孩子们玩得入迷，毫无所觉，不知惊慌与恐惧。眼看着烈火即将烧身，而孩子们仍在火宅内乐著嬉戏，心不厌患，无求出意。

长者见此情况，于顷刻之际思惟着如何营救孩子——我身

---

① 三车火宅喻乃《法华经》所说七种譬喻中之第一喻。所谓法华七喻：即(一) 三车火宅喻，出自《譬喻品》；(二) 长者穷子喻，出自《信解品》；(三) 药草喻，又作云雨喻，出自《药草喻品》；(四) 化城喻，出自《化城喻品》；(五) 衣珠喻，又作系珠喻，出自《五百弟子受记品》；(六) 髻珠喻，又作顶珠喻，出自《安乐行品》；(七) 医子喻，又作医师喻，出自《如来寿量品》。本书中七喻之详细内容，分别散说于上述各品中。火宅喻：火，比喻五浊、八苦等；宅，比喻三界。谓三界之众生为五浊、八苦所逼迫，不得安稳，犹如大宅被火所烧，而不能安居。

手有力，应该可以把他们装在箱子内或放在桌子上，一口气用力把他们推出门外。可是想了想，门只有一个，又狭又小。并且，孩子们甚至连必须从这个唯一的门逃生，都毫不知情。只顾着嬉戏的孩子们，在逃出途中要是跌倒了，反而为火所烧也说不定。与其如此，当务之急，不如告诉他们火是多么可怕的东西："危险啊！房子着火了，快逃出来吧！"

这么想着的长者，一心顾虑着心爱的孩子们，竭尽所能地善言劝诱，但孩子们乐着嬉戏，不肯信受，不惊不畏，了无出心。孩子们甚至不知"火"是什么东西、不知"家"是什么东西、不知"失"是怎么一回事，只知东窜西窜、跑来跑去地玩耍。偶尔虽也抬头向父亲瞄一眼，却不知父亲在说什么，完全不把父亲的苦口婆心当一回事。

于是父亲作出最后决定。此舍已为大火所烧，正值千钧一发、刻不容缓之际，如果不及时将孩子们安全救出，孩子们必定会被烧死。但孩子们不管我怎么哄骗也不愿出来，所以，我今应当用方便法使出火宅，除此之外别无他法。于是，长者想起了孩子们以前最喜欢的玩具，若是用此引诱之，定能转移孩子们的注意力。

于是，父亲大声地喊道："你们最喜欢的羊车、鹿车、牛车今在门外。随你们所欲皆当与之。这些都是难得稀有可贵的东西，现在不赶快出来拿，待会儿就会后悔。快出来拿去玩吧！"

孩子们听到自己最喜欢的玩具在门外，争先恐后地跑出火宅，最后总算能够从火宅中逃出。

此时长者看见孩子们安全逃出，毫发无伤，于四衢道中露地而坐。看见他们兴高采烈的样子，长者终于安下心来。孩子们一见到父亲便来索取："父亲！您刚刚说好要给我们羊车、鹿车、牛车，愿及时赐与。"而长者不但赐与羊车、鹿车、牛车，还加上大白牛车一起送给孩子们。

这个譬喻真正的意思在哪里呢？想必读者诸君大致上已经了解，为了慎重起见，再说明一下。譬喻中慈爱的父亲长者相当于佛陀。已残破倾朽的家园，喻指娑婆世界以及人心的卑鄙与险恶。此中必须了解其甚深含义，就是佛陀当然不属于这个人心卑鄙险恶浊染的娑婆世界，但他永远不会忘记身在此中执迷不悟的孩子们（众生）。

以濒临倒塌的家园，来如实地呈现此娑婆世界的危险状态。而人心的险恶，此后的偈文中有更生动的描述。偈中描绘着各种希奇古怪的鸟、猛兽、害虫到处横行，到处充满大小便的恶臭，四处流溢着污水，除此之外还有狐狸、野狼等等，互相搏斗、残杀，争夺地盘，争夺食物，贪食动物的死尸，鸠槃荼鬼以玩弄狗为乐，等等。这种情景，就是末法时代人间世界的缩影。这种种的描述在文学领域里亦是旷世杰作。

而火灾则用以比喻老、病、死等人生的一切苦。人们沉醉在肉体上的享受以及物质上的满足，并不知道随时会遭受这些苦的侵袭，不，应该说这些苦已经或正在侵袭，但众生却毫不知情。

因此，世尊想要把即将身陷大火的众生救出来，但是门只有一道，而且又窄又小，想要从中钻出去并非易事。也就是说，解脱门只有一个，而且又是不容易通过的“窄门”。

此中亦隐含着非常重要的意义，意味着真理只有一个，不以精进、彻底的态度，终究是成就不了解脱道的。

接下来，世尊也曾打算把孩子们放在箱子里或桌上，用力一口气地想把孩子们推出门外。这个打算，按阶段性的教化来说的话，可以说是第一阶段，可以将其视之为他力救度的思想。但是，即使用他力将之推出门外，由于众生过度地沉醉在肉体与物质上的享受，也可能会从世尊慈悲接引的双手中滑落下去。这个比喻告诉我们，自己本身不觉悟的话,任何人也没有办法真正救度你、接引你。所以,世尊不借用神通力来引导众生的原因就在此。

再进一步深入探讨的话,可以这样来理解。亦就是说,即使让众生一气呵成地顿然证悟,但因过度地沉迷于肉体与物质上的享乐,对佛的教说还懵懵懂懂之际,在修行或学习上会有跟不上的忧虑。所以,先"了知此娑婆世界的丑陋与可怕",为初步的引导阶段。

然而,尽管世尊如此费尽心思地为众生着想,众生虽然偶尔也抬头稍微仰望父亲的容颜(佛之教说),但是却从来未曾深思过这个教说和自己的人生有着什么样的关联?既未曾认真地思考,也未曾发自内心虔诚地来听闻佛法。这些都是我们日常生活中经常体验到的事,完完全全反映着凡夫的种种心理现象。

于是,世尊终于使出最后绝招,示说羊车(声闻乘)、鹿车(缘觉乘)、牛车(菩萨乘)。于是,众生首度被佛说的法所吸引。因为世尊说:"任何法都好,只要选择适合各自的根性即可。"于是,孩子们(众生)把想要得到的东西牢牢记着,心各勇锐,竞共驰走,争出火宅。

所谓的"心各勇锐"意味着这些人已经证入声闻位,或者缘觉位,或者菩萨位。所谓的"竞共驰走,争出火宅"。意味着这些人已经经过某种程度的努力与修行的意思。正因如此,表示孩子们已去除心中执著,总算暂时从无情的大火中逃逸出来。

但是,天真的孩子们,并未能真正感受到自己曾经身陷险境而被拯救出来之事实。他们当初发的勇猛心及所抱持的真正目的,乃是想要得到羊车、鹿车、牛车(声闻的觉悟、缘觉的觉悟、菩萨的觉悟),天真的孩子们满心期待着实现他们的愿望。于是,向父亲(佛)央求。这个比拟则意味着众生们对自己的所求欲望,都是一心一意地全力倾注。

世尊如此地循循善诱,没想到突破了这个阶段,竟然到达了光明灿烂的彼岸，而证悟了最圆融的教义——实大乘[①]（一佛乘＝大白牛车）。

事实上，佛陀想要把一佛乘分享给一切众生，因此，到目前为止所做的一切教化，无论是谁，都毫不保留地、平等（均一）地给予相同的教化。这是多么令人欣喜之事啊！《法华经》伟大精神之所在，正是一切众生皆能"平等"地证得"佛之觉悟"。

这个故事结束之后，世尊把此譬喻中所含摄之意义殷勤地解释后，再用偈文重述其意。此中因有特别重要之处，须详加说明。其偈文如下：

> 告舍利弗，我亦如是。众圣中尊，世间之父。一切众生，皆是吾子。深著世乐，无有慧心。三界无安，犹如火宅。众苦充满，甚可怖畏。常有生老病死忧患。如是等火，炽然不息。如来已离，三界火宅。寂然闲居，安处林野。今此三界，皆是我有。其中众生，悉是吾子。而今此处、多诸患难。唯我一人，能为救护。

此中大意乃"舍利弗！我亦如故事中的长者，众多觉悟者之中最为至尊者，乃世间之慈父。一切众生皆是吾子。这些孩子们贪著世间喜乐，没有具足理解事物真相的智慧，我欲救度这些执迷的众生。

事实上，此娑婆世界恰如火宅。对凡夫来说毫无安逸之处可言，充满着种种痛苦及恐惧。而人生中的种种痛苦——老苦、病苦、死苦等所带来的忧虑、担心、烦恼，犹如烈火永不停息地燃烧。

我自久远以来已远离此娑婆世界，安居于不被世俗染浊所影响

---

① 实大乘：指彰显真实教义而不带权假方便之大乘教。为"权大乘"之对称。天台宗、华严宗视一乘为真佛教，故取一乘真实、三乘方便之立场。三论宗以三乘中之菩萨乘为真实，二乘为方便；天台宗与华严宗则于三乘之外另立佛乘。故法相宗与三论宗有"三车家"之称，华严宗与天台宗有"四车家"之称；其三车、四车之别，乃根据《法华经·譬喻品》中说明三乘、一乘之关系而来。

的境地,但是却片刻也无法忘记此三界的众生所面临的种种苦。

今此三界,皆是我有。其中众生悉是吾子。此三界充满种种苦、种种烦恼。为了救护吾子,我怎么能不跳进此诸苦世界去救护正面临着种种苦的孩子呢?而且此救护之事,唯我一人能为之。"

三界我有,众生悉是吾子

此宇宙皆是我之所有,万物皆为吾之子,唯我一人能为救护。这是一句多么充满自信、多么大慈大悲的一句话啊!

当然,这并非单指实际出生在此娑婆世界的释迦佛。所谓的"我",就是"佛",因为"佛"就是"觉悟真理者"之意,所以此一宣言可以诠释为"对已觉悟真理的人而言,全宇宙乃属此人所有"。

对我们这些凡夫俗子们来说,世尊所证得的成就虽然遥不可及,但我们若能静静地闭上双眼,除去心中杂念,把心念集中起来,试着观想"全宇宙乃自己之所有物",便能使心感到无比地宽广,这么一来,不是能让你的心情变得舒畅而悠然自得吗?

不久的未来,人类可能实现在火星上购买土地的梦想,即使这个梦想听起来有点无稽之谈的味道,但若能使人心变得更宽广的话,亦未尝不可。事实上,我们若能把几亿光年那么遥远的星球,将之放在心中思惟的话,那么那颗星球便能在瞬息间飞到我们的心里,便能变成我们的所有物。心中思惟着几万年前与几万年后的事,那么刹那间此世界便为我们的心所拥有。可以超越时间与空间(时与地),可以扩展到任何地点的,就是我们的这颗心。

况且,若能与佛同样确确实实地体悟宇宙真理、能与佛成为一体的话,整个世界便能完全地属于自己所有。这并非主张其所有权"非我莫属"。相反地,而是感觉到自己与全宇宙融为一体。亦即是"无我"之境界。舍弃小小的"自我",开凿出融合于全体中的"自我"。

这么一来,"自我"就能渐渐地扩及于全宇宙。"无我"才是通达

“宇宙乃我之所有物”的唯一通道。能契入那样的境界时，我们的心便能达到完全自由自在之境界，毫无牵挂、无所牵盼、随心所欲，所作所为都是利益他人的行为。这种境界正是佛之境界。

即使没办法一蹴便到达那样的境地，纵然只是效仿其行径，也是值得跃跃一试的。若不从效仿（方便）入门，则难以契入真理实境。即使在诵经、闻法、静思，或者是为他人尽一分一点心力之时，能完全舍去“我”，即使这是为了融入全体中而实践的修行也好，这就是一种“和”的精神。一天当中纵使一个小时也好，持续这样的修行，一步一步地就算一点点，也能渐渐地接近佛。久而久之，就可以成佛。试着这样地去思惟，果真能感受到欢喜之心不断地自内心源源涌出，不是吗？

若有人妄自菲薄地认为反正自己永远也不可能成就佛陀的境界，那么，现在就必须立刻丢弃这种卑下心。为什么说必须舍去卑下心呢？这个问题在阅读下一品的《信解品》后，就能迎刃而解。现在先暂时搁下。

经文接着叙述传演《法华经》时必须注意之事项，以及毁谤此经者将会得到怎样的果报。此中最容易误解的应该就是“勿妄宣传”。此并非“不可随便胡扯”，而是“说法千万不要说错，说法应契合佛心”之意。

十四谤法与佛罚①

“在心态上有下列情形者，则不可为其说《法华经》。”比方说，违背此经精神、对此经抱着邪知邪见的态度等等，共举出十四条，此亦

---

① 佛罚：此语起于何时已不可考。世间之苦恼及疫难，皆系前世、今世之恶业所感招，亦即由自己所造之罪业而招致苦厄报应。然自古以来，佛并未直接责罚众生，佛乃慈悲之父母，不忍众生长久受苦，责罚之力乃借来作为止恶防过之权宜方法，使众生早日脱离轮回之苦。

非“禁止对这种人说法”之意，而是“不先纠正这种缺点与邪知邪见，便说《法华经》的话，不仅没有效果，反而可能带来负面效果，所以必须慎加小心”。此为真正之用意。

十四条之内容如下：

第一，“憍慢（不知为知）。”
第二，“懈怠（怠惰，整颗心被无意义的事情剥夺、占据）。”
第三，“计我（凡事以自我中心为出发点）。”
第四，“浅见（凡事只看表面，不究根本）。”
第五，“著欲（被肉体与物质的欲望所控制、驾驭）。”
第六，“不解（凡事标新立异，不求甚解）。”
第七，“不信（肤浅地看待经典，不能生信）。”
第八，“颦蹙（对经教心生厌想与反感）。”
第九，“疑惑（怀疑此经的真实性，而心生犹豫）。”
第十，“毁谤（毁骂此经）。”
第十一，“轻善（读诵、书写、持有此经乃为善事，反起轻慢心）。”
第十二，“憎善（读诵、书写、持有此经乃为善事，反起憎心）。”
第十三，“嫉善（读诵、书写、持有此经乃为善事，反起嫉妒心）。”
第十四，“恨善（读诵、书写、持有此经乃为善事，反起恨心）。”

因谤法所生之果报，还可以列举很多。在此必须特别留心之处，就是果报中的惩罚，绝非来自佛陀。

佛陀不会惩罚任何人，也就是佛陀不会与任何人产生对立关系。还有，佛乃“使万物发挥效用之真理”，所以佛陀是不可能作出与“慈悲心背逆的行为”，诸如把人堕入地狱，或是使人下生轮回成畜生等等之类。

那么，惩罚到底是谁施加的呢？不用问了，就是自己，也就是自己的无明执著所造成的。无明执著经常被比喻成乌云，的确如此，自身自有的佛性就是被此无明乌云所覆盖。由于自性佛性的光芒被遮盖之故，于是使我们的自性佛性不见天日，永处暗处，而产生种种不如意的情境。这就是所谓的自作自受。

于是，若能吹散这团团乌云，佛性便能随时显现，便能随时绽放其应有的光辉。因此，绝不可对佛陀生起恐惧心。无论何时，无论发生任何事，佛陀乃是引导我们众生“发挥应有本能”之人间道师，一定得确实地理解这个道理，并且必须确实地相信。

信解品第四

“信”与“解”的意义

所谓“信”乃情感作用，“解”乃理性作用。一般人常说，宗教与信仰这种东西是无法以理性来理解的，所以，宁可信其有，不可信其无。可是，什么道理也不懂，光是一味地信，那是极其危险的事。如果教义本身不具教育性、不具启发性，或是本来就是一种思想偏倚的邪教之类，不仅自己受损亦会连累家人，甚至危害世人，变成社会之流弊。

即便是具有内涵、具有教育性的教义，不究道理光只是信，一旦出了事，所产生的信仰很容易就崩溃瓦解。比如道听途说，只要信某某教，病就能痊愈，家庭环境也会获得改善，而不究其理地深信不疑。也许病情的确曾经好转，可是正想感恩之际病又再度发作，噢，这种教该不会是骗人的勾当吧！因而起了怀疑的念头。然后一直把这种想法搁在心里，一旦孩子没有金榜题名时，就把先前别人无论怎么劝阻都不肯舍去的固执信仰，立刻不击自毁地把它粉碎得一干二净。像这样的情形是常有的事。

事实上这就是因为未建立起“坚固信仰”之故。充其量只不过是“顽固的信仰”罢了。所以真正的宗教一定要“知其义”。“知其义”就是“解”的意思。

宗教若单凭理性而一言以蔽之的话，也会形成一种“偏倚的信仰”。因为虽然已经有了某种程度的理解，但是，理性有时无法突破瓶颈的时候，便无法再从那个理解点继续深入地探讨下去。这个道理就如同本书“前言”章节中所介绍过分数的例子一样，“刚开始听到把一分成三的时候，总觉得有点被愚弄的感觉。但却开始非常喜欢分数，并且很努力地把‘三分之一’当作一个数来看”。这种“喜欢”就是“信”的开始，这种努力地当作一个数来理解的行为，就是意图使“信”坚固的一种努力。

真正的宗教则蕴藏其自有的深层内涵，比如说“宇宙真理谓之佛”的这种概念，姑且尚能理解吧！可是宇宙之真理是什么呢？继而探究下去，就会发现其中蕴藏着无限奥义。再继续探究下去，就会发现其内涵是永远穷究不尽的。就好像永远无法除尽的计算题 1÷3＝0.3333……一样，与真正的答案之间，总是永远存在着一点点的空隙。虽然是非常小的空隙，但总是有永远挥之不去、又理不清的感觉。这种感觉就叫做“神秘”。然而，以目前人类史上所累积的智慧精华，亦无法厘清宗教里所蕴含之神秘与奥妙。

有位知名度颇高的科学家，现在一时想不出他的大名来，他曾说过：“现代的宇宙科学，其神秘与奥妙是人类思想史上未曾发掘过的领域。”原始人类对太阳、月亮、火山、暴风等大自然现象充满了神秘感。人类从原始社会进入文明以来，在各个不同时代中因种种思想、信仰而产生形形色色之神秘感。然而，以现代科学的眼光所见之宇宙，则比过去人类所体验过的种种神秘更具神秘性。也就是说，科学越是进步越是增添着宇宙的神秘色彩。彻底地推“理”穷究宇宙之神秘，乃是科学家必要的使命。毋庸置疑，在科学领域里，这种实事求真的精神当然是非常神圣的。

然而，真正的宗教信仰能迅速地引你进入宗教之神秘世界。就像学习分数“三分之一”时那种“非常喜欢”的心情。已经琢磨出个中滋味，就不再只是纯为“理论”了。那么“三分之一”到底是不是一个数呢？即使用理论穷追不舍地分析，也不可能找到确切的答案，只好把“三分之一”当作一个数来理解，除了信其真以外别无选择。总之，实际上把纸折成三份，就刚好非常合理地合乎理论，便可心满意足。宗教信仰也是同样的道理，如果直截了当地教示人“这就是人真正的本质”，便能立刻接受这种概念，因而心里能得到安逸，这就是“信”。

有些人一味地想要光凭理论来厘清信仰，这种人的信仰中不会有一股鼓舞人心的“力”道。只是脑子里觉得“可以理解，可以接受”，这样的信仰不会付诸于行。套一句现代人用的话，就是自身无法形成一股能量、能源（力），也没有引导他人的能量。

然而，“信”的本身原来就存在着功德力与能量。没有学识的人也好，社会身份低微的人也好，只要具有“信”，就渐渐地能帮助他人、接引他人。

但是，要是“信”了邪知邪见的宗教的话，之前也提起过，那种宗教的能量会祸及周遭的人，会给社会带来严重的负面影响，所以无论如何必须与“解”同时兼顾。

结论就是必须“信”与“解”两者并重，若非如此则不能说是正确的信仰。而佛法是能够用“理性”来“理解”的教说，不是在你的脑袋里输入“只要信就对了”之类的填鸭式教说。因此，经常闻法，仔细读诵经典并去深入理解，彻底实践“解”，自然而然地就会生“信”。

还有，一些比较不假思索的老实人，没有去实践“解”之道，只听到人家说“这是真正的法”，就立刻生“信”。要是就《法华经》的经教而言，这样也没关系。以后能心无旁骛渐进地闻法、读经，累积了一些功夫后便能臻于知“解”的境地。

换句话说，从“解”入门也好，从“信”入门也好，但是切记一定得两者兼顾，若不如此，将无法产生强而有力、坚定不移的信仰。

将以上所述的预备知识了然于心，便可以开始进入《信解品》之本文了。

在《譬喻品》中，身为声闻比丘的舍利弗得佛授记，接着世尊又用“三车火宅”的譬喻深入浅出地示说其中的道理，使得法座中的慧命须菩提、摩诃迦旃延、摩诃迦叶、摩诃目犍连等四声闻，更加明了“法”的可贵而欣喜若狂。他们恭敬地顶礼世尊，并对世尊说：

我等居僧之首，并且年已朽迈。因已远离世间苦及诸烦恼，便以为无须更加精进，因而未致力于追求真正的觉悟之道。

而世尊说法已有一段时间了，我等虽身在法座中闻法，但有时疲惫不堪，便心生厌倦，不想再听下去。心里却老想着："因为万物皆平等（空），终须平等地看待一切万物（无相），也终须平等地对待一切万物（无作）。"然后一味地用这个观念，咀嚼着佛所说的空、无相、无作等法。

对佛说的所谓的平等，却只会其意而未究其理，而对佛所说的"以大慈大悲心，因应众生解说契合众生根机的种种法，使之发挥其原有的本性，平等地救护一切众生，净化人间的菩萨法"，却不生一念好乐之心。此刻对自己这种不圆融的想法，感到十分惭愧。

可是，现在看到世尊为舍利弗授记作佛，得知我们声闻之辈的弟子们亦能成佛，而生起未曾有的欢喜心。从没想过能得到如此珍贵的法，仿佛天上忽然降下稀有难得可贵之珍宝，不求而自得。

现在想把我们从世尊的教说中所得的理解，用譬喻的方法再阐明此义，恭请世尊聆听。

长者穷子喻[①]

接着，四声闻开始述说穷子喻：

有一个人少时舍父离家，长年流浪他乡异国，过着贫困潦倒、自我流放的日子，因贫穷故被称为"穷子"。至今年已五十，年纪越大越加穷困，为求温饱而四处奔波。在四处流浪中，不知不觉地走回故乡。

① 长者穷子喻：为《法华经》七喻之一。三界生死之众生譬如无功德法财之穷子（如须菩提等声闻二乘人），佛譬如大富长者。以穷子受大富长者之教化而得宝藏，比喻如来大慈大悲，以种种善巧方便，引摄二乘之人同归一佛乘。

穷子之父长者承受着失子之痛，遍寻全国一直没有唯一爱子的下落。不得已，只好先在一个村子落脚。其父财富万贯，拥有众多仆役，家园富丽堂皇。

到处漂泊流浪的穷子走着走着，有一天也来到这个村落，不知不觉地伫立于父亲豪宅门前，却不识其父。

然而，做父亲的没有一天曾经忘记过自己的孩子，也从来没有向任何人吐露过他的心事，总是心事重重，一心挂念着："我年已朽迈，拥有万贯家财，倘若我死了，这些财产可能会无人管理。哎！若是能在有生之年，亲手把财产交给自己的孩子，这心头重担才能落下啊！"

到处迁徙、受雇于人的穷子，今天正好来到这里，看看能否得到雇用而停下脚步，只是实在是太偶然，居然来到自己的生父面前。

穷子侧立于门外，远远地向里张望，看见一个华贵无比的人，身坐狮子床座，王公贵子们殷勤恭敬地围绕其身旁，四周庄严华丽的情景也令他叹为观止。

穷子惊讶之余，竟然心怀恐惧，心想此人必定是身世显赫的王公贵族，一定不想雇用像我这样低贱的人。还是在适合自己身份的地方工作较为妥当吧！若在这种显赫的地方长住下来，搞不好惹来一身祸也说不定。这么地想着，越想越害怕，便猛然地拔腿就跑。

然而，穷子的父亲远远地瞧见一个男子，便一眼就认出是自己的亲生子。长久以来一心盼望等待的儿子，终于回到自己的身边来，那么，我的家业终于有了继承人得以托付。然而，正喜出望外之际，却看到儿子拔腿就跑，情急之下，立刻下令身旁的差役紧急追赶，将他带回。

当差役捉到他时，穷子吓得大声地嚷嚷着："我又没犯罪，为什么要捉我呢？"但差役只听从主人之命，不分青红皂白，像是押解犯人似地连拉带扯把他押回。

穷子心想自己明明无罪，反被囚执，这下子必死无疑，越想越害怕，过度惊吓之余，便失去知觉，昏厥倒地。

在远处瞧见此景的父亲对差役说：“不要勉强，我不想雇用这位男子了！用冷水洒他的脸，等他苏醒后，什么话都别说，就让他走吧！”因为父亲已完全看穿孩子的心，知道自己的儿子总是怀着卑下心，深深以为自己身份低劣，终究不可能得到权贵人家的赏识。

于是，明知是自己的亲生子，暂且保留秘密，不吐露此事，先用别的方法，试图渐次地将儿子引回自己身边。

差役泼了水。当穷子醒来后，差役对他说：“还你自由身，想去哪里就去哪里吧！”穷子欢欣无比，连忙哈腰弯背，跌跌撞撞地飞逃而去。然后，到了一个贫穷的村子，在那里暂求温饱地生活。

长者想了一个诱导孩子的良策，于是，密遣装扮寒酸、衣服褴褛之两人，不动声色地靠近孩子。长者教使仆人：“告诉他有份工资双倍的好差事，然后把他带来。如果他问起做什么工，就告诉他打扫茅房、阴沟之类的，而且你们两人也是他的工作伙伴。”

这时穷子觉得这份差事还蛮合适的，便安心地跟着两人，先领了工资，开始除粪、打扫茅房的工作。看到此情此景的父亲心想：“这就是我的孩子吗？”心里又怜又疼，又难以相信眼前的一切。

过了一些日子后，父亲悄悄地从窗户瞄了瞄正在工作中的孩子，看见他羸瘦憔悴，浑身粪土，污秽不堪。

看到此情此景的父亲，心疼得不得了，再也忍不住了。于是，自己也穿上粗布垢衣，把身体涂上尘土，弄得脏兮兮，手持除粪之器，佯装成工人混进工寮。

长者若遇一起工作的工人，便说：“汝等勤作勿怠惰”。逐渐消除穷子的警戒心，慢慢地终于得以亲近其子。

父对其子说：

听说你身份可怜，连吃都成问题。只要在这里好好地干活儿，从今以后不必再担心了。哪儿都别去，好好地待在这儿吧！

工钱也会再加。若有需要的盆器、米面、盐醋之类的生活用品，不用客气，尽管拿去用。若是需要助手，也有年老的仆人作你的手下。好好安心住下来吧！

我觉得自己有种仿佛是你的父亲般的感觉。我年事已高，而你正值少壮之年，将是社会未来的栋梁。所以做事时，对人必须童叟无欺、无嗔、无怒，对事必须无怨言、不懈怠。你与其他的雇佣不一样，如果你待人不义，会使我非常伤心。从现在开始，我将视汝如同己出。

长者为穷子取名并收为义子。尔时穷子受此优遇，虽很欢喜，但仍然深觉自己的身份低微，所以二十年间甘心安分于除粪、打扫，但长者并不勉强他，而继续地只让他做除粪、打扫的工作。

二十年后的穷子，已习惯大豪宅的一切，且能安心地工作，对大豪宅的一切虽已不再提心吊胆，但其卑劣之本性仍未去除。

此时，长者有疾，自知不久将死。于是，将藏着无数金银珍宝的宝库委任穷子管理。但穷子虽荣任重担，却仍然自觉卑贱。

又经过了一段时日，穷子对于家财管理已渐能驾轻就熟，于是逐渐地建立起一手承担家业的信心。现在竟然对过去自己的胆怯所生之恐惧心感到非常羞耻。

长者知道儿子终于心已安定，不再畏怯，临终之际召集国王、大臣、王公、居士①以及所有亲族皆来集会，对众宣布，此子乃己之亲子；述其失子及寻子的过程；同时宣布所有一切财物，皆归此子所有。

是时，穷子闻父此言，得未曾有之欢喜心，而作是念："我本无心有所希求，今此宝藏自然而至。"

---

① 居士：梵语 gṛha-pati，巴利语 gaha-pati。音译迦罗越、伽罗越。意译长者、家主、家长。指印度四姓中吠舍种(梵 vaiśya)之富豪，或在家修道之士。后来在中国专称在家奉佛的修行人。

以上所述就是法华七喻中的“长者穷子喻”。

四声闻说完后，面向世尊说：“此大长者就是佛陀，穷子便是指我们这些佛弟子们。”四声闻用这个譬喻来比拟曾经只是满足于小乘果位的自己以及竭尽巧思引导我们进入大乘法门的佛之慈悲力与方便力。

接着，迦叶重宣此义，说了偈言之后，此品便告结束。

当然，看了这则故事，很明显地可以知道穷子相当于一切众生。但在这里我们暂时先把他当作四位声闻（尽管如此，我们仍然必须随时把声闻乘的人，与我们凡夫互为比拟。因为故事中四位声闻的心路历程，将是凡夫的典范）。现在，且让我们来分析故事内容、人物与佛法之间的相应关系吧！

从父亲温暖怀抱中逃出在人生种种苦中漂泊流浪，不知大长者（佛陀）就是生身之父的穷子，所指的当然就是世间众生相。四位声闻在此阶段仍未入圣位，与我们同样是凡夫俗子。

然而，亲子血脉相连乃不争之事实，只是本有佛性仍不自知而已。虽在苦界中轮回漂泊，但总有一天必定会回归佛处。

这种情形就是我们凡夫的写照。“如彼穷子得近其父”之经文，重新给了我们无限的希望，为活在五浊恶世中的我们带来了一道曙光，内心感到无比的温馨，使我们再度对人间鼓足勇气、生起无限的信心。佛法之难能可贵，实在无法以笔触形容得淋漓尽致。

众生（穷子）即使已经来到佛门前，却不知佛（长者）乃己之亲父，但做父亲的长者却一眼就认出自己的亲生子，此亦意义深远。此乃意喻着，佛一直在我们的身旁，真理亦遍满十方一切处，而佛总是耐心地等待着我们随时发现自己的佛性，只要一启动智慧门的总开关，便可随时觅致。

佛殷勤教诲众生而说种种法，为的只是引导一切众生皆得佛慧，皆能证入真理实境，但众生心却总是认为过于深奥，反而觉得真理实境是非常遥不可及的境界，甚而觉得自己这种泛泛之辈的人终究难以企及。由于这种自卑心理在作祟，反而更加背离佛法。

于是，佛以方便法门，特意遣出比凡夫众生稍微优秀之两人（佛身边打杂的人物，当然是指心已调伏的声闻、缘觉之佛弟子）打扮成众生的装束，用这样的人物来劝诱穷子（凡夫众生），比较容易使其打开芥蒂与防备之心，诱使其发菩提心，愿意成为修行大乘法的伙伴。

所以，使之"除粪"乃是为了要借由修行小乘法，来去除众生的烦恼障之故。

故事讲到这里，相信读者们应已意会出个中道理。诸君不妨可以试着大胆地去理解，这个比拟与其说是比拟一般凡夫的众生相，不如说是比拟四声闻的修行过程更为贴切。

渐渐亲近佛法后，再把孩子收为义子，便是欲教示众生真正的佛法（大乘法），但是孩子对此真实大法，不是以事不关己的态度看待，就是还认为自己程度悬殊，无法证入佛陀的真实大法，于是自划界线，给自己与佛之间筑上一道厚厚的墙，所以二十年间只顾力行小乘法。

这个譬喻讲到这里，更进一步地进入凡夫众生难以效法之处，就是长期不厌其烦、不懈怠、不嗔怒、与众人和合地一个劲儿拼命地只做"除粪"的工作。这种长期的苦修，毕竟只有像须菩提、迦旃延、迦叶、目犍连这样的大弟子才能有此耐力。于是，通过了这个阶段之修行，四声闻终能心得自在，了达一切佛法。

就佛之立场而言，众生皆为佛之亲子之故，佛对众生毫无芥蒂，所以佛陀打开自己的法藏说——任君取之吧！但孩子仍然自觉卑贱，仍未拔除其卑屈的障碍。虽已身为管家（佛弟子），工作态度勤奋（即使代佛说法亦能从容胜任），但是从来不知这些家财全为自己所有。这就是仍未拔除二乘人根性的缘故，自认为目前为止所拥有的一切、所修行的一切，已经足够了。

但是,佛陀在即将入灭的时刻示说《法华经》,甚至宣布“佛与众生为父子关系,一切众生皆当成佛”。初闻之际,“是吗?”而有些惊讶;然而得知未曾妄想过的宝物(佛果),确实已成为自己的所有物之时,心中便会生起未曾有的欢喜。

这里所指的是,四大声闻长期以来修行的过程,以及耐心地守护着我们并渐次地引道我们进入大乘法的佛陀之慈悲与方便力。而我们最幸运的,莫过于一开始便能得遇《法华经》。因此,没有多走冤枉路,就立刻可以直接奔向佛陀的怀抱。但是,为到达此一境界,有许多必须留意的地方。这些留意之处也都可从此《信解品》中一一地体会出来。

自信与谦卑

首先必须先“抛弃卑屈心的精神障碍”。若有人自认为“像自己这种不具慧根的人怎么可能成佛”,就等于是在否定自有之佛性。这种想法,亦等于否定佛,亦等于是对佛的一种不尊重。

我们应该尽可能地使我们的心更宽更广,应该随时地告诉自己,“自己也能成佛”,“自己与宇宙乃为一体”。若能将之拿来唱诵或默念则更佳。除去心中杂念,于一定期间里试着在念念之间不断反复默念,便能进入所谓的三昧。然后便能产生自信心,这个自信心渐渐地便能更加茁壮,便能对成佛的信念坚定不移。

用这样的方法所培养出来的自信心,绝不同于增上慢。增上慢乃未证而“思”以为证。这种错误的认知——“思”,乃人类自我膨胀的执妄心所造成。

其实,真正证悟的时候,自己也很难察觉出 ,要知道自己证悟与否,必须进入更高深的修行层次(已证得“解脱知见”的人)才有可能觉知,一般的情形,大都是在不知不觉间了悟,这是比较普遍的。

心胸不知不觉地变得辽阔、豁达开朗。渐渐地对眼前所发生的芝麻绿豆般的小事不再动气、不起烦恼，面临困难不再战战兢兢、担心害怕。凡事随心所欲，事事顺心如意。即使自己察觉不出这种心境上的转变，当你能感受到“事事顺心、心情愉快”之时刻，便是已经得到第一阶段证悟之铁证。

因此，时时刻刻意识着“自己也能成佛”，“自己与宇宙乃为一体”，而渐渐地在心境上形成仿佛煞有其事的心态，这绝非增上慢。

闻法或传法时，必须尽可能地态度谦恭。心态上与行为表现上的谦虚态度，那是当然之事。但是，心中思惟真理——自己也能成佛时，自信满满也无所谓。

试着略带一点荒诞的想法也无妨，想着“自己乃佛之子，所以是宇宙的继承者，宇宙自体就是自己。因此自己能够驾驭操纵宇宙”。这样的思惟方法，反而是前往佛陀境界之直径，而此乃佛陀出世之本怀。

以上乃深入《信解品》必知的第一要领，现在继而说明第二，就是对《法华经》的“信”与“解”必须同时切实并行。不这样的话，则难以融入佛之世界。只要稍微有一点点偏差，就会偏离方向，陷入绝境，成了迷途的羔羊。

假如果真发生了那样的事，就需要再重读《法华经》。这样的话，必定可以觅得脱离绝境的出口。因为《法华经》之经教，网罗了人世间一切现象，阐明了如何因应一切变化之法门，在解读之间，自然会顿然悟出其中妙理。而觉醒之处就是脱离绝境的出口。

第三，此生得幸能遇《法华经》，又能对《法华经》具“信”具“解”的人，虽然可以直接臻于佛之境界，但在五浊恶世的现代中，到处存在着像穷子这般人物。即使一个人势单力薄，也应该尝试着去引度这些“穷子”，若不去身体力行的话，就不能算是实践《法华经》的精神。

要引度“穷子”，还是要仔细地琢磨《法华经·信解品》中所揭示之方便门的精神，除此以外没有更好的法子。那么，就必须效仿佛所行之方便门。切记，所有的效仿途径，都是通往真理之门的捷径。

第四，《信解品》中，示说着这种臻于"信"、"解"的精捷法门。

四声闻听了佛说《譬喻品》并获得领解后，不只是脑子里明白而已，而是能把领解的部分，再以另一个譬喻向世尊阐述一遍。

像这样，并非只是被动式地"听受"而已，而是能把得悟之结果，主动地"发表"感言，这种方法便是加深自己的"解"、提高自己的"信"的最佳良道。

不仅如此，同时也具有加深他人的"解"、提高他人的"信"的甚深功德力。所以，把自己信仰的亲身体验，分享于他人是非常重要的事。读者诸君千万别忽略过去，《信解品》所教示的弦外之音就在这里。

药草喻品第五

在前面的《信解品第四》当中，四大声闻以长者穷子喻，比拟大慈大悲的佛所施展之方便力。佛以此方便法门因应众生的根机、理解程度，虽然示说种种法门，但法之根本根源只有一种一佛乘，其最终目的也是要接引一切众生入一佛乘之境地。四大声闻对此方便法门已有甚深的理解，并且还将自己对"信"与"解"的体悟心得向世尊作了陈述。

世尊听了以后即说：

> 很好很好。迦叶！你们把如来之真实功德说得真圆满，诚如所言也。但如来还有更圆满更真实之无量功德，你们若用无量亿劫的时间来说明，亦不能穷尽其意矣。
>
> 迦叶！你当须明白。佛乃诸法之王，了达诸法实相。所以佛所说的法无一不是通达真理实境之道。佛能巧妙运用智慧，能明辨种种法之间的相违，能因时因地因应众生根机，方便分别演说一切法。其所说的一切法，皆为引导一切众生到达佛陀境地之妙法。佛洞悉一切诸法之所归趣；亦知一切众生深层心理之活动变化。佛眼能彻见一切事物真实之相。佛能究尽明了一切诸法；能明辨一切诸法间的差异之相（智）；亦知悉一切诸法间的平等相（慧），而教示诸众生一切智慧。

世尊作了以上的开场白后，便开始示说药草喻①。

---

① 法华七喻中的药草喻，又作云雨喻。药草，比喻三乘人之根性。草有小草、中草、大草三种，依次比喻天人、声闻缘觉、藏教菩萨。药草虽有大中小之不同，若蒙云雨沾润，皆能敷荣郁茂，治疗众病。以喻三乘之人，根器虽有高下之别，若蒙如来法雨润泽，则能成大医王，普度群生。

迦叶！譬如说此世界中，山、川、溪谷、土地所生卉木丛林，及诸药草种类若干，名字形状各异。天空密云弥布时，遍覆整个世界，当降雨之际，也是均等地润泽整个大地。

任何卉木、丛林、药草的根、茎、枝、叶，无论其种类之或大、或中、或小，皆能平等地受到雨之滋润而茁壮成长。

然而，细想一下，雨虽均等地降，可是树木有大有小，随其种类所受而各异。受雨量有所不同，所受的质亦会不同。可是结果呢，却是一云所雨，应其各种草木之性质，而能使之适得其所而生长，因而各各按其所好、随其所愿地开出灿烂的花朵，各各适得其所、如愿以偿地结出甜美圆熟之果实。

所以，迦叶！你当须明白，虽一地所生，一云所雨，一雨所润，而诸草木所受大地的恩泽各有差别。

慎重起见，此处之譬喻再加以说明一下。所谓的根、茎、枝、叶，乃喻指“信”、“戒”、“定”、“慧”。根乃草木最重要之部位，没有根就不能长出茎、枝、叶，所以根乃喻为“信”。“信”才有可能开始持“戒”，持“戒”才有可能到达“定”的境地，因“定”而后才有可能得“慧”。①

再反过来说，就算根非常健壮结实，若是茎断了，枝叶落了，最后根也会枯死。所以无“慧”之“信”会是一种腐败的“信”。亦就是说，信仰这种东西，乃从“信”的生起，再透过“戒”、“定”而臻于“慧”。但是这四种要素，随时随处都必须牢牢地紧系在一起，彼此必须互生共存，彼此不可或缺，必须知道彼此缺一不可存活的道理。读者诸君必须彻底地领悟这个重点。

所有草木于品种上有大、有中、有小，于品质上有上等、中等、下等之别，乃象征着各各众生根机的不同。

---

① 作者此说，当引自天台智𫖮撰《法华文句》卷七《释药草喻品》：“枝、叶、根、茎者，信为根，戒为茎，定为枝，慧为叶。”

但是，在此必须加以澄清的是，大树未必优于小树，小草未必劣于大草，杉木有杉木自有的功能，黄杨有黄杨自有的功能。小小的紫罗兰自有其美，狗尾草亦自有其风情。

同样的道理，人的资质、才能、个性、体格，虽然看起来各有所别，但若能随适各自的性情、才能，尽情地发挥自有的能力，那么无论是谁都是卓越、高贵的。这就是佛所谓的平等。

但是，谈到“接受佛法”的熏陶时，说词就又有不同了。不可卑屈地认为“自己这般根器的人”怎么可能了达佛之境地等等，这些在《信解品》中已经特别强调过了。

像这种卑下的执妄心必须全部扬弃，只须一心一意听法闻法。这样的话，一定能受到应得的恩泽。接着我们就要来探讨这个问题。

也就是说，各种草木虽一地所生，一云所雨，一雨所润，而汲取于大地的养分却各有所别。这个道理就是说，虽然佛法只有一种，但随众生的根器、教育程度、成长环境等等之不同，所听取的法在受容上与理解程度上会有所差异。

然而，闻法有其必然的功德。有些人也许只能领悟入门法，有些人或者只能领悟某一部分，但所听闻过的法都不会白白地浪费，也绝不会没有用处。

只是，不要因此而满足，而是要愿心不断，永远想要更加深入，想要更上一层楼。这样就可以登上“信解”的第一个阶梯，“信解”的阶梯一阶一阶地慢慢爬上去，必定会到达最高的境地。具体阐明这种功德之说的是《药草喻品》，只要继续细细吟味此品，应当就能明白。

因此，不可断章取义地去理解“虽然佛法只有一种，而‘信解’程度则因人而异”，这个观念必须要这么地来理解：

也就是说，有些树需要很多的雨水，有些草只需要一点雨水。有些树的成长只需要一年，有些树则需要很多年才能长大。有些树只要一年就能结果实，有些则需要七八年的光景。但是，若是需要花上七八年才能长出果实的树，看到只要一年就能结出果实的树，便自叹不如地想："我真没用，结果实对我而言简直是不可能实现的美梦。"这样想就太没志气了。

或者是"那棵树一年就能结果实，而我呢，一年才勉勉强强地冒出一点枝叶，可是同为一雨所润，这样也不错啦！反正我已经竭尽全力，可以问心无愧。"那么轻易就安于现状，这种轻易地自我满足的心态，将无法激发出向上的精进力。

反之，需要花上七八年才长果实的树，秉着不焦急、不气馁、不羡嫉他人，只要孜孜不倦地学习，精进不懈地修行便可出人头地的心情，如实地勤学勤修，开花结果的时机必定会到来。花上一年就能结出甜美果实，花上七八年所结的果实也必然是甜美的。无论哪一个都是"佛果"。

接着，世尊语重心长地对迦叶再次强调："迦叶当知"，然后更加详细说明此处所比喻的"佛法与众生知解之间的关系"。此说大意如次：

佛出现于世，犹如大云生起时的景致一样。佛带着任何人都能接受的法来到此娑婆世界，所引导的不只是人类，乃至遍及一切有情众生，犹如大云覆盖着整个大地。

诸佛之十大名号

再接下来，世尊于大众中解释佛之十种名号①——"如来、应供、正遍知、明行足、善逝、世间解、无上士、调御丈夫、天人师、佛世尊"，此又称如来十号，乃诸佛之通号，表彰诸佛菩萨之功德力。其意简述于后。

如来，"谓乘如实之道而来"而成正觉者。应供，"值得接受人天

① 释迦牟尼佛或诸佛通号之十大名号。又称如来十号、十种通号。虽称十号，然一般皆列举十一号。或谓"佛"、"世尊"合为一号。

供养者”。正遍知,“具一切智慧,能正遍了知一切法者”。明行足,“诸智漏尽,诸行圆满之智行具足者”。善逝,“不为世事变化所颠倒者”。世间解,“了知一切众生处境者”。无上士,“一切众生中最为无上者”。调御丈夫,“能调伏人心而无有过失者”。天人师,“教示人天众生及一切有情众生之人天导师”。佛,“自觉、觉他、觉行圆满者”;世尊,“具备众德而为世人所尊重恭敬者”。具足此十种完备功德力者名之为佛。

因为佛具足这样圆满完备的功德力,所以能引导那些总是因世事变化而执著烦恼的人,使其心进入如如不动的境界;对执著烦恼之芸芸众生,使之“理”解自己的执著烦恼是怎么来的,并示其拔除之道;对已去除心中执著烦恼,但仍未能安住于那样境地的人,使之安住;以及让尚未证得真理实境的人,使之契入证悟的境界。

佛对现在、过去、未来皆能如实知之。也就是说,佛能彻底了知一切法(一切知者),能彻见一切法(一切见者),也是真实之道的了知者(知道者),也是使众生入真实之道的引导者(开道者),也是真实之道的示说者(说道者)。

身口意三业

以上所谓的“知道”、“开道”、“说道”,对《法华经》之行持者而言,三者缺一不可,非常重要。用“意(心)”去“知”解其道;用“身”去“开”拓其道;用“口”去“说”示其道,此称之为“身口意”三业,乃欲修持《法华经》、欲实际体验佛陀修行轨跡之修行者,每天的行为规范。

具足此完备功德力的佛,为使一切有情众生都能听闻佛法,而召唤他们皆来集会。尔时无数千万亿众生来至佛所而听法。

佛于时遍观这些众生的根器,能明白地分辨这些众生在知解方面是利根或是钝根;在行持方面是精进或是懈怠。

佛为适应种种众生,按各各众生领悟程度所及而演说种种法。

闻法大众因之而法喜充满。

不仅如此，对佛所说的法已经能解、能信、能行者，使之得到“现世安隐，后生善处。以道受乐，亦得闻法”之功德。

现世安隐

此处非常重要。所谓“现世安隐”乃“于现在世得到安逸的生活”之意。此意昔日竟然被单纯地解释成“身无病，心自然无病。没病的话，生活便无忧无虑”。这就是全然不去理解真实大法之根源，而只是一味盲从不明究理地信仰的具体写照。

然而，有些人认为追求现世安乐，是使宗教人士渐渐趋向堕落的主因。不然就是某些不解现代科学的肤浅人士，唯恐落为有识之士冷嘲热讽的对象，而把人的身与心当作个别的问题来探讨。总而言之，“安隐”已普遍地被当作纯属心灵层面的问题，所以就被理解为“心若能安稳，无论遭遇任何苦难亦不为所困”。

但此说亦未尽然。心灵得到解脱的话，可以协助病情的治疗，也的确被现代最新医疗方式“心理治疗法”的临床实验所证实。然而，心能够自由自在，生活形态也会随之改变，实际的生活自然变得愉快，这并不是什么特别不可思议的事，而是极其自然的道理。

只是一味地视之为“现世利益”来信仰的话，种种弊害将会随之而生，而且这种信仰态度不可能获得心灵的自在与解脱，所以，只是姑且把它当作纯粹内在心灵层面的问题来理解，比较妥当而已。

然而，由于“心”已“安隐”，生活也已“安隐”，认为此二者与佛法毫无关联的话，则又是一种片面的偏见，简直是亵渎佛的功德力。必须更虚心诚挚地接受佛的教诲及佛法的熏陶。

经中“后生善处，以道受乐，亦得闻法”一句是非常有意义的。我们今生之所以能值遇《法华经》，乃因于前世曾经修持过《法华经》之故。因此，在今世的临终之时，只要能一心不乱，能心不颠倒，便能得

“生善处”，也就是下一世能活得安稳无忧，在未来世还要继续再修行，依着佛法之轨道去生活，便能受“乐”。

佛教发展至中期左右，渐渐地演变成只着重于“死后往生”的趋向；为了反驳这种观念，又逐渐形成只局限于“现世人心问题”，而且这股反动的势力却有逐渐增强的趋势。这种观念也是不正确的，佛法所涉及的范围不是那么小、那么单纯的问题。必须切记佛法乃包括过去、现在、未来，涵盖整个所有人类的生命哲学、生存伦理，以及有关于此之等等修行法门。

像这样去彻底熏习佛法的话，便能渐渐地去除心中的烦恼障，自然便能生起智慧，而能从种种经教中挑选出相应于自己根性能力的法，然后从这个适合自己的法门中契入佛道。这种情形，恰如大云所起的雨，润泽了一切草木，而草木则随其各自的种类、性质，充分地蒙受大雨的滋润，各各汲取需要的养分，各各发挥原有的特性与特质，而各得其所地茁壮成长，是一样的道理。

接下来，“如来说法，一相一味。所谓解脱相、离相、灭相，究竟至于一切种智”。此中之意，乃佛所说的法本源皆同，为了便于理解分析，所以分成三种来解释。

所谓“解脱相”，乃心已到达一种不为世事变迁所左右的境界。这就是说，已经能够平等地看待世事一切变化，即便甲生乙灭，心皆不为所动。

但是，虽证得“解脱相”却又执著于“解脱相”，也就是说执著于自己已具平等心、已能平等地看待一切世事变化，这么一来，会自觉自己超越了差别现象的世界、也就是说自觉自己超越了世俗的一切。这么一来，就会变得对为世间烦恼所苦的众生失去关爱之情。这种观念是不对的，所以必须远离这种独善其身的心态，生起慈悲心去救拔为烦恼所苦的一切众生，这就是“离相”，也就是虽证得“解脱相”而必须离于“解脱相”。

自他一体

所谓"灭相"乃"灭自他分别心"，感觉自己、他人、天地万物皆为一体。如果心中仍在思惟着应对烦恼所苦的众生施予"救护"之念头，尚不能说是自他一体。能做到对痛苦中的人不假任何思索、思虑，很自然地伸出援手，无所求、无所畏惧地包容、体恤、关怀痛苦中的人，这样的心境就是自他一体的境地。

且容我用一点不体面的话来形容一下吧。口水还在嘴里时，一点也不觉肮脏，这是因为自我一体的缘故。但是，口水一旦吐出来，就感觉很脏，这是因为已经失去一体感之故。而一个真正具有慈悲心的人，这种一体感是很强烈的。我曾经听过这类的故事，有一位太太在肺病末期，已经连吐痰的力气都没有了，她的丈夫嘴对嘴地将她的痰吸出来。日本的光明皇后①也曾经为了治愈病患，用她自己的嘴将病患伤口的脓汁吸出来。这些行为都是真正慈悲心所呈现出自他一体的最高表现。当然，一蹴而就地到达这种人我与共的境界是不可能的，但在我们日常生活中，若能渐渐去培养出人饥己饥、人溺己溺的胸怀，把别人的患难当作自己的痛苦，渐渐地就能自然而然地长养出救护众生之心，看到别人高兴，自己也感到高兴。无论是苦是乐，皆能到达这种人我与共之境界的话，这个社会将会是多么和谐、多么开朗、多么安详！不是吗？

---

① 奈良时代圣武天皇(701～756)的皇后，名为藤原安宿媛，光明子。皇后笃信佛教，贤惠过人，她请求天皇建造"大悲院"，行善布施；又请建"施药院"，救贫济孤，提供医药。有一天来了一个全身脓血恶臭的病人喃喃说道："我的病多年来一直未能痊愈，不过有位名医说，若能得遇高贵又慈悲的人愿意为我吸除脓血，我的病一定会好。"皇后问道："如果帮你吸掉脓血，你的病真的会好吗？"病人回答："是的。"于是皇后趴下来为病人吸出身上的脓血。就在此时，病人的身体散发一片光明与清香，现出观世音菩萨洁净庄严的法相，菩萨赞叹皇后："你身心合一、清净光明，确实是真佛子啊！"然后就消失不见了。这就是光明皇后自他一体的至极表现，而无畏于病人身上的脓血及恶臭，所得到菩萨感应的真实故事。

世尊说法的方式，就是像这样阶段性地由浅入深，从“解脱相”、“离相”、“灭相”次第地引导众生至更高更深的悟境，而臻于“究竟至于一切种智”之境地。所谓的“一切种智”，乃同时具有两种智慧——明辨万物之平等相(空)，及明辨万物之差别相(有)，又能统合、运用“空”、“有”这两种智慧的，便是“一切种智”。

众生听闻佛法，受持、读诵，并依之而行，功德必随之而生。但众生自身所得之功德，自己无法察觉出来，唯有佛陀知道这个功德。恰如草木不知自己的性质种类，是同样的道理。

此亦是非常值得细细品味之处，此处所说的功德确确实实是现世利益没错，而且这个现世利益，众生自己察觉不出，唯有佛陀知道。

这到底怎么说呢？由于相信教义、实践教说，总会有某种转变。也许身在娑婆世界的自己并不喜欢这种转变，但是试着把眼光放宽，那位曾经搭乘过佛法轨道的人，当时虽然觉得不怎么喜欢这种改变，若能虚心地听从教诲，那份曾经是你不怎么喜欢的小小改变，必定会成为使你获得幸福的资粮。

真如自性

先举一个伊索寓言中有关乌鸦的一则小故事，乌鸦因为讨厌自己身上黑色的羽毛，所以想把它弄成白色而跳入水中，却因此而溺毙。刺猬若不喜欢自己身上具自卫性的针，把它给拔了，不是就立刻被山猫或狼给吃了吗？花红、柳青应以其原有的姿态受人欣赏、青睐，才能得遇知音。人也是一样，了悟自有自性相，才能得到真解脱。

也就是说，以佛眼所观一切法皆为一相一味。其道理就如花红、柳青虽有不同，其实本源是相同的。太郎与次郎虽不是同一个人，但本源相同。借用一下现代科学的概念，花红乃由电子、质子、中子等基本素粒子所构成，柳青的绿叶也是由电子、质子、中子等基本素粒子所构成，所以说本源相同。这就是所谓“终归于空”的道理。而

“空”就是“平等”，所以一切万物都是平等的。

一切万物平等，但是却能以各种不同的现象显现。有红花，有绿叶；有手脚伶俐的太郎，有头脑敏锐的次郎。亦即说，虽培育出不同之特性，这种种不同之特性，也是佛陀巧妙的安排。总而言之，我们若能以佛法为准绳，而将本有之自性完完全全地挖凿出来的话，便能进一步地对别人也能有所帮助，进而能使自己臻于“自他一体”、“四海归妙”之境地。

于本品的最后，世尊对以上诸说作了总结——一切诸法最终皆以“使一切众生皆平等地证佛果位”为归结，但是诸佛如来并未于一开始就立即示说此一切种智的法，原因是如来洞悉众生之执妄心。然而，迦叶能掌握如来随宜设说之要点，具有过人之理解力，非常难能可贵。

尔时世尊欲重宣此义而说偈言，并于偈之最后，以“今为汝等，说最实事。诸声闻众，皆非灭度。汝等所行，是菩萨道。渐渐修学，悉当成佛”之偈文鼓励所有佛弟子。

授记品第六

授　记

所谓的“授记”，就是《譬喻品》中“成佛的保证”标题下所说的，得到世尊亲自印可“当来成佛”之保证。此中包含三种既妙且要之意义，对此三要义必须先有深入的认识，才能不至于偏颇其义。

其第一要义所要留意的是，世尊并未说“你即是佛”，世尊说的是“成佛”。乃源于以佛眼观“一切众生悉有佛性”，此虽是人人皆可成佛之意没有错，但若只是将其说成“你即是佛”的话，将会造成莫大的误解。世间凡夫一般都有一种习气，就是很容易把事情看得太简单，因而容易把“成佛”当作就像是搭电梯似的，不必费任何工夫地坐享其成便可成佛，其实自己浑身上下竟是痴与迷，却不可一世地把自己错看成是一尊佛。

所以在理解“授记”这个概念时，一定要加上附带条件，就是“今后一定要持续某种修持，否则不可能成佛”。授记经常被比喻为入学许可证，也的确如此，不是毕业证书，而是入学许可证。“已经通过入学的考验，而得到‘成佛大学’中最高学府之入学许可证，在此学府再修学几个年头必能毕业，必能取得成佛的资格。”因此，今后必须更加精进努力修行。

虽然授记并不等于直接成佛，但是，取得“成佛大学”之入学资格，当然是令人兴奋且值得庆幸之事。于《譬喻品》中，声闻中最先得佛授记的乃为舍利弗，当时法座中的大众们，看到此情此景莫不欢欣鼓舞，众人得获法宝的欣喜之情自当不难想像。不仅仅当时法座中的大众们欣喜若狂，即便后世的我们，也是同受欣喜之乐。

再继续读诵后面的《五百弟子受记品第八》与《授学无学人记品

第九》便能了解，我等凡夫之辈亦能取得“成佛大学”之入学资格。就算是没考进东京大学或者其他一流学府，亦绝非等闲之辈，用真心去信仰《法华经》，身体力行《法华经》的精神，便等于取得宇宙最高学府——“成佛大学”之入学资格。试着这样想，将感到非常自豪，人生也变得很有意义，不是吗？即便这么想，绝不可用此心境自我满足地庸庸碌碌过一生。而是要有独乐乐不如众乐乐的精神，授记之第二要义乃在于斯。

此品经文中，须菩提、迦旃延、目犍连等人对世尊说：“大雄猛世尊，常欲安世间，愿赐我等记……”三人请愿之意为何？也就是说，“佛陀始终挂念着世间众生，一心想要使一切众生皆得安乐，我等佛弟子也希望能成就佛道，希望能够有能力去周顾世间众生之安乐。大家一起来请求世尊为我们授记作佛吧！”

此处之要，乃必须知道佛法并非独善其身，而是欲兼善天下之教门。其最终目的在于欲令一切众生皆能得到幸福。此乃非常重要之处，上述佛弟子们各各使出浑身解数，希望得佛授记之真正用意，便是“希望能得到使他人幸福之自在力”，必须确实理解这一点，否则恐怕会误以为这些佛的声闻弟子们是为了个人幸福、个人解脱而求佛陀授记，所以必须事先说明此点之缘由在于斯。

第三要义，佛弟子们对佛所开示之成佛之道，应已十分了解自己未来必能成佛，可是为什么还需要佛陀明确地指名授记作佛？有人可能觉得难以理解，为什么一定要如此要求呢？

事实上，此处就是信仰与学问的最大相违处。前曾述及“佛教之宗义乃用理性得以领悟之宗教”，的确如此。但以学问的立场来说，用理性能够理解的话，问题便算解决了；可是以宗教信仰的立场来说，光是理解只能算是门外汉，还不具任何意义。宗教中之领悟，必须内心感动，内心有了感动才能生“信”，只要能生出“信”，便自然地会把这份切身的感动分享予世人。

当所领“解”之教理,能使你展开“为了世间众生而牺牲奉献之具体行为”时,所领“解”之教理才能称之为信仰,有了信才能算是宗教。因此真正的信仰是具有“力”量的。而“力”量也是必不可少的。那么,感动的原动力从何而来呢?感动非由理性所生,乃由心灵交会而生。当你亲近德行崇高的伟人,并在心灵深处对其教诲实际咀嚼出其精华所在,便自然地能使你情感汹涌、热血澎湃。自然就会一心一意地以此信仰作为终生之依靠,即使豁出性命亦在所不惜地产生坚定不移的信念。迹佛中的世尊,其伟大之处就在于斯。宇宙的真理亦是如此,透过世尊以人间理想之典范而示现之,透过世尊开示令人仰慕不已之法语。而当亲耳聆听到世尊之开示时,此法语就会纯然地转化成一种超越“理解”的功德力,这股力量就是鼓舞我们奋发向上的资粮。

佛弟子们热切地想要听到佛亲口说“当来成佛”的缘由即在于斯。能听到佛亲口印可,胜过百人千人的鼓舞。所以,佛弟子们——愿佛慈悲,愿佛赐我等“当来成佛”。有此一言作为鼓励,一生一世当遵循佛法,豁出性命亦在所不惜,誓不退初心、永不怠惰。如此地请求世尊赐此一言。

像这种天真无邪的赤子之情,就是真正的信仰。此乃信仰生活的优良典范,希望读者诸君能铭刻于心。对于佛法的理解,在听与读之间,只停留在感觉上的理解,这样的理解仍然是肤浅、不深入的。所理解之佛法如果不能够使你产生一股热情与冲动,使你感动、兴奋得不由自主地想投奔佛陀大慈大悲的温暖怀抱,所理“解”之佛法将无法产生自助、助他之“力”量。我们礼佛、诵经,既非崇拜偶像亦非把经文当作神咒。心中只系存亦师亦父的世尊,透过迹佛的世尊引领我们到达久远实成本佛的怀中,一心只想见佛,别无他念。

具备以上三种要义之精神后,再来读《授记品》,更加易于掌握本品之精华。那么,现在就让我们一起进入本文吧!

说完《药草喻品》偈文后，世尊便对大众说道：

> 我此弟子摩诃迦叶，于未来世当得奉覲三百万亿诸佛，并广衍诸佛之教说，于最后终得成佛，成佛后之名号为光明如来、应供、正遍知、明行足、善逝、世间解、无上士、调御丈夫、天人师、佛世尊。其国名曰光德，那个时代名大庄严，佛寿十二万年，佛灭后正法住世二十万年，像法亦住二十万年。

先前迦叶以“长者穷子喻”阐述对佛法的感动与感谢之情时，世尊就已洞悉迦叶已得知佛法之精髓，并对佛法信心坚固，愿心不退。此在《药草喻品第五》的开头中佛赞扬迦叶的“善哉善哉！迦叶！善说如来真实功德，诚如所言”之经文中，便已经说得非常清楚。

当世尊给予授记作佛时，同时也会指定其成佛后之名号、国土名称、时代名称等等，而世尊授予迦叶之佛名就是光明如来之宝号。从如来、应供以下九个名号，在《药草喻品》章节中“诸佛之十大名号”标题下已作过详尽说明，乃诸佛之通号，乃表彰诸佛菩萨之功德力。迦叶受此宝号，乃因迦叶次第修行之结果，而得到与世尊同格，证明必当成佛之表征。也就是说，若能证得真理实境，一切众生皆能够与诸佛一样地同证佛果。世尊如何地尊重真理，此处当可完全了然于心。

世尊接着说道：

> 光德之国，国土庄严，无诸秽恶、瓦砾、荆棘、粪便等不净事。其土平坦，无有高低、坑穴。琉璃为地，宝树行列。以黄金绳镶边为国界。天降花雨，周遍清净。其国菩萨无量千亿，诸声闻众亦复无数。其国无有魔事，虽有魔及魔民，皆护佛法。

此乃描述世间理想国之情景，前半部之描绘，总觉得仿佛酷似现今文明国家之大都会；可是到了后半部，其描绘则一反前说地让人切身地感受到，现前世界与理想国之情景全然相反。物质上的进步虽然渐渐地接近理想国，相对地，精神上则仍然缓缓不前。这种情形乃当今社会最大之弊病，而我们应以为之殷鉴。

思及于斯，读者诸君难道不会禁不住想要尽早实现佛所示现之理想国之境界吗？恨不得大家立刻手牵手心连心，从一人开始也好，乃至扩及更多的人更好，使一切众生皆能一起来了解《法华经》的精神，尽可能地早一天实现经中所说之理想国土。

魔与魔事

此中有一句“无有魔事，虽有魔及魔民，皆护佛法”之经文，千万不可轻易略过。所谓的魔，乃一切妨碍正道之总称，亦为一般所谓的魔王。

所谓的魔民，乃魔王之臣子臣民。拥有巨大魔力，对即将悟入正道者，轮番上阵，频频现其前，百般地捣蛋、施予诱惑，欲乱其心；对欲修持正道者，成群结党地来加以阻挠迫害、威胁利诱。

世尊成道前，在佛陀伽耶冥思并深入禅定中时，来妨碍世尊悟入正道的，便是这群魔子魔孙。要是凡夫的话，大概早已立刻投降，但是世尊就是因为战胜了诸魔所施加的种种威胁利诱，因此，所证之果反而更加坚固，牢不可破，因此也可以说魔王魔民的破坏反成为世尊成道之助力。

所谓的“魔”有两种。一种是“身内魔”，乃隐藏于内在的一种本能，不时地形成一股冲动，或者酝酿成一种邪知邪见来自扰正念。一种是“身外魔”，乃来自外在的加害、压力、诱惑等等。

然而，在光德国那样理想的国度里，住的可都是心存正念、一心求法，虔诚地皈依佛、皈依法，如法实修佛道之众生。对这些众生而言，就算假定偶尔有“身内魔”来扰，也就是本能的冲动及邪见，本欲加以阻挠以碍其修行，反而会变成使求道心更加坚固的效果。此“身内魔”结果反变成护法、修道之助力。因此即使有魔王魔民亦无魔事的原因就在于此。

而“身外魔”就是为了阻止正法久住，对宣扬佛法者施以舆论与毁谤，对修持佛道者施以诱惑、妨害、胁迫等种种行为。可是，如“邪不胜正”这句话一样，在光德国那样的理想国度里，这些专门破佛灭佛的人，就会突然变成佛法之护法神。的确是“一切众生悉有佛性”，人见人怕的鬼，只要一有机会熏修佛法，一旦觉知自有佛性，便会施展其超乎常人的大威神力。这种实例在我们的周遭乃是屡见不鲜的。

总而言之，所谓的“魔”，不管是“身内”或“身外”，都具有近朱者赤、近墨者黑之特性，误入迷途时作恶多端，得遇善知识时能立即得悟，也就是世俗中所谓的“放下屠刀立地成佛”。所以，不要以为理想国是很遥远的世界，应当将其视之为我们信仰生活中内心的问题，或者是我们所处现实社会中的问题，渐进地去降服自心内在的“魔”，继而扩及他人，使之消灭身外之“魔事”。反而应当努力地使“魔”变成一种考验我们的增上缘。

要怎样才能实现这种境界呢？不用说，当然只有正信佛法，一心一意实践佛法。日本自古以来有所谓的“无魔咒”，此语源就是来自“无魔事”这句话，其原来之意乃以佛法的力量，消除一切妨碍正道的一种修行法门。可是却逐渐地形式化，甚至狭隘地只用来治病，不知不觉地演变成迷信。但是，真正的“无魔咒”之意，乃正信佛法、实修佛法，则必定“无魔事”。而死纠缠着我们身与心的“魔事”，只要一遇曙光，就会如晨雾般地立刻遁形得无影无踪，我们的自有自性就能发出应有的光芒。

让我们再把话题拉回本文，世尊以偈言重宣此义，对迦叶之授记便告结束。

尔时大目犍连、须菩提、摩诃迦旃延等人，感动得全身悚栗，一心合掌，目不暂舍地瞻仰尊颜，而一起同声地说：

人间导师、诸法之王，具大勇猛力、能驱逐一切恶事之世尊，请哀悯我等,请赐法语音声,请勉励我等精进修行,请赐我等如是法语。假若您已洞悉我等人志心已决,而能为我等授记的话,恰如甘露洒身,除热得清凉,将感恩不尽。

此刻我等犹如从饥国中而来,本已饥肠辘辘,却忽遇国王之御膳,使我等乘香而至,垂涎三尺矣。由于飨宴过于豪华,使我们心怀犹疑,未敢食用。若能亲承国王之允许,才敢安心享用。我等之心情即同如此,虽已察觉自己的小乘过——一心一意只求自身之解脱,虽已领悟佛陀智慧精华之所在,但仍然无法确实掌握应当如何才能具足佛之无上智慧。

我等虽已亲闻佛说当来作佛之法门,却仍然忧心忡忡地怀疑自己到底能不能成佛而诚惶诚恐,这种情形就如同国王豪华的飨宴,明明已在眼前,却不敢大快朵颐的心情是一样的。大慈大悲之世尊,始终思惟着世间众生之安乐。若能亲蒙世尊授记,我等心当安乐。这种情形就如同正当饥饿之时,而亲承国王之特许,能安心地享用国王之御膳时的心情是一样的道理,如同鼓励着我等应心无二志、勇往直前地力行实践菩萨道,为世间一切众生竭尽己力,为社会、为人类奉献一己之力。请如我等所愿,愿赐我等成佛之保证,请为我等授记。

尔时世尊洞悉诸大弟子志心坚固,因此当场接受三人之请求,首先为须菩提授记作佛,号曰名相如来,时代名为有宝,国名宝生。次而为迦旃延授记,号曰阎浮提金光如来。再为目犍连授记,号曰多摩罗跋旃檀香如来,时代名为喜满,国名意乐。

文至此处,大部分的读者们一定以为此情此景乃发生于遥远的古印度,而且是世尊住世的时代,那些得佛授记的弟子们也都是人中佼佼者的大弟子,才有此殊荣,所以,一定觉得得佛授记这种福分,对自己是遥不可及的梦想。其实并非如此,因为在本品最后偈言的倒数第三行,世尊作了以下的宣言:

我诸弟子，威德具足。其数五百，皆当授记。于未来世，咸得成佛。我及汝等，宿世因缘。吾今当说，汝等善听。

对此涵意的解说则移至次品之《化城喻品第七》。此中所谓的宿世因缘，绝非只是世尊与五百弟子之间的因缘，乃始自无始的过去并持续到无尽的未来，所有一切佛与佛弟子间的因缘。

因为一个真正了解佛法的人，自然而然一定会主动地将佛法与他人分享，遇到需要帮助的人，自然觉得不伸出援手，内心就会过意不去、不自在。长期地依此身体力行，自身便能成佛。然后，下回被帮助的那些人，也将佛法与他人分享，也以佛法去救护芸芸众生。长期地行菩萨道的结果，让被帮助的那些人也成佛。如此，无始的过去以至现在，诞生了无数佛，无数佛中又诞生无数佛。这个教化的接力赛，无间断地长期持续。此乃宿世因缘之意。

而今我们也能幸运地值遇《法华经》，此乃意味着，我们次第地修行的话，也能给予我们成佛之保证。以迹佛所显现之世尊，虽于两千数百年前入灭，但久远实成之本佛释迦牟尼佛，则永远与我们同在。然后透过《法华经》教示我们一切众生悉有佛性，一切众生皆能成佛，如同给予我们成佛之保证。所谓的"授记"应当用这样的理念来理解。

重复之重要性

有关这个解说，限于篇幅，虽已大幅度省略，但为了慎重起见，却更想补充说明一下。就是世尊给迦叶授记时，已清楚地说明了光德国土的庄严华丽，而后面的偈文中又再重复此说，而且每回的重复述说都略有些微不同，对目犍连、须菩提、迦旃延等人之授记，也是再重复叙述一次。

读诵经典时，遇到重复叙述之处，可能会觉得怎么又重复了呢？但绝不可因为内容重复便草率地略读重复之处。"反复"在宗教修行生活中是具有特别意义的。

反复之重要性，在心理学的范畴里也得到过证实。例如，对孩子们说桃太郎的故事。“当桃太郎一步一步地走向鬼岛，于途中遇见了一只狗，狗问他：‘桃太郎啊，桃太郎！挂在你腰上的东西是什么？’桃太郎回答说：‘这是日本最有名的汤圆。[①]’狗央求着说：‘能给我一个尝尝吗？’桃太郎说：‘不行，这是我要去鬼岛对付那里头的鬼所须食用的便当，所以不能给你，若是你可以跟我一同前去对付鬼的话，便可以给你。’狗说：‘行，行！无论天涯海角，哪怕是赴汤蹈火，我都与你随行。’然后桃太郎给了它一个汤圆，它便狼吞虎咽，津津有味地吃了起来……”说完狗的这桩故事，接着主角换成猴子登场。也是同样地，“猴子也问桃太郎：‘桃太郎啊，桃太郎！挂在你腰上的东西是什么？’桃太郎则又同样地回答说：‘这是日本最有名的汤圆。’”同样的故事不一直重复的话，小孩子就不会觉得好玩，不能吸引他们的注意力。若是把猴子登场的这一段长话短说地换成：“猴子也和狗一样地得到汤圆，然后野鸡也同样地得到汤圆……”像这样的话，原来眼睛瞪得大大地听得津津有味的小孩子，必然立刻觉得枯燥乏味，不是开始不专心，就是睡着了。

所以，反复是一种能深刻地铭记于心之最佳方式。但反复也必须要真正“用心”才行。尝试着用心去读诵此《授记品》，是不是能深深感到诸佛十号所象征的人类之理想典范，以及其土庄严美丽的景象所象征的人间社会之理想国等等，由于不断地重复读诵的缘故，而牢牢地烙印于内心深处呢？

如果是商业书信，或者是政府机关的公文，当然是用“同右”、“同上”来作结束。因为若不用这种书写方式的话，在繁忙的商业社会里是行不通的。但是在修行的世界里，绝对不能容许这种苟且偷安的

---

① 黍子做的汤圆，或称黄米面团子。

态度。学习音乐、练棒球的人也是如此，不用心练个几十遍、几百遍，是不可能进步的。

因此，在不断重复唱诵经题之际，按常理说，只要心无旁骛地读诵，哪怕只是一回，也是不错，但事实上不重复唱诵个三到十遍，皈依之心无法真正地深入札根。只是应当切记，就算说反复极其重要，便反复个几千遍几万遍，除了相当非凡的人以外，大多不是倦怠松懈就是生起杂念，胡思乱想，不知不觉地就变成口念心不念。这样反而会产生形式主义而造成弊端（亦即认为只要唱念即可解脱，而把成佛之道视为易行道）。

总之，必须彻底地知晓——所谓的修行，1．“行善”，2．“用心”，3．“反复”，不具足此三大要素，则非真正的修行。此乃道业成长上不可或缺之三要素。

化城喻品第七

佛陀说法的时候，有时以“法说”理论式地解说佛法，若是这种方式弟子们不能完全领悟，便以“譬说”深入浅出地比喻佛法，若是这种方式弟子们仍然不能体会出佛陀本意，佛陀则以“因缘说”即用自身过去世的真实故事为实例解说佛法。《法华经》因以此“三周说法[①]”的方式，而完成了圆融无碍的说法记录，亦因此而使其经教人人皆能领悟，此经之可贵亦在于斯。

“因缘说”便在此《化城喻品》中展开，其中阐述着久远久远的过去以至现在，佛与弟子之间的师弟关系。

前《授记品》文末偈言中最后一句，世尊说：“我及汝等，宿世因缘，吾今当说，汝等善听。”

在此前提之下，于此品中世尊便开始展开“因缘说”。其内容如次：

> 无始久远的过去，有一位名叫大通智胜如来的佛。其国名为好成，时代名为大相。大通智胜佛灭度以来所经岁月到底有多久？其历时之久远简直无法以言语示之。若欲以言说，可将之比拟为：把此世界全部的土，碎为极细的粉墨状。然后拿着

① 三周说法：又称法华三周。天台宗就《法华经》迹门正宗分之开权显实之说相而立名目；亦即佛为令声闻悟入一乘实相之理，遂就上中下三根之机而反复说法三回。即：(一) 法说周，乃佛为上根人说诸法实相、十如之理；开三乘之权，使其了悟一乘之实。此时唯有大智舍利弗一人解悟授记，即《方便品》中所谈。(二) 譬说周，乃佛对法说周不悟之中根者，更作三车一车之说。初许三车是施权，后赐一大车是显实，使之了悟一乘之理。此时有摩诃迦叶、摩诃迦旃延、摩诃目犍连、须菩提等四大弟子领解授记，即《譬喻品》中所谈。(三) 宿世因缘周，略称因缘周。乃佛为不能了解上述二周之下根者，说其过去世之本生谭，使彼等了悟宿世久远之机缘而得悟。此时有富楼那、憍陈如等千二百声闻领解授记，亦即《化城喻品》中所谈。

粉墨向东行走，经过一千国土洒落一粒粉墨，再从此点出发，经过一千国土再洒落一粒粉墨。如此每经过一千国土洒落一粒粉墨，一直走到粉墨洒完为止，这样到底经过了多少国土？能知其数否？这样的时间概念即使是数学老师也不能精算出来。

世尊如此地问着比丘们，而诸比丘们面对世尊之提问，皆长声叹气地回答："无法知其数也！"

所谓的一千国土，若以现代语来形容，当然所指的就是包含一切天体在内的整个宇宙，上述世尊之比拟，就如同把地球磨成粉墨，然后放置一粒粉墨于一颗星球上，再从此星球出发，经过一千个星球再放一粒粉墨，是一样的道理。

接着，世尊点点头继续说法：

所经之国土（星球），不管粉墨有洒或未洒，全部磨成粉墨。将全宇宙碎为粉墨，而一粒粉墨则为一劫①，以此粉墨之数量来计算其时间之长短的话，你们认为这时间到底有多长多久？而大通智胜如来入灭以来所历时年，远远地超过此数。我以如来知见力故，观彼久远，犹若今日。

这种把全宇宙所有土地碎为粉墨，每经过一千国土洒落一粒粉墨之比喻，乃世尊为了让弟子们能更清楚地实际感受到时间之无限与久远的概念所设说。

对于无限与久远的概念，若不以有限的数量单位作为衡量标准的话，就算是活在现代中的我们，也实在是无法立即搞清楚。那么，试着一边抬起头来仰望不带一丝云彩的万里晴空，一边将这片一望无际的天空当作无限来思惟，也还是无法弄清楚。此时，若是天空忽

① 劫：原为古代印度婆罗门教极大时限之时间单位。佛教沿用之，而视之为不可计算之长久年月，故经论中多以譬喻故事喻显之。佛教对于"时间"之观念，以劫为基础，来说明世界生成与毁灭之过程。有关劫之分类，诸经论有各种不同的说法。

而飘来一片云彩,在此片云彩的衬托之下,对晴空之无边无际便仿佛能捕捉到一点点头绪。更何况,仰望夜里的星空,那些星星的光速,每一秒钟绕地球行走七圈半,要花上一年的时间,其所行之距离就叫一光年[①],而这些星星就住在几百倍、几千倍光年之彼岸,甚至几万光年、几亿光年遥远之彼方仍有星球存在,甚至更遥远处仍存在着人类所未知的世界。如能用此方式来理解无限这样的时间概念,才能如实地扣人心弦,才能使众生得到真正的理解。

就像这样,世尊以这种理性的、高度智慧的方式引导众生,其又妙又巧之教导方式实令人刻骨铭心,令人拍案叫绝,赞叹不已。

今日之意

前述世尊说的"我以如来知见力故,观彼久远犹若今日。"穷其本意,乃暗示着人身成佛之路所须之修行期间为无限之意。句中世尊示意,所有的人必须确实了解,为了自己的成佛之道所需的修行期间,乃始于无始的过去而延续至无尽的未来。必须确实领悟所谓的"今日"之意,并非离于"今日"谈"今日",也就是说"今日"并非单独的存在,"今日"乃延续着昨日与明日,乃延续着无始的过去以至无尽的未来。这便是示意着修行之路必须持续无所间断,犹如一条泱泱大河川流不息,"今日"可能是大河中的某一处浅摊,或某一处深渊,此乃"今日"所包摄之真意。

因此,假如今日的我身、我心有所染著,必须考量修行大河的下游,是否因污水流入而造成不良影响?或者今日的我身、我心能清净无垢,必须考量是否在修行大河的下游发生了某种变化?世尊说完"观彼久远犹若今日"后,继而所示说的宿世因缘,也必须用心深思其奥义,来理解宿世因缘,来续读本品的后文。

---

① 光年:光在一年之中所行的距离,为天文学家计算天体间的距离之计算单位。

尔时世尊以偈言重宣此义后，继而说道：

大通智胜佛之寿命五百四十万亿那由他劫，其佛坐于最初道场中，已战胜诸魔军之侵袭，于将证菩提之际，却难以突破最后一关。于是，于十万年中，坚毅不拔地持修结跏趺坐，但却一直无法证入最高境界。

此时，天界最顶端的忉利[①]诸天之天人等，早已为大通智胜佛于菩提树下敷置高达一由旬[②]的师子座。诸天人们恭请大通智胜佛于此座中得证菩提，于是大通智胜佛受诸天之请而就座。当时，诸梵天王[③]自天降下怡人的花朵于其四周，当天花堆积如山时，便吹来香风，去其萎花，然后再降新鲜动人的天花，于十万年间毫无间断地以这种方式供养佛。还有，四天王[④]的部下诸天人，为供养佛常击天鼓，其余之天人们于十万年间常奏美妙天乐，至佛灭度为止，毫无间断地以这种方式供养佛。

此处所表之意，为忉利诸天人等热烈地期待着大通智胜佛证入真理实境，成就佛道，而表达着他们诚挚之皈依及赞叹之心愿。天花枯萎了便吹来香风，将之吹去，然后再降下新鲜天花，就是传达着他们将永远不会改变对大通智胜如来成佛之期待，以及虔诚皈依、崇敬赞叹之心念。

---

① 忉利天：意译三十三天。于佛教之宇宙观中，此天位于欲界六天之第二天，系帝释天所居之天界，位于须弥山顶；山顶四方各八天城，加上中央帝释天所止住之善见城，共有三十三处，故称三十三天。

② 一由旬：为印度计算里程之单位，即指公牛挂轭行走一日之旅程。另据《大唐西域记》卷二载，一由旬指帝王一日行军之路程。有关由旬之计数有各种不同说法，详细请参看《佛光大辞典》。

③ 梵天王：印度古传说中，为劫初时从光音天下生，造作万物，佛教中则以之与帝释天同为佛教之护法神。佛教将此天列为色界之初禅天。

④ 四大天王：即持国天（东方）、增长天（南方）、广目天（西方）、多闻天（北方）四天王。此四天王居须弥山四方之半腹，常守护佛法，护持四天下，令诸恶鬼神不得侵害众生，故称护世四天王，又称护国四天王。

接着，再回本文：

世尊告诉比丘们，大通智胜佛经过十万年精进不懈的修行，终于证得佛果(这种长期修行的意义非常重要，读者诸君一定要确实铭记于心)。大通智胜佛未出家时为某国王子，有十六个孩子，其中一位名叫智积。孩子们拥有各种珍异玩具，过着荣华富贵的生活，但一听到他们的父王已经成佛的消息，皆愿随佛出家修行，甚至舍弃最珍爱的玩具而远离家乡。他们的母亲、姨母们知其再度返乡机会渺茫，相逢必将遥遥无期，因而各各泣不成声，不胜哀伤地来相送。

小王子们的祖父，也就是大通智胜佛的父亲，是位德高望重的国王，亦率领文武百官及人民，与他的孙子们一同来到大通智胜佛之道场。对佛作种种供养，恭敬地行最高敬礼——以头顶礼佛足，绕佛毕，一心合掌瞻仰着大通智胜佛，而以偈颂赞叹之。

偈之大意如次：

佛与我等，同为凡夫，为了广度众生，已于无量亿劫修种种行，于此道场证得佛果而成佛。今拜谒佛无与伦比之庄严相，知我等凡夫亦依修行次第如实地实践，也同样有成佛的可能，再也没有比此更令人高兴的事了。众生总是被烦恼所逼而痛苦不堪，却因无良师指引，而不知如何才能脱离诸苦所恼的世界，因此烦恼痛苦日渐沉重。今佛已灭尽所有烦恼，到达安稳的境界。于是，示现我等及天人，倘若能受佛教诲必能成佛之典范，我等及天人今得此最大利益，再也没有比此更令人兴奋的事了。我等稽首皈依佛，恭请您指引我们，教导我们。

当时，十六王子亦以偈颂赞佛，并再三劝请大通智胜佛为众生“转于法轮”。

“转于法轮”中“法”之意，乃为“真理所生法(佛法)”，而法门之演说，以一传十、十传百地相继传递，犹如车轮之转动，能无止境地滑行至天涯海角，所以“广演真理所生法”在佛门中称之为“转法轮”，的确是含义深重。

接着，世尊慎重其辞地继续说着大通智胜佛的种种殊胜功德：

大通智胜佛证得菩提时，十方五百万亿诸佛世界因感动而大地为之震动，十方世界中日月之光所无法照亮之幽冥处，因大通智胜佛之开悟而大放光明。在场之众生一直以为只有自己孤孤单单的一个人，现在因大放光明而得以清楚地看见彼此，众人觉得非常奇怪而异口同声地说：“为什么忽然出现那么多人呢？”

解脱孤独地狱苦

此中之意，乃未被佛光普照之处，众生各各“我”执之故，所以从未由衷地打开心结来消解彼此间的隔阂；亲子之间、兄弟之间，只是形式上地生活在一起，因而内心世界一片孤独，到头来落得人生当中可以依靠的人只有自己，而孤苦寂寥地度一生。可是，佛法一旦普及，人人打开心扉，四海皆兄弟，那么，人与人之间的关系就会变得很和谐；一直是孤苦伶仃的人，便能于顷刻间得到众多的良师益友，生活变得幸福又美满。忽然看见许多众生，所指的就是这个意思。

接着，再回到经文：

其国天界之诸宫殿，亦因感动而大地震动，日月亦大放光明普照整个世界。此时东方诸国土中之梵天，其宫殿光明照耀倍于平常。诸梵天王皆思惟着：“这般光明前所未见，到底是何因缘而现此相？”为了此事，诸梵天王皆来集会，共议磋商。此时众中有一名叫救一切之大梵天王，对诸梵众说：“这种未曾有的光明，是何因缘而生？众等应来共同研究，是不是有大仁大德的天王诞生？还是有佛出世？总之，此大光明遍照十方非比平常，到底是为什么呢?"

尔时诸梵天王各在自己的宫殿,各各盛满典雅优美之天花,往光明之来处西方前去探寻此相,看见大通智胜佛坐在菩提树下,诸世界有情众生恭敬围绕着佛,并看见十六王子请佛说法。诸梵天王见此情景,立即五体投地顶礼佛,并一边绕佛一边将天花撒在佛的身上,为示其虔诚皈依之心,将撒落的天花堆积如须弥山之高,并且连矗立于佛旁的菩提树也一并供养。香花供养后,诸梵天王各将其宫殿献予大通智胜佛,而作是言:"愿佛慈悲悯我等人,所献宫殿愿垂纳受。"

供养乃是一种表示诚心皈依佛、感谢佛的具体行为,而连菩提树亦与以供养,其中则别具深意。因为,菩提树提供佛一个荫凉处,以避炎炎夏日之曝晒来保护佛;提供佛一个天然的"道场"以利佛之修行、助佛成道。所以,对抱着虔诚心来皈依佛的人而言,不仅对佛乃至任何护佛者,以及佛的道场皆心存感激而供养之。

接着,再回到经文:

此时梵天王们大家共同一心,来到佛前而唱颂:"佛之出世甚为稀有,我等此生能亲自值遇佛更是难事。佛具无量功德力,能救护一切众生。悲悯、教导世间一切众生,是人天世界之导师。众生因听闻佛法而蒙利获益。我等都是来自天界之众生,为了供养佛而舍弃天上安逸的生活。我等今生得以拥有华丽宫殿,乃因前世之福报,而今我等将此皆恭诚呈献予佛。唯愿佛陀洞察我等心愿,愿垂纳受我等所奉供养。"

创造是一种人生的喜乐

这里最重要的,就是诸天王们,舍弃天上安逸的生活而下至人间,是为了希望听闻佛法。这个实质题材为《法华经》经教之枢轴,其含义深远、重大，望读者诸君善思善思。

人的生存意义，并非在于只图一生一世过着悠闲、安逸、无忧的生活。人的生存意义在于创造，在于创造美好事物。也就是透过修行使自己成为良好品行的人，哪怕只是些微的小小成长，都是一种“善”的创造，行善利他则是在创造一种更真更美的“善”，所有的艺术创造“美”，一切的正当职业为社会创造种种“能源（力）”。

创造必定要付出心、力。正因为为了成就一件功德而劳心、劳力，这样的人生才会更有意义。努力地使自己成为利人利己的人，哪怕只是一点点小小的努力，在积极努力当中，才更能真实地感受到人生真正的喜乐。

假使让我们在无须劳心、劳力，便能轻易得到喜乐的世界里待上一星期，必定会立刻感到厌倦；假如有人不会感到厌倦，那个人可一定是个懒惰鬼，亦表示这种人智慧未开，还活在迷界中。像这样的人，就算能转生天界，只要一有任何契机，便极有可能于顷刻间堕入阿修罗道、地狱道。

因此，即使是住在天界的众生，虽然自己的身与心已臻于安稳之境界，但只要苦界众生还有一人存在，却不怜悯众生苦，不积极地参与佛陀济度众生的工作行列的话，将无法攀登至佛陀境界。为什么呢？因为处心积虑地为了“使众生离苦得乐”、“竭尽己力去利益众生”，在这样的慈悲行当中，以及在这样的创造生活中，才有可能获得真正的喜悦，这才是成就佛无上慧之唯一途径。

日莲圣人说过：“极乐百年之修行，不及秽土一日之功。”所指的正是这个意思。而且，入佛界之门须从人间道出发（于后本章“轮回”标题下之十界图中将有清楚的标示）。所以，天界众生若不常常降至人间“济度众生”，真的是无法成佛。诸梵天王舍弃自己的宫殿与天上安逸的生活自天而降，那么热切地希望皈依佛法，所为的就是这个缘由。

然后，东南方、南方、西南方乃至下方等十方诸梵天王，皆来云集于此，亦同样地请大通智胜佛转法轮。于经文中不断地重复梵天王们一一请佛转法轮的场面，这种经文叙述方式，在《授记品》的"重复之重要性"的标题下，已经说得非常清楚，在读诵经文时，即使是同样的内容一再重复，还是要耐心地用心复诵。

结 愿 文

诸梵天王所颂之赞佛供养偈中的最后一句："愿以此功德，普及于一切。我等与众生，皆共成佛道。"①此不仅仅是《法华经》之行者，乃为虔诚信仰佛法之所有佛教徒，于诵经结束时，作为读诵功德之总结所唱诵之句子，所以称之为"结愿文"。佛教徒的"愿"与"行"的精神，已淋漓尽致地反映在这个短短的偈诵之中了。"以此功德"就是"以此供养之功德"之意。诸梵天王们甚至将宫殿都献给佛，并非希望有所回报。像佛陀那样的大成就者并无物质上的需求，当然是毋庸赘言的。

本书中亦多次提到供养花、供养物品，乃表真诚皈依及感恩之心。而重点是，表达感恩之心还是需要透过具体的行为方式来传达。而供养自己的所有物当中，则具有舍弃自我(小我)的精神，所以供养亦等于实践佛道。我们在佛堂前诵经，也是忘却小"我"、舍弃小"我"，专心一致地行佛道的一种修行法，也是一种非常大的供养。

这种供养，绝非为了自求安乐及追求个人幸福，而是衷心地愿将此供养之功德普及于一切众生，然后祈望自己乃至一切众生共同成就佛道。"愿以此功德，普及于一切。我等与众生，皆共成佛道。"这句话的意思就在于斯。因此，并非机械式地唱诵，而是要当作佛教徒之大愿，以欢喜心由衷地唱此"结愿文"。

---

① 《新修大正大藏经》第九卷，24 页下。

接下来，大通智胜如来接受了十方诸梵天王及十六王子之真诚请法，以三转法轮①开始宣说四谛法门。

所谓三转法轮，(一) 示转(以真实的世间相为例示说一切真理)，(二) 劝转(劝示依教行持)，(三) 证转(示证佛陀自身依教实修而证佛果位的真实典范)。四谛法门依此三转，所以称之"三转十二行法轮"。有关四谛法门，在《序品》的"四谛"标题下，已有过详尽的说明，此处不再赘述。

说完四谛法后，大通智胜如来接着说十二因缘法。有关十二因缘，本书在前面《无量义经·德行品》中也曾略述过，此乃佛陀所证悟的根本理法之一，在此要开始进行详尽的解说。

十二因缘(外缘起)

世间之一切现象，虽在生灭之间不停地迁移变化，但其迁移自有一定的变化法则，而所有的变化必定根据这个定律而行其道(一切万物虽然瞬息变化不停，但唯有此法则是恒常不变)。此法含有十二种相依相关生起之因果关系，而称之为十二因缘法(又称十二缘起说)。在此，我们先不涉及有关宇宙现象之生灭变化，只限定于人的生死苦乐之生灭变化现象，这样来进行理解比较容易。

此十二因缘法，于《长阿含经》中世尊也曾对阿难详细解说过，如该经所说的，人之肉体的形成有十二因缘法(外缘起)，内心的变化也有十二因缘法(内缘起)。其说明凡夫身的肉体如何出生、成长、乃至老死之因缘，并解说此因缘于时间上涉及过去、现在、未来三世，藉人生之生死苦乐之现象示说内心变化之种种因缘，来教示我们如何使内心清净及去除杂染之根本法门。

① 三转法轮：佛陀成道之初，于鹿野苑为憍陈如等五比丘宣说四谛之理，以由不同角度讲述三遍，也就是三转四谛法轮。如以苦谛言之，谓"此是苦"，为示相转；谓"应遍知此苦"，为劝相转；谓"已遍知此苦"，为证相转。

此十二个阶段，乃为无明、行、识、名色、六入、触、受、爱、取、有、生、老死。让我们先从肉体的生成与流转来进行说明。

“无明”就其字面上的意义来说，就是“无光明”，亦等于“无智”之意。使我们累世以来不断地生死轮回，乃由于过去世所造之种种业，而“无明（无智）”正是造业的根本原因，使我们一再地重复业“行（行为）”。

业之所依处“无明”，于父母合欢之“行”为缘而寄宿母胎，于寄宿母胎时而生“识”。所谓“识”其性质上可视之为近似生物，虽还未完全成形，但已近似人，然后那个未完全成形之生物性的物体，渐渐地成形后便称之“名色”。“名”乃无形物之总称，泛指“心”。而“色”乃有形物之总称，泛指“身”。

身心（名色）更加聚集成熟后，便形成所谓的“六入①”，也就是眼、耳、鼻、舌、身（触觉）五种感觉器官，以及由此五种感官觉知事物存在的意（心）作用。身心的作用由此六个不同的功能进行运作，开始进入各司其职的阶段，但此阶段还在母亲的胎内，尚未能很清楚地觉知一切。

人以此阶段出生世间，之后才完成“六入”，然后知觉感官才完全成熟。成熟之六根能清楚地觉知形、色、声、香、味、触之感受，此阶段称之为“触”。

因“触”的成熟发达，能清楚地辨别事物后，自然地便有了喜好感情的分别作用，此称之为“受”。

“受”渐渐成熟发达后，则生“爱”。“爱”当然还包含其他种种爱，但此处所指乃限于肉体爱、异性爱。于是，因异性爱而生起占有欲，此称之为“取”。然后把异性当作自己的所有物，此称之为“有”。因

① 六入：亦称六处或六根，也就是眼、耳、鼻、舌、身、意。前五种又称五根。五根乃物质上存在之“色法”，即色根。对此，意根则为心之所依生起心理作用之“心法”，即无色根。

占有而生“爱苦”的感受，在此阶段便能明确地感受到苦的侵袭，自此开始尝到人生真正苦的滋味，此称之为“生”。而这种苦中滋味绊着人一生一世，直到“老死”为止。

依据现代医学研究专家们的临床实验所证实的结果，据说人类从受胎到婴儿出生之间的十个月又十天的胎内演进过程，与二十亿年前变形虫之类的生命体极其相似。换言之，也就是说，即使已经非常进化的现代人类，在母亲胎内的当时，与二十亿年前的变形虫是一样的状态。这个实验证明与佛教的十二因缘法相较之下，其说不谋而合，再一次地令人惊叹佛陀智慧之高超及其所证悟的绝妙真理，实在是令人拍案叫绝。

轮　　回

人死后变成怎样呢？依据佛陀的教说，使我们得知人在生命结束后，于一定期间以“中有身（中阴身）”留在世间，过了这个一定期间后，依前世所累积的业，随业的果报而轮回转世。也就是轮回于六道，即地狱界、饿鬼界、畜生界、修罗界、人间界和天上界。声闻界、缘觉界、菩萨界和佛界称为“四圣”。“四圣”与“六道”合称“十界”。佛教的世界观乃由此十界所构成。

此十界以图示之，如次：

十　　界	
四　　圣	佛界（无上正等正觉的境界） 菩萨界（为证菩萨道而修六波罗蜜） 缘觉界（为证缘觉道而修十二因缘法） 声闻界（为证声闻道而修四谛法门）
六　　道	天界（欢喜）　人界（正直）　修罗界（斗争） 饿鬼界（贪欲）　畜生界（愚痴）　地狱界（嗔恚）

所以，假使我们临终之际仍然带着烦恼执著的话，就会与累劫累世的业相应，又再度转生于充满烦恼、痛苦的世界（六道），于是又再度经过前述十二因缘的十二个阶段，然后又再度地生，再度地老死。然后直至未来永劫[①]中重复不断地经过此十二阶段，这个过程便称之为轮回。但是，假若我们听取佛的教诲，行菩萨道，积了很多善业，而消除了所造的恶业，我们便能得“生善处”。所谓的“断因缘”所指的就是这个意思。

业

在此，应把有关“业”的概念，先厘清一下较为妥当。所谓“业”，简单地说，就是“行为”，我们所作所为的一切就是“业”。有行为业因则必招感业果。于瞬息之间周遭所发生的一切现象，完全是过去世自己所造的业而招感的结果。例如，现在正读的这本书，乃由过去世以来累积种种善因所感的善果，今天才有捧着这本书的因缘，但因缘的显现也会因人而异，总而言之，今生此时有此因缘读这本书，乃过去以来修种种善行的结果。像这样“业行所造成的业果，残留于未来的现象”，称之为“报”。

而所谓的“业”其实是非常复杂，并与我们息息相关，我们的所作所为不管多么微细的小小事件，必定会在我们的身、心、未来境遇中留下痕迹。所谓的留在心里的痕迹，不必赘言，就是会在我们的记忆、知识、习惯、知能、性格等等当中反映出来。这些都是能够长期囤积我们的经验与行为的地方。而所谓的留在身体的痕迹，举一个最简单的实例，比如说暴饮暴食的行为，会引发疾病而使身体不适，相反地，适度的运动可以锻炼一身好体格。这些都是可以在自己的周

---

① 未来永劫：谓无限长之时间。劫，即古代印度表示极大时限之时间单位。或形容众生轮回流转时间之久长，称为永劫。若用于指未来之情形，则称为未来永劫。

遭中亲眼目睹，想必人人都能理解这个道理。

再者，心里现象、思惟模式也会反射在身体上。最明显的就是在我们的脸上留下痕迹，这就是所谓的相由心生。内心卑鄙下流的人，就算有一副标致的脸蛋，表情必定会阴阳怪气的；动不动就生气的人，长相一定很可怕；内心温柔、具有内涵、具有威德的人，纵使相貌平平，总让人觉得一脸福气，看起来一脸的聪明相，而且让人觉得很有威严。人的心会随着年龄的增长而自然地留露于脸上。林肯有句名言"人到了四十岁，就必须对自己的脸负责。"这句话所说的就是这个意思。

人之心理活动与行为所遗留之痕迹，一部分残留在前面所提及的记忆、知识、习惯、知能、性格等等当中，这些都属于"表层心理"，另一部分则残留在"深层心理"的潜在意识中。而人在不知不觉之间受到来自外界的影响，以及未出生以前的经验所带来的影响，则全都巨细靡遗地沉睡于潜在意识的深处。这种种的一切总称为"业"。综上所述，所谓的"业"，浅义地说就是我们"自身的行为"，但就深义而言，"业"乃堆积着自有人类以来的"经验与行为"，甚至还包括人类诞生之前的"经验与行为"，此称之为"宿业"。这种业的作用称之为"业力"。

这种业力的作用，也可以运用现代学术中所谓的潜在意识作用，来厘清此种概念。比如说，每当我们看到像蜥蜴、黄颔蛇[①]，尽管它们一点也不会危害我们，但是总让人毛骨悚然，据说这是因为几十万年以前，这类的爬虫类曾经称霸地球的时代里，人类被它们饥吞嗜杀的记忆，仍然残留在人的潜在意识里之缘故。因此，即使理性中明明知道它们根本既无毒也不会危害我们，可是人类总是对它们存有一

① 黄颔蛇科是最大的蛇科，有 2 000 多种，广布世界各地，超过 60% 的蛇都是这科的成员。大部分的黄颔蛇都是无毒的。

股莫名的恐惧感。

像这样，几十万年以前的恐惧感，至今仍然还残留在我们的内心深处的某个角落，更何况是远古先人、近世先人之行为模式、思惟模式所遗留下来的影响，必然更是深刻而强烈。

而佛教中所谓的“宿业”，所包含的范围当然比上述更深更广。也就是说，自己本身从无始以来所经过的生死轮回，在不断的生生死死中所造之“业”，再累加先人所遗留下来的全部加总。

那么有关于“业”的思想，到底在阐述什么呢？有时都是一般世上经常发生的事，比如说有的人抱持着这样的想法——自己来到此人间世界并非出自自己所愿，我也没有拜托父母把我生下来，我的头脑、禀赋、体格乃拜父母所赐，好坏与否都与我不相干，也不是我的责任。

这种想法，虽然看似有一点道理存在，其实这完全是幼稚不成熟的观念。虽然有一部分是父母、祖先的责任没错，但是绝大半的责任则是在自己身上。怎么说呢？今世自己的身体虽然一部分遗传自父母、祖先的业固然没错，但是，绝大半是自己前世造的业所造成的结果。而且，大致到了青春期以后，都是自己在现世中所造“现业”的结果，因此，所谓父母亲的责任，或来自父母业的部分早已消失殆尽。

所以，一切都是“自作自受”，这就是“业”的思想。如果一味地认为一切的幸与不幸都是别人所造成，就会不由自主地怨天尤人、愤世嫉俗，而将一切的幸与不幸都归罪于他人。但只要换个角度把它想成——一切都是自己过去播的种所结的果，内心便能顿然如释重负地得到安乐自在。

不仅仅只是如释重负而已，甚至对自己的未来自然会生起无限的希望。善业积得越多而得受善“报”，则越能改善自己的命运。一想到这样光明的未来，便更能激发出行善济世的勇气，而发更大的菩提心。而且，不仅仅只是此生此世人生的问题获得改善，所累积的善业也能带到来世，自己在来生亦能拥有充满光明和希望的未来。

人生自古孰能无死，所以人人害怕死亡。“死”这种东西，对不了解佛法的人而言，没有比死更令人感到害怕了。但是如果了悟“业报”真正的本质，不论死亡何时来临皆能从容面对，不会再畏惧死亡的来临。那是因为对于下一世的转生抱着希望之缘故。

还有，业不仅仅只影响自己本身而已，哪怕只是一点点小恶也会殃及子孙，若能领悟到这一点，自然便会对“业”感到身负重任。因此，首先父母亲以身作则，示范正当的生活典范，处处留心给孩子好的榜样，并且经常以和蔼的态度、柔软的语言、爱的教育、正确地管教孩子。只要真正了悟“业报”，就会以这样的生活态度、心念来教育自己的小孩，而且会自然地涌现出强烈的使命感。

过去，只要一谈“业报”就让人黯然失色，那是因为在教导方式以及认知上的错误所造成。应该用这样积极、进取的态度来认识与了解真正“业报”的意义，才是正确的态度。

十二因缘(内缘起)

接下来，说明有关心灵成长方面的十二因缘法。

首先，前面也说过“无明”就是“无智”的意思，也就是对正确的世界观、人生观无所知解，或者是虽然知道却漠然视之。

因为无智的缘故，所以过去的“行”为一直违背着真理(宇宙之法则)。但是，“行”并非单指个人的所作所为而已，如前面“业”的标题下所解释过的，乃为人类无始以来所经验过的、所作一切的加总。

“识”为人类明辨事物道理最根本的能力与作用。此能力与作用，全都由过去的经验与行为——“业”所决定。

“名色”如前所述，“名”就是无形物之总称，指心，属心法；“色”则为有形物之总称，指身，属色法。总括而言，就是我们的“存在”。正因为有“识”才可以让我们隐约地觉知自己的存在，没有“识”便无法感觉到自己的存在。此乃谓之“识缘名色”。

“六入”亦如前说，眼（视觉）、耳（听觉）、鼻（嗅觉）、舌（味觉）、身（触觉）之五种感官，与透过此五种感觉器官而觉知事物存在的意（心）之六种作用。

我们虽然是透过“识”而觉知自身（名色）之存在，但刚开始时只是隐约知道的程度而已，还不能算是真正的“知”。然而，眼、耳、鼻、舌、身发挥视觉、听觉、嗅觉、味觉、触觉等五种作用，以此作用而使之觉知事物存在的意（心）发达之后，才能具有明辨事物的能力。这个阶段称之为“触”。

关于“触”有多种解释，有一种说法是，产生好恶情感作用之前的阶段，此时的心只是对事物的接触而已，所以称为“触”。还有一种说法是，“行”、“识”、“名色”和合后，心的作用开始明确地造作之阶段称为“触”。这些学理式的说法我们先暂且搁着，现在只要先明白所谓的“触”，就是我们的心，处于能够明确地辨别一切事物状态之下。若能了解这种“触”的概念，就可以了。

心作用发达至此一阶段，便有了苦乐、好恶等情感作用，此称为“受”。

产生了这种感情作用，自然地对事物便生“爱”想。此与现代语中“爱”的意思稍有不同，是为“爱著”之意。也就是说，喜欢上某种东西之后，进而对自己喜欢的东西产生执著，总归一句，就是执著心。

因此，对自己所“爱”的东西，想要牢牢掌握、确实拥有。反之，对自己讨厌的东西，则想尽办法远离，唯恐避之而不及，这种心情便称之为“取”。

一旦有了“取”，因人而异地产生不同的情感、想法、主张，这便称之为“有”。因“有”则会生起“差别”心。

有了差别心，人与人之间便开始产生对立、争执，悲惨、痛苦的人生便就此展开。此便称之为“生”。如此地，人生事事不如意、不能随心所欲，生命就在这种痛苦的日子下渐至老去，终至于“死”。

我们的人生就是如此这般地展开，而这种不能随心所欲——“求不得苦”之根源从何而来呢？其根源乃在于十二因缘法的第一个根本“无明”。也就是，对一切事物的共通法则一无所知，以及对正确的世界观、人生观无有知解，或者是漠视这一切。只要能灭除这种“无明”，我们的心便能循着正法之轨道，我们之所行便能依于正道，然后，在我们的念念之间，便能依着正道而行事，那么，人生的一切苦痛便自然而然地一个个地消失殆尽，最后能使心臻于安祥的境界，这便是此法门的总结。

也就是说，十二因缘法概括了身与心之整个生命体。以此自身的整个生命体来思惟此一概念，也就是说，我们由于前世的“无明”缘“行”为因，而使得我们今世以凡夫身出生于世上，假如此刻断灭了“无明”，于瞬间便能够立即以原有的自性开拓新的生命里程。

若单以内心问题来考量，因“无明”缘“行”而使人轮回转世的问题，就未必只限于死后的下一世，也就是所谓的下一世，并非只限于一生一死之间，可视之为“尔后未来的人生”。所以，只要灭尽根本“无明”并始终心存正念，“尔后未来的人生”必定安乐而充满光明。反之，若不如此确切地把握住正念，即使家财万贯、或者在社会上拥有崇高地位，亦无法摆脱痛苦、烦恼之纠缠，心便总是在“六界（六道）”所铺设的迷惘轨道中转个不停，徬徨不已。当然，此“六界”属于心灵世界的“六界”，此于《无量义经·说法品》“六道”之标题下，已有过详尽说明。

然而，到现在为止我们所探讨的，只论及生命的纵面关系（亦就是祖先→自己→子孙，或者是自己的前世→今世→来世这种关系）而已。事实上，我们的心乃至我们的人生，绝非单单只由这种纵面关系所构成，应该还包括横面关系，也就是生命个体与整个社会间复杂的连结关系，这些关系也对我们的心以及人生有很大的影响与作用。

现在所述及之凡夫六界，合凡夫以上之圣位四界（声闻界、缘觉界、菩萨界、佛界），是为十界，由此十界再展开"一念三千"之教说。在此顺便将此说解释一下，其理论性稍微有点难，所以，要是认为难以理解的人，请暂且将此搁下，直接先读后面"大通智胜如来说四谛法及十二因缘法之时"之经文释。然后，觉得自己对于法有了进一步的理解后，再回头来读下一段"一念三千"的解释，这样的话比较容易深入。

一 念 三 千

以艺术手法所写成的《法华经》中所涵盖之种种教说，经由中国隋朝的天台智𫖮大师，以学问的手法将之系统化，整理而成《摩诃止观》一书，而"一念三千"则为此书之核心思想，可以说，经由天台大师对《法华经》的体验与理解而重新诠释了《法华经》。世尊灭度后，虽然有很多古德广演世尊之教说，但唯有此"一念三千"被日莲圣人视之为是世尊教说之真正精髓所在，于其所著《开目钞》卷下，曾赞之为："若无一念三千之成佛，将成有名无实的成佛往生（译者注：此意为，若无天台大师开示一念三千成佛之概念，成佛一辞将有名无实，沦落为意同死后往生一途）。""天台之一念三千，正是成佛之正道。"并在其遗文中多次赞叹"一念三千"的功德。

"一念三千"是什么样的教说呢？如本书《无量义经·说法品》中所说，我们的心同时具有六种情况，乃"地狱（嗔恚＝恼怒）"、"饿鬼（贪欲＝贪婪心）"、"畜生（愚痴＝动物本能的心理活动，相当于不假思索的，没有思惟性的心理活动）"、"修罗（争执＝因利己心而钩心斗角）"、"人（正直＝同时具有以上四种心，虽有执心迷妄但能适度控制，不至行为过度）"、"天（欢喜心＝满足于暂时性的喜悦）"，我们的心就在此六界中转个不停，痛苦和烦恼无有断尽的时刻。

然而，凡夫的内心里偶尔也会出现类似圣人的念头。也就是心中生起想学正道（声闻），或者是想以某种经验悟入正道（缘觉），或者是发菩提心为世人、为社会竭尽己力（菩萨），或者是，发大心希望能像佛陀那般地忘记自身的安乐，以无缘慈悲①心救度一切众生（佛）。像这样的念头、心愿能长久持续的话固然不错，但是，凡夫的烦恼执著总是不假时日地又来侵袭，而无法长久保持圣位之境界。

十界互具

总之，不论是谁，其内心都是同时具有凡夫六界及圣位四界。“人”的心中同时具有十界，“天”人的心中也同时具有十界。十界众生心中全都具此十界，此说称之为“十界互具”。

因此，不管是住在地狱界的众生，或者是住在修罗界的众生，一切一切的众生皆有佛性种子，即使在这样的境界里也都有成佛的可能，无论何处何地佛陀必定垂悬着济度众生的救生索，“十界互具”就是这个意思。佛的慈悲无远弗届地触及一切众生，开示人人皆能领悟的法，不论是谁必当对自己的未来浮现出无限的光明与希望。反之，即使自以为已经解脱、已经证果的人，应反观自身未除灭的迷妄种子，应该更发心精进修行才是。

如此地，人心具足十界，十界中任何一界均具足十界，十乘十则为百界。而此百界心以什么样的方式呈现呢？也就是用“十如是”以十种层面呈现之。

十如是

所谓的“十如是”就是“如是相”、“如是性”、“如是体”、“如是力”、“如是作”、“如是因”、“如是缘”、“如是果”、“如是报”、“如是本末究竟等”，此乃《方便品》中所出，然而本书为避免读者混淆，于解说该品的

---

① 无缘慈悲：此即大乘佛教所言空之思想，完全无自他之对立；乃绝对之慈悲，真实之慈悲，亦为最高之慈悲。

章节中并未即时解释而特意暂且搁下。以十如是诠释全宇宙一切万物存在之真正本质,此真正本质便称作“诸法实相”。用现代科学方法穷究所有物质的本体,其所得之结论与原子极为近似,但是佛法中的“十如是”比这个结论更深入人的心灵世界,甚至能澈见人心。所谓“如”乃真如[①],就是常住不变之意。因此,“如是”除了有“如此这般”之意以外,同时亦有“必定”之意。

如　是　相

万物的存在必有其“相[②]”(形状)。此谓之“如是相”。

如　是　性

有相则必具有其相称的“性[③]”质。此谓之“如是性”。

如　是　体

有其性质则必有主“体[④]”。此谓之“如是体”。

如　是　力

有其体则必具某种能“力[⑤]”。此谓之“如是力”。

如　是　作

有力则必对外境起种种“作[⑥]”用。此谓之“如是作”。

---

① 真如:即遍布于宇宙中真实之本体;为一切万有之根源。真,真实不虚妄之意;如,不变其性之意。即大乘佛教所说之“万有之本体”。

② “相”意即相状,指外在之形相。

③ “性”意即不变,指内在之本性。

④ “体”即以相、性为属性之主体。

⑤ “力”即体所具有之潜在能力。

⑥ “作”乃显现动作者。

如　是　因

存在于宇宙间具有主“体”之物多得不胜枚举，因此，“作（对外境之作用）”就是万物间的相互作用。因为世间一切万物并非单一的存在，必定与他物之间夹带着复杂的连带关系。所以，物物之间的互动，形成一个错综复杂的关系，而产生种种现象。成为此现象生起的原因称为“因①”。此谓之“如是因”。

如　是　缘

但是有了原因，若不巧遇机缘并不会开花结果，好比制造霜或者是露的“因”——水蒸气，虽然始终遍满于空气中，但是水蒸气若是没有触及地面、草的“缘”，便不会变成霜、露。像这样的机缘、条件称为“缘②”。此谓之“如是缘”。

如　是　果

而所谓“果③”，毋庸赘言，便是“结果”。“因”得遇“缘”而实现某种作用。此谓之“如是果”。

如　是　报

“果”并不只是实现某种作用而已，而是必定对某物留下影响，而此影响必当反映于未来。

比如说降霜，某些人觉得“美极了”，降霜的效果给予某些人愉快的感受。可是降霜也可能对某些人的农作物带来损害。像这种对未

① “因”指直接原因。
② “缘”为间接原因。
③ “果”即由因、缘和合所生之结果。

来造成影响的“果”，便称之为“报[①]”。

所谓“因、缘、果、报”，简单明了地说，比如乘坐电车时，把座位让给老人，在那位让座人的内心里，原本就有“想要对人亲切”的心情，这是因为于过去世曾经种下这种善“因”种子的缘故。因为有了这个“因”的存在，当他一旦有了偶遇举步蹒跚老人的“缘”时，便自然地结出把座位让给老人的“果”。事后当他发现自己做了件好事时，心情自然无比愉快，此称为“报”。“报”就是果报、报应，千万别以为果报全部来自外境，由自己的意念所生的果，将是最先出现的报，而且也是最重要的果报。此谓之“如是报”。

如是本末究竟等

以上所述九种如是的情况，总是不断地发生在人间社会及宇宙中。而且非常错综复杂，以人的智慧无法得知哪一个是因、哪一个是果的情形很多。但是，这种种的情况，必定由天地间唯一之真理——“法”所产生，不论任何事物、任何情况、任何作用，都不可能离此唯一之“法”而单独存在。从开始（本）的如是“相”至最后（末）之如是“报”，皆归趣于同一实相而究竟平等，此谓之“如是本末究竟等”。

人类、全宇宙之所有一切万物，其间之相互关系均由此唯一之“法”所构成，观想构成一切万物唯一之“法”，称之为“诸法实相”。

百 界 千 如

前面“十如是”中所述百界中，每一界各具性、相、体、力、作、因、缘、果、报、本末究竟等“十如是”，总计则有千如，称为百界千如。

---

① “报”指果报，以上之因缘果形成后世之报果。

三 世 间

现在为止所说的都只限于个人内心层面的问题，然而人是不可能与社会完全脱节而离群索居，因此，不论论及任何情况，都必须衡量人与社会之间的关系性。佛法中对世间有三种定义。第一为“五阴世间”，简单而言，就是人与人之间相互影响彼此的心与心，这样的关系所形成的世间，可以说是狭义的生活环境。第二为“众生世间”，众生在一起共同生活之社会（即一般概念中的国家、社会），第三，国与国，社会与社会之间，所形成和谐的、或者是斗争的世间，也就是“国土世间”（即一般概念中的世界）。

是我们自己一手造就此三种世间，无论好歹都要与之和平共存，是绝对不可避免之事实。因此，我们的一颗心就具有刚才所说的百界千如之心作用，此千如心作用遍及三世间，所以，一千乘上三等于三千。此三千之纵横关系，全都包含在我们瞬间所起的一念心当中，这就是所谓的“一念三千”。

打个比方，譬如说心中突然浮现这样的念头：“迎面而来的那位男子，真是面目可憎。”或者自心中涌起“篱笆下的花儿真是美极了”的念头。试图加以分析、解剖这些“念”头，由于这些念头的生起，自己本身从无始久远的过去以来至现在为止，自己一路走过来的轮回道之纵面影响，以及来自他人、社会、世间一切事物的横面影响全都巨细靡遗地包含于此一念心当中。

再者，此一念中除了含堕地狱道的性质，同时亦含成佛的性质。“憎恶”这种念头中亦含成佛的性质，“美极了”的念头中也含堕地狱道的性质，怎么说呢？乍听之下觉得有点矛盾，事实上道理很简单。“面目可憎”之念头，若恶性发展成“想要揍他一顿”的话，你的一念心便立刻变成地狱。反之，“嘿，且慢！这终究是自己的修行不够才会生起这种念头。而感受到憎恶乃因自心包藏着‘憎恶’种子的缘故。所以，必须去除这烦恼种子，而应更加精进修行才是。”能觉悟这一点，便证入了独觉(缘觉)之境地。

继而思之：“长相如此的人，必定在生活上有了困难，或者是内心承受着极大的痛苦。希望能用佛法感化他们，使他们生活上获得改善，去除他们心底的忧愁。使世上减少这张忧愁满面的脸庞，乃每一位佛教徒的使命。”此愿心能坚固不退的话，便是登上了菩萨地，于此境地中即有了成佛的可能性。

再者，于生起“篱笆下的花儿真是美极了”的念头时，心无任何矫作、修饰，只是直心地赞叹“美极了”，进入这种心境时，便进入了与天地合而为一之圣者境界，但如果在这个时候，心里起了一念“摘一朵回家放在桌上观赏，多棒啊!”，马上就堕入饿鬼(贪欲)道，或者想“有钱有什么了不起！我可是为了三餐温饱，每日得拼命地劳碌工作呢！真是岂有此理！居然还有闲情逸致围起篱笆种起蔷薇花来了，什么东西！简直连畜生都不如!”像这样地一颗嗔心一起，就已经完全进入地狱的境地了。

理[①]之一念三千

如此一来，“一念三千”的概念，到底要如何掌握，便是关键之所在。只是用理性来理解此一法则，便称之为“理之一念三千”，然而，这样的理解态度未能茁壮成可以度己度人的力量。也可能因为如此，所以一不留神就被此理所缠，于是，念念之间东想西想，最后弄得身心疲惫不堪，很容易就引起神经衰弱。必须敞开胸怀，以开阔的胸襟，积极、明快的态度来萃取此义精要。因此，此教说应以下述两种方式来理解。

---

① 理：一真法界之性，指万象差别事法之本体。即一切事物之存在、变化所准据之法则。

第一，“人类同时具有善恶两面，同时拥有坚韧的精进力与卑劣的堕落性，二者均有无限的可塑性。因此，只要我们切切实实地下定决心依教行持，则必定带来向上的精进力。”此说之意义在于斯。因此，此教说能使我们心中产生坚强的信心；能给我们带来无限的希望。

第二，“人类及宇宙之一切万物，并非能够离群索居而单独存在，一切万物之间的关系，乃类似一种网状性组织物，绵绵密密地把我们紧密地联系在一起，因此，只追求自我解脱而罔顾众生之幸福，是绝不可能达到真正的解脱。”读者诸君必须明确地认清这一事实。

事[①]之一念三千

以上两点不能光只是用理性来理解，那么，到底应以全身投入来理解呢，还是应用灵魂来理解呢？总而言之，发自内心由衷地理解，自然而然就会禁不住要亲自去实践上求下化之菩提愿。此称之为“事之一念三千”，不实践到这种境界，真正“一念三千”的理念不可能真正落实。

日莲圣人亦大力称扬“一念三千”，圣人自身之教义亦以此为基础所延伸而来，但是，日莲圣人于超克“一念三千”后，结果还是进入“信仰”与“实践”两不可欠之境地中。也就是迈向超越“理”、实践“事”的境界。

实际用心去领悟“一念三千”之“理”趣的话，只要世上还有一个正在烦恼的人，就应该把众生疾苦当作自己的烦恼，而这种感受应当会非常真实而且有着咄咄逼人的迫切感。这种烦恼不同于一般凡夫的烦恼，是一种伟人的烦恼，是佛菩萨的烦恼。就如“病在众生身，痛在佛身”。

① 事：一切世间之相。

我们若要烦恼，就应效仿古圣先贤的这种忧心众生苦的精神。这种烦恼会奋然地激起我们积极的勇气，而使我们感受到真正人生的意义。世上再也没有比这种使“烦忧者离苦得乐”的工作更为神圣。这就是所谓“人类向前迈进”、至高无上的事业。在此事业中若能有一点点奉献小我的精神，必当能使我们的人生更具有意义。

“一念三千”之教说，相信应当依以上所述来理解才是。

那么，让我们再回到《化城喻品》的本文。世尊继续说法，其大意如后：

> 大通智胜如来说四谛法及十二因缘法之时，无量众生因听闻了此二法门，而不再受环境种种变化（一切法）的影响，因而各各心得自在解脱，随时随处都可以完全掌握自己，可以做自己的主人，不再因周遭事物变化而心神不宁。于第二次、第三次、第四次的说法之时，亦一遍又一遍地重复解说四谛法及十二因缘法，而使得更多无量的众生亦证得同样的果位（小乘之悟境）。
>
> 尔时，看到无量众生心得自在解脱的十六王子们，皆出家成为大通智胜如来的新弟子（沙弥）。十六王子各各利根聪明，于闻法间已彻底通达一切法。也就是十六王子已洞悉四谛法及十二因缘法只是前往大乘门之通道而已，证得真正佛陀果位，必须熏修大乘法门，实践菩萨道。于是，向大通智胜如来请求开示阿耨多罗三藐三菩提[①]之教说。此时大通智胜如来的父王转轮圣王[②]的大臣们，见十六王子出家，也发心出家，并得到转轮圣王

---

① 阿耨多罗三藐三菩提：梵语 anuttara-samyak-saṃbodhi，巴利语 anuttara-sammāsambodhi 之音译。略称阿耨三菩提、阿耨菩提。意译无上正等正觉。乃佛陀所觉悟之智慧；含有平等、圆满之意。大乘菩萨行之全部内容，即在成就此种觉悟。

② 转轮圣王：意即旋转轮宝（相当于战车）之王。王拥有七宝（轮、象、马、珠、女、居士、主兵臣），具足四德（长寿、无疾病、容貌出色、宝藏丰富），统一须弥四洲，以正法御世，其国土丰饶，人民和乐。

的许可。

尔时，大通智胜佛受这些新弟子的请法，经过二万劫长久岁月以后，而对四众(出家比丘、比丘尼，在家男居士、女居士)弟子说大乘经，名“妙法莲华”、“教菩萨法”、“佛所护念”。“教菩萨法”依其字面上的意义乃“教授行菩萨道之法门”，所谓“佛所护念”乃“诸佛所拥护难得可贵的法门”，而两者皆指《妙法莲华经》。

说完此经，十六位沙弥为得无上菩提之故，对此教说信心坚固并身体力行，于身心积极实践的结果，使得十六王子更加深入地品尝出此法妙趣，并积极地为利益众生而演说此经。可是，闻法大众中虽亦有少数得到信解，但大部分的众生仍然抱持着像自己这样无才无德的人终究是不可能成佛的心态，对自己成佛的可能性感到十分怀疑。

大通智胜佛于八千劫间持续演说此经，未曾休息。说完此经后即入静室，端坐禅定，入于三昧长达八万四千劫之久。此时十六位菩萨沙弥，知佛已入禅定，寂然不动，若不挺身而出，代佛说法的话，担心此世间不知将会如何演变。于是，各各登上法座，应众生不同的根机而分别广说《妙法莲华经》，使当时闻法大众皆发大菩提心，愿得无上菩提。

示教利喜

此处有一句“示教利喜”，乃演说佛法之顺序，首先“示”说入门法及基础概念，若观见众生想要更深入教理的话，则进而“教”以深义。如果深义亦能全然领会时，便为其解说实践法门之功德“利”益，并引导众生尔后只要持续受持、修行，便能得到人生之“喜”乐。的确是既正确又合情合理的方法，我们于弘扬佛法时，亦应奉此为圭臬。

接着，再回经文。

进入三昧的大通智胜佛，过八万四千劫后，从三昧出定起身，安详地入于法座。普告大众言："十六位菩萨沙弥皆是甚为稀有之人中翘楚。于过去世供养过无量诸佛，于诸佛所常修梵行，受持佛智，说示佛法，引导众生入佛智慧。汝等皆当亲近十六王子，并力行实践他们所演说的法门。如此的话，即使现在仍处于果位较低的声闻、辟支佛或者已入菩萨位等等之众生，亦能得证无上菩提。"

然后，大通智胜佛改变语气说道："诸比丘们！十六菩萨常乐说此《妙法莲华经》。各各皆教化了无量之众生，这些被教化的众生们生生世世皆与度化自己的菩萨一同转世，再次跟随度化自己的菩萨听闻佛法，并且对于佛法皆已完全信解。以此因缘之故，这些闻法众生得以有幸值遇四万亿诸佛，而此因缘至今仍然持续中。"

此处必须强调，有些人会误以为《化城喻品》只是《法华经》中第七品而已，本师释迦牟尼佛还未说完《法华经》呢！大通智胜佛与十六王子怎么可能于久远的过去讲解过《法华经》呢？这岂不是很矛盾？而令人感到非常遗憾的是，提出这种疑义的，居然很多是出自于佛教学的研究学者。例如有些人把《妙法莲华经》，以及天台大师所著《摩诃止观》一书之书名，皆视为一个专有名词来理解，诸如此类的认知是非常不正确的。

所谓的《妙法莲华经》乃以莲花之出淤泥而不染，来形容"人生活于世俗中，而能身心清净不受世俗之染著，便能与佛达到同样的境地，经中所诠释之真理为世上最尊、无与伦比之教说"。此真理并非有二、三种，而是仅有一种。

因此，释迦牟尼佛所说的，于久远的过去，大通智胜佛以及十六王子即已讲解过《妙法莲华经》，为真实不虚之事实。释迦牟尼佛未出世以前的无始久远的过去，宇宙唯一"真理"早已俨然存在，所谓真正“觉悟”者之证悟，除此唯一“真理”以外别无他法，所以，在过去世就算有几十万人曾经说过此法，不但一点也不奇怪，反而更能体会出世尊为使一切众生对“真理之唯一性”的意义得到真正的理解，而穷尽苦思地设说种种善巧方便法门。若能体悟出世尊之用心良苦，相信应当有人颔首深表赞叹才是。

世尊继而高声地说出更令人惊异之法门：

> 诸比丘！现在要说佛法心要，大家仔细听着。十六王子经过种种修行之后，皆证无上正等正觉而成佛，现在也正在十方国土中继续说法。

世尊并说出十六王子成佛后之佛名及国名，其中说至第九位王子时，世尊说：“西方二佛，一名阿弥陀……”出现了我们非常熟悉的阿弥陀佛的名号。可是，阿弥陀佛乃遥远的西方十万亿佛土中的佛，我们并未受其教化。

然而最后世尊又宣说：“第十六我释迦牟尼佛，于娑婆国土成阿耨多罗三藐三菩提。”于此首度说出自己过去生以来的因缘本生谭①。

绝对不可忽视“释迦牟尼佛于娑婆国土开悟成佛”一事，因为释迦牟尼佛是娑婆世界唯一的人间导师。此时此刻，情不自禁地再次深刻地领悟到，迹佛之世尊对娑婆世间中的我们而言，是多么地宝贵而重要。

而迹佛之本源——久远实成的本佛释迦牟尼佛，乃遍及整个宇宙，随时随处永远存在。虽皆为佛，但两者意义大不相同，如果不先弄清楚此一道理，等一下世尊所说的法就会无法明白。

世尊继而说：

① 本生谭：述说释迦于过去世受生为各种不同身形及身份而行菩萨道之故事。

> 诸比丘！我等为沙弥时，各各教化了无量众生，从我闻法而得证无上菩提的众生为数甚多。但此诸众生中，至今仍然有人还住在声闻地，我亦常教化这些众生应证无上正等正觉，这些人应以此大乘法而渐入佛道。为什么说“渐入”呢？因为如来智慧既深且广，若于一开始便说佛慧，众生们将难信难解，因而由浅入深地次第教化之。
>
> 像这样地，我从过去世以来教化了无量众生，而当时所化之众生，正是今日闻法之汝等诸比丘是也。并且在我灭度后的未来世中，亦再度作我的声闻弟子。

这么一来，若不了解前面所说的迹佛释迦牟尼佛以及本佛释迦牟尼佛两者内涵上的差异，脑筋便会漫无头绪，乱成一团。有关此之详说，将于后面的章节《如来寿量品第十六》中作彻底说明，但本书“法华三部经的构成”之章节中，已作过简明的介绍，请读者们再回头温故知新。

再回到经文，世尊说：

> 我灭度后，随我闻法的弟子中，有人不习大乘法，因此，对修行菩萨道之法门完全不了解，只满足于断除迷障、自我解脱的喜乐当中。于是，我对他们开示我将以不同之佛名住在其他世界，这些人当于我所住的国土中求佛智慧，随我闻此至真至善之法门。然后，这些众生必当依此圆融无碍之一佛乘，方能得到真正的证悟（灭度）。只是诸佛如来以方便而说种种法，但这些法亦各有其特别的用意，必须加以区分以思之。

此处甚为重要。也就是所谓的成佛（以人身而证得佛果），并非经一世或二世的修行便可完成。虽然也有人在这一世成佛，那是因为累劫累世已种下修行菩萨道的因，而于今世证入佛果之故。如一再强调的，人的修行必须一直持续不断，因此，即使现在世未证佛果，只要未来世仍然继续听闻佛法，在彻底地明了菩萨道“化他”的精神时，便是成佛的时刻。因此，于今生中得遇佛法的人，就是已经造就成佛的“缘”。再者，今生中如实地依教行持实践菩萨行的人，都是于前世就已经证得声闻、缘觉果位的人。不管怎么说，能值遇《法华经》的人，成佛的“缘”总有一天会成熟，所以到死为止——不，应该是死后仍然必须一直受持《法华经》的教说。

再转回经的本文，世尊说：

诸比丘！佛（迹佛）非永久住世，佛完成了教化众生的目的，说完一切法后，不久即将离开人间。当佛知众人对佛法已信解坚固，了达人间平等的真理，身心已达安定不再动摇的境界之际，佛便召集诸菩萨及声闻们，为他们示说此《妙法莲华》之法门。

世间上得证真正无上菩提之法门不会有两种，只有一种唯一法门。但是如来行种种方便法，那是因为深知众生之性质、根机之故。如来深知某些众生乐著浅易法（小乘法）而不知另有奥义（大乘法）；如来深知某些众生因贪著五官乐欲而为自己招来痛苦。为了这些众生，佛陀教导他们去除心中迷执，使之心得安乐之法门。对正处于此阶段之众生来说，示说适其根性之小乘方便法门，这些人若闻，便能信受。

宝所化城喻

世尊便以宝所①化城为喻，来解明以上所说法要，此喻便是“法华七喻”中第四喻，就是有名的“宝所化城喻”，经文所述大意如次：

有一条长达五百由旬之恶道，其路艰险无比，远离尘嚣，行

① 宝所：为“化城”之对称。谓珍宝之所在；比喻究竟之涅槃。化城，比喻小乘之涅槃，在近而非实；宝所，即比喻大乘之涅槃，指真正证悟安住之场所。

人旷绝，恶兽经常出没，实在是步步惊魂的地方。然而，有很多人为取珍宝，必须经此险道。此一行人中有一导师，此人贤明智慧，绝妙过人，善知此道之种种险要。

正当导师要引导众人通过最艰险之处时，此一行人中有的脚力不健，有的毅力不坚，有的耐性不足，于途中已精疲力尽，而向导师说："我等已疲惫不堪，对此险道心存畏惧，已无法再继续前进，而且路途还那么遥远，现在干脆返回出发地算了。"

这位导师熟知因应众生根机之方便法门，于是，心中盘算着："这些人真是可怜。只要再加把劲儿，大珍宝便能垂手可得，为什么现在要舍弃而走回头路呢？只要再忍耐点，美好前程即在眼前。"于是，施以方便力，于险道过一半处化现一座虚幻城堡（古印度的一个城堡相当于一大城镇），而告众人言："汝等无须怖畏，亦无须返回。汝等可于此大城中自在地放松身心，只要进入此城必得安稳，疲惫的身心得到充分休息后，再前往取宝，然后再回家亦不迟。"

此时疲惫不堪之大众，皆心生欢喜，进城得到充分的安养。尔时导师知此等众人已恢复体力，即灭化现之幻城，而对众人言："走吧！宝所即在不远处。刚刚在这里的大城，实际上是我所化作。只不过是为了使汝等能够暂时休息，重新振奋汝等身心而变化所作。"

于是，那位导师鼓舞着众人，使大众们恢复了自信心后，再次引导他们向前迈进。

譬喻说完后，世尊以"如来恰如此导师也"为前言，殷勤详解此故事所摄之意。也就是说，如来虽欲救拔这些身陷人生险道中之众生，但若于一开始便教示一佛乘的话，众生们因深觉此无上法门与自己的程度实在相差太悬殊，众生们会把此无上法门当作是一个遥不可及的梦想，反而视为畏途，不敢亲近佛而远离之。诚然如此，成佛之路道远弥艰，久受万苦方能抵达，这绝非我等之辈所能完成之大业。而佛已洞察众生心的懦弱与胆怯，所以便于途中说两种涅槃——亦即声闻与缘觉所证悟之境界，使众生心暂得安稳，待见众生心已确实安定后，才引之入无上佛慧。虽说唯有一佛乘，而以中间休息来隐摄声闻与缘觉之二乘。而此乃为到达一佛乘中所须通往的阶段(方便法门)，因而二乘虽不是究竟涅槃，亦存在其可贵的意义。因此，于中途不使久留，便是不入声闻与缘觉二乘涅槃的意思，最终仍须以一佛乘为修行之最终目标，以此譬喻诠释，当即豁然大悟吧！

于是，世尊以偈言重述以上所说，便结束了《化城喻品》。

五百弟子受记品第八

本品叙述世尊为十大弟子之一的富楼那和其他众多弟子们授记，给予成佛保证的过程。世尊之所以为他们授记，是因为世尊已洞察出这些弟子们，因遵循《序品第一》至《化城喻品第七》中所示说的一切法要，修行的境界已渐次地被引入更高层次的缘故。而品名中所谓的五百，并非如数学中整数的概念，所以并非刚好整整五百人，其实是表众多之意，望读者诸君预先明辨此一概念。

据传富楼那是一位辩才无碍的人物，后世经常以“挥辩富楼那”之类的描述，出现于种种文章中，此辞因之成为雄辩的代名词，而被广泛地书写、传颂。但富楼那从不刻意炫耀自己的才能，一直过着世俗凡夫般的生活，且外表看似平实无华，但其实是胸怀大志，是位不折不扣、杰出卓越的人物。

在世尊首度允许众弟子们可以为人演说佛法之时，富楼那自知自己与输卢那国①因缘深厚，想要前往该地传播佛法，因此向世尊表其心意。于是，世尊问富楼那：“输卢那国该地人，心极为险恶，传播佛法极为困难，即使殷勤不懈地苦心教化，大家都不来听你说法，怎么办呢？”富楼那回答：“若大家都不来听法也不气馁，未被耻笑就应当觉得很幸运。”世尊再问：“那么，如果被耻笑，该怎么办呢？”富楼那回答：“如果被耻笑，我仍要感恩未被恶言相待。”世尊再问：“那么，如果被恶言以待，怎么办呢？”富楼那回答：“如果被恶言以待，没用棍子打我、没用石头扔我，还是很幸运的。”世尊再问：“那么，如果被棍子

---

① 据《杂阿含经》卷十三、《摩诃僧祇律》卷二十三等所载，西方输卢那人凶恶弊暴，好嘲骂，富楼那闻之，征得佛陀允许，乃前往教化其国，为五百优婆塞说法，建立五百僧伽蓝，令其具足夏安居等事，后于彼地入无余涅槃。

打、被扔石头，怎么办呢?”富楼那回答:“没被刀砍伤，还是值得庆幸。”世尊再问:“那么，如果被刀砍伤，怎么办呢?”富楼那回答:“虽然受伤了，但并未夺去我的性命，还是值得庆幸。”世尊再问:“那么，如果伤及要害，命在旦夕，怎么办呢?”富楼那回答:“因为弘扬佛法而舍去性命，是为无上殊荣，当在所不惜，还是值得庆幸。”于是，世尊说:“如果你有此等决心与万全的心里准备，当得前往。”以上之对话使我们可以了解，富楼那并非只是雄辩家而已，其发菩提大愿，不惜生命弘扬佛法之精神，实在是令人钦佩。

现在开始进入本品的经文解释。

富楼那一直跟随着世尊，听闻世尊应众生根机而设施的种种方便法门。又亲见世尊授诸大弟子成佛保证之记别，又得知自己与世尊之间的宿世因缘，又了知诸佛之大自在神通力，内心感受到未曾有的感动，顿时心境澄净了然，内心感到无限的法喜。

于是，富楼那即从座而起，走到佛前虔诚礼拜，然后回到座位，目不暂舍地瞻仰着世尊的容颜。于心中想着——世上无与伦比之世尊，其之所言与所行甚为稀有，无比珍贵;随顺世间众生种种不同根机与天赋资质，施予种种因应之法门，而拔除了众生的贪心执著;佛之功德成就，非以言语得以形容道尽;想必世尊当能了知我等志心成就佛道之心愿。

是时，世尊对比丘们说道:

你们看看这位弥多罗尼子的富楼那。我经常称赞他为说法人中最为第一，亦常赞叹其种种功德。此人非常精勤于护持我所说的法，并尽其所能地辅佐我宣扬佛法。富楼那能将佛法以正确的顺序教导世间众生，能巨细靡遗、毫无遗漏地解释佛之正法。为同样修持梵行(维持身心清净之修持)者带来极大的利益。其之辩才，除了如来以外，无人能与其相提并论。

各位别以为富楼那只护持我所说的法，只辅佐我宣扬佛法。事实上，富楼那于过去九十亿诸佛的身边，亦同样地护持诸佛宣扬佛法。而且于彼佛说法人中亦最为第一。不仅如此，又能明了通达诸佛所说之“一切平等”法；对众生说法时，亦能知众生根机而示说适宜众生之相应法；并能自由自在地、适当地、彻底地解释一切法。于说法布教时，从不求任何回报，心里从未执持一个“我”，从不趾高气扬，或是刻意突显自己的崇高与善辩的才能；常以清净心，无有其他企图，只为说法而说法；对佛法无有疑惑。并且具足菩萨之神通力，终其一生一直努力勤修梵行。

而富楼那常以平易近人的态度待人处世，其虽已具足菩萨神通之力，但其周遭的人都以为富楼那仍处于声闻位的阶段而已（所以周遭的人都能随和不拘地与之亲近，而能在轻松的气氛之下听取他的说法）。富楼那以这样的方法，给予无量众生莫大的利益，度化了无量的众生，使之皆发大愿，求证无上菩提。最后，富楼那为净化世间成为人间净土，更发大愿；为了救度众生，更卖力投身于佛教事业的教化工作中。

半步主义

此处之经文，提示着有关布教方面，以及引导众生的方法上非常重要的训诫。虽然释迦牟尼佛并不特意夸示自己的伟大，可是无论是谁只要来到学德兼备的释迦佛面前，自然而然就会跪下来，一心一意地只想闻其教诲。

然而，不像佛那么威德并具的人，并不见得能得到全体闻法众生的青睐，也并不见得能使他们虔诚皈依、诚心诚意来闻法。可是话又说回来，格调太高反而曲高和寡，即使威德并具的人，偶尔也会遇到个性叛逆、爱挑剔的人，或者是太尊贵了反而使有些人觉得难以亲近。在教化的工作中，碰到诸如以上所述的种种状况，富楼那的亲和力当是我们的最佳典范。

把闻法大众不屑地视之为一群迷悟之徒，当然万万不可，但自以为自己的修行已遥遥领先的态度尤其危险。在态度上必须平等地与大众并肩同步而行。

但是，如果完全与大众齐头式地平等而行，却又无法领导完全不懂佛法的人。所以，不必一步领先，但须半步领先。用这种态度，周遭的人自然而然地能感受到亲切感，觉得自己也是同行的伙伴之一，然后便能很自然地一起携手并肩而行。那么，在同行当中总有一天会受到感化，不知不觉地将之引入正道。

反之，自己尚未完全证悟却以傲慢的态度或以威胁的方式恐吓他人，倘若不入此道一定会遭殃等等，像这样不经大脑地使用高压的手段，即使那个人暂时让你引进了门，日后那个人反而难以接受正法的教化。不以正当的手段引导众生，反而难以使众生由迷转悟。

这个“半步主义”，在实施教化的工作中，以及针对说法内容时，都是非常重要的。连释迦佛那样的无上智慧者，若于一开始就单刀直入开示最深的教义，也同样会使众生不知所措，所以，世尊也是由浅入深渐次地引导众生。更何况，没有世尊那样圆融无碍说服力的我们，不择对象地于一开始就从最深奥的地方教起，不可能奏效，乃是想当然尔。

学佛的最初入门，大致上都以能使众生心得到安逸的方法开始着手，诸如以“大病化小，小病化无”。或是“日子变得欢喜自在”等等之眼前的现世利益而教化之。这种教化方法，也是一种因时因地因应众生根机，必要而不可或缺的方便法（权宜之计）。若是针对知识分子，可以谈一谈佛法中属于人文、人性、心性方面的实例，若是针对马克思主义教育下成长的人,以十分理论性的“一念三千”开始谈起亦无妨。

总之,不以众人皆醉我独醒的态度自居,亦就是不以“己悟而他迷”的傲慢态度自居,应以无缘慈悲引导众生深入佛法。应站在根本真理上,亦就是应以众生皆有佛性之平等心为出发点,欲使一切众生觉悟自有之佛性而全力以赴。在这方面,富楼那可是个中行家,是修持《法华经》的在家居士们的优良典范。

让我们再把话题转回本文,接下来,世尊慎重地宣布,现在即将对富楼那授记,赋予成佛之保证。其内容如次:

> 诸比丘们!富楼那于过去七佛①住世时,广演佛法人当中,说法最为第一;现在于我住世之时,说法人中亦为第一;于未来贤劫②之时,说法人中亦复第一。富楼那于过去世以来就一直具足同样的功德力。于殷勤教化众生当中,自己因而渐渐具足菩萨之道,于经过无量阿僧祇劫之长久岁月后,将得证佛果。成佛后之佛名为法明如来,其佛以恒河沙等三千大千世界为一佛土,并建立庄严和平的理想国度。其国与人天二界比邻而居,与此二界众生经常往来,并使之皈依佛法。

可以轻易地周顾此人天二界,而与此人天二界频繁往来,这种境界明显地比前章《化城喻品》中所说的人天二界间的交通更为发达,这就是表示富楼那成佛后之国土,其人间世界已几近极乐净土。

---

① 指出现于过去世之七佛,即:(一)毗婆尸佛,(二)尸弃佛,(三)毗舍浮佛,(四)拘留孙佛,(五)拘那含牟尼佛,(六)迦叶佛,(七)释迦牟尼佛。

② 贤劫:指三劫之现在住劫,即千佛贤圣出世之时分,全称现在贤劫。谓现在之二十增减住劫中,有千佛贤圣出世化导,故称为贤劫,又称善劫、现劫。与“过去庄严劫”、“未来星宿劫”合称三劫。

其国众生无有男女之区分[①],众生皆以化生[②]而出世人间,所以其国人民皆无淫欲心,心得解脱自在,各各智慧圆满,并且精进不懈,勤行佛道,志心十分坚固。相乃由心之所生,所以其国众生各各相貌端严,身现金色光辉。其国众生唯以两种食物为食:一者法喜食[③],是为闻佛正法所生之法喜,二者禅悦食[④],是为觉知正法之甚深奥义,志愿力行实践并且道心坚固,而从中感到甚深之法喜。

进入这样的境界后,肉身便已可有可无,此正如极乐净土之写照。但在此国度仍须以"闻法之喜乐"与"修持禅定之喜乐"二食作为持续生命的资粮,此乃意味着在极乐净土中,若不"闻法"、"修定",生活就不会有意义。

接着,世尊又继续示说:

富楼那成佛后之佛名为法明如来,时代名为宝明,国名为善净。其国有无量菩萨声闻等众聚会一处,众等各各功德圆满,其国土庄严成就种种无量功德。其佛寿命无量阿僧祇劫,于灭度后正法仍住世甚久。其国众生为其建立七宝塔,遍及全国。

世尊以偈言重述以上所说。至此,便完成了对富楼那的授记。

尔时法座中,烦恼已断尽、心已得自在解脱的一千二百位阿

---

① 据《俱舍论》卷二载,一切有情别为男女二类,其有形相、言音、乳房等方面之差异,皆由男根、女根(根乃指生殖器及其生殖机能)之不同所致。然三界之中,唯欲界之人具有此根,色界,无色界均无。

② 化生:四生(卵生、胎生、湿生、化生)之一。凡化生者,不缺诸根支分,死亦不留其遗形,即所谓顿生而顿灭,故于四生中亦最殊胜。据《俱舍论》卷九载,化生者,皆以爱染当生处而受其生。又依经中所载,生于净土者亦多为化生。

③ 法喜食:食乃指佛法。以法与禅定皆为精神食粮,能资益人身。行者由于听闻佛法,心生欢喜,而增长善根,资益慧命,犹如世间之食物。

④ 禅悦食:入于禅定,得安静之悦乐,身心适悦,因而增长善根,资益慧命,一如食物之能长养肉体,存续精神,故称禅悦食。

罗汉们，亲见富楼那的受记过程，感到无比欢喜，心中想着，若是世尊也为我们授记的话，该是多么令人高兴的事啊！世尊洞悉他们心之所念，而对摩诃迦叶说："此一千二百位阿罗汉，现在我亦次第授与成佛之记别。于此大众中，我大弟子憍陈如，当于供养六万二千亿佛后成佛，其成佛后之名号为'普明如来'。还有五百阿罗汉于成佛后，亦与憍陈如的名号相同，皆名普明如来。"然后，世尊再以偈言重宣此义。

此偈之中最重要的是后面三行："迦叶汝已知，五百自在者。余诸声闻众，亦当复如是。其不在此会，汝当为宣说。"

一千二百位阿罗汉，将成为未来佛，其他的五百阿罗汉也是同样地将成为未来佛。世尊特别将"不在此会"等众付嘱予迦叶尊者而说："迦叶！你应该为不在此会之诸等人，宣说我今之所说，并带领他们进入成佛之道。"那些不在此法会上的诸众，所指的就是在《方便品》中退出法座的"五千起去"等人。在"方便品"中亦已提过，世尊当时未予以挽留，那是因为世尊以智慧、慈悲心巧妙地运用"方便力"之故。而今甚至这些退出法座的人，于未来的修行次第中，世尊亦给予他们成佛之保证。

千万别以为这些都是遥远古印度的故事，而以事不关己的态度漠然视之。"余诸声闻众"以及暂时退出法座"不在此会"之众等，透过迦叶得闻佛之宣说，而再度精勤佛道，也都同样地成为"普明如来"，此乃表示我们透过《法华经》进入佛道，勤修菩萨道，必定能成为"普明如来"之证明，此句所指的正是此意。

此处，众多的人都同样地得到"普明如来"之称号，有其特别的意义。"普"表普及、遍及之意，"明"乃光明之意，所以身为"普明"之如来将发出光芒，普照整个世间，使得人间社会充满光明。这么一说，我们周遭也有很多类似"普明如来"或是类似"普明如来"眷属的人，因此有些人只要遇到像这样的人，或是只要和这样的人说过话，心境自然就会豁达开朗。“普明如来”乃娑婆世界的生活中，不可或缺的如来佛。我们至少也应以成为“普明如来”的眷属为目标，去照亮我们周遭的人，去关爱需要关怀的人。

尔时，五百阿罗汉于佛前亲得受记，欣喜若狂地从座而起，来到佛前，以头面顶礼佛足，对佛忏悔。

世尊！我等常自以为只要除去烦恼，便谓已得证悟。而今方知此过，我等真的是一群无智之徒。这话怎么说呢？因为我等本具佛性，所以依次第而修行，亦应得如来无上智慧，可是却以除去烦恼之小智为满足。

衣里系珠喻

接着，五百阿罗汉便以譬喻对世尊形容他们所犯的过错。这就是“法华七喻”中的第五喻“衣里系珠喻①”。其内容如次：

有一个人到亲友家拜访，受到盛宴款待而酒足饭饱，呼呼大睡。此时他的亲友正好公差告急不得不出一趟远门。为了帮助这位家世贫困的亲戚，临出门时不忍吵醒睡得正香甜的他，所以便把价值连城的宝珠，偷偷地缝在他的衣服里面，然后便出发上了路。

从睡梦中醒来的他，因为他的亲友已经不在家，所以便也动身离去，依旧过着贫困的日子，最后终至到了行乞的地步。为求温饱，四处劳苦奔波，但乞食实在不易，而使其志气颓靡，所以只要能乞得些许所得就已十分满足。

经过一段时日后，依旧贫穷潦倒的他，居然在路上与昔日之亲友不期而遇。亲友一看到他那副可怜兮兮的样子，便说：“怎

① 衣珠喻，又作系珠喻。比喻有大器而满足于小智者，犹如衣内系宝珠而不自知。

么有那么笨的人呢！我为了要让你过安乐的生活，临行之前特意把一颗宝珠缝在你的衣服里面。快把它给卖了，添购日常所须。以此珍宝当足以改善你的生活，使你脱离贫困。”

说完这个譬喻，阿若憍陈如等人无限感恩地对世尊说：

佛便如同那位慈爱的亲友。佛在因地修菩萨道时，教导我们“一切众生悉有佛性(宝珠)，所以人人应当为证无上佛慧而精进修行”。可是，我们的心却终日昏睡，不知觉醒，并把佛陀的教诲忘得一干二净，且以为只要除去烦恼，便是最高证悟。但是心里头并未完全忘失愿证无上佛慧的心愿，也隐隐约约地能感觉到自己在修行方面确实有点不够完备。现在世尊一语惊醒梦中的我们。现在我们终于明白，只要精行菩萨道，最后都能成佛。再也没有比这个法更宝贵了。

阿若憍陈如等人以偈言重述此意，《五百弟子受记品》便就此结束。

授学无学人记品第九

于此品中，记述着阿难、罗睺罗两人，以及学、无学声闻弟子二千人等众多弟子受到佛陀记别(＝受记)的过程。

阿难是世尊的堂弟，也就是提婆达多的胞弟，可是却与兄长暴戾的性格大相径庭，其个性善良温和，少年时便随佛出家，至世尊入灭为止，一直作佛的侍者，随侍世尊身边，照顾世尊的生活起居，因而有“常随侍者阿难”之雅称。

罗睺罗是世尊未出家前所生的孩子。世尊见其天资聪颖过人，当罗睺罗十五岁时，便从王宫将其唤来身边，成为入室弟子，正因为是自己的亲生子，不可特别溺爱，所以便委托舍利弗，并以舍利弗为和尚，请以严加教导。

而所谓的“学人①”，意指尚须学习者。“无学人②”则指已经结束学业，无须学习者。此与现代语中的“无学”之意大相径庭。

话说，见到世尊为众多弟子授记的阿难、罗睺罗两人，在佛陀的入室弟子中，尚未得到授记的便剩下他们两人，于是两人心里非常伤心难过。两人心想——如果我们两人也能蒙佛授记，那该是多么令人高兴的事啊！心中想着想着，便起身来到佛前，以头面顶礼佛足而对佛说道：

“呈请世尊！可否也为我二人授成佛之记呢？如来是我二人唯一之所归，而且天界、人间界、阿修罗界之所有众生，也都一

① 学人：为“有学人”之略称。即佛教徒在修道阶次中，虽已知佛教之真理，但未断迷惑，尚有所学者，称为有学。

② 无学人：指已达佛教真理之极致，无迷惑可断，亦无可学者。声闻乘四果中预流、一来、不还之三果，称为学人；阿罗汉果，称为无学人。

致认可我等二人为佛之弟子。阿难经常随侍在侧，护持佛之教说。罗睺罗则是佛之亲生子。若能得佛授记的话，不仅仅我俩心愿得以实现，当能使更多的众生感受到心想事成、梦想成真之喜悦。”

二人言毕，与会人中有学、无学等众弟子二千人，从座而起，为表虔诚，全体整装束容，偏袒右肩①，来到佛前，一心合掌瞻仰世尊，心中立下与阿难、罗睺罗二人相同的心愿。

见此情景的世尊，对阿难、罗睺罗两人授记之事，许久以前心中早有腹案，当场便立即答应了两人之所求。

于是，佛先为阿难授记，并告诉阿难，从现在起应当供养六十二亿诸佛，并护持诸佛弘扬佛法于后世，然后得证菩提，并教化诸菩萨众，使之证入同样的无上菩提。并授与山海慧自在通王如来之称号，其国名为“常立胜幡”。

所谓“胜幡②”乃是表示胜利之旌旗。此风尚盛行于佛教兴起以前印度的婆罗门教，当时有六十多种学派，各以自宗为论，各宗之间展开着激烈的争论。辩论获胜的僧侣门前，便插上一支胜幡。而“常立”胜幡，乃证明了山海慧自在通王佛的教说，无论任何辩论会都是最殊胜的教说。

其佛寿命无量千万亿阿僧祇劫，是谓无限久远之意。而其教说住世时间之久远更倍于其寿命，十方无量诸佛如来皆赞叹、称扬其功德。

---

① 偏袒右肩：即披着袈裟时袒露右肩，覆盖左肩。原为古代印度表示尊敬之礼法，佛教沿用之，即于比丘拜见佛陀或问讯师僧时，即以偏袒为敬礼之标帜。

② 胜幡：又称胜幢。若与敌人征战而获胜，则立胜幡。古代印度即有此风尚，故道场降魔亦树立胜幡，表示胜利。

尔时，与会中有新发意菩萨①八千人，心中产生疑问，为何位居声闻位的阿难，所得之授记怎么会比诸大菩萨所得之授记更为殊胜？此为何等因缘所致？此时世尊洞悉诸菩萨心中念头，而告之曰："我于前世与阿难于一位佛名为空王佛的身边，一起随佛学习佛法，二人皆希望成就佛道，而同时发无上菩提心。但我与阿难的修行方式有些不同，阿难希望尽可能地'常乐多闻'佛法，我则希望尽可能地实践佛法而努力地'常勤精进'。只不过因有如此发愿上之不同，我便捷足先登地比阿难早成就佛陀果位。但是，阿难因宿世因缘，而于此世成为我的弟子，护持我所说的法，将来亦护持诸佛之法藏，教化诸菩萨众，使菩萨们皆完成他们的修行，成就无上菩提，证入佛慧。表面上阿难因发愿'多闻'佛法，所以大家可能以为阿难只是声闻而已，但阿难的真正'本愿'便在于斯。因此之故而获此记。"

此中所说世尊和阿难两人修行方法上的不同，点示着非常重要的意义。世尊以自身的真实故事为例，教示我们"悟在于行"的道理，此实例非常具有寓教作用。

此中亦明确地教示着，实践"利他行"为宗教之最至极之行为表现。

其中还出现了"本愿"一词，现在我们将说明有关"愿"字的意义。

本　愿②

在现代这个时代里，人们大都有轻率许"愿"的习惯，"愿"这个

---

① 新发意，即新发菩提心而入佛道之谓。新发意之菩萨相当于五十二位中之十信位；以其修学佛道日浅，故又称新学菩萨。

② 本愿：指"因位"之誓愿。全称本弘誓愿。即佛及菩萨于过去世未成佛果以前，为救度众生所发起之誓愿。于因位发愿至今日得其果，故对"果位"而称本愿。佛菩萨所发之本愿有多种，大别为总愿、别愿二种。

字已被现代人随意滥用，但真正所谓的“愿”，是很有内涵，不应该那么地草率视之而随随便便地许愿。“愿”原本之意，在于“首先应当先建立自己的理想，然后为了实现自己的理想，而全神贯注地投注自己所有的时间与精力”。在佛教的教义上，这个理想当然是建立于“利他”的理念当中。自己想要达到佛陀境界，要实现此“自利”的理想，若不以“利他”——救度他人为目的，则“愿”终将难以实现。此“自利利他”的理想为佛教徒之根本大愿，此便是所谓的“本愿”。

总　　愿①

佛教中的“愿”，分为“总愿”、“别愿”两种。“总愿”乃人人共通的“愿”，例如，身为佛教徒皆以“学佛断烦恼”为志；还有所谓的“先自悟而后悟他——自觉觉他”，也是佛教徒共通的愿。像这种“愿”称为“总愿”。“总愿”又分四种，是为“四弘誓愿”，此将在《从地涌出品第十五》的章节中说明之。

别　　愿②

“别愿”为总愿之对，依个人性格、才能、职业不同所发特别的愿。比方说，擅于绘画的人，为美化社会、净化人心，而发愿多画一些赏心悦目的画；擅长音乐的人，透过音乐使人心祥和友善；农夫则为了提供世人更健康、更安全的美食而辛勤耕耘；商人则尽可能地提供更物

---

① 总愿：指诸佛、菩萨共通之誓愿，诸佛菩萨发心之初，皆悉志求无上菩提，以度尽一切众生为愿，此称弘誓，亦称总愿。佛菩萨所发之本愿有多种，如一切菩萨悉发菩提心，以坚毅之弘誓救度众生，断除烦恼，累积德行，期于成就佛果，此称总愿，如四弘誓愿、二十大誓庄严等。

② 别愿：指诸佛、菩萨由各自之意乐所立之誓愿。如诸佛、菩萨同时发成就众生、净佛国土之大愿，或分别在净佛国土发大愿，各于十方净其国土，成就诸众生，或愿于秽土成佛，救度难化之众生。此等依诸佛、菩萨各自之意乐所发之誓愿，称为别愿。如阿弥陀佛之四十八愿、药师佛之十二愿等。

美价廉的商品，以提高世人的生活品质而努力。这些种种都是可圈可点的别愿。

诸佛除了以“度众生”为“总愿”以外，还各立“别愿”。例如，阿弥陀佛有四十八大愿、释迦牟尼佛有五百大愿等等。现世中的我们，除了身为人类所共通的“总愿”以外，不多不少只要再自立一个可以值得倾注一生的“别愿”，于尽情地努力完成别愿的当中，每天的生活将会非常充实，这样的话，生命才会有价值，人生才有意义。佛教教说中所阐述的理想——“愿”，就是像这种既务实又不好高骛远，并且巨细靡遗地涵盖了人类每天在现实生活当中，非常切身的点点滴滴，这种教说既具深奥之人生哲理，又是人人非常切身的理想。

然而，只是立“愿”而不实践，这种“愿”并没有什么用处。“愿”也不可以漫不经心、随随便便地中途而废。一旦下定决心，无论遇到任何困难都需要有贯彻始终的热忱，并发挥坚忍不拔的毅力。这样的话，“愿”必定会圆满成功。

但是，有些人也许会认为，现实的生活当中，并不是事事都能随心所欲。然实非如此也！事实上，只要一心一意坚持理想，长久持续，愿心坚固不退，总有一天“愿”必定会圆满实现。就算不能在今生今世实现，也必定会在来世实现。为了易于理解此一概念，我们举一个生物演化的例子来解释。

据说鸟类的祖先，原本非常近似蜥蜴，曾经过着在地上爬行的生活，而经常被其他更强壮的动物当作食物吞噬。所以，总是但愿有一天能够展翅而飞地逃往天空去。一直怀抱这个理想，不断努力挣扎的结果，不知道经过了几亿年的挣扎，总之是经过相当长一段时期的演进，于生生死死、死死生生之间，于是前脚慢慢演变，终于长出了翅膀而翱翔于空中。

还有，属于鼠科类的鼯鼠、蝙蝠，其前脚与后脚之间以及脚指间，长出膜状物来，使其能够飞翔，也是基于同样的愿力，据说其之演化，则是在相当短的期间内所达成。

所以说，愿力这种东西，力道就是这么地强韧。认为几乎是不可能实现的事，只要愿心不断，持续冥想此愿，不断努力，便能产生结果。甚至连几乎没有智慧的动物，也都可以实现他们所要演化的心愿。更何况，已经登上月球、具足高度智慧的人类，绝不可能有实现不了的心愿与梦想。所以说"愿"必定可以实现。不变的信念，以及对此信念持续不断地努力，必定可以成就。世尊便是这样地教导着我们。

对阿难授完记的世尊，接着也对罗睺罗授记。尔时世尊对罗睺罗说：

> "你于来世当得作佛，称号为蹈七宝华如来，当供养无量诸佛如来，其数甚多，无法以数字表达，若欲以言说，其数可比拟为将十个世界碎为粉墨的数量那么多，并且一直都作诸佛之长子，在无限慈爱中长大，犹如现在你我之间的父子关系。其国土庄严，其佛寿命以及其他种种瑞相，皆与阿难相同。"然后，世尊以偈言重宣此义。

偈之内容如次：

> 当我身为太子时，罗睺罗以我长子之身出生于世。现在我成就了佛道，罗睺罗来接受法的熏陶成为法之子。于未来世中，皆以无量亿佛之长子身出世人间，一心追求佛道。唯我能知悉罗睺罗之密行。因有很深的宿世因缘，现在世以我长子的身份，出现于众生面前，其所成就的功德无量千万亿，无法计其数也。始终安住于佛法中，精行菩萨道，以求无上菩提。

密　　行①

上述这段偈言，实在令人十分感动，使人热泪盈眶，句句言言洋溢着身为亲教师、父亲所流露出来的慈爱之情。特别是听到这句"罗睺罗密行，唯我能知之"的罗睺罗，该是多么地高兴啊！所谓密行，表示虽已证悟却不露于表，而掺杂于凡夫俗子之间，平易近人地引导众生。就如前所述"半步主义"的方式。罗睺罗即使已经证得相当高的境界，但都一点也不露痕迹，于幕后默默地引导众生，而这件事只有其父释迦牟尼佛，了然于这一切。对罗睺罗而言，乃双重的喜悦。

既然如此，世尊为什么将阿难、罗睺罗两位如此杰出弟子之授记远远落后于其他人呢？

带着诚惶诚恐的心情，试着探究世尊到底有何用意？因为两人皆是世尊最亲近的人，阿难一直随侍在世尊的身旁，而罗睺罗是世尊的亲生子，世尊故意拖延两人之授记，为了是要提醒我们，其两人因为与世尊非常亲近，所以会隐瞒修行上的缺点。并非因为是近亲，而对教团其他人有所顾忌所采取的避嫌措施，才有意延迟两人之授记。世尊绝非是这种气度狭小的人。

而事实上，一直随伺在侧的阿难，照顾世尊的饮食，为世尊按摩搥背，伺候其盥洗沐浴等等一切生活起居。做这种贴身工作，很容易会把身为一个成就者的伟大及其教说的伟大，与现实中的世尊相互混淆；要像其他弟子那样单纯地带着一颗虔诚心来皈依，是比较困难的，此乃人之常情。同样地，身为世尊亲生子的罗睺罗，尽管父亲再怎么伟大，想要像外来弟子那样地由衷地生起恭敬心，或者是视如学

---

①　密行：即微细护持戒行。亦即三千威仪、八万细行等，悉能持守无缺。一如罗睺罗即以持戒坚固而为佛弟子中密行第一。然依天台宗之意，密行有大、小乘之别，微细之护持为密行者，为小乘之意；若据《法华》之意，罗睺罗原为法身之菩萨，住于圆顿之妙戒，然今示现声闻之身，持小乘之粗戒，而隐密本地之妙戒，故称密行。

校老师那样的毕恭毕敬，那是相当困难的事。

所以，这种处境之下的阿难、罗睺罗两人，心中若不格外地公私分明，在近亲身边修行，反而会有很多障碍。此处要告诉我们的正是这个意思。两人虽然处于那样尴尬、困难的处境，却能在修行上有卓越的成果，更加证明两人德行之高超。

应如何教化身旁最亲近的人

由此事例试着反思之，将妻子、丈夫、儿女、父母等我们最亲近的人引入佛门，是最困难不过的事了。只用言说引导，毕竟不可能奏效。除了在日常生活当中，以身作则、以实际行动感化以外，别无他法。其平日之所为，偶尔虽也有表现卓越的时候，但平常大都以丑陋、一意孤行的行为模式较多，这样子当然是效果不彰的。若不于日常生活的点点滴滴当中，经常示现良好典范，家人终究不可能因之而信受佛法。此乃世尊于言教之外，暗藏的弦外之音，应当这样理解此中玄机。

让我们再回到经文：

> 尔时，世尊看见二千位的学、无学人，皆得柔软心①、清净心，已到达不被任何环境因素所左右的境界，一心瞻仰着佛，世尊将此情景看在眼里。此时佛问阿难："你看见学、无学二千人了吗?"阿难回答："是的，已经看见了。"

当然，此是"何为所见？以殊胜见"之意。亦就是所谓的以心传心的问答。

> 于是，世尊为学、无学二千人授记，这些人于供养无量诸佛

① 柔软心：指止、观二行均等，不掉不沉，如诸法实相了知于心。又随顺人之本性而不违逆，故称为柔软。

后，并护持佛之法藏，皆成佛道，并得到同一称号，皆名宝相如来。

此时，学、无学等二千人，得到佛陀之授记，各各喜不自胜，以偈颂表其无限感恩之意，而说："世尊慧灯明，我闻授记音。心欢喜充满，如甘露见灌。"

意为"世尊普现智慧之光，我等亲闻授记之音声，心中充满着无限的喜悦，犹如被灌注了长生不死的灵丹"。此偈虽短，但却是《法华经》中很有名的偈颂之一。偈颂中洋溢着对佛陀的崇敬，以及无限感恩之心意。

法师品第十

此品中叙述法师的心得经验。所谓法师，本来的意思并非只限定于出家人，而是对努力将《法华经》弘扬于世者之泛称，并不分出家、在家，亦不分男女。

让我们现在就开始进入经文吧！

> 尔时，世尊以向药王菩萨谈话的形式，展开与修行菩萨道之八万大士们之间的对白。"药王！此大众中有天界、人间界、住在海底的、天上飞的等等众生，以及所有一切有情众生皆来集会，其求道者虽各各根机不同，但其中无论是谁，只要听闻我所说的《法华经》中的一偈或是一句，哪怕只是短暂的一瞬间，只要能于心中生起随喜心者，我将给予授记。因为这样的人绝对能够成就无上菩提。"

当然，"随喜心"①仅止于瞬间之一念，然后过不了多久，这份随喜的心念便随之淡忘，那当然是没有什么用的。一再强调地——千万不可忘记，成佛必定要有"长期的修行成果"为条件。那么为什么又说："一念随喜者，我皆与授记"呢？因为一瞬间于心中能生起一片赤诚之随喜心，便意味着已种下了成佛的种子。而更重要的是，在这颗种子上，还要不懈怠地殷勤浇水，使之发出嫩芽，长出枝干，茂出绿叶，开出花朵，然后一直到结出果实为止，必须不断地细心照料。而只要是听取《法华经》中的一偈或是一句，而能于瞬息间生起随喜心，甚至连我们这些泛泛之辈，也都将被赋予成佛之保证，无论是谁听到

① 谓听闻佛法之时，生起信仰、欢喜之一念。或谓一心尊仰佛陀而皈依之。

这句话，都一定会勇气倍加才是。特别是对末法时代中的我们来说，乃是莫大的鼓舞。接着，世尊便对药王菩萨阐述有关一念随喜。

> 方才所说的，不仅仅只是现在的事；于将来我灭度之后；在未来的末法时代当中，若有人闻说《法华经》的一偈一句，而能由衷地心生随喜者，我亦授与成佛之记。

读解以下经文，心中应先有一认知，也就是说，以下主题其问题的重点核心在于末法时代，也正是我们现在所生存的这个世界。

接着，世尊继而开示：

> 在末法时代里，若有人受持、读、诵、解说、书写《法华经》一偈，恭敬此经如同恭敬佛一样，并作种种供养者，药王！是诸人等已于过去世曾供养过十万亿佛，于诸佛道场已累积种种德行，因慈悯众生之故，才出生此人间世界。

本书将《法师品》归纳成七个要点。其第一个要点，就是阐明《法华经》最重要的修行在于弘扬《法华经》，而其弘扬的方法有五种，是谓受持、读、诵、解说、书写，而行持此五种修行者则称为“五种法师”。

“五种法师”[①]当中，第一种“受持”是为正行，以下四种则为助行。为何有此区别，而以“受持”为正行呢？因为若无“受持”而只行其他四种，则意义不大、效果亦不彰，所以，五种之中乃以“受持”为最重要、最根本。而所谓“受”，乃是对教义深信不疑的具体表现。而所谓“持”，则是持续坚定不移的信念。

接著是助行，其第一的“读”，乃逐字阅读之意。不论是发出声音朗读，或是默读，或是专心一志地听取他人的读诵，全都包括在内。

---

① 五种法师：能弘扬佛法之五法师。即：（一）受持法师，谓于如来之言教经论能坚固深信受之，又能忆持而不忘者。（二）读经法师，能正心端坐，眼观经文而宣读者。（三）诵经法师，于经能背诵而不需对文者。（四）解说法师，能教授并解说经中之文句者。（五）书写法师，能书写经文而流布广传于世者。

所谓“诵”，是为“背诵、默记”之意。把默记起来的词句，反复朗诵出来也好；或是将所学习的经文之意，于心中反复思惟也好。总之，不用眼而是用心反复地默记，以此方法将教说牢牢地深植于心。

所谓“解说”，是为他人述说之意。此虽为弘扬教说时不可或缺之行，但于“解说”佛法之同时，最获益良多的通常是自己本身。这话怎么说呢？因为，为他人述说佛法实非一件容易的事，而为了要让自己的解说能够被清楚地理解，对教理当然必须要下一番苦功去深入理解，才可能在解说上，达到内容简明具体、明白流畅的效果。而且，为他人解说时，经常能够发现自己信解、学修不足之处。

所谓“书写”，是书之以文之意。此中还有两种意义，一是为了弘通教说而书写，二是为了使自己的信解更加深入而书写。因为《法华经》问世的当时，印刷术尚未发明，因而不抄写经书的话，便无法将经书流传于世。因此在当时，“书写”是一项非常重要的修行。然而在现代这个时代里，若不透过印刷，或是电视、电影、录音机等等影像、音声的装置设备来弘扬布教，是赶不上时代的。写经的第一个意义，已经有了巨大的蜕变。（译者注：在今天二十一世纪多元媒体化的时代里，由于电脑的普及，电子网络的发达，书籍已从版面读本，迈向了电子读本的时代。例如，CD－ROM、VCD、DVD 等等数字多功能光碟，资料、文字的处理，已经进入数字化的时代。现代书籍的变革，已着实比原著作者执笔当时的时代，更是飞跃了一大步。因此必须加以特别说明之。）

但是，所谓“书写”并不是只有第一种意思而已。在安静的心境下，一字一字细心地抄写经书，可使经义的精神不仅灌输于脑中，而是确确实实全然地注入于身与心。第二种写经的意义，即使在现在这个时代里，仍然具有重大意义。

世尊继而说之：

药王！若有人问起，哪些众生可以于未来世成佛，我将回答——只要是受持、读、诵、解说、书写《法华经》的一句或一偈，并对此呈上至诚谢意的人，都将成就无上佛道。因为这样的人，是代替佛而出现于世间，所以，世间一切众生应以之为典范而尊崇之。因此应须献上与佛同等的感谢。

此段经文之前后，同样的内容重复叙述之处甚多，但此中最让人铭感于心的是，世尊是多么地重视《法华经》的受持、读、诵、解说、书写等弘传的工作。其中特别是"若是善男子善女人，我灭度后，能窃为一人说《法华经》乃至一句，当知是人，则如来使，如来所遣，行如来事，何况于大众中广为人说"这一段，要尽可能地将之默记下来。此为《法师品》的第二要点。

此句之意，也就是说，在末法时代中，只要《法华经》中的一句，而且，即使默默地只为一人而解说，此人便是如来派遣来的使者，是前来代理如来作救度众生的工作者。更何况，在大众中为众多人说法，其功德更是不可测、不可测也。所以身为《法华经》之修持者，应朝夕意念此段文意，并努力贯彻其精神。

接着，世尊又说：

药王！若有恶人，在佛的面前毁佛、骂佛长达一劫之久，其罪尚轻。若是以一恶言，毁谤读诵《法华经》之在家众、出家众者，其罪深重不可测。

无论何处，若有人或说、或读、或诵、或书《法华经》，或者是经卷之所藏处，皆应启建七宝塔，好让世间人得以瞻仰。宝塔并非为了埋葬我之舍利骨，亦非为了膜拜我而建。因为此《法华经》中已经具有如来之全身。

以上两文，有重要的关联，将之列为第三个要点。

偶像崇拜与虔诚礼拜的差异

此要点中所要启示的,便是“偶像崇拜是错误的”,“佛法本身至尊可贵”。经中所说——不管怎么样恶毒地辱骂我,其罪尚轻;我之舍利骨不须纳供于塔中;实践《法华经》之经教,是为最大之供养;毁谤受持《法华经》一事,其罪大无比。此中处处显示,世尊乃完全站在尊崇真理的立场点而说,亦可由此得知,世尊所说的一切法,均以理性、无我无私、尊崇真理的立场所出发。

但是,此中须格外注意的是,不可因为世尊这么说,所以我们就认为“即使毁佛、骂佛,是为小过,其罪轻也”。或是“佛舍利不是很重要”等等,对这些事都不在乎而轻忽之。如果这么想的话,可就大错特错了。世尊,乃是将此宝贵法门,遗留世间的人间导师,是我们佛教徒毕身最须尊崇的对象。我们礼拜世尊的佛像时,除了是为了表达对世尊无限的感恩之心以外,更因为世尊是我们人间的理想典范,因此,我们瞻仰世尊、礼拜世尊,乃是为了要更加接近这个理想,并藉由瞻仰与礼拜的行为,将此理想更加深刻地烙印于我们心中的一种具体的行为表现。

而世尊的形象乃透过迹佛所显现,我们礼拜久远实成的本佛释迦牟尼佛——“法”。等于是对“法”的礼拜,这绝非崇拜偶像。所谓偶像崇拜,是一种唯“物”崇拜,就是类似只要膜拜某“物”,便可药到病除、有求必应之类。二者之间是有天壤之别的。

接着,世尊对药王菩萨说:“其有读诵法华经者,当知是人,以佛庄严而自庄严,则为如来肩所荷担。”

用心读诵《法华经》的人,与佛同样拥有庄严法相,其身散发着光芒照耀人间,随时随地给予人们温暖。这样的人,始终肩担着如来的家业。诚然如此,一心一意读诵《法华经》的人,其相貌犹如佛那般庄严,“其身金光辉耀”,一点也不为过。

像这样的人，将永远受到诸佛的守护，世尊并说这些人将于未来世中，“如来灭后，其能书持、读诵、供养，为他人说者，如来则为以衣覆之。”然后，“是人与如来共宿，则为如来手摩其头”。

经文中相同的内容重复叙述多次，乃意味着《法华经》有多么宝贵；受持经中教说，是那么地契合如来的心意。而重复说了那么多次，就是要我们将此牢牢地铭记于心。并且强调，无论遇到什么困难、迫害，如来誓将永远守护“一心一意读诵《法华经》的人”。

因为受持《法华经》的人，与佛同样难能可贵，诸佛如来必当守护此等人。此之教谕，对末法时代中的我们来说，如同为我们打了一针强心剂，如同给了我们一个坚实、牢不可破的承诺。那么，为什么受持《法华经》的人会有此等优遇呢？因为世尊宣说：“我所说诸经，而于此经中，法华最第一”，此为本品之第四要点。

到此为止，所讲述的都是有关受持《法华经》之功德一事，下面经文将叙述有关受持《法华经》时，必须注意之事项。此中分为三段讲解之。

经中“(1) 我所说经典无量千万亿。已说、今说、当说，而于其中，此《法华经》最为难信难解。(2) 药王，此经是诸佛秘要之藏，不可分布妄授与人，诸佛世尊之所守护。(3) 从昔已来未曾显说，而此经者，如来现在犹多怨嫉，况灭度后。”之一文。

(1) 我所开示的无量法门中，已说过的，现在正在说的，未来即将说的，所有一切教说当中，就是这部《法华经》最为难信、最为难解。其难信难解之处在哪里呢？一言以蔽之，便是在于此经之根本教说——“一切众生悉有佛性”，换言之，便是“无论是谁，只要累积修行功德，便能成佛”一事最为难信难解。

以理性来理解之，姑且尚称明了，但是以理性来理解，往往很容易受外在因素影响而信心动摇。真正地打从心底来领会而能由衷生信的人，应该都是在情感上具有诚挚、率真性格的人，或者是于今生中宿世因缘已经成熟的人。所以这些人才能于今生中一熏闻佛法，便能把握住其中要点，而不论内心对佛法还存有任何不解之惑，不论受到外在任何压迫、恶言辱骂，都能坚定不移地继续修行，不退初心。

（2）此经是诸佛所深信之法藏，所以应懂得对机说法，不可不分青红皂白地，想说就说，或者是不择对象地逢人便说，这样的说法方式是不可以的。在《譬喻品》的章节中亦有类似的情节，亦就是该章节中“三界我有，众生悉是吾子”标题下的最后一段所说的，经文中“勿妄宣传”一词，亦非“不可随便胡扯”，而是“说法千万不要说错，说法应契合佛心”之意。因此，在此所要强调的是，千万不要把“不可分布，妄授与人”，误解成“不可与人说法”之意。

（3）接着，世尊又说——此经乃是诸佛非常重视之经教，目前为止还未曾在大众前公开说过此经。于我今生当中，仍然存在着各种怨恨、妒嫉。更何况在我灭度后之末法时代中，这种现象将日趋严重。

为什么如此圆融的教义，还会招来怨对呢？有些人可能会觉得很奇怪。其实并没有什么好大惊小怪的，因为若是有人讲述、信仰至真至善的教说，对那些自己所信仰的宗义无法略胜他教一筹的人来说，心中妒意便油然而生，而莫名其妙地恨得心里头发痒，因此怨对自然而生。

另外也有人，对于教说中之义理未曾加以深入探讨，亦不究其义，便随便信口雌黄地嘲笑别人。不仅如此，有人甚至莫须有地冠以邪教之名，借以迫害之。即使是世尊、日莲圣人、耶稣基督，于刚开始传扬革命性的教说之际，都曾招来怨敌而遭遇“法难”，而处于四面楚歌的处境之下。

如前所述，如来已对我们作了重要的承诺，即使遇到怨恨、妒嫉，而能更加忍辱、受持，精勤不懈于实践的人，如来将为其覆衣以护其身。此为本品第五个要点。

高原穿凿之比喻

接着，世尊以“高原穿凿”之比喻，譬说身为《法华经》之行者，应永不退初心，怀抱理想，心无旁骛地究明《法华经》中一切法门。其大意如次：

> 比方说，有人身处缺水的高原，因受困于干渴而决定凿井求水。于挖凿之后仍见干土，而知水源仍然遥远。可是仍不气馁地以无比的毅力继续挖凿，遂渐出现湿土继而见泥，便知水源已在近处。

所以，不气馁、不失望、不犹豫，立定目标，勇往直前，奋力继续挖凿，莫轻言放弃，必然会有成果。

> 菩萨的修行亦是如此，若未曾闻、未理解、未能修习此《法华经》者，仍然离真正的觉悟还是很遥远的，但若能得闻、理解、思惟、修习《法华经》者，则离真正的觉悟便已不远。

虽然已经得闻《法华经》，使得人生有了方向而不再迷惑，然而凿井只凿了一点点，便因为挖不到水而轻言放弃，另谋他处挖掘，像这样朝秦暮楚，不管经过多少岁月、花多少时间，干渴的喉咙不会有得到滋润的一天。此比喻也就是说，既已得闻《法华经》不再有所犹豫徬徨固然没错，然而只累积一点点的修行，便因看不到成果而轻言放弃，不再继续行持《法华经》，像这样朝三暮四地，不管花费多少时间、精力，终将不可能成佛。此乃教示着，在这条修行路上，须以坚韧无比的耐力，继续往下挖掘下去，必定会抵达成佛之路的终点站而证佛果位。此为本品第六个要点。

接着是第七个要点，就是大家耳熟能详的“衣座室三轨”。其经文内容如次：

若有善男子、善女人，如来灭后，欲为四众说是《法华经》者，云何应说？是善男子、善女人，入如来室，着如来衣，坐如来座。尔乃应为四众广说斯经。如来室者，一切众生中大慈悲心是；如来衣者，柔和忍辱心是；如来座者，一切法空是。安住是中，然后以不懈怠心，为诸菩萨及四众，广说是《法华经》。

衣、座、室三轨①

所谓"如来室"，无论对方是善、是恶，甚至对自己语言粗暴，皆以平等的大慈悲心救护之。换言之，也就是有一颗宽阔的大胸襟，这颗心仿佛一座大屋子，可以兼容并蓄地容纳任何人。

所谓"如来衣"，无论遭遇任何困难，或者是被阿谀奉承地戴上高帽子，都能胜不骄、败不馁，都能既不嗔恚，亦不陷入增上慢的境地。换言之，犹如一件衣裳，丝毫不受外在恶劣环境的影响；身为《法华经》之行者，对于法应有一份坚定不变的信念，应随时具备这样坚固不移的一颗心。

所谓"如来座"，以"一切法空"平等地看待一切万物。此说在《药草喻品》中亦已提过——明辨万物之差别相，超越此差别而平等视之。比方说，太郎脑筋不灵光，但手脚伶俐；而次郎笨手笨脚，但脑筋灵活。虽然两者确实有此差别，但从佛眼观之，两者皆为完全平等的众生。

此乃教示着我们，切实遵守此三法则（三轨），以此为指标不懈怠地弘扬《法华经》。

此品之特点，在于全文均由世尊独自地以直述的方式，展开不同

---

① 衣座室三轨：又作弘经三轨。指弘传《法华经》者所应遵守之三种轨则。衣、座、室乃三种譬喻，以"如来之衣"譬喻柔和忍辱之心，"如来之座"譬喻一切法空，"如来之室"譬喻利益一切众生之大慈悲心。故依此三轨，初发菩提心之法师不因毁誉迫害等而动念，是为忍辱之衣；离执著，是为法空之座；愿利益众生，是为慈悲之室。

于以往的解说风范。不似其他章品中,以故事、戏剧,或是以与弟子间的问答方式所展开。其中重要的地方很多,但只要能掌握上述的七大要点,再继续读完本品全文,一定可以将本品之精粹顺畅地带进脑海里,必定能够深受感动。

见宝塔品第十一

本品当中也述说着如同《序品》中所说的不可思议的种种故事，若能咀嚼出其中妙义，必当受益无穷。“《法华经》的成立与弘扬”的章节中，“象征式的表现”之标题下也曾经说过，为使《法华经》能为当时民众易于理解，而把不具形式的思想加以具体化之处甚多，而本品可以说全部采取这种叙述形式。因此，为使读者能易于掌握品中要义，在此有必要先把故事中之含义先稍作解释。以下分为四点说明之。

第一，首先是七宝塔从地涌出的故事。此宝塔乃“一切众生悉有佛性”之象征，乃意味着佛性（＝宝塔）忽然自地面涌出，相当于在自己身上（＝地面）找到了自己的佛性。一直认为自己根器下劣又无才无德，却没想到能在自己身上找到了自性佛性。因而以“见宝塔”题为品名。

第二，塔中的多宝如来，乃象征释迦牟尼佛所觉悟之绝对真理。因为此真理“随时”“随处”恒久不变，所以，自有宇宙以来（随时）及宇宙所遍之处（随处），此真理始终存在并恒常不变。此真理以种种不同“教说”形式显现，在其所周遍之处引导着一切众生。此为分身佛①之意。

第三，多宝如来分出半个座位，而说“释迦牟尼佛可就此座”，此中之意乃为了证明，释迦牟尼佛所说的法为真实不虚，是为宇宙不变真理之表征。此证明并非由等闲之辈来证明，而是由“真理”本身来

---

① 分身佛：诸佛、菩萨由于慈悲，用种种方便法门变化成各种身，依众生之根机而广行化导，是即分身如来。如观世音菩萨分三十三身，地藏菩萨现六道身等，皆以慈悲权化而垂无穷之应益。

证明。再也没有比这种实证方式更加明确、更加确实可靠了。由真理来证明真理，也许有点难以理解，此乃表示“世尊所言，绝无虚妄；必然如实地切合实际。”而所谓“如实地切合”，正是证明此“真理”真实不虚之铁证。所以说再也没有比这种实证方式更明确了。

再者，象征着真理的多宝如来，与阐明真理的释迦牟尼佛，于塔中并列而坐，意味着甚深涵义。其表征着——若无阐明真理的人，凡夫便无觉悟真理的机会，因此阐明真理的人，与真理同等地宝贵。

第四，大众见佛身处虚空，众人皆愿欲往之，希望能随行佛侧；之后世尊便以神通力把所有大众引升至虚空。毋庸赘言，此乃意味着，众生只要能找到自己的佛性，便立即可以成为佛界众生的一员。

只要先具备以上所述之基本认知，便可以开始进入经的本文。笔者认为与其一一琢磨品中一偈一句的意思，不如着重于“话中涵义”更为重要。因此，本章节各段大意之解明，将依序仅就要点进行解说。

话说在聆听了《法师品》中的讲解后，众人心中已立定坚决不变的决心，决定“遵循世尊之言教，无论身陷任何处境，都要尽己所能地为世间、为众生，弘扬此宝贵教说。”正当此时，就在眼前，地面忽然涌出视野所弗及之又高又宽的巨大宝塔，悬于空中。其景致至极至美，言说无法道尽，纸笔亦无法尽致其境。此时亦能清楚地看见宝塔的周遭，围绕着此世界所有一切有情众生，他们皆来云集于此，一同供养、恭敬、赞叹宝塔。

宝塔自地面涌出，乃表示着重大意义。地面乃比拟我们凡夫的身与心，以及凡夫所聚集之此娑婆世界。此品中所要明确教示我们的，便是佛陀的证悟、解脱，绝非从天而降，乃源自我们自身当中。而觉悟与解脱，若非源自自身，将毫无意义、毫无价值、也毫无原动力。佛陀所说的法，就是如此地赋其积极性、既切身又实际。

现在我们要开始进入经的本文：

尔时，自宝塔中发出澄然清净之大音声。

善哉，善哉！释迦牟尼世尊能以“平等大慧”洞察“一切众生悉有平等佛性”；以“教菩萨法”示说唯有实践上求无上佛慧、下化一切众生，方为证得无上菩提之道路；为利益一切众生对大众说“佛所护念”之《妙法华经》，此经深受诸佛之拥护，不待时机成熟不为宣说。如同你们现在之所闻，释迦牟尼世尊所说的一切法皆为真实不虚也。

当时，大众虽未能看见多宝如来之法相，但能听见多宝如来之音声。众人十分感动、心中无限法喜，但心感疑惑，塔中到底为何方神圣？有位名叫大乐说的菩萨，察知众人心中之所思，起而代之为大家向世尊询问。

世尊告诉大乐说菩萨：“此宝塔中有如来全身。”

所谓如来全身，意为“具足一切如来功德力”。此中世尊慎重明白地宣告——人只要一旦觉悟了自性佛性，便能与佛同样地具有“无量寿”，具足“无上智慧”，成为能施展“无缘慈悲[①]功德力”的人。这句话真是意义非凡。

世尊再继续说道：久远的过去有位多宝如来佛，于行菩萨道时，发大誓愿——若我成佛后，于世界任何角落，只要是说《法华经》的地方，我将涌现其前，证明此真理为真实不虚也。彼佛成道后，于即将灭度时，集合天人大众，宣告此一誓愿。现在自地面涌出之宝塔当中，多宝如来正在其中也。

大乐说菩萨欣闻此说，便对世尊请求，希望能拜见多宝如来

---

① 无缘慈悲：慈悲分三种，无缘慈悲为其一。龙树之《大智度论》卷四十：“慈悲心有三种，众生缘、法缘、无缘。凡夫人众生缘；声闻、辟支佛及菩萨，初众生缘，后法缘；诸佛善修行毕竟空，故名为无缘。”此即大乘佛教所言空之思想，完全无自他之对立；乃绝对之慈悲，真实之慈悲，亦为最高之慈悲。

的法相。但世尊制止,要大乐说菩萨稍作等待,并对其说明。

因为,多宝佛发大誓愿——纵使为了听《法华经》而涌现宝塔之时,但我不会立即现身于塔外;当宣说《法华经》之分身佛,也就是此佛于十方世界教示真理、解说真理之分身全部集合后,而众生都能理解此一恒常不变真理之时,然后我才现身为之证明。

世界上能够正确地讲述《法华经》的人,都是佛的分身佛,当此道理众生都能明白之际,多宝如来才出现为做证人。

大乐说菩萨代表大众向世尊请求,希望能礼拜、供养分身佛。尔时,世尊的眉间放出白毫光,照见十方世界。其光所及之处,皆悉清澈可见诸佛国土之庄严华丽。尔时亦可清澈听到,十方诸佛告诉其国土中的菩萨们说——现在我将前往释迦牟尼佛所在的娑婆世界,亲临多宝如来为证明释迦牟尼佛所说真理之真实性所开设的法会。说是语时,于瞬息之间,娑婆世界立即变得清净,如同净土世界一样庄严华丽。

此中之意,不必解释亦能了然于心,但为慎重起见,还是强调一下,也就是说,其实净土并非遥不可及的世界,净土便在此娑婆世界中。对于已经得到觉悟的众生而言,娑婆国土自体便是寂光土①。

是时,十方世界之诸佛,各各带着侍者来到娑婆世界集会,并一一向释迦牟尼佛问候请安,诸佛皆一心一意期待着宝塔的开启。于是,释迦牟尼佛以右指打开七宝塔的门,当仿佛大城门

① 寂光土:指诸佛如来法身所居之净土。为天台宗所说四土之一。佛所住之世界为真如本性,无生灭变化(常)与烦恼之扰乱(寂),而有智慧之光(光),故称常寂光土。此土乃佛自证最极秘藏之土,以法身、解脱、般若为其体,具足圆满"常、乐、我、净"等四德。

开启之巨响出现之同时,宝塔的门也随之开启,并且见到多宝如来端坐于宝塔中。多宝如来立即发出声音,“善哉!善哉(圆融圆满)!请释迦牟尼佛满怀欢喜与坚定的信心,赶快开示《法华经》吧!我也是为了听闻此经而前来此处。”

是时,一直端坐于宝塔中央的多宝如来默默地挪出半座,而对释迦牟尼佛说:“请就座。”释迦牟尼佛便立即进入塔中,与多宝如来并列端坐。

大众礼拜端坐于塔中之二佛,一时之间众人内心被感恩的心情所充满,完全地沉浸在感动的情绪中,不知不觉间却忽然发觉宝塔浮升至虚空中,而宝塔的突然离去,使众人心中皆不由地顿然生起失落感。于是,众人皆希望释迦牟尼佛能施展如来神通力,将大众们也接引至虚空中,希望自己亦能随行于如来身旁。知众人心之所思的释迦牟尼佛,立即将大众接往虚空,安置于如来近处。

二处三会

此文之意,也就是自此以后,《法华经》之说法道场便从灵鹫山移至虚空。《法华经》说法之道场有“二处三会”,最初在灵鹫山,继而在虚空中,最后又回到灵鹫山。也就是说,在两个场所中举行过三次的法会。

此中所隐含的意思,也就是说,我们接受法的熏陶时,最初若不以贴近现实的教说入门,将难以令人理解。所以,最初在灵鹫山所说的法,便是从“因应现实”以切合实际之教说开始着手,换言之,就是开以智慧门,教示何为智慧。次而升于虚空中,便是欲示现佛陀的无缘慈悲,佛以自身之庄严法相,示现人间之理想典范。然而,此大慈悲的教说,若不能在现实生活当中,以实际的行动来表现的话,并无实质意义。所以,之后又再度返回现实中的灵鹫山说法。如一再强调的,《法华经》中所出现的看似非现实、不可思议的场景,绝非描写梦幻世界,世尊所说的一切法,全都是站在周密详尽的理性和知性上所立之言教,读者诸君应切实铭记于心。

六难九易①

尔时,释迦牟尼佛从塔中以大音声普告大众——有谁能于此娑婆国土广说《法华经》,因为我于不久将入涅槃,往后弘扬之事希望付嘱各位。

世尊继而阐明,于末法时代中传弘《法华经》实行上的困难度。世尊以种种比喻譬说此中共有"六难九易"。

比方说,以手将须弥山投掷于他方世界;用脚趾头转动大千世界;矗立于此世界之顶端,对一切众生示说《法华经》以外的教说,并使之理解。以上种种的确都是相当困难,但佛灭度后的末法恶世当中,再也没有比解说《法华经》一事更为困难。还有,比如说,将虚空握于手中遨游四方;把整个大地置于脚背上飞翔空中;此世界被大火烧尽的时代中,背负干草投身火中而能不为大火所烧。这些种种与末法时代中受持、读、解说《法华经》比较起来,还算是容易的事。世尊如此殷勤地告示末法时代中弘传《法华经》的困难。

---

① 《法华经》卷四,说示"六难九易"之经文如下。( )者为译者所补加。

(一易)诸余经典,数如恒沙,虽说此等,未足为难。(二易)若接须弥,掷置他方,无数佛土,亦未为难。(三易)若以足指,动大千界,远掷他国,亦未为难。(四易)若立有顶,为众演说,无量余经,亦未为难。(一难)若佛灭后,于恶世中,能说此经,是则为难。(五易)假使有人,手把虚空,而以游行,亦未为难。(二难)于我灭后,若自书持,若使人书,是则为难。(六易)若以大地,置足甲上,升于梵天,亦未为难。(三难)佛灭度后,于恶世中,暂读此经,是则为难。(七易)假使劫烧,担负干草,入中不烧,亦未为难。(四难)我灭度后,若持此经,为一人说,是则为难。(八易)若持八万四千法藏十二部经,为人演说,令诸听者,得六神通,虽能如是,亦未为难。(五难)于我灭后,听受此经,问其义趣,是则为难。(九易)若人说法,令千万亿,无量无数,恒沙众生,得阿罗汉,具六神通,虽有是益,亦未为难。(六难)于我灭后,若能奉持,如斯经典,是则为难。

然而，也不能因为世尊这么说，便就此泄了气，而妄自菲薄地认为像那样的难事，自己怎么可能办得到，而轻言放弃或者裹足不前。世尊把“完善地”受持、读、诵、解说此经的困难度，清清楚楚地告示众生，当然是要众生必须面对其“完善度”而不断努力。而事实上，在现实当中，我们确实已与此一难事沾上边，因此绝对不要就此失望而气馁。

因为，此时此刻，在实际的现实当中，我们已得闻《法华经》，亦已将此经精粹铭感于心，并且在日常生活中尽可能地去实践经教之精神。此等种种事实，足以可以证明我们有能力可以克服此一难事。在此，让我们相互共勉之，让我们一起发奋精进、起勇猛心，但愿此愿心能契合佛心，能得到诸佛欢喜与赞叹。

提婆达多品第十二

至本品为止，我们所读到的经文，已有多数的佛弟子直接得到世尊的授记，这些人全都是男性，而且都是志愿坚固、勤行佛道的世尊之入室弟子。倘若成佛的人都是这些出类拔萃的人中佼者的话，便无法证明“一切众生悉有佛性”这句话的根本原理。

而于此品中，终于要开显佛法中真正的广大、宽容及其圆融性，这就是恶人与女人皆可成佛。

所谓的恶人成佛，所指的就是世尊的堂弟、恶名昭彰的提婆达多。他忌妒世尊处处受人尊崇、受人仰慕，便一心想要取代世尊所受到的一切礼遇，不惜使尽种种手段毁谤、诬陷世尊。甚至在世尊行经的路上，事先翻动大石，使其在世尊经过时滑落之；或者是把象灌醉使象发暴；或者是食中下毒；或者是用弓箭射之，等等。总而言之，使尽种种手段欲夺取世尊的性命。像这个佛陀的头号大公敌提婆达多，也被赋予成佛之保证，此事乃非平凡之举也。

所谓的女人成佛，所指的就是八岁的小龙女，本品中示说龙女被赋予成佛之过程。在近代，特别是二次大战后的人类社会，把女人视同恶人，是一种非常不合理的事。在当时印度一般人的思想中，女人被认为是祸水、罪恶的根源，是男人修行的障碍，永远不可能获得解脱。

且容我把话题稍微偏离主题一下，当时的印度把人分成四种社会阶级。

四姓中地位最高为婆罗门，乃负责掌管学问、宗教、道德之阶级。第二为刹帝利，乃国王、贵族之阶级。第三为吠舍，乃从事农、工、商等平民阶级。最低阶级为首陀罗，乃指奴隶阶级。这四种种族依照家世背景被明确、严格地划分开来，形成绝对的差别制度，无论多么贤能，绝对没有晋升阶级的可能。

若出生于婆罗门种姓的话，即使没有任何才干，也能位居人上，过着养尊处优的生活；若出生于刹帝利种姓的话，即使是个懦弱无能的窝囊废，亦能享受权势，永远是社会上的权贵人士；若出生于吠舍种的话，可以利用所拥有的财富勾结婆罗门、巴结刹帝利，而得到奴役首陀罗的权力，可以把首陀罗阶级的人当作牛马残酷使役。

人口比例中，首陀罗阶级所占人数最多，却几乎完全未被当作人来看待。掌控社会、在社会上活跃的，只有上面三种阶级。身处于那样的社会阶级制度之下，世尊胆敢提出"人人平等"之口号，即使是现在亦不难想像，这句宣言在当时是何等地具有革命性。世尊受到当时权力阶级强烈的杯葛与排斥以及严厉的迫害，亦是当然之事。

但是，世尊以不退转的大勇猛心，忍受一切迫害，不停地宣扬《法华经》中所阐述的"人人平等"的思想。经中多次不断地强调受持、解说《法华经》的困难，也是反映着当时印度的社会状况。

而女人成佛之宣言，同样地亦须把当时的社会环境以及一般人的思想作为前提性考量，如此方能体会出世尊此一宣言是多么具有时代意义。前面也提到过，在当时的社会里，女人被认为是祸根、祸水，一切罪恶的来源，而世尊却提出女人也能成佛。就人性之根本而言，成佛的条件并不分男女，而且一切万物皆平等，这些都是打破固有传统之划时代的革命性宣言。

1789年法国的大革命后，近代人的脑子里才扎下"人人平等"思想的根，因而才产生了所谓的民主主义社会。而早于法国大革命的二千年以前，释迦牟尼佛早已大力提倡这种思想（当然，佛法中的"平等"，比近代民主主义社会中的"平等"更具其深奥的意义）。后世众生，受此圆融教说的熏陶，但由于弘扬能力的不足，而延误世尊所提倡理想社会之实现，实在令人感到十分遗憾。

本品中，世尊乃以自己前世与仙人之间的因缘故事所展开。今采择其要，述其经文大意：

我于前世为某国国王，发愿为求无上智慧，精勤不懈地广行布施，竭尽所能为他人奉献，捐出所有财产、城堡，舍离娇妻美眷，远离家族亲人，甚至不惜牺牲自己的生命。最后更舍弃王位将政权移交太子，而云游四方四处求师。并宣布——若有人能为我说大乘法的话，吾将终身作其奴仆任其使唤。那时有位名叫阿私陀的仙人，来到我面前说："你若能确实实践诺言，终身供我使唤，我将传授你最殊胜之无上法门。"我欣闻此言，非常高兴地实现诺言，作此仙人的奴仆，侍奉其日常生活之所需，为其采果、挑水、捡材、伺候饮食等等。当师父疲倦时，若无椅座，自己便趴在地上，以自己的身体，让师父坐在自己身上休息。如此地奉事师长，经过千年岁月，因法喜故，身心从无有倦。这般精勤侍奉师长，都是为了救护一切众生、利益一切众生。

说完以上的故事，世尊便说出令人十分惊讶的事实，就是这位阿私陀仙人居然是提婆达多的前世。提婆达多经无量劫，长时间的修行后，亦能成就佛慧，到达佛境，亦有资格得佛授记。

恶人成佛

使世尊遭受种种苦难的提婆达多也能成佛一事，若轻率视之，将是极其危险之事。切记一定要附上"必须勤修去除心中执著妄想之法门"为条件。因为无论根性如何恶劣的人亦皆有佛性，所以只要使其接触佛法，便能抹去附着在其心灵表层的染著，而从中显现其真正原有的自性，使佛性发出应有的光芒。世尊彻彻底底地教示我们此殊胜法门，为末法时代众生带来一大福音，这样说应该是一点也没有夸大其词。

此段说法当中，除了告诉我们“恶人亦可成佛”以外，还含有两种意义。其一就是告诉我们，无论遭遇任何迫害、身处任何逆境，若能以坚韧无比的毅力，堪忍一切磨难，持续修行，这些磨难反而将成为成佛的助缘。经中：“成等正觉广度众生，皆因提婆达多善知识故。”也就是，我之所以能够得证佛果，广度众生，皆因有位提婆达多这样的善友（善知识）的缘故。

善知识对每一位佛教徒是非常重要的。我们只要一旦遭遇了世人不明究理的冷嘲热讽、恶言辱骂、无情的抨击，不是被激怒，就是信心顿挫，很容易就对法产生怀疑而信心立刻动摇。然而我们若能确实领悟到，在这个娑婆世界中至高无上之法门便是《法华经》，除此以外别无他法之时，那么我们便会自然生起一股勇往直前的力量以及义无反顾的决心，届时便能堪忍一切来自外在的负面打击，这些打击反而可以转化为正面能量，成为增上缘。负面打击可以转化为正面能量的事实，释迦牟尼佛、日莲圣人以及其他诸诸古德、历代祖师大德，都曾在史上留下见证。

以德报怨

其二就是教示我们“以德报怨”之教说。世尊对待使自己陷入种种困境的提婆达多，不仅对他不起恨心，反而把他当作“善知识”感谢之。

有些人或许会认为世尊这种思想，怎么可能适用在这个竞争激烈的现实社会里？

举一个真实的例子：在 1951 年（昭和二十六年）旧金山所召开的对日和平会议的议席中，位于印度半岛东南的锡兰国①的代表贾

① 锡兰国，中国古称狮子国、师子国，1972 年更改国名为斯里兰卡，为南传佛教的中心地。

亚瓦德纳[1]，引用《法句经》中世尊所说的一句话："弃结忍恶，疾怨自灭。"[2]也就是"以仇报仇，仇恨难消；唯有舍弃仇恨之时，才是仇恨消除之日"。贾亚瓦德纳以此演讲声明锡兰国放弃对日要求赔偿之决心。据说在当时的现场，赢得满堂如雷贯耳的掌声。

以人际关系的观点来看国际政治，外交舞台的确是一个险恶狡诈的世界。这个世界里所讲求的是所谓的外交手腕，国与国之间为了自国利益，运用手段、进行策略、秘密结盟，但只要一遇利益冲突，就会毫不犹豫地出卖盟友。在这种尔虞我诈的外交舞台上，能够坦荡荡地把佛陀的教说作为一国的对外政策，真叫人深深佩服。而其他各国的代表也深受感动，以鼓掌深表赞叹。此一活生生的真实例子，使我们可以明确地看到人类还剩下这条自我解救之道，当使我们勇气倍增才是。

的确如此，以仇报仇，只会加深彼此的仇恨。仇恨将永无止境地循环下去，不可能有消失的一天。《法句经》中所教示——舍弃仇恨之时，才是仇恨消除之日——之思想，在《法华经》里则以更积极的态度，将仇恨心转化为感恩心，证明了《法华经》的思想比《法句经》更加向前迈进了一大步。

有些人可能会认为这样宽大的胸襟，对凡夫俗子来说太困难。所以，世尊便开示：

> 未来世中，若有善男子、善女人，闻《妙法华经·提婆达多品》，净心信敬不生疑惑者，不堕地狱、饿鬼、畜生，生十方佛前。所生之处，常闻此经；若生人天中，受胜妙乐；若在佛前，莲华化生。

也就是说，未来世中，若有善男子、善女人，得闻提婆达多的故

---

① 贾亚瓦德纳于1978～1989年任职斯里兰卡总统。

② 《法句经》，《大正藏》第4册，R561C。

事，能以一颗诚挚心，率直地感受到法喜，不怀疑惑，完全相信，这样的人将不会堕入地狱、饿鬼、畜生道；若是转生则生于佛住世的时代，能亲闻此《法华经》；假若转生于人间或天上，经常能得尝到真正喜乐；假若转生于佛住世的时代，虽以凡夫身出生，但能接近佛与菩萨的境界（莲华化生）。此品处处阐发着现实人间社会生活中重要的启示。

因世尊已为提婆达多授完记，所以，多宝如来的侍者智积菩萨对多宝如来请示："是不是应该返回本处了？"但释迦牟尼佛加以挽留，请智积菩萨再稍待片刻，"我有位非常优秀的弟子名文殊师利，汝等可与之互相讨论佛法后，再返本处亦不迟。"

正当此时，文殊师利率领诸菩萨一同现前，智积与文殊师利二菩萨打开话夹子，从文殊师利在龙宫教化了无量众生开始谈起。智积菩萨先对文殊师利菩萨的功德深表赞叹之意，文殊师利菩萨则说："这个并不是什么特别伟大之处，我只不过是始终一直讲说《法华经》而已，因之而教化了众多菩萨，并不是什么值得一提之事。其实还有比此更值得令人欣喜的事。"也就是因得闻《法华经》而使才八岁的龙王之女成佛的故事。文殊师利菩萨善尽言词大大赞扬小龙女的过人之处。

智积菩萨得闻此言，便说："释迦如来于无量劫长期地累积种种难行、苦行，纵观世界所见之处，就连如芥子粒的土地，没有一处不是释迦如来在因地修菩萨道时，为救度众生舍身修行的地方，释迦如来乃历尽千辛万苦，然后好不容易才成佛，小小龙女怎么可能在短短期间便成正觉？此事实在无法令人信服。"

智积菩萨话还没说完，龙女便忽然现身，以偈歌颂世尊功德之同时并宣称："相信我必定能成就无上菩提，唯有佛了然此事。我将阐扬大乘教说，救度痛苦中的众生，使众生离苦得乐。"

当时与会之大众还是无法苟同。这回舍利弗问龙女："你在极短时间内便得无上道，实叫人难以置信。”并接着举出种种女人不可能成佛的理由。

尔时，龙女自怀中取出宝珠献给世尊。世尊当场接受龙女的晋献。世尊当场接受龙女之宝珠，就是龙女成佛之证明。龙女便问舍利弗：“我所献之宝珠，世尊是不是很快便纳受？”舍利弗答言：“是很快，没错。”

于是，龙女说：“我成佛的速度将比这还快，请以汝之神力观之。”说时迟，那时快，当时众会遥见龙女，忽然之间变成男子，以佛身在南方无垢世界，普为十方一切众生演说妙法。此景栩栩如生，清晰可见。

女人成佛

尔时，与会大众各各亲见龙女示现——只要对《法华经》信心十足，便能成就如此殊胜功德。各各无不心生欢喜，皆于远方遥遥礼敬龙女。无量众生因得知女人亦能成佛，而证入不退转地（信仰坚固），自知将来必当成佛；娑婆世界中有三千人进入不退地，得佛授记。智积菩萨及舍利弗，以及一切与会众人，皆无语对辩，深深信受佛之法力广大无边。

提婆达多的故事就此结束，以女性的角度来看，龙女成佛一事尚须女转男身，也许多少会感到不满。但是，这是因为迁就当时印度风俗习惯，才会有这样的描述，女转男身，事实上也就是超越男女性别差异。世尊既已宣称不只人类，禽兽、鸟类、昆虫、草木皆有佛性，怎么可能还会有男女差别的存在呢？这种事情是绝对不可能的。以佛眼而观，一切众生皆平等也。千万不要误解此中真正含义。

劝持品第十三

“劝”就是建议、劝导，“持”为受持之意。本品中叙述，从《序品第一》至《提婆达多品第十二》为止，众多德行兼备的菩萨们，因世尊所说的法而得知《法华经》是多么宝贵的法门，并在世尊面前立下誓愿——于佛灭度后，无论遇到什么样的难关，誓愿传弘《法华经》，永不退初心。而循循善诱，劝导人来学佛法，首先自己必须先有坚决不变的信念。非常有趣的是，《劝持品》中并未出现“劝人”的描述，文中从头到尾全都是自发性的决心与誓愿。此为不容疏忽之要点也。

在本品中，憍昙弥、耶输陀罗两位女子将得佛授记。憍昙弥为世尊的姨母，也就是世尊的生母摩耶夫人的妹妹，摩耶夫人于生下世尊后不久便殡天，因此便由憍昙弥负责养育世尊。她是一位贤慧的女子，把世尊视如己出地抚养长大，她就是摩诃波阇波提（意译大爱道）。耶输陀罗为世尊未出家以前的妃子，当然就是前面已被授过记的罗睺罗之母亲。此两位女子，因世尊父王驾崩之契机，请求世尊为之剃度成为佛的入室弟子，两人极为努力修行，成为受人尊敬、不落人非、不受人议、很有德行的比丘尼。世尊未先为此两人授记，反而是文殊师利菩萨的弟子，也就相当于世尊的徒孙，而且还是畜生道的龙女先得佛授记作佛，龙女才仅仅八岁的孩童，想必有点令人百思不解。然此中有两种含义：

第一，如同阿难、罗睺罗受记的处境是一样的道理。也就是说，从世尊婴儿时期便一手亲自扶养世尊，看着世尊长大的憍昙弥；还有曾经是世尊的妻子，为世尊生子的耶输陀罗；这样的至亲，反而会有很多修行上的障碍。像龙女这样与世尊非亲非故的小孩，可以轻松自在地接受佛法，相对地，要教化亲属中最亲昵的母亲、妻子是最最困难不过的，此乃此中真正意义之所在，并非摩诃波阇波提、耶输陀罗两比丘尼之根器劣于龙女。

一切众生皆能成佛

第二个意思便是，只要佛法能被正确地传达，而众生能以赤子之心信受之，无论是谁都能证得无上正等正觉。就算不是世尊的入室弟子，就算是于佛灭度后的末法时代，就算不是人间众生，这些都不是问题。只要正确领悟佛法，必定能够得到解脱。八岁年幼的小龙女正象征着“赤子之心”。龙宫的众生乃属畜生道，人类以外之众生亦能平等获得解脱，此乃示说着佛法的广大无边。总而言之，此中并非只有开示着女人成佛之教说，而是开示着更发令人深省的意义。

顺便一提，现代的妇女，似乎比男性更有宗教热忱。这其中有种种原因，其中最深最大的原因，在于传宗接代、孕育生命是妇女的天职之故。

男人大部分的时间必须应付外面现实生活的一切。简单地说，就是必须养家糊口，必须为开创自己的事业投注所有的精神。相对地，妇女虽表层心理难以感觉到，但实质上在深层心理的潜在意识中，孕育生命的本能会自然发挥作用。因为这样，所以，对宗教的热忱，天生地就比男性来得强烈，这种本能性的发挥也是极其自然的反应。

再者，妇女也非常热衷于修行。私见以为，女人天生的长处，在于对单调重复的事情，特别具有超人的耐力。比方说，织毛衣那样单调乏味的工作，操作同样的动作千遍万遍，不断重复也不会感到厌倦。“修行”这种工作亦同，如前所举生物演化的道理一样，“一切万物为了突破现状，为了心灵或是身体方面的成长，以坚韧不拔的毅力,都具有不断地向上精益求精之本能"。而在宗教方面的修行上,妇女最能发挥这项特质。

即使这么说,并非男性就欠缺这种特质。笔者在二次大战期间被征召入伍为海军,曾有军舰生活的经验。水兵有很多编织的工作,例如,用毛线编织手套、御寒所用的肚兜,男人的编织手艺绝不逊于女性。因此,男性只要有那样的环境,一样会很有耐性,这个特质也会显现出来,所以男人也不要泄气。

众生平等的道理,如同《药草喻品》中所教示,草木虽有种类上的不同,枝叶虽有大中小之别,皆能平等地受到雨之滋润而茁壮成长。

让我们现在就进入本文吧!

亲见龙女成佛过程的大众们,感动得目瞪口呆,说不出半句话来。

> 尔时,药王菩萨及大乐说菩萨,与二万菩萨们一同在佛前立下誓言:"请世尊不必担心。我们于佛灭后,当竭尽全力将此宝贵法门弘扬于世。未来恶世众生,具有善根者越来越少,增上慢会逐渐增加。再加上人人贪利供养,增不善根,也就是说,行事讲求回报,人与人之间的憎恨心、忌妒心越来越强,离断惑证真之崇高志向越来越远。这些人虽难以教化,我们当以最大耐力起大忍辱心①,为弘经事业不惜身命,誓愿永远守护此经。"

《法华经》行者共同的口号"不惜身命"这句话,就是出自以上之典故。

> 继之,大众中五百位阿罗汉,与学、无学八千人,对佛立誓:"此娑婆世界中的弘化工作,已经有很多德高的菩萨们发愿弘

---

① 忍辱:意译安忍、忍。忍耐之意。六波罗蜜之一,十波罗蜜之一。即令心安稳,堪忍外在之侮辱、恼害等,亦即凡加诸身心之苦恼、苦痛,皆堪忍之。

扬，所以，我们将在他方国土致力广传此经。”

尔时，世尊的姨母摩诃波阇波提比丘尼，与学、无学比丘尼六千人，一同从座而起，一心合掌，目不暂舍地瞻仰着世尊的容颜。

见此情景的世尊，对憍昙弥说：“憍昙弥！为什么用这样忧伤的神色看着我呢？你是否正想着我为何还未对你授记？请放心！对于立志求证无上菩提而力行菩萨道者，无论男女、无论是谁，一切众生必当成佛。”于是，憍昙弥也就是摩诃波阇波提比丘尼，以及六千位学、无学之比丘尼皆得佛授记作佛。

见此情景的罗睺罗之母耶输陀罗比丘尼，心中想着——终于只剩下我一人尚未得世尊授记。

洞知耶输陀罗心中所思的世尊，立即为耶输陀罗比丘尼授记，因此，摩诃波阇波提、耶输陀罗二比丘尼及其眷属等女性信徒，皆生大欢喜心，对世尊表达其内心无尽的感恩。并于世尊前立誓，愿于他方国土，努力广弘此经，永不懈怠。

尔时，世尊端视着众菩萨们。那些菩萨都是阿惟越致①的众生，皆已证入不退转地，绝对不会中途退失道心，对法信心坚固，对弘扬佛法亦不生懈怠心，具足一切善，断尽一切恶，已得陀罗尼②威神之力。

---

① 梵语 avinivartaniya。音译为阿惟越致、阿鞞跋致、阿毗跋致。又作不退转、无退、必定。退，乃谓退转、退堕之意，指退堕恶趣及二乘地（声闻、缘觉之位），即由所证得之菩萨地及所悟之法退失。反之，不再退转，至必能成佛之位，则为不退。不退位又作不退转地。

② 梵语 dhāraṇī 之音译。意译总持、能持、能遮。即能总摄忆持无量佛法而不忘失之念慧力。换言之，陀罗尼即为一种记忆术。陀罗尼能持各种善法，能遮除各种恶法。盖菩萨以利他为主，为教化他人，故必须得陀罗尼，得此则能不忘失无量之佛法，而在众中无所畏，同时亦能自由自在地宣教。有关菩萨所得之陀罗尼，诸经论所说颇多。及至后世，因陀罗尼之形式类同诵咒，因此后人将其与咒混同，遂统称咒为陀罗尼。然一般仍以字句长短加以区分，长句者为陀罗尼，短句者为真言，一字二字者为种子。

那些菩萨们欲顶礼世尊，而从座起身来到佛前，一心合掌，心中想着——若世尊敕令我等人，应当致力受持、解说此经的话，我们亦愿依教奉行，广宣此法。而今世尊沉默不语，不见世尊命敕。这到底是为了什么呢？

然而，光想是没有用的，于是，作师子吼[①]，毫无畏惧地在佛前立下誓言：

我等于如来灭后，无论身在何处，只要一遇到有利的机会，一定会极力广弘此经。劝使一切众生，不仅自己深信，亦要为他人解说，并引导一切众生能正确地如法修行，正确地忆持佛所说的一切法。上述种种，皆须仰赖佛之大威神力才能办得到，因此，唯愿世尊在灭度后，于遥远的彼方，仍能继续守护着我们、给我们勇气，给我们力量。

并以偈言对世尊说：

请不要担心，不用忧虑。于佛灭度后的恐怖恶世当中，我等将广弘佛法。若是受到许许多多无智者、之恶言辱骂、加害等等，我等皆当忍受之。在末法时代中，就连出家众亦尽是些邪知邪见、心术不正者，不是阿谀谄媚、到处攀缘，就是自以为自己是开悟的圣人，自恋狂者比比皆是。要不然就是，住在安静处（阿练若[②]），身穿褴褛粗衣（纳衣），远离世俗（在空闲），自以为自己力行着真实之道，而轻蔑世俗中人，亦大有人在。

---

① 又作狮子吼。谓佛以无畏音说法，如狮子之咆吼。狮子为百兽之王，佛亦为人中之至尊，称为人中狮子，故用此譬喻。又当佛说法时，菩萨起勇猛心求菩提，因而外道、恶魔生怖畏；犹如狮子吼时，小狮子亦增威，百兽怖伏。此外，后世一般多援引佛典中“狮子吼”一词，用以形容秉持正义，排除异端，于大众之中大声作激昂慷慨之言论。

② 阿练若：梵语 aranya，巴利语 arabba 之音译。又作阿兰那，略称兰若、练若。译为山林、荒野。指适合于出家人修行与居住之僻静场所。又译为远离处、寂静处、最闲处、无诤处。

三类强敌[①]

此中示说着增上慢的三种典型。

第一种，对《法华经》完全没有正确的基本认识，却信口雌黄地恶言诽谤并加以胁迫的一般社会人士，此称之为俗众增上慢。

第二种，只视自己所信仰的宗教才是绝对至极的宗教，而毁谤、破坏、阻碍《法华经》弘传的宗教人士，此称之为道门增上慢。

第三种，看似圣人般地一本正经、有板有眼地修行，其实是内心贪著名誉利养的宗教师。因为道貌岸然地佯装成一副超越世俗的超然模样，所以受到世俗一些权贵者的青睐、皈依及拥戴。不反省自己消极颓废的宗教生活不打紧，反而忌妒、害怕积极进取、普渡一切众生的经教，也就是担心《法华经》得到传扬会剥夺或者是动摇其在宗教界的地位，于是，利用权势百般打压《法华经》教之发展。此便称之为僭圣增上慢。

以上乃《法华经》行者之"三类强敌"，其中尤以第三种僭圣增上慢的迫害最为可怕。

僭圣增上慢者佯装一副开悟的模样，其实内心充斥着物质、权势、名誉，只为有钱有地位的人（白衣[②]）说法，受人恭敬，妄称自己是具有神通力的阿罗汉。假装远离世俗，要好好修行，然后混入群众中，专门攻击为利益众生而说《法华经》的人，或是专门找碴惹事生非，来攻击《法华经》的行者。

---

① 三类强敌：日本佛教用语。系指对《法华经》之修行者怀有敌意或加以迫害之人有三类，即：（一）邪恶之俗人，又称俗众增上慢。（二）邪智之比丘，又称道门增上慢。（三）戴圣者假面具之比丘，又称僭圣增上慢。日本日莲宗开祖日莲认为，唯有三类强敌之迫害加之于身，才是表明自己系《法华经》行者之证据；而对于日莲宗之行者而言，第一类强敌相当于幕府之官吏，第二类为真言宗、净土宗之僧侣，第三类为禅宗、律宗之僧侣。

② 白衣：梵语 avadata-vasana，巴利语 odata-vasana。原意白色之衣，转称着白衣者，即指在家人。印度人一般皆以鲜白之衣为贵，故僧侣以外者皆着用白衣，从而指在家人为白衣，佛典中亦多以"白衣"为在家人之代用语；相对于此，沙门则称为缁衣、染衣。

像这种僭圣增上慢者，反而出言妄指弘扬《法华经》之行者是为贪著物质、权势、名誉所驱使，为迷惑众生而为外道说法。他们不仅只是混在大众中从中搅乱、诽谤而已，甚至连结国王、大臣、有权有势的婆罗门僧、权贵人士以及其他出家众，仗势而激烈地毁谤《法华经》行者。

但是，无论三类强敌的如何迫害，绝不轻易退转，更加坚决地表明为弘扬《法华经》将坚持到底，彰明此意的就是偈言"我等敬佛故"以下所说的内容。内容大意如次：

我等发自内心真诚地恭敬佛，阐扬佛陀无上菩提法门的此经，我等当视同佛身而恭敬之。正因为如此，为了弘扬此经、护持此经，可以堪忍一切迫害。就算有人用"你们这些人，各各都是佛，了不起得很呢"等言词冷嘲热讽地挖苦，仍然能够以无比的耐力承受。

在末法恶世中，充斥着诸多恐怖事。例如，恶鬼潜入人的心中，用尽种种方法毁骂我们、羞辱我们。但是因为我们恭敬佛、对佛陀信心坚固，犹如穿上一件忍辱的铠，就算不付诸暴力抵抗，仍能以毅然决然的态度拥护佛法。为了演说此经，承担所有一切困难，甚至可以不惜身命。只要世上还有一个人未能来接触世尊所说的此无上法门，将不胜遗憾之至。

我等将于佛陀灭度后的未来世界中，不忘佛陀之嘱托，誓将致力于护持此《法华经》。末法时代中的恶比丘，将无法领悟佛随众生根机、因应场合而作种种变化所说的方便法门中真正之真理。若是把这些人当作竞争对手，便会遭恶口辱骂，一直受到杯葛，甚至被摈出弘法根据地（塔寺）之事件亦是层出不穷。遭遇如此等种种困难，而能忍受这些痛苦，都是因为心中念念不忘佛陀告诫敕令之故。

因此，能无惧于任何困难以及任何迫害，就算求法者只剩下一人，不论大街小巷、城邑村落的四处中埋伏着强敌，仍义无反顾地弘扬佛法，履行佛陀入灭前的殷勤付嘱。我并非等闲之辈，我乃是世尊之使者。因此即使站在大众面前也能无所畏惧，我当为说法竭尽全力，愿佛安心。我于世尊前，以及十方诸佛前，慎重地发此誓言。请佛明白我的心意，允许我于末法时代中为众生说法。

实在是充满信心、勇气，威猛无比的大师子吼——因对佛信心坚固，排除万难，堪忍一切迫害——真的能如此实现。每每读诵至此，总是能感受到新的一股勇猛心，自内心深处不断源源而出，而令人精神为之抖擞。此句对《法华经》行者而言，亦是重要的偈言之一。

安乐行品第十四

前《劝持品》中，菩萨们皆立下誓言——无论遇到任何法难，誓愿为弘扬《法华经》堪忍一切迫害。本品中，文殊师利菩萨对他们所发之大愿深受感动，而代表大众向世尊请示："那么，我们在末法恶世当中，于护持、弘扬佛法时，具体地应该要注意哪些事项呢？"针对文殊菩萨的问题，世尊在《安乐行品》中，谆谆地开示身为一名《法华经》行者，所应该具备的素养与基本认知。

至目前为止，世尊所开示的所有训诫，大多是根本思想方面的教说，而此品中所示说的，则洋溢着无限的温情，就好像是父母亲对即将出远门的孩子所给予的细心叮咛一样。读者们在读诵之间，可以感觉到世尊慈父般的柔软声音，仿佛真实地在你耳边萦绕。

所谓的安乐行，乃"以平静祥和的心，安乐于修行"之意。面对法难，虽能有咬紧牙关对抗到底的精神，但这还不能算是真正的《法华经》行者的精神。无论遇到任何法难，为了法的话，一切都是小事一桩，以冷静、"安"祥的心情，自得其"乐"地修行、说法，这才是真正的安乐行。

任何事情是苦，是乐，的确是看你用什么心情来看待，譬如电视里的登山健将，身上背着三四十公斤的背包，汗流浃背地爬着山。我们可能会认为这分明是一份苦差事。因为攀爬岩石时，仅仅二三十米的距离而已，也要花上三四个小时的时间，而且形势惊险，一不小心就会丢掉性命；攀爬峭壁时，若是登到一半便天黑了，就不得不悬挂在零下好几度的悬崖边露宿一宿。

假如这是受雇主的命令或胁迫的话，恐怕早已提出侵犯人权的控诉而对簿公堂。但是热爱登山的人，是自己"乐"此不疲，虽然很辛苦，但心灵“安”和，所以苦中有“乐”。

行持《法华经》的教说亦是如此，咬牙切齿地忍受外来的迫害与嘲笑，表示这种忍辱心还只是初入门者；真正的已得道者，就算遇有磨难，心里头还是很平静，悠然自在，因此，修行本身就是一种享受，一种喜悦。

但是，要达到这种境地，当然要注意在日常生活中，不受外境种种诱惑，心不为所动，《安乐行品》所要教示的就是这一点。换言之，在《劝持品》中所阐述的，是菩萨们干劲十足地以无比坚定的决心，誓愿面对来自“外部”的一切迫害，而在《安乐行品》中，世尊则扮演着慈父般的角色，殷勤地告诫我们不要被自己内心的诱惑所征服。说得更明显地，也就是以年轻、干劲十足的小孩，来比拟《劝持品》的菩萨们；以擅晓人间世故的慈父，来比拟《安乐行品》中的世尊。在此两品中所呈现的强烈对比，自可一目了然。

再者，在进入经文之前，想要先提醒一件事，就是本品中出现多次“不可亲近××”之类的语句。这绝对不是“禁止亲近”的意思。誓愿平等救度所有一切众生的佛，当然不可能告诉我们，不要亲近这种人或者是不可亲近那种人。

“亲近”之意，乃带着某种企图心亲近或者是私下太过亲近之余，为了讨好对方，而以低姿态的方式妥协。不管对方是一国之君也好，乃至大臣也好，真理只有一个，就算不得对方青睐，作人处世的态度也应保持应有的原则与尺度，不可随便失去自己的原则。

可是，人与人之间只要私下太过亲近，就会顺理成章地变成这种态度。此乃世尊所要开示教诫的重点所在。

若不先具备此一认知，来理解“亲近”一词，就会容易招来很多无谓的误解，而生起种种疑惑。一如往常地，阅读经典时不可望文生义，一定要知道经典之真正内涵，才不至于误解误导。现在就进入本文吧！

针对文殊师利所提到的在末法恶世中护持、弘扬佛法时，具体地应该要注意哪些事项的问题，世尊开示四法（四安乐行）。所谓的四安乐行，第一，身安乐行——行为举止；第二，口安乐行——言论规则；第三，意安乐行——心念；第四，誓愿安乐行——对实现理想境界的决心与努力。换言之，就是身、口、意方面的行持，以及对实践誓愿的决心与毅力。

身安乐行

有关身安乐行，又分“行处”及“亲近处”两种来说。

行处

> 云何名菩萨摩诃萨行处？若菩萨摩诃萨住忍辱地，柔和善顺而不卒暴，心亦不惊。又复于法无所行，而观诸法如实相，亦不行、不分别。是名菩萨摩诃萨行处。

所谓的行处，乃有关行为方面的根本须知。以“忍辱”心，总是保持着不怒不骄的态度待人处世；“柔和善顺”地行事，凡事依从正法真理，不特意彰显自我；遇事能“不卒暴”，不惊不慌，举止稳重，无论发生任何事皆能处之泰然；而且，对于自己之所行应抱持“于法无所行”的态度，不会以为自己行他人之所不能为而洋洋得意，以“不行、不分别”的态度，不以差别相彻观一切万物之实相，应平等地济度一切众生，并且不特意夸耀行此无缘慈悲之功德。此乃作为一个菩萨的基本素养。

亲近处

亲近处就是现代语中所谓的人际关系，世尊将此归纳成十个部分，教诫我们必须谨慎处之。

第一，不因有所求而亲近权贵人士，即便是为了维持正法亦不可轻易妥协。

第二，所谓路伽耶陀，也就是口说邪法、卖弄文章、人云亦云的人。相反地，事事爱与人唱反调，凡事都有意见的人，便称之为逆路伽耶陀①。不可因为法而妥协地亲近这两种人，因为过度亲近这两种人，将不知不觉地容易受到染著、影响。

第三，不培养不良嗜好，诸如拳击、摔角、相扑等等较量本领之类无谓的打斗，以及魔术之类的游戏。

第四，即使亲近为了谋生而杀生的人，亦不可忘记生命之可贵。此中乃告诫不作无益的杀生。

第五，不可亲近因为学习小乘学而乐求远离世俗的比丘或是比丘尼，因为这些人只顾及自己的修行圆满与否，并不关心众生之疾苦。不可因亲近这些人而感染了自私自利的心态，或者是听闻此等人士之言说，而生起妥协的心理。若其前来闻法，应为其解说正法，但切记不可对其有所希求。

第六，对妇女说法时，一言一行都须端正严谨，不可以使对方会错意的态度去扰乱其心。并且，与女人会面应该格外谨慎。

第七，与欠缺男性特征的五种不男②之人相处，必须格外慎重留意。

第八，不可单独进入他人家中。若到他人家中时，必须有人随行，不可单独前往。若是遇到不得不单独前往之情况时，必须一心念

① 逆路伽耶陀：梵名 Vamalokayata。意译作左顺世、逆世间行。谓行左道之顺世外道，为古代印度外道之一派。顺世外道主张最极端的唯物论见解，认为人生之目的乃在于享受快乐，故被贬称为左顺世。

② 五种不男：指五种男根不全之人。又称五种黄门。据《十诵律》卷二十一所举，即：（一）生不能男，即生而不能淫者。（二）半月不能男，即半月能淫、半月不能者。（三）妒不能男，即见他人行淫而起淫心者。（四）精不能男，即行淫时变失其男根者。（五）病不能男，即因朽烂而截去男根者。

佛——也就是与佛一同前往。

第九,不以亲昵态度对女人说法,衣着不可袒胸露背。

第十,不可亲近脸庞可爱俊俏的年少沙弥或小孩。

此外,每天必定腾出禅坐时间,安静思惟,收摄心念,把心静下来,将被日常琐碎杂务所纷扰的心念收摄起来。

这就是世尊所开示"亲近处"的意思。能确实遵守"行处"与"亲近处"之教诫的话,行为举止将如菩萨一样的圆融,能够安心说法无有疑碍。

以上便是"身安乐行"的意义。

口安乐行

接着,乃是有关言语态度方面的教诫。

第一,不可论人是非,不可议论经典之过。

第二,不可以藐视性的言辞,对待其他宗教的宣教师。

第三,不批评他人好坏,不说他人长短。即使对小乘人,亦不可公然指名,到处批评。

第四,对待每一个人不生喜恶分别之心。

如此地,始终保持宽容、和蔼的态度,这种态度自然能够感染来听经闻法的人,对他们自然能产生潜移默化之功,对方亦能自然而然地变成和蔼可亲的人。因此,所言之教,便可自然地植入人心。若有人提出难以解答的问题,不可用小乘学回答,只能以大乘法门,引导其悟入无上智慧。

以上便是"口安乐行"的意义。

意安乐行

接着说的是,有关于心的念念之间,所应注意的观照法门,此又分为八种。

第一，嫉妒之心不可有，亦不可为了某种目的对人过度阿谀奉承，而自欺欺人、口是心非地说着逢迎附会的话。

第二，对待学佛者，就算是初入门的学佛者，绝对不可以鄙视的态度视之，亦不可于心中举其人之优劣、批评其人之长短，对人不起分别心思其善恶，也就是不应思人非、不应思人恶。

第三，不可说出使学佛者心生疑念、失望之言辞。

第四，不应戏论佛法，不可只图竞较高下而议论诸法，必须是在实践救度众生的场合下，才能允许议论。

第五，常思众生疾苦。

第六，视诸佛如同慈父，心怀感恩。

第七，视诸菩萨为自己的老师，常应深心恭敬礼拜。

第八，应平等对待一切众生，对众生说法应不偏不倚，平等教化之。

以上便是“意安乐行”。

誓愿安乐行

世尊继续示说誓愿安乐行。

末法时代中，信奉佛法的人稀有难遇，受持《法华经》的在家众也好、出家众也好，应起大慈悲心誓度一切众生，使一切众生皆能皈依《法华经》。特别是对满足于自求解脱之利己者，更应以慈悲心相待。而发大慈大悲心，誓愿使一切众生皆能皈依《法华经》，首先自己必须要有坚决的决心——誓愿证得无上智慧，以及使一切众生信解大乘法门。实践此行是为誓愿安乐行。

圆满成就此誓愿安乐行者，于说法中，与佛心无异，受人恭敬，诸天善神随时随处护卫其所说之法要，使闻法的人能听受、能理解，心生感动。

髻　珠　喻[①]

说完以上四种安乐行之后，世尊继而以“法华七喻”的第六喻——“髻珠喻”，来开显《法华经》殊胜、独到之处。

以下为譬喻之故事内容：

有一武力强胜的国王，以其强盛的国势一个接一个地讨伐不服从其命令之弱小国家。对战役中有功之将士，赐以锦缎、土地、庄园及种种稀世宝物，但是唯有系于自己发髻中之明珠绝不与之。原因何在？因为此为世上独一无二的盖世之宝。若随便送人，必定会惊动所有的王室亲族。文殊师利！如来鲜说《法华经》，便如同这个道理。

佛陀乃以禅定与智慧的力量，率领三界之法王。然而仍有许多魔王不肯顺伏。因此，效忠如来之将军，也就是你们这些菩萨们，必须讨伐魔王。所谓讨伐便是于大众中解说诸经。对此功勋，佛陀则以禅定（信心坚固无有动摇）、解脱（从人生种种苦难脱逸而出）、无漏（迷惑已断）、根力（对悟道的信心与精进力）等等法门作为赏赐，并且也赐予最珍贵的涅槃城（已断尽一切烦恼的境界），可是，只有《法华经》仍未赐予。

其实，只要有人立下前所未有的大功，大王将毫不犹豫地取下髻中之珠赐予。如来也是如此。如来乃三界之大法王，以法教化一切众生，只要见到你们这些贤圣们脱离凡夫境界，逐渐击退魔军，击溃所有一切法碍。当如来洞悉你们对法已信心坚固之时，才会开示《法华经》。此《法华经》乃引导众生证得佛陀果

---

① 髻珠喻：又作顶珠喻。髻珠，指轮王髻中之珠。轮王，比喻如来；髻，比喻二乘权教；珠，比喻一乘实理。珠在髻中，犹如实理为权所隐。此谓如来于法华会上开权显实，授记二乘而得作佛，犹如轮王解髻中之珠，赐予功臣。

位的最上法门。但是，正因为如此，反而招来诸多怨对。由于担心你们的信心动摇，所以目前为止还未曾说出此经，而此时正是示说的时刻。文殊师利！此《法华经》是诸如来教说中最为第一，亦是最深奥之法门。为了末法时代的众生，现在说此经典，恰如大王未曾赐予任何人的髻中明珠，而今赐予大众，是一样的道理。

尔时，世尊欲重宣此义而说偈言，并于偈中阐述读诵此经之种种功德。此段偈言内容如次：

读是经者，常无忧恼，又无病痛，颜色鲜白，不生贫穷、卑贱、丑陋。众生乐见，如慕贤圣。天诸童子，以为给使。刀杖不加，毒不能害。若人恶骂，口则闭塞。游行无畏，如师子王。智慧光明，如日之照。

此中意思是为，圆满实践四安乐行、弘扬此经于世者，将断尽一切烦恼，不会有世俗一般人的烦恼，而且明明是苦，但却不觉其苦。此种功德将会自然地流露于脸上，其面容会现出相好端严，日常生活的烦恼亦消失殆尽。

并且，受到世人之仰慕，甚至受到天上童子之守护。即使受到刀剑砍杀，猛毒加害，不仅不能使其停止弘扬《法华经》，反而变成逆增上缘。若有人欲以恶口毁谤《法华经》，自然而然，那个人会闭口，不出恶言。读诵此经者，无论身在何处，无论遇到任何处境，内心永远自由自在，恰如师子王散步于林中，其明亮的智慧之光，犹如黎明之光划破黑暗，照亮生活在烦恼中的众生。

意思大致如上。以日光比喻智慧，正好一语契入真理。其实，黑暗实际上并不存在。即使黑暗，也不是说该处黑烟到处弥漫。只是因为没有光而显得黑暗而已。因此，只要一有光线照射进来，黑暗便立刻消失。只要觉悟出佛之智慧，于瞬息间心中的黑暗——无明烦恼立刻消失无遗。佛陀的智慧乃绝对之智慧，并非与黑暗对立并抑制黑暗的那种低格调的东西。必须确实地悟出此中玄妙。

品中最后叙述圆满实践四安乐行，而解说《法华经》者，于梦中见诸祥瑞。千万不可轻视地以为这只不过是个虚构的梦中故事。现代精神医学的领域中，也非常重视梦的解析。梦，一言以蔽之，便是“日有所思，夜有所梦”，白天清醒时的经验，会存积于潜意识之深处，而于睡梦中显现出种种诸相，因此于梦中见到相好庄严的佛，可以说是，由于内心慈悲甚深，清净无染，念念之间不离佛，念念之间始终观想着佛之故。

相反地，若有人白天神志不清，说话老是口不择言，晚上老是做噩梦，此乃表示这些人的潜意识仍未清净的最佳证明。当然，想要于梦中见金色佛像，或是梦见自己礼佛的情景，是难以实现的事，但达到那个境界却是我们真心所期待的理想境界。

从地涌出品第十五

此品中特别重要的有两点。

第一，自他方国土来到此娑婆世界的诸菩萨众们，向世尊说，我们亦愿协助教化娑婆世界的众生，但却被世尊断然婉拒。世尊将此重任付嘱给自地面涌出的菩萨们。

地涌菩萨

所谓的地涌菩萨，乃指曾经实际体验过现实生活中种种苦痛、烦恼，从现实生活中累积种种修行，一边过着世俗的生活一边修行，从中解脱并达到觉悟境地的众生。像这样亲自体验痛苦、烦恼，而能从中破茧而出的人，是乃真正功德具足、觉行圆满者。这样的人，才真正具有教化他人的能力。

世尊将此娑婆世界委托给这些地涌菩萨们，也就是示说着，必须由住在此世界中的我们自身的努力，去创造清净、和平的社会，以我们自己的双手去缔造幸福的生活。

自己的净土，是自己的责任，必须由自己亲手创造。自己的幸福，必须由自身的努力来缔造。佛所教示的教义是多么具有积极性、自发性。

佛陀自身也是亲身经历过这些过程，才圆满成就无上正等正觉。此乃佛教与其他宗教特别不同之处。其他宗教亦各自有其独到之处，但他们的教祖所觉悟的过程，对于理性时代中成长的现代人而言，总觉得道理不是很清楚。有的说是天神所派遣，有时候忽然又说是得自上天的启示等等，诸如此类。总之，他们的教祖乃来自凡人无法想像的世界。

可是，佛教的教义则绝然不同，世尊和我们一样地由父母所生而出生人间，体验过人生种种苦痛、烦恼，而发心修一切难行之行与苦行，从追求圆满真理到成就无上智慧的过程，都非常清楚。所以，我们亦应遵从世尊的教诲，踏着世尊走过的脚步，无论如何坎坷难行，只要誓愿永远追随的话，确信于未来的某一天，必定能够到达佛陀的境地。

“地”，乃象征实际的现实生活，从现实生活中涌出的真实教说，便表示这些教说能实际应用于日常生活中。当然很明确地，生活在现实中的我们亦能如法炮制。此品所强调的便是这个道理。

第二个重点，就是“本门”思想的登场。有关本佛与迹佛之说，已于“法华三部经的构成”中说过，接下来的《如来寿量品第十六》中也将再作解说，而此《涌出品》的前半，相当于“本门”思想的序分，其后半与《如来寿量品第十六》，《分别功德品第十七》的前半为止，也就是所谓的“一品二半”为正宗分，望读者诸君能用心仔细详读。

现在让我们开始进入经的本文。

世尊说完《安乐行品》，自他方国土云集于此的无量菩萨们，起身向世尊合掌礼拜，并对世尊说：

“世尊！若允许我等于佛灭后，在此娑婆世界更加努力去护持、读诵、书写、供养此经典的话，必定依言于此土广说此经。”

然而，世尊却说：

“诸善男子！各位的发心诚然宝贵，但不须汝等护持此经。因为此娑婆世界已有众多菩萨，以及这些菩萨所拥有的无量眷属们，将于我灭后担当护持、读诵、广说此经之责。”

世尊话一说完，娑婆世界一切国土之地面强烈地震动了起来，同时从其中涌出无量千万亿菩萨。菩萨之身皆呈金色辉耀，与佛一样地相好端严。这些菩萨们久远以前便住在此娑婆世界下的虚空中，因闻释迦牟尼佛刚才的开示，及时赶来佛前。

这些菩萨们原本并非住在地里面，虽在娑婆世界的虚空中，穿凿地面而出，而停留于虚空中，这些都存在着特别甚深的意义。换言之，这些菩萨们都是已于前世闻佛说法而灭尽烦恼的有情众生，所以现在住在虚空之中。因为世尊将此娑婆世界的教化工作委托给这些菩萨，故这些菩萨再度进入此娑婆世界，再度经历痛苦、烦恼，而从中累积种种修行功德，成就菩萨果位。因此，穿过地面再次升腾于虚空中。

也就是说，已于前世断尽一切烦恼，为了救度娑婆世界的众生，乘愿再来世间受苦，精进修行，从中离苦得乐后，才开始为人解说佛法。此乃非常重要的过程，前面亦曾述及，若不如此的话，将无法真正得到解救娑婆众生的威神力。

这些菩萨们，皆是引众之首，各各率领着已受自己度化的众生。其中领众无数者、少数者、独自修行者，比比皆是。

这些菩萨们，全部自地面涌出，虔诚礼拜端坐于七宝塔中的多宝如来与释迦牟尼佛，赞叹佛的功德，一心瞻仰着两位世尊。如是这般地赞叹着佛，其时间长达五十小劫。在此期间，释迦牟尼佛默然而坐，与会之大众亦同时与佛一同默然而坐。五十小劫之默然长坐，因佛神力之故，却使大众们感觉仿佛犹如半日之须臾。

四弘誓愿

当时，众人皆能彻见诸菩萨所住无量国土遍满于虚空之中，这些菩萨中有四位大导师。就是上行菩萨、无边行菩萨、净行菩萨、安立行菩萨。

在此，本应先解说此四位菩萨。前面《授学无学人记品第九》中，曾说明过有关“愿”，而作为实践佛道者之根本“总愿”，大致有下列四种愿，称为“四弘誓愿”。

一、众生无边誓愿度——众生之数虽然无边无际，誓愿必定救度一切众生——安立行。

二、烦恼无量誓愿断——烦恼虽然数不尽，誓愿必定断尽无遗——净行。

三、法门无尽誓愿学——法门虽然无有尽头，誓愿一定学尽——无边行。

四、佛道无上誓愿成——佛道虽无上，誓愿一定成就——上行。

上述四大菩萨正代表此四种根本誓愿，也可以说，此四大菩萨正象征所有佛教徒的根本大愿。

此四位菩萨于大众前合掌向释迦牟尼佛问讯，问候世尊是否安康无恙？世尊欣然受礼并回答：

“诸善男子！我无比安乐，既少病亦无忧。一切众生亦必定能接受教化。我对教化众生的工作从未感到有所疲倦。因为这些众生们已于过去世恭敬、供养诸佛，已种下诸善根，成就种种福德因缘。这些众生们在此处与我初次相见，闻我说法，这些都是过去曾经种下因缘之故，因而大家皆能信受我所开示之法要，而证入如来智慧。只是一开始便先修学小乘的人，大都满足于小乘法，这种根深蒂固的习性，非常难以根治，即使诸如此类的人，现在我亦令之得闻《法华经》，引其证入佛慧。”

此中我们可以清楚窥知，虽然众生教化之大事业，对年事渐高的世尊已益显困重，但大慈大悲的世尊，终其一生不忘众生疾苦，从未露出疲惫的容颜，亦未顾虑困难，亦未身感重担，这些都在在显示世尊的大慈大悲，真是世间无与伦比。

尔时，诸大菩萨以偈对世尊说：

“无限感恩之至。世尊以此广大慈悲力教化众生，相信众生必当得度。信受佛陀无上法门者，必当深信而无有疑悔。我等亦感到无比的法喜充满。”

于是，世尊赞叹诸大菩萨：“汝等善能对如来发随喜心。善哉，善哉！”尔时，弥勒菩萨及诸菩萨众，从未曾见过自地面涌出如此德行兼备之菩萨，未曾见过如此殊胜之景象，各各感到非常惊讶，也觉得非常奇怪，所以，弥勒菩萨决定询问世尊此事到底是何因缘所致。

弥勒菩萨问：

“这些无量诸大菩萨，过去以来未曾见过。世尊！请告诉我们这些大菩萨到底来自何方？以何因缘来集此地？大家一眼便能看出这些菩萨德行兼备，具大神通力，智慧圆满，志愿坚固，得大忍辱力。如此德高之菩萨，无论是谁，都不会放弃任何得以拜见的机缘。他们到底从何而来？”

尔时，释迦牟尼佛之无量分身，皆自他方国土会集于此，殷切期盼释迦牟尼佛回答弥勒菩萨的问题。此时，释迦牟尼佛对弥勒菩萨说：

“阿逸多①！你能提出如此重要的问题，很好，很好！现在将为你们解说，汝等应当专心听讲。从现在起开始要阐明佛的真正体相。现在开始要让你们明白，佛陀智慧如何地伟大，佛陀具有何等神通之力，诸佛如何卯足全力、无怨无悔、辛勤地教化众生，其感化力如何地威猛有力。”

世尊更以偈言解说未曾说过之法门，并提醒大家用心听讲。世尊继而说道：

“阿逸多！现在从地所涌出之诸大菩萨，都是我于此娑婆世界证得无上正等正觉后所教化之众生，教化示导这些菩萨，使其

① 阿逸多：一说阿逸多即为弥勒，一说另有其人。

调伏其心,断诸恶念,令发菩提道心。”世尊接着说明这些菩萨们的种种殊胜德行。

听闻此说之弥勒菩萨及诸菩萨等如是思,为什么世尊能于短短期间,使那么多的菩萨证得佛陀之无上智慧呢?众人对此皆百思不解。于是再问世尊:

“世尊身为太子之时,走出皇宫,于伽耶城不远处之道场禅坐修行,而成就无上佛慧。距今仅仅经过四十余年。为什么世尊能于短短期间,使那么多的菩萨证得佛陀之无上智慧呢?就算以世尊之神通力、功德力来教化如是无量诸大菩萨众,还是令人觉得非常不可思议。

这些大菩萨众之人数,数不能尽。而且,这些大菩萨若未能于久远以前,便于无量无边诸佛的身边植诸善行、种下善根,常修梵行,断惑证真,成就菩萨道的话,绝对不可能有如此圆满的成就。诸如此事,实在令我们百思不解。就好像说,年仅二十五岁,肌肤白嫩的黑发青年,却指着百岁老翁说,这是我的儿子,而百岁老翁也指着黑发青年说,这是我的父亲。这种难以相信的程度是一样的。

佛成道以来,其实才仅仅经过四十余载而已。可是这些大菩萨已于无量千万亿劫,长期地勤行精进,已通晓一切佛法无有疑碍,可以说是世间希有之至宝。

今日世尊且云,世尊证得佛陀果位后,才开始引之令发菩提道心,使之志求无上菩提。世尊成佛未久,却能施展如此之大功德。我等长久以来听取世尊的教诲,都已深知世尊为了适应众生根机,而说种种相应法,对佛所说一切法亦深信不疑,也明白不可思议的话当中,必定是为了引导我们而别有用意。

然而,于佛灭后,初入菩萨道之新发意菩萨若闻此说,将会感到矛盾,或不能相信而难以信受,也许因为这样,反而会使他们造破法的罪业，也说不定。唯愿世尊为之详说，解除我等之疑惑，并使未来世之诸善男子，若闻此事，亦不再产生疑问。”

于是，弥勒菩萨以偈言重新请求世尊。

此偈之中有句“不染世间法，如莲华在水”。此句正是《法华经》所要教示之世间的理想境界。不离世间，而于世间过着清净无染的生活。而净化人间、美化社会，便是《法华经》的理想目标。《妙法莲华经》之名，便出之于此。

世尊将在次品《如来寿量品第十六》中，详细回答弥勒菩萨的疑问，并将详说佛陀之真实相。

如来寿量品第十六

哲学·伦理·宗教

佛教到底是一门哲学、伦理学,还是宗教学?自古以来,学者们各持己见,众说纷纭。英人韩福瑞先生(Christmas Humphreys)①(1901~1983)在其书的序言中,有一段非常精湛的陈述。

韩福瑞先生是英国一位屈指可数、非常有名望的法律学家,是一位虔诚的佛教徒。其所著《佛法》一书,在欧美拥有众多的读者,此书之日译本以《佛教——崭新的领略》②为名在日本出版发行。就在本书的序言中述说了以下这段话:

> 且让我们仔细地斟酌,与其说佛教是个宗教,不如说佛教是一门精神哲学;佛教对待生命的态度,与近代科学同样的冷静而客观。然而,不仅如此,佛教是一个能够活用、非常生活化的宗教,并且充满了令人惊异的生命力。

所谓的哲学,是一门穷究世界、人生中所发生一切现象之根本原理的学问。而所谓的伦理,乃是做人处世的道理,也就是人类的道德学。而《法华经》中从序品至本品为止所阐释的教说,大致上已涵盖了上述两类学说。

正是因为佛教可以说是一门浩瀚深远的"哲学",也可以说是一

---

① 韩福瑞先生在1924年创办了一个居士组织——英国佛教学会(The Buddhist Society, UK),自任会长,出版西方佛教界评价甚高的刊物《中道》(The Middle Way)季刊,并选文著书宣说佛法。第二次世界大战之后,又赴各国访问,得到缅甸人的支持,在伦敦出版各种刊物,宣扬佛教。并将日本铃木大拙的著作,介绍给英国民众。可惜自其1983年逝世后,英国佛教学会也随之没落。

② 原岛进译《仏教—その新しい理解のために—》,青山书院,1957年出版。

门"伦理学"之故，所以韩福瑞先生才会用"且让我们仔细地斟酌"这样保留性的字眼来陈述。

一个西洋人能够如此贴切地掌握佛教的真正本质，真教人惊叹不已。也许正是因为作者并非成长于传统佛教的国度里，反而更能超然地领悟出佛法的精髓所在。

然而，佛教确实是一个宗教。至本品为止我们所学习过的《法华经》，也就是迹门教说中所阐释的，当然都是属于宗教的范畴。这个问题在本章后面"如何对治油然生起的念头"的标题下，将会有更深入的探讨。

佛教之本源仍然是一门宗教

虽然说佛教涵盖了"哲学"、"伦理学"两大范畴，然而《法华经》中的教说，更阐明了学问范畴所无法解决的人心问题。佛法可以解除人们心中的烦恼、使人生豁达开朗，引导世界迈向和平。其教说都是非常崇高而值得令人崇敬与遵循的义理。因此，穷究其根本根源，固然是属于"宗教"的范畴。

在佛教教义中，最具"宗教"性意义及最玄妙之部分，在《如来寿量品》中才首度明确地开显出来。而此品为本门的中心，与迹门中心的《方便品》，为《法华经》主要思想的两大主轴。

古德将《如来寿量品》归纳为"开近显远"、"开迹显本"、"开权显实"三项来解明。

开近显远[①]

所谓"开近显远"，即以切身的事实为起始，渐次地深入探索事情

① 开近显远：即开除执著于伽耶城成道之佛为近成之佛，而显示久远实成之本佛；即法华本门之开显。此系天台宗对于《法华经》所作判释之语。

发生的本源，进而体现其真正的本质及其深远之妙意。

而所谓“切身的事实”，便是世尊出生人间，于伽耶城开悟成道，而将其所觉悟之道教化众生的真实故事。而此一真实故事，到底是从什么时候开始的呢？

世尊，难道是一位与过去人类历史毫无关系，突然冒出世间而自行觉悟出如此尊贵“法”门的人吗？

事实不然。所谓的“法”，乃是世尊出生以前，地球上自有人类以来，不！应该说自宇宙生成以来，就已俨然存在。正因为早已俨然存在，所以世尊才会觉悟出此一真理。

自有人类以来，随着时间的演变，人类也逐渐地进化，但因不明了“宇宙的真理”——真正的“法”，所以只能依照着本能，或依赖着讹谬错误、不切实际的“法”而盲目地生存着。然而，这些都不可能使人类得到真正的进步。因此，必须要有人出现于人间，觉悟出真正的“法”，并将其传达予世人。而此机缘终于渐渐成熟，于是世尊便降生人间。

所以，久远无始以前便已确然存在的“法”，人间没有人能把握的“法”，由于世尊的出世、成道，才使其明确化。《寿量品》中，首先便明确地阐明此事。世尊的出世、成道，便是所谓的“切身的事实”，由此真实故事，使我们得知久远无始的过去以来，俨然已存在的“法”，此便是“开近显远”的意义非凡之所在。

开迹显本[①]

“开迹显本”中的“本”，所指的当然就是“本佛”，而“迹”则是指垂迹示现的迹佛。

以凡夫身出生于此娑婆世界的世尊，以及当于未来下生人间的弥

---

① 开迹显本：又作发迹显本。天台智𫖮大师说明《法华经》旨趣之时，谓《法华经》有“本迹二门”之开显，其本门之开显，就佛身而言，乃开迹显本。即开除以释尊为伽耶近成垂迹示现之权佛之情执，以显示久远实成之本地本佛。

勒佛，都是迹佛。穷究迹佛最根本之根源，必定能找到本佛。也就是说，唯一的真理，虽以种种不同的形态显现，但必定有其根源。

以迹佛出现于世的佛，穷究其根本根源，其实就是唯一的真理，也就是久远实成的本佛。这就是《寿量品》中即将阐明的“开迹显本”。

开权显实①

“开权显实”中所谓的“权”，好比说佛假以神的形象显现，称之为“权现”，此中“假”的意思，类似“僧正②”与“权僧正”之间的“正”与“副”之关系。

而“权”所指的就是方便法门。方便法门虽也是非常宝贵而不可或缺的重要法门，但此乃为显现“真实”之“假”说，还只是“副”的教说，是为“权”说，非“究竟”之说。由此方便法门，虽把众生的信仰提升至更高的层次，但仍然不是最究竟的境界。至《寿量品》前，佛所教诲的都是方便法门，而“寿量品”中，便要正式教授真实的究竟法门，于此中开启“权”之门，而显“实”之相。

因为是非常重要之法门，所以在此让我们再度回顾一下迹门的教说。身为佛教徒一定要掌握一个要点，就是要理解本门的教说，无论如何一定要从迹门的教说契入。希望读者诸君都能彻底地领悟其“宗教”本质之后，才进入本文的解释。所以，接下来将重复详说前面章节中，曾经解释过的名相，用意在于斯。

佛教的教义中，最不酷似“宗教”之处，便是世尊并不承认人类以

---

① 开权显实：开除权教之执著，显示真实之义。“开”含开除、开发、开拓等义。即开除三乘之权便，显示一乘真实之义。天台智顗大师谓《法华经》以前之诸经乃应未熟之机根而设，为权便之法，实欲引众生入真实之教；以权便之法显真实之义，故称开权显实。

② 僧正：为中国古代僧官之最高位者。僧纲之最高阶位分为三种，三种中最上位之职位，称为大僧正。梁武帝普通六年(525)，敕命光宅寺之法云为大僧正，为此阶位之最早设置者。日本则仿效梁陈之制，于推古天皇三十二年(624)始设僧纲，以观勒任僧正之职为嚆矢。如设立僧正、僧都、律师等职，合称三纲。又分大、小、正、权。

外，还另外存在着一位支配人类命运的“神”。世尊也未曾宣称自己是创造此世界、掌控宇宙运行的“神”，亦未宣称自己拥有人类所没有的神力。世尊也从未说过只要信我则得永生这类的话。

理性的教说

“佛陀”一语乃梵文的 Buddha 的音译，意为“觉者”、“知者”。诚如其意，世尊所开示的教说，只要以人类本有的理性来思索，任何人都能理解。其教理并非只有神的代理者才能彻悟，也不会不切实际地教你不明究理地只要相信准没错。

缘起观

世尊所证悟的不共他教之唯一真理，称之为“缘起观”。也就是说，人类以及人类所居住的这个宇宙，并非由神所创造，亦非由神所支配，一切都是由缘起的关系所建立。而缘起就是因缘，说得更详细一点，也就是因、缘、果、报。

世间上没有一样东西是永远固定不变的。一切万物皆是由某种原因——“因”，与某种条件——“缘”和合之时所显现的某种现象，此现象称为“果”。“果”必定留给未来一个作用力，此称为“报”。世尊明确地指出，世间一切万物皆由此缘起法所形成。

诸行无常

有因、有缘，才会有果、有报。若是因灭了，或者即使因未灭而不遇缘的话，果和报都不会出现。因此，世界上没有任何事物能够“恒久、常住、不变”地永远存在。此乃“诸行无常”的教说。

那么，世上真如世尊所说的，恒常不灭的东西完全不存在吗？不！世上有一真理是恒常不变的。此一真理掌管着一切万物的存在、作用力、变化。

诸法无我

世尊又开示“诸法无我”,世间一切万物,不可能与他物之间毫无关系地单独存在。万物与万物之间,均以相依相生的关系共同存在着。此为“诸法无我”的教说。

比方说,我们所处之大地,与辽阔的大海,与天空中流动的云彩,乍看之下彼此间似乎毫无关系。但是,试着思索一下,云来自何处?海水为什么是咸的?大地的湿气又是怎么形成的?那么,此三者之间绵密的关联性,将迅速地迎刃而解。云乃从大地、海洋、河水所蒸发出来的水蒸气所形成;而云变成雨或雪,又再次降淋大地、滋润大地,给予大地带来湿气;而海水中的盐分,乃由夹带泥土的河水将土壤中的盐分溶解后,运送至大海,水分经过蒸发,盐分浓度变得更浓而形成。如此地推演一切现象,便可了了分明,宇宙中没有一个事物可以完全孤立地存在。

原本,世尊宣说宇宙形成的理论,并非以科学或是以哲学的角度而说的。世尊毕竟是为了使众生明了“人应如何生存”为前提而展开其教化;为了使众生觉悟“生命的起源与存在”之道理,而循循诱导。所以,佛所说的法完全不离世间法,其教义乃以人为中心所展开,是一门最具人性主义的教说。

涅槃寂静

那么,应如何把“诸行无常”、“诸法无我”的教诲,应用在人生的旅途上呢?“涅槃寂静”的教说中,便已一语道破如何应用此二法门的方法。

我们人生当中的种种苦恼,都是因执著于眼前事相上的种种变化所产生,心被眼前的利害得失所惑乱,而形成了一种自我枷锁,如能放下这一切苦恼,心灵便能任运自在,得到真正的解脱。即使旁人认为你身陷痛苦的泥沼中,但实际上,你的精神状态却能处于非常祥和安谧的境界。这便是经由“诸行无常”的引导,所得到的“涅槃寂静”之境界。

还有,诸如事业不如意而心情焦虑,以及人际关系触礁而产生的冲突、摩擦,此乃人与物之间的关系以及人与人之间的关系不协调所造成。地球按其应行的轨道环绕着太阳,月球则环绕着地球,夜空中闪闪发光的无数星星也同样地行其应行的轨道。太阳、地球、月球以及其他的星球,均以引力互相牵引着,这个引力非常地调和,因此彼此平静地运行着。如果银河系的星球们失去其原有的调和,那么整个宇宙将不堪设想。假设太阳与地球之间的引力失去了作用,太阳与地球便会互相冲撞,届时月球也无法正常地运行,那么整个太阳系将因此而毁灭。

人生也是如此。人类亦为宇宙的成员之一,如同太阳、地球、月球之间的关系一样,人类若能井然有序地保持其调和性,世上便不会有争执与冲突。

然而,想要保持这种调和性,事实上很困难。其原因何在?因为每个人都执著一个小“我”的缘故。有太多本位主义的人,凡事以自我为出发点,行事只要自己好就好,人与人之间在利害关系上、在认知上有了分歧,彼此间便无法取得协调。

如果能舍去这个小“我”,全体人类能够彻底地做到互相帮助、互相扶持之时,世间才会得到调和,我们的生活才会得到真正的安宁。这便是由“诸法无我”的引导所得到的“涅槃寂静”之境界。

三 法 印

“诸行无常”、“诸法无我”、“涅槃寂静”,此乃佛法之三大根本原理,称之为三法印。称此三法印为一切法的根本根源,应当无有过言。

那么，在我们日常生活中，应如何实践三法印呢？阐明此实践法门的，便是在“四谛”、“八正道”、“十二因缘”、“六波罗蜜”的教说当中。

四　谛

所谓的“四谛”，即为苦谛、集谛、灭谛、道谛。

觉知人生即是苦海，并正视、明辨人生诸苦之实态，而并不从中逃逸，这就是“苦谛”之意。

然而，单单只是正视人生诸苦之实态，并非真正的解决之道。应再更进一步地，反省、探求人生诸苦发生的原因，彻底从诸苦中走出，并彻底觉悟这个诸苦的根源，此为“集谛”。当然，人生诸苦的原因，便是“十二因缘”中所教说的根本“无明”所产生，此根本无明就是无智所造成的。

彻底觉悟这个诸苦的根源，依缘起的法则灭尽诸苦根源的“无明”，当断尽一切烦恼时，人生诸苦必然消灭殆尽。此为“灭谛”之意。

而要到达“灭谛”之路，应精进行持“八正道”、“六波罗蜜”，此称为“道谛”，此中所阐明的，正是生活实践之道。

八　正　道

再复习一下《序品第一》中所讲过的“八正道”。就是正见、正思、正语、正行、正命、正精进、正念、正定之八种由凡入圣之道。

然而，此中所谓的“正”，若只解释为“正确”的话，依现代人的道德标准，恐怕在理解上会有所偏差，在此有必要更深入地进一步探讨。

契合真理之见解

总括而言，“正确”便是“契合真理”的意思。例如，所谓正见，假使掺杂了自我意识来观察事物，其真相总是被掩盖、被曲解，无论如何也无法看清事物的真实面貌。当舍去自我，去除先入为主的观念，能以清净、无杂染、明彻的心来观察事物之时，才能真正见到事物真正的本质。这就是“佛知见”。

不以本位主义来观察事物

若以自我中心、本位主义的态度来衡量事情，其见解不仅不能契合真理，甚至可能与真理完全相悖。一个国家“为了繁荣自己的祖国，可以不惜牺牲他国人民的利益”，个人“为了自己的生存，可以冠冕堂皇地以陷害、欺骗他人的方式，谋求自己的幸福”。这种想法，从第三者的眼光来看，无疑地根本就是违背天地良心的观念。但是，当自我本位主义麻醉了本心时，令人感到意外的是，这种只考虑本国利益、只顾及个人安危的行径，居然不辨菽麦地被正当化，居然被认为是天经地义的“正确”行为。这些观念所造成的人类悲剧，在过去的历史上不乏先例，一再重复地上演，即使现在仍然层出不穷。

真正所谓的“正确”，应遵循佛陀的教诲，不以自我中心、本位主义来衡量事物，应从大我的立场，也就是佛陀慈悲无我的立场来看待世间万物，如此便能够平等地对待万物苍生。用这种见解知见来衡量一切万物，方能称为“正确”。

不以偏倚态度待人处世

若以偏倚的思想作为标准尺度来衡量一切万物的话，这种见解也是无法契合真理的。这种情形犹如戴上红色眼镜看世界，眼前将呈现一片红色的景象；若戴上绿色眼镜，眼睛所见全是绿绿一片。因此，不戴有色镜片，不以固定的知见来分析事情，才能正确地看见事物真正的本质。

假与空

世上一切万物，皆由我们的五官所直接知觉，若以心意识来分辨认知一切万物时，将会出现种种不同的判断，而得到不同的结果。只着重表面上所呈现的差别相——“假”，而不去究明平等相——“空”之根本原理，这便是短见而肤浅的凡夫俗子们看待事物的方式。

然而，以空、平等来观察世间一切万物，虽然是佛法教理中非常重要的教义核心，但是，执著于这个教理，只以平等相来观察事物，而忽视表面上所呈现的差别相，这样的见解也是有所偏倚的。哲学家们大多以穷究现象事物的根本原理为其毕生的唯一任务，然而在真实的现实生活当中，他们大多扮演着失败者、不幸者的角色，此乃因看待事物过于偏激所致。

中谛·中道

“空”、“假”两种观点皆不可偏废，应以不偏不倚的态度同时运用这两种观点来看待世间万物，这才是正确的方法，此称为“中谛”。与“中道”大致相同。

所谓中道，就是“不偏于一方”，但也并非“不偏左不偏右，正好中间”。世尊所说的“中道”，并非“正好中间”这种固定的概念。这是佛法非常重要的教理之一，在此顺便将其成立过程介绍一下。

世尊在世的当时，印度有种种学派。快乐主义的一派，认为人有种种欲望乃是极其自然的道理，所以，纵情恣意于欲望，享受快乐，便是解脱之道。也有一派与此截然相反，认为严格地抑制种种欲望，方为解脱之道。

禁欲主义的这一派，于实践上是一丝不苟地严行抑制欲望，比方说，绝对抑制性欲，绝对禁止物质享受。不仅如此，还有一派是禁止穿衣服的裸行者。还有一些专门住在树上；或用火烧自己的皮肤；或用刀伤自己的身体;或在地上插个尖桩子,在上面一坐十几天。反正是用尽种种方法使自己的身体痛苦。还有一派更为极端,认为解脱的人不可进食,为了修行而乐于活活饿死。

世尊当然不是快乐主义者,世尊最初的修行乃取后者苦行主义的这一派作为开悟之道。为了学习修行,曾师事于毗舍离国苦行林之跋伽婆仙人以及王舍城的阿罗蓝仙人。世尊的悟性极高,很快地便得到两位仙人之最高真传。但世尊觉得这并不是真正的解脱之道,所以便毅然决然地离开师父,开始独自苦行。一日只食"一麻一米",也就是一天只吃一粒芝麻、一粒米。

这种苦行并不是完全没有用,但是当世尊觉悟到这种修行方法也不是真正的解脱之道时,便毅然决然地停止苦行。他走到尼连禅河沐浴净身,接受牧羊女的乳粥供养,恢复了体力,经过前正觉山,来到佛陀伽耶,坐于菩提树下进入禅定,而终于在此成道。以上乃众所周知的故事。

世尊成道后,首先来到鹿野苑,为曾经与其一同苦行的五比丘展开其最初说法,开示四谛法门、中道、八正道。

世尊首先说:"比丘们!此世间,有二边比丘不可亲近。"

"边",就是极端之意,一个极端是快乐主义,另一个极端是苦行主义。世尊阐释此两种极端的修行法之不当,而宣说:"比丘们!如来舍此二边,以中道现等觉。"世尊四十余载所开示之八万四千无量法门中,其最初说法中所开示的中道思想,实际上是意义非常深远的。

世尊继续说道:

"以何为中道呢?便是正见、正思、正语、正行、正命、正精进、正念、正定之八种正道。此乃如来所悟之中道,能开人慧眼,使发佛慧,臻于寂静的境地,引导众生臻于涅槃。"

一味地放逸行乐的快乐主义以及视苦行为解脱法门之固执观

念，都与戴上有色镜片看世界一样，无法看出世间真相。这些都是雾里看花，永远看不清事物本质。这些绝对不是到达涅槃之路的修行方法。如前明确所说的，世尊所悟之中道，就是告诉我们，修行要舍去这种偏倚与固执的态度，心念上应依循中道来看待事物，应依循中道并身体力行。

均衡地取得调和

因此，“八正道”之“正”，乃与“中道”之“中”同义。除了前面提到的“契合真理”之意以外，亦含有“均衡地取得调和”之意。

以下有一个弹琴的故事，可以使我们很容易地明白什么是“均衡地取得调和”的意思。

弹琴的故事

这是世尊住在王舍城附近的灵鹫山时所发生的真实故事。

世尊的弟子中有位名叫守笼那的比丘，在附近树林中始终严格地精行梵行。守笼那的精进态度，在世尊的众多弟子中被称为精进第一，但是因过度执著，以至在修行上有了偏差，因而总是无法证入解脱的境地。

在守笼那的心中，终于生起了疑惑。自己的修行虽堪称精进第一，可是却无法开悟。要是不能开悟，是不是应该放弃修行，回家比较好呢？回到俗家的话，家中的财富亦足以让我过着幸福无忧的生活。这样的话，是不是比较好呢？左思右想，生起种种烦恼。

洞悉这个弟子正面临着重大危机的世尊，悄悄地来到守笼那修行的树林，一如往昔地用其充满慈爱的口吻，询问守笼那的心事。守笼那毫无隐讳地将心中烦恼一股脑儿地向世尊倾诉。

此时，世尊忽然想到一件事，而问守笼那：“守笼那！听说你在俗家时，弹琴弹得相当不错，是不是真有此事？”

守笼那回答说:“是的,没错。”

世尊:“那样的话,你应当很明白,琴弦若是调得太紧,能弹奏出美妙的音乐吗?”

守笼那回答说:“不能。”

世尊再问:“那么,琴弦若是调得太松,能弹奏出美妙的音乐吗?”

守笼那回答说:“也不能。”

世尊再问:“那么,不松不紧的琴弦,能弹奏出美妙的音乐吗?”

守笼那回答说:“能。”

于是,世尊对他开示道:“守笼那!修行与琴弦的道理是一样的。一味地精进,造成内心过度紧张,反而无法使心静下来。过度松懈,则变成懈怠。因此,守笼那!住于平等精进,平等地守护诸根。心不偏于二边而取其‘中’道。”

真的是深入浅出的讲解,短短的一席话当中,已充分地流露出世尊非凡的人格与其慈爱,让人感到无比的温暖,这股温暖宛若一道暖流,不经意地流入需要温暖的人们心中。

这则故事记载于《四十二章经》中,内容如次:

“弦缓何如?曰不鸣矣。”

“弦急何如?曰声绝矣。”

“急缓得中何如?诸音普矣。”①

浅而释之,也就是“不松不紧,才能弹奏出美妙的音乐”。而将此观念应用在修行方面的话,便是“快乐主义与苦行主义的正中间”,两种修行方式皆不排斥,一点点的快乐主义,稍微的苦行主义,取两者之中间,是为最适当之道。更简单地说,快乐主义为 0 分,苦行主义为 10 分的话,那么中道就大约相当于 5 分。但这样的解说还是不圆满,不够具体。

---

① 《四十二章经》(T. 17, p. 723c)。

为了正确地弹奏乐曲，琴弦调得太松等于0分，调得太紧也是等于0分。其中间点是非常微妙的，琴弦的松紧必须调到恰到好处，才不会走调，走了调也是等于0分。可是，只要能调准这一点的话，也就是能恰到好处地掌握到这微妙的中间点时，所有的旋律便能得到调和。换言之，0分立刻变成满分。这种情形，便是“均衡地取得调和”之意。

符合目标

“均衡地取得调和”也必须刚好能配合所弹奏的曲调，才能使调整出来的音发挥出最和谐、最浑然天成的音乐。所以，“均衡地取得调和”必须要适切地符合“目标”，才能发挥最大效用，使其升华至最高境界。因此，所谓“契合真理”，也可以说是“符合目标”的意思。这一点是相当重要的。

人生亦同样如此，真正的觉悟者，其生活模式及其行为举止，时时刻刻能够“契合真理”。因此，其所思所行，自然而然能“符合目标”。而且像这样的人，活在世上经常能够“与世间一切万物均衡地取得调和”。

正因为如此，在错误的两端努力地寻找“正确”、“中道”的中间位置，绝对不可能找得到。这是根本认知上的错误。不能执著于固定的观念，必须依于缘起观——缘起缘灭的真理，来思惟、观照事物之本质，依此真理作为行为准则，便能够使你的生活完全“符合目标”、“均衡地取得调和”。此乃“中道”的教说。

那么，要如何才能达到这种境界呢？要达到这种境界，必须将此“中道”的精神实践于日常生活中，而阐明此一法门的便是“八正道”。

更简单明了地说，“正确地观察世间万物——正见”，“正确地思惟世间万物——正思”，“说话正当——正语”，“行为正直——正行”，“以正确的方式谋生——正命”，为了成就以上这些修行“正确地努力——正精进”,“心始终朝着正确方向前进——正念”,“心始终置于刚正、无有动摇之境地——正定”。毋庸赘言,此“正”之意,便与“中”同义。

六波罗蜜

上述之“八正道”主要是针对离惑、断烦恼、去恶向善所开设之修行道。而“六波罗蜜”则更进一步地为世人、为社会殚思竭虑地行菩萨道所开设之法门,即“布施”、“持戒”、“忍辱”、“精进”、“禅定”、“智慧”。

从精神面、物质面、肉体面,竭尽所能地为他人奉献一己之力——“布施”;确实遵守佛陀之训诫,去除自己心中的烦恼执著,过着正当的生活,努力于自我完成,而成就自度而度他的能力——“持戒”;对他人始终以宽容的态度、以平静的心堪忍一切磨难,身处顺境亦不得意洋洋——“忍辱”;心无旁骛,对立定的目标一心一意地勇往直前——“精进”;无论发生任何事,内心沉着无有动摇——“禅定”;能洞察诸法实相,能洞悉事物真正的本质——“智慧”。以此“六波罗蜜”正确地实践救度世人、救济社会的工作。

然而,如《序品第一》中“六波罗蜜”标题下,亦曾提及“禅定”,但那时暂且将之搁置未加以深入说明,正是因为“禅定”实非三言两语便能够淋漓尽致地道尽之故。

禅定

所谓“禅定”,从结论上来说,如刚刚所说的“无论发生任何事,内心沉着无有动摇”。而到达此一境界所须修持的法门,也是“禅定”。套用现代用语,就是“冥想”、“精神统一”。也就是静坐,收摄心念。

而收摄心念这个问题将凸显在“宗教”的课题中,这也是“宗教”与“哲学”、“道德学”最大的分野所在。

冥想非妄想

就如何使精神统一这个问题来说，把眼前所看到的一切现象以本位主义的思惟模式收摄于心念中，这样绝对不可能从苦恼中解脱出来。比方说，“想从事业经营不善的烦恼与焦虑中解脱”，或者“想要解除病苦的折磨”，脑子里尽想着这些问题，心反而被事业上的烦恼与身体上的病苦所驾驭，一步也无法走出烦恼，是乃想当然尔。这种情况只能使烦恼更加跌进谷底，绝不能到达“冥想”的境界，反而跌进“妄想”的境地。

道德思惟

有一种思惟方式是，反省自己过去所犯的过错，严厉责备自己的过失，并下定决心改正。这种思惟方式是属于道德式的冥想。这种思惟对于培养崇高的人格，将有莫大之裨益。

哲学思辨

由此再向前迈进一步，除去我执，默默地思辨、探究世界的构成、人的生存方式、社会现象，此称为哲学思辨。时常作哲学思辨的人，一定会渐渐提升个人的品格，提高思想层次，更进一步地便能对社会施展其抱负，对社会有所贡献。

但是，事实上非常遗憾，以上所述之种种冥想方式，都不能使心得到真正的安乐，无法真正去除烦恼，到达涅槃境界。因为，不管多么能够反省深思，不管对人生、对世界一切现象所存在的意义，在思想上已多么登峰造极，这些毕竟只涉及世间的一般智慧。这是非常重要的一点，接着我们就要来深入探讨这个问题。

“反省自己之所行，并生忏悔心，进而决心进一步行善等等，都不是到达涅槃之路。”对如此的话，当然心中自会生起种种疑问，诸如这些都是依人类的道德标准，所作的反省与决定。然而，依佛陀所开示迹门之教说，来反思自己之所行，决定从今以后遵从佛陀的教诲，难道不是迈向涅槃之道吗？如此等等疑问，油然而生。

这些确实也是到达涅槃的过程之一，但是到达涅槃之路并不是那么单纯的易行道。

对自己的心了若指掌，对自己的心可以完全掌握，这样的话，问题就比较简单了。若想要调伏这种“表层心理”，只要依佛法的修行次第依序而行，大多数的人都能办得到。

应如何对待潜意识下的自己

然而，对人类而言，并无法自我觉知自己的心。因为无法觉知，所以便无从掌握。因为无法掌握，便无法调伏。现代心理学则称此为“潜在意识”、或是“下意识的自己”，在佛法中则称之为阿赖耶识、末那识。

所谓“潜在意识”，就是过去所经验过的事情，转化成一种思惟、一种感受，沉淀于内心深处。这些不仅对人的性格以及精神作用有很大的影响，也会引起很多疾病，现代心理学的临床实证，也都承认这些事实的存在。

《化城喻品第七》中所述的，甚至我们祖先的经验——爬虫类曾经称霸地球的时代里，人类被它们饥吞嗜杀的记忆，现在仍然残留在我们的潜在意识里，所以只要一看到长长的虫，即使明明知道它们根本不会加害我们，可是我们总是对它们存有一股莫名的恐惧感。

还有蜥蜴、黄颔蛇的例子，尽管现代人类的智慧，已经相当具有科学知识的素养，所以已明知不具毒性的蜥蜴、黄颔蛇，只要我们不去招惹它们，它们也不会来侵犯我们，但总是不由自主地对它们生起恐惧感。举一个更明显的例子，就是蚯蚓。蚯蚓根本是毫无抵抗能力、也毫无攻击能力，无尖锐的牙齿，身上既不带针亦不带刺。可是我们人一看到它，就是觉得毛骨悚然。这是什么原因呢？这些全都是“潜在意识”的作用力在作祟的关系。

像这种“潜在意识”的作用力，并不是单纯的道德反省或是哲学思辨所能左右的。因为这颗自己的心，沉睡在伸手无法触及的深层底部，所以自己对它亦完全束手无策。

请再回想《化城喻品第七》中所说的“业”的问题。

应如何面对所背负的“宿业”

现在我们所背负的业，事实上已经根深蒂固，而且非常错综复杂。现在我们身上所背负的业囊括了自有人类以来的“宿业”，自己过去世所造的“宿业”，而且或多或少也背负了父母以及历代祖先所造的“宿业”，当然背负了更多的是自己今生今世所造的“现业”。

而摆脱这些“业”的束缚，进入自由自在的境地，这是世俗一般人的智慧可以作得到的吗？非常明显，这对一个凡夫俗子而言，当然是难以企及的。那么，到底要怎样才能办得到呢？

如何对治油然生起的念头

再请回顾《化城喻品第七》中所述的“一念三千”。

心中无缘无故忽然生起的念头，而此一念当中却含有三千的纵横关系。此一念中有一颗堕入地狱道的心，也有一颗通达佛界的心。实际上的问题是，要如何驾驭这颗忽然生起的念头呢？此亦为人类智慧所无法解决的问题。

种类不可胜数的“念”以及不知何种原因而生起的“念”，无论学问多么超群的学者，亦无法教导我们应如何对治这些油然生起的每一个念头。那么，到底要怎么办才好呢？

一旦触及这样的问题，便知早已不是哲学的领域可以解决的范畴，也不是用道德可以规范的问题了。那么，到底要用什么方法才能得到解决呢？解决之道，唯有诉诸宗教的力量，此外别无他途。

在此我们便可以明确地体会出宗教真正价值之所在。也就是确实了知，想要得到自我解脱，最终毕竟要诉求于宗教才能得到解决。

所有宗教中最崇高、最神圣的佛教，亦涵盖着“哲学”与“道德”。不！应该说佛教在表面上看起来，可以说是全然的“哲学”与“道德”的教说；但一旦深入其真正内涵，便有某种东西直接触动我们的心，促使我们跨越“哲学”与“道德”的范畴，然后便有某种东西，能够使我们直接触及我们生命的本质。

这些宛若一盏明灯，照亮着我们的未来，给我们一个温暖的投射。借此光芒的力量，使万物苍生欣欣向荣，使一切有生命的东西能以朝气蓬勃的步伐一路向前迈进。而此正是“信仰”，除此以外别无有他。

韩福瑞先生书中序言所述“然而，不仅如此，佛教是一个能够活用、非常生活化的宗教，并且充满了令人惊异的生命力”。所指的道理就在于此。还有我在本章的一开始就明确地指出“佛教确实是一个宗教”所根据的道理，就在这里。

宗教到底为何物？

那么，宗教到底为何物？且让我们先从其起源来探讨。

无论任何时代的人类，始终都对自己所没有的力量，抱着恐惧、畏惧的心态。这种“恐惧”感，乃自发性的，而“畏惧”则演变成“既敬既怕”的心情。

自 然 崇 拜

因此，原始人类当然对高耸于天边，将其光和热投射于地面的太阳，以及月亮、星星都十分地敬畏。对披上一层雪衣矗立于云端的群山，对有时静如止水、有时波涛汹涌洪水泛滥、吞没一切的大河，对无边无际的茫茫大海等等，都敬畏三分。

尤其是在空中翱翔，对人类而言是永远不可能实现的梦想，因而对翱翔于空中的鸟，亦生敬畏。对拥有巨大力量的象、狮子之类的猛兽，亦生敬畏。

像这种对自然物的“恐惧”感，渐渐地变成“畏惧”感，最后这些自然物便顺理成章地被当作“神”来崇拜。这种信仰称为“自然崇拜”。

精灵崇拜

进而，人类相信天上、空中存在着灵魂，这些灵魂拥有人类所没有的超自然能力。

这些灵魂虽然拥有人类不可抗拒的超能力，但并不“慈悲”也没有“爱”。因此，不膜拜或祭祀这些灵魂，一旦触怒了它们的话，恐怕难逃灾殃。并且认为一切的疾病、农作物欠丰、暴风雨、狂涛巨浪等等天灾，都是这些灵魂所作出来的恶行。因此，在其面前不寒而栗，对其祈祷灾难莫临，乞求赐福。这种信仰称为“精灵崇拜”。

物神崇拜

原始人类也相信这种灵，会暂时或是永久性地寄住在某种物体中。而所谓的某种物体，就是一些非生物性的石头、鸟类的羽毛、容器，有时候也会寄宿在巨大树木之类的植物、鸟兽之类的动物中，甚至也有可能寄宿在人类身上。认为这些物体可以保护自己、家族、部落，因而对其进行膜拜。这种信仰称之为“物神崇拜”。

图腾崇拜

还有一种信仰，笃信某种特定动物、植物、无生物为自己的祖先，所以膜拜这种灵可以免难消灾，得到幸福。这种信仰称为“图腾崇拜”。

像这种图腾的信仰模式，更进一步地演变成“原始的万有神教”，这种信仰把宇宙的一切万物都视之为神；还有一种“原始的唯一神教”，这种信仰认为世上有一个唯一的神，主宰着世间一切善恶。

把相对视为绝对的错误观念

以上所述的宗教，可以说是比较低阶层的信仰。因为上述的宗教都是把与人类具有相对关系的物体，视为心中绝对的依靠而膜拜。

膜拜动植物、无生物之类的“物”，将其视之为心中依靠，这不是一个心智成熟的人所应信仰的宗教，因为这一类的东西并不能成为人所依赖和崇拜的对象。

例如，人类得自太阳诸多恩赐，太阳对人类而言，是一种不可或缺的存在，但是太阳是一个“物”，仍是一个不变之事实。人类智慧益加发达的话，甚至有可能亲手制造出它的相关代替品。不！事实上应该可以说，与其雷同的东西，以及小型的替代品，早已研发成功了。月球也是“物”，但在古代却被当作神崇拜，然而现在人类已经登上月球。这些古代人所崇拜的“物”——太阳、月球，它的功能已被现代人类的科学知识妥善地利用，而造福着全人类的生活。

山、川、海洋亦是如此，人类运用智慧善加活用它们的能量，而提升人类的生活品质，其他许多的动物、植物也是如此。

“活用”一词，若带有一些人类本位主义色彩的话，我们不妨将这种使自然生态发挥应有效用之行为，称之为“共存共荣”，可能比较恰当一些。

人与万物之关系，也可说涵盖了所有“科学”领域。而宗教则是建立在此科学知识基础上，而给予正确的方向。

科学得以解决的问题，仍应仰赖科学

所以，科学得以解决的问题，仍然必须仰赖科学。我们立正佼成会所创设之综合医院，网罗现代医学界的精英人士，实施医疗诊治，也是依照这个精神而确立。

这种见解决非我个人的创见，此乃贯通古今永远不变的真理，当然世尊亦曾明明白白地教示着此一人间至圣的道理。

例如，在《六方礼经》中记载着，住在王舍城有一青年，请问佛陀应如何侍奉父母，佛说："父母疾病，当恐惧求医师治之。"

《法华经·分别功德品第十七》中："……百千比丘于其中止。园林、浴池、经行、禅窟、衣服、饮食、床褥、汤药、一切乐具充满其中。"此中所谓的汤药，依其字面来解释，就是煎药的意思。从此文意中当可察知，即使是出家的僧侣生病了，也不使用咒术祈祷，而是服用药物，这是最正确的行为。

不只是生病的时候是如此，在面临经济困境的时候也是如此。世尊从未指示过，为了摆脱贫困而膜拜某种神或物。在《杂阿含经》中有一段世尊的开示，读者诸君一读便能知晓：

> 始学功巧业，方便集财物。得彼财物已，当应作四分。一分自食用，二分营生业，余一分藏密，以拟于贫乏。

其意之浅释——首先应认真学习一门技能，有技在身就是一种方便门，以此正当手段取得收入。取得收入后，不作无谓的浪费，应将其分成四分。其四分之一，充当生活费；其四分之二，充当营业费；剩下的四分之一作为储蓄，以备不时之需，或是用以救济贫困。

续前经文，世尊继续教谕我们，依正当的工作、正确的智慧，求取正当财物；当财富日益增加，应捐出收入的一部分充当社会福祉为公共谋福利，或者捐助需要帮助的亲戚或朋友。

佛法便是如此地贴近现实又顾及人情，处处洋溢着人间至圣之道德伦理。

以人类智慧能够解决的事情，应当尽可能努力地运用人类智慧来解决。此乃世尊所开示的教义。

并非以花、石、草木为膜拜对象,乞求其治疗我们身上的病痛,而是应努力地以人类的智慧,从花、石、草木中,汲取出具有疗效的物质作为药物,然后熬成汤或制成药粉来饮用。还有,人生精神方面的痛苦,不应仰赖狐狸、蛇之类的动物来对治,应以人类自身的智慧与努力来克服。

死的痛苦

然而,人生当中有一个问题,光靠人类的智慧与努力,无论如何都无法解决。直截了当地说,那便是“死”的问题。

随着医学的发达,人类的平均寿命大大地延长,估计今后亦将更加延长。但是,“死”仍然是不可避免的事实。只要是生物,必然本能地排斥死亡,并对其深感畏惧。

年轻人似乎不害怕死亡,那是因为年轻使他精力旺盛,充满活力,因而未能认真地深思死亡的问题。因为未曾思考过,所以一点也不担心害怕,但只要一有机会认真思考“死”的问题,应该都会使他们毛骨悚然,不寒而栗。

我的一位朋友,有一天曾对其个性活泼、正值十二岁的女儿说:“日本国土的上空,或许会有氢弹如雨般地降下哟!”女孩非常天真地问道:“如果那样的话,会怎样?”我的朋友半开玩笑地对她说:“大家会死在一起。因为死得很快,应该没有痛苦吧!”这女孩立刻一脸惨白地呐喊起来:“我才不要死!”根据友人的描述,这个向来活泼、精力充沛的女孩,长到十二岁的那天从未那么认真过,而且脸上充满了恐惧。

连一个不晓世事、懵懵懂懂的小孩,只要一有机会让她认真地思索死亡,就已经吓成这种程度,更何况中老年者,那就更不用说了。无论多么健康的人,过了中年,渐渐很自然地,偶尔就会思索死的问题。即使不刻意去思考，死亡的黑影也会偶尔猛然地掠过心头。在那瞬息之间，便会有一股令人毛骨悚然的感觉，犹如一道寒风，冷不防地自衣领灌入全身。

更何况是久病在床的人，他们的心里是什么样的感受呢？死亡已经来到门前，只是不知道它什么时候会来敲门，一想到这个节骨眼，一股不可名状的恐怖与寂寞感将袭击你的心，而病痛之苦将会折磨你的身。所以，死亡带着双重痛苦同时来拜访你，同时折磨你的身与心。

有些人声称，只要临死前没有任何痛苦的话，死亡并不是什么特别令人害怕的事。这是还没有真正面临死亡时的想法，一旦确知死神已经来按门铃之时，相信绝对不可能继续再漠然地保持冷静的态度。

其实病痛之苦反而可以使病人暂时忘却对死亡的恐惧。因为病痛一发作，胸口闷痛，全身呈现撕裂般的剧痛，这种现实的苦痛折磨着病人，所以病人大部分的时间一心只想摆脱病苦，反而真的会忘记死亡的恐惧，不是吗？

试着想想身体非常健康的死囚犯，应该可以想像出死亡为他们所带来的恐惧与其心中的苦。因为一个健康的死囚犯身上没有病苦可以使他暂时忘却死的恐惧，也没有高兴的事可以令其冲淡死亡的痛苦。二十四小时面壁待死。正因为这样，死亡对一个死囚犯而言，当是一个非常严肃的问题，因为他们直接面对着死亡，死的问题比任何人都更加深刻，其心中的苦应该是一般人所无法想像的。

然而，仔细想一想，所有的人其实都和死囚犯一样。因为每一个人都必须面对死亡。也许今后医学上的发达，可以减轻死亡在人类肉体上所带来的痛苦也说不定。但是，医学再如何地发达，也无法解除死亡为人类所带来的恐惧、不安、烦恼。

要消解死亡所产生的恐惧、不安、烦恼，唯有诉求宗教的力量，此外别无他途。而且这个宗教，必须是一个确信生命永恒的宗教。所以，死亡并非真正的死，只是生命的蜕变而已。依靠宗教信仰，对生命完全形成这样的自觉时，人才能真正克服死亡的恐惧与苦恼。

生的痛苦

不是只有死才会带来痛苦。生命自体的种种现实生活中，始终伴随着苦。物质上的苦、肉体上的苦、精神上的苦，种种苦日夜不停地袭击我们。

此中物质、肉体这两种苦，以人类的智慧与努力，应可以在未来的时代里渐渐地获得解决或改善。以现代人类的智慧而言，虽只能解决某种程度的痛苦，但人类知识的发达以及在其向上精益求精的毅力驱动之下，一步一步地正在继续解决当中。在未来的几千年、几万年之内，这两种苦的消除也许是可以期待也说不定。

而精神上的苦，只要能知其痛苦之本源，也就是只要能消除表层心理痛苦之原因，或者是依道德上的修养，也有可能获得解决。

然而事实上，有一些精神上的痛苦、烦恼，不论如何努力，不论多么有修养，尽人类能力的最大极限，仍然留下诸多待决的问题。例如前面所提的“下意识的自己”，也就是“潜在意识”作用力的作祟，将使你的烦恼蠢蠢欲动，总是一逮到机会就想要出来大肆胡闹一番。然而对这种作用力，无论表层心理的抑制力如何地勒紧缰绳想要有效地驾驭它，以人类的智慧能力，对它仍然毫无办法。

想要克制自己不起憎恨心，可是却恨得更加咬牙切齿。纵使一再地告诫自己冷静一点，不要发怒，可是却仍然怒上心头。自己的理智中明知无须恐怖害怕，可是恐惧和不安却紧紧缠住你不放。诸如此类，都是凡夫俗子所经常遭遇的经验。

人活着就已经有这么多的痛苦需要去面对，却还要加上死亡所带来的恐惧和不安。而且死亡的课题将是尽其一生都无法获得真正解决的。

绝对能力的诉求

像这样的苦恼不断地来纠缠，不管怎么努力都无法解决，人就会病急乱投医，对具有绝对能力的东西便会揪住不放，一心只想要得到解脱。心中喃喃低语着："完全任君处置，救救我吧！"而便不由自主地将自己身与心全部投入在具有绝对能力的东西上。

那么，该依靠什么比较好呢？应该将自己的身心妥善地托付给谁比较妥当呢？如前所提过的，原始人类屈服于寄宿在太阳、山、动植物、某个特定人物里的灵。这种"物神崇拜"的信仰，也已经出现瓶颈。

比较文明一点的宗教，转向"神"求取那种"绝对能力"。于是，创造宇宙天地间一切万物的神、主宰一切万物的万能者诞生了。对此神祈祷、求救，内心渐渐地能够得到某种程度的安慰。

解救者并非存在于心外

但是，充其量这种安宁，也只能达到"某种程度"而已。绝对可以安身立命的安逸感，不可能从这些神获取。怎么说呢？因为这些神都存在于自己的心外，并且人类将神想像成住在天上。

自天俨然而降的神，瞰视着这个世界，对世间具有扬善罚恶的权力。像这样的神，据说真的具有强大的绝对能力，不！其力量越大，于依赖这样的神之同时，亦不由自主地对其深感恐惧。因为不知什么时候会不再受到神的庇护与眷顾，不知什么时候会被神惩罚。因此，对这样的神，虽然忠诚不二地信奉着，可是内心的某个角落里，其实总是存在着一股莫名的恐惧。

因为如此，自己内心的精神依靠，存在于心外，是无法到达真正安逸(涅槃)的境界的。

解救者亦非存在于心内

这么一来,精神依靠应当是存在于自己的心内吧!但存在自己心内的东西,也是无法完全依赖的。因为既然是存在自己心内的东西,所指的当然就是我们心中这颗凡夫心,换言之,就是一天到晚被烦恼纠缠的心。而自己的身体终有消失的一天,当然是不可依赖的。

假如,存在于自己心内的东西,可以百分之百完全依赖的话,那么,宗教便不再被需要。因为自己应该有解救自己的能力。

自灯明,法灯明

那么,到底我们应该以什么作为精神依靠呢?应该以谁作为求助的对象呢?在此,我们必须忆起,世尊入灭前留给阿难的遗教——“自灯明,法灯明”。

此教说乃入灭前的世尊,针对阿难的不安所作的开示。首先,阿难问道:“世尊是难遇难得之人间大导师,您若是入灭的话,我们应该依止谁而修行?”

世尊答:“阿难!你们要自己做自己的灯明,自己做自己的依靠,不可依靠他人。并且应视法为灯明,应视法为依靠。除此之外的一切,不应视为所依。”

再也没有任何言说,能以如此简短的一句话,便将宗教的精髓表达得如此淋漓尽致。其中首先所教示的,便是“应该依靠自己”。如果将他人作为精神依靠,当这个精神支柱对你弃之不顾之时,或是这个人不在身边时,自己就会束手无策。此乃谕示着,终究必须自立,必须开拓出自己的路。

那么,自己应依什么作为精神依靠而生存呢?唯有依“法”、依“真理”,此外别无他途。也就是意味着,千错万错,也千万不可把

“他”作为精神依靠。

此“他”，到底所指为何？就是指“神”。此“神”在自己的心外，主宰着自己，不可依赖也。此中所要特别慎重强调的，就是可作为精神依靠的，唯有“法”与“真理”。

此之教示，涵摄着甚深奥义，后世无数伟人所阐述的种种人生论、宗教论的全部内容，亦无能媲美“自灯明，法灯明”所含义义之深远。

法在心内，亦在心外

依上述之训诫，得知我们之所依所止是为“法”，而“法”乃存在于我们的心内，亦存在于我们的心外。“法”乃贯通宇宙之真理，所以全然没有内与外的区分。

自己的身体也是由此真理所造，依此真理而生存。自己的心也是由此真理所造，依此真理而行。周遭的社会、天地、草木、鸟兽、一切万物，也都是由此真理所形成，由此真理而存在。

“法”亦即“宇宙生命体”

“真理”一词，对某些人而言，可能觉得一点也不感性。那么，我们姑且以“宇宙生命体”的概念来理解，亦即使世间一切万物“存在”、“生意盎然”之宇宙生命体也。当我们的内心深处确实地自觉出此宇宙生命体是使我们人类存在不可或缺的要素，并贯通着宇宙的一切生命体，当确实地理解此一道理之时，我们所得的安宁（涅槃）才不会有所动摇，才不会再受外境的影响。

宗教性的思索

那么，要用什么样的方法，才能完成这种自觉呢？

不必赘言，就是对佛法反复地闻、思、修。然后“思索”佛所开示之教说，确实地将其种植于心的深处。也就是于心中切念，自己的生命（佛性）与宇宙的生命（佛）乃是一体。此正是宗教式的思索，宗教性的禅思。

透过这样的方法，才能使自己向来无法掌握的心（下意识的自己）思虑澄净，所思所行才能自然而然与周遭的一切达到调和。所思所行与周遭的一切达到调和的话，痛苦、烦恼便不可能再现起。这才是真正的安乐境界，真正的涅槃境地。

发挥原有自性之自觉

然而，这种平静的境界，并非消极地停滞在某种“精神的安乐”上。这份平静，来自于“发挥原有自性”之自觉，这份自觉将给我们带来无比的勇气与希望。当自性得到发挥之际，必当在天天的日常生活、工作当中精行菩萨道，殚思竭虑地帮助他人，为谋求人类社会的幸福而努力。这种热切踊跃的力量，将从这份自觉中源源不断地涌现出来。

这份“发挥原有自性”之自觉，才是真正的解脱。“使我们发挥原有自性的真理”，以“南无”一心皈依，才能说是到达至真至善之终极的信仰。

南　　无①

“南无”乃梵语的音译，其意为“归命”，就是一心归依之意。所谓“归命”，乃将此身与心全部“委托”，全心全意融入于“法”之中。然后，在那刹那真诚的归命、归依的瞬息间，所感受到令人无比震撼之“难得难遇”的法喜之情，亦会自然地蕴含在“南无”二音之中。

---

① 南无：梵语 namas，巴利语 namo。又作南牟、南谟等。意译作敬礼、归敬、归依、归命。原为“礼拜”之意，但多使用于礼敬之对象，表归依信顺之意。

此种信仰，不膜拜某物，不膜拜某人，不膜拜灵魂，也不膜拜怪力乱神。只是对使我们自己发挥原有自性的“法”，以“南无”而义无反顾地融入其中，与之成为一体，此正是最崇高的信仰。

南无妙法莲华经

因此，我们唱诵经题“南无妙法莲华经”，乃是对此经中所教示之一切“法——使一切万物发挥应有自性”，行“南无”归依之行。因此，世上再也没有一种信仰，会比这种信仰形态更加单纯，更具理性。这就是宗教至极之所在。

以科学眼光来看

然而，由于时代的转变，由于每个人根器的差异，对“法”的理解方式当然也会有所不同。现代人大抵上因受科学教育的影响，若不是亲眼目睹、不是科学所能证明的东西，都有不肯采信的倾向。称之为“法”，或称之为“使一切万物发挥原有自性”，人们不免会抱着怀疑的态度，这些难道不是宗教人士们所构想出来的把戏、花招？

像这些人，若是试着以现代最高科技的原子物理学的视点来思索宇宙万物，应该是不成问题的。众所周知，宇宙一切物质乃由电子、质子、中子等基本素粒子所构成。然后，这种种素粒子再经由不同的搭配组合，产生各种不同的物质。

然而，这些素粒子其实是针对无法再细分下去的一些物质，思索出来的产物。但只要是能称为素粒子，就有“物”的“存在”，因此理论上，应该还可以再细分下去。但是，现在的科学，以目前人类的智慧，已没有办法再细分下去，于是学者们纷纷将此界定为“素粒子是由能量所制造”。

所谓的能量，一般定义为“物质所具有的某种作用力”，但倘若根据上述学者们的界定，则使得“物质”开始产生作用以前，已经存在着一种称之为能量的东西，是这个能量制造“物质”。而日本工学博士山本洋一先生则指出这两种见解是有所分歧的。

而能量，用肉眼当然无法看得见，而且也无法提取出来。因此结果呢，所谓能量，乍看似“无”，但却实际“存在”着，能量正是纯然单一的东西。此纯然单一的物质，聚集起来，形成电子、质子、中子等基本素粒子；素粒子再聚集起来，形成原子；原子再聚集起来，形成氢、氧气、金、铁等元素；元素再聚集起来，形成空气、水、石头、花草、人类的身体，因此这所有的东西，基本上都是由同一种能量所制造出来的。在前阵子的报纸上刊登一则消息，苏联有位学者才发表了“时间也是一种能量”的新学说，声称太阳与其他恒星永远燃烧不尽，是因为它的燃料就是时间，有时间作其燃料供其燃烧，所以永远燃烧不尽。

此乃现代科学所能处理的最大极限。

可是，早在两千年以前，世尊就已明确地以“色即是空”、“空即是色”，一语道破了宇宙生成的奥秘。

色即是空

所谓“空”，并不是“什么都没有”，而是指永远不变的实体是不存在的，也就是事物的本质皆“平等”之意。而所谓“色”，就是“现象”。

因此，“色即是空”就是一切“物质”、人“心”、世间所有“现象”，所有事物，原有的本质都是相同的。一切“物质”、“心”、“现象”，依人类的眼睛看起来似乎各各不相同，但其本质全都“平等”。依人类智慧极限来分析这个道理，结果全都变成纯然单一的能量，所以用“平等”来理解亦应无有不当之处。

空即是色

同时，“空即是色”的原理亦相伴而生。也就是说，一切“物质”、“心”、“现象”全都是“空”。因此，“空”即是“色”。换言之，所有现象平等发生之同时，亦以种种现象而显现之。

而其本源——“空”，乃因某种“因（原因）”与某种“缘（条件）”和合之下，以某种现象显现；依不同的条件，有的变成水，有的变成空气，有的变成石头，有的变成人类。

因此，因与缘之和合方式有了不同，其物质也会分解变化成其他的形态。水遇到高温的条件，就会变成水蒸气而蒸发；而水蒸气接触到冷空气的条件，就会变成云。

世间现象、心的作用，也都是同样的道理，不可能脱离此唯一之法则。

此一法则，世尊将之称为“缘起”。所谓“缘生、缘灭”，就是“某种现象的发生、某种事物的形成，都是依缘（条件）而生。此缘（条件）消失的话，现象亦随之消失，物质亦随之被分解”。此法则正是贯通宇宙一切存在与现象的真理，事实上是科学无法再深入了知的部分，世尊以直观而洞悉彻见这一切原理。

我们的生命也是“空”，也是依因与缘之和合而生之物，感觉起来我们的生命什么也不是，只不过是大自然一时变化之下的产物。再继而深思这个道理，好像会觉得我们的生命亦不可信赖。

然而，事实上并非如此。试着仔细观察我们周围的一切，水是水，石头是石头，人是人，皆以某种秩序井然有序地存在着。像这样井然有序地产生种种物的那个缘（条件），到底依靠什么力量？是受谁的指使？试着这么一想，我们自然便能意识到，这个法则确实是俨然存在的。使万物存在的法则，这正是世尊所说的“法”。

我们的存在与出生并非偶然，都是由于此“法”而存在，因彼“法”而活着。只要能明了此一道理，便能产生一份自觉，就是我们自身内在原本就拥有一个牢不可破的精神依靠，如此便能得到真正的安心。我们自身并非大自然一时变化之下的产物，我们的生命是可以信赖的。不仅如此，精神支柱本身就是确立在屹立不动的“法”之上，因此，我们所得的安心，是一种坚定不移之大安乐的境界。

而且，这个“法”是使我们所有的一切发挥原有自性的“法”，所以，决不会是冷酷无情的法则，而是洋溢着生命力，令人感到生生不息、朝气蓬勃的“法”。

试想，好几十亿年以前，地球是岩浆的火块，空气中笼罩着水蒸气、瓦斯，完全没有生物的存在。然而，大约二十亿年前，地球渐渐地冷却，才开始有生命体的诞生，而地球初次诞生的生命物体，如细菌般地微小，必须使用显微镜才能看得到。这种微细的单细胞据说称为“始源生物①”，总之，地球开始有了生命体的诞生。

这个当然也是由“法”所生。原本到处只有岩浆、水蒸气、瓦斯的地球，生命根源的原因（因），遇到了某种适当的条件（缘），而诞生了生命。是“法”赋予其条件，因此，“法”并非如我们人类眼光所见的那种毫无情感而单纯的法则，“法”毕竟赋有使万物“存在的能力”，赋予万物“生命力”，我们自然能从“法”中感受到一种令人生生不息、朝气蓬勃的气息。

延续生命的力量

反过来说，一切万物都具有“想要生存”、“延续生命”的欲望。二十亿年前，原本到处只有岩浆、水蒸气、瓦斯的地球，就已经有了“延续生命”的力量、“延续生命”的心念。正因为如此，应该也可以说某个条件准备就绪之时，从中诞生了“始源生物”之生命体。

然后，这个微小的生命体于二十亿年间，历经好几百度的酷热、

---

① 继进化论之创说者。英国生物学家达尔文（Charles Robert Darwin，1809～1882）于 1858 年所著《物种起源》中提出，“地球上种种生物，并非由上帝（神）所创造，而是由自然力进化的结果”。此说在学界造成莫大冲击。学界受到此说的影响，继而于 1868 年提出一种假说——生物应由无生物所生，“始源生物”可能介于无生物与生物之间，而海洋自然生物体中有一种透明胶状物体，应该就是“始源生物”，此被命名为 Bathybius haeckeli。但此说还有争议。

零下好几百度的酷寒以及洪水、狂风暴雨不断的侵袭，总而言之，堪忍一切磨难而幸存下来，并坚毅不拔地延续着生命。不仅如此，还能善巧运用能源，逐渐进化演进成今天的人类。这也可以说，因为“始源生物”这种微小生命体中，也有着“延续生命”的心念。

如此细细一路思索下来，可说是“生命”尚未存在于地球时，就已经有了“延续生命”的心念。换言之，“延续生命”的力量、心念，乃存在于宇宙一切万物之中。

当然，现在人类也一直持续拥有这种求存的意志力。若也以科学的眼光来透视我们人类的话，人类与“始源生物”相同，由好几种的素粒子所构成，若深论之，人类也是能量的聚集。因此，我们现代人实际上也依然不变地保有着“延续生命”的心念。

然而这个心念，我们无法掌握，无法拔除，对它束手无策，它藏在我们内心深处。这个心念藏在比“潜在意识”更深的深处，它藏在生命本源之处。

那么，使我们存在的本源——这个“延续生命”的意志力，到底是什么呢？科学能够把它另外取出来研究剖析，说明它是什么吗？这是不可能的事。这早已超出人类能够理解的问题，无论多么伟大的科学家，也无法诠释。

据说有些哲学家称此为“对生存盲目的意志力”，但仍然诠说纷纭。有的称之为“宇宙的意志力”，有的称之为“宇宙的生命”。也有的称之为“赋予万物生命的力量”，有的则称之为“使一切万物存在的法则”。

世尊所说的——宇宙一切万物为“空”，依“缘”而生、依“缘”而灭，因此，一切事物并非永远固定不变，然而，唯有贯穿宇宙万物的“法”，是永远固定不变，实际存在着——正是这个道理。

但是，对凡夫而言，要确实领悟眼睛看不见、无实体的“法”，实在是相当困难的事。对世尊在世当时的芸芸众生而言，若不是智慧过人的能者,恐怕也是很难体悟的。

“法”的人格化——“佛”

于是,世尊说示“法”与“真理”之际,以人类的概念可以想像的形象——“佛”来诠表。拥有“佛”之绝对力,具有恒常不灭的存在,这些本质遍在于一切万物中,赋予万物生命。不必赘言,这就是久远实成的本佛。

本佛就是赋予一切万物生命的力量,因此遍满于整个宇宙。只要是空旷的空间,前后、左右、上下无限宽广的场所,佛无所不在。

再者,因为一切万物生命的力量是由本佛所赋予,因此本佛依对象的不同,而示现不同的形象,乃是当然之事。因此出现在人间世界时,则以适合人间世界的形象而示现之。

“示现”就是“自觉”

“示现”一词,浅而释之,可能会萌生这样的疑问,就是“如果示现的话,那么,是不是人人都能看得到?”但并非如此,只不过是原本确实存在的东西,以“自觉”而“示现”而已。正因为是赋予人类生命之真理,是赋予人类生命之力量,当然是恒常存在于我们的自心,所以我们不可能无法自觉它的存在。这个自觉,便比拟为“佛”。

世尊是人类当中最初明确得到自觉的人,对一般的凡夫而言,总是难以理解何为“法”、何为“真理”。然而,我们的心中亦与佛有相同的共通点,亦同样拥有这份自觉的本能,用这颗自觉的心,把“法”与“真理”思惟成“佛”的形象时,才能与我们的心真正结合起来,然后便能够感受到一股充满温暖的“生命力”。此“生命力”就是“慈悲”,而“慈悲”的根源便是“佛”。

在空间上,佛遍布于所有空间,满足众生之愿,因应众生根性而示现种种形象,这些教说都是《法华经》第一品至第十六品中所学习过的。还有，在时间上，佛自久远过去以来恒久存在，也是一再地散见于经中。

然而，到目前为止，真实的一切法仍未说尽。在理解法的一切真实相以前，必须使弟子的心慢慢地转变。若不如此的话，突然示说深奥的实相，既不能使之理解，亦不能使之入信，反而会使他们更加混淆不清。

因此，于《如来寿量品》中，世尊见众生机根已确然成熟，终于要开示法的一切真实相。此中首度阐明佛的实相以及佛的寿命。也就是阐明真正的佛并非站在大家面前这个释迦牟尼佛，而是久远实成的本佛。并且首度明确地说明，本佛于时间上，乃始于无始的过去，至无尽的未来，恒常存在；在空间上，普遍存在于世间一切处。

换个说法来描述上一段的意思，此中所慎重强调的，便是使万物存在的力量，“随时”、“随处”恒久存在。

而所谓佛的寿命无限，所指的正是我们的自性佛性是为无限之意。因此，由于了知佛之寿命无限，便能了知我们的自性佛性也是无限，由此而得到更大的希望与勇气，使我们的人生充满无限的光明。

所以，《如来寿量品》不仅是“本门”的支柱，也是整部《法华经》的精髓所在。

《如来寿量品》中的关键思想实在太过深奥，光就字面意义解释，对现代人而言，毕竟难以掌握其精髓，所以此品当中的解说，亦再重新回顾迹门教说，从迹门教说来明白所谓宗教之本质，然后再以现代人的思索方式能够理解的方法，重新说明佛（本佛）的意义。现在就要开始进入本文的探讨。

《从地涌出品第十五》中，自地面涌出功德具足、觉行圆满之无量诸菩萨众，皆是世尊成道后所度化之众生，众人对于为什么世尊能于短短期间，使那么多的菩萨证得佛陀之无上智慧而感到百思不解。于是，弥勒菩萨代表大众，请求世尊示说此中真相。接着，便开始进入《如来寿量品》。

尔时，佛告诸菩萨及一切大众诸善男子，汝等当信解如来诚谛之语。复告大众，汝等当信解如来诚谛之语。又复告诸大众，汝等当信解如来诚谛之语。

此一小段的经文当中，就重复说了三次“汝等当信解如来诚谛之语”，当知以下所开示的法门是多么重要。

诚　谛

所谓“诚”，是为“出自真诚心”之意；所谓“谛”，是为真理、实相之意。因此所谓“诚谛”，就是“佛心的本来面目”。

而此“诚谛”，乃“方便”之相对语。“方便”法门的重要性，在迹门的教说中已一再重复强调，也就是因应闻法众生不同的根机，以种种不同的形式，深入浅出地解释实相。凡夫若不借着“方便”法门，则难以领悟真理实相的真正意义。

然而，所谓“诚谛”，就是“佛心的本来面目”。这个真理实相，既不是外披糖衣易于吞咽的真理实相，也不是夹杂苦味并以此苦味使之觉醒的真理实相。真正的真理实相，乃是完完全全“没有任何添加料，完全原味的真理实相”。

为什么此处开始明确地开示“没有任何添加料，完全原味的真理实相”呢？这是因为，弟子们对法已经有了更进一步的认识，世尊认为他们已经有能力可以领悟更深的法。而另外一个理由，便是世尊不久就要入灭，此时再不说示此真理实相之奥义，便无法说完世尊所证悟的一切法。此“诚谛”的内容有多么重要，想必读者们可以知晓了吧！

而说“当信解”，却不说“当信”，也是此中的关键语。

世尊绝不会将自己的思想，以强迫的方式灌输给弟子及世间众生，而是以“汝等亦见”的建议方式，把自己所觉悟的真理原原本本地示说。然后，自己领先所觉悟的真理之道，而以“汝等亦来”的方式诱导。

见

一开始不说“当信”，只建议“见”，是非常重要的。此句话已完全将佛法的性格、精神内涵表露无遗。所谓“见”，依照现代的语言，就是所谓的实证精神、科学精神。此处明白地告知我们，多加观察、研究、分析的话，必定能够迎刃而解。

来

所谓的“来”也是同样的道理。“试着与我实践相同的法。如此的话，必定能了解其中可贵之处。”此话之意，就是佛陀对自己所行之路，若没有十足的把握与绝对的信心，便不可能对我们提出这样的建议。

世尊便是以如此理性的教育方式，对已经累积相当德行的弟子，也是不说“当信”而说“当信解”，也就是理解之后再信之意。佛教与那些毫无章法的教说大相径庭之处亦在于斯。

> 是时，菩萨大众，弥勒为首，合掌白佛言：“世尊！唯愿说之。我等当信受佛语。”如是三白已，复言：“唯愿说之。我等当信受佛语。”

当时，以弥勒菩萨为首之菩萨大众们，一同合掌对佛说：“世尊！呈请您开示此法门。我们必当信受佛之所说。”如是重述三次后，又再一次地请愿。

如此地重复请愿，乃表示对闻法的渴望，以及闻法后必定付诸实践的坚定决心。因“信受”一语，已包含这种决心，所以“信受”一词，并非只有信的意思而已，亦包含了必须牢牢记住此中所含义义的意思。

“智”“慈”“行”三者兼备并行

此中还有不可疏忽的一点，就是弥勒菩萨代表大众向世尊请法之事。

《法华经》开头的《序品第一》中，世尊的眉间放出白毫相光，照见整个宇宙的一切国土之时，弥勒菩萨心中想要知道，此一不可思议之景象，究竟是什么因缘所成，而向文殊菩萨询问。于是，文殊菩萨依过去的经验而说：“世尊可能是要开始示说《法华经》。”

由此可知，文殊菩萨乃菩萨众之上首，也就是菩萨众的大前辈。而之后的《提婆达多品第十二》、《安乐行品第十四》当中，也是文殊菩萨代表大众向世尊请法。

可是，到了《从地涌出品第十五》后半以后，文殊菩萨不再以主角身份登场，而改由弥勒菩萨代表大众向世尊请法。然后，此《如来寿量品》中，仍然以弥勒菩萨为代表。此事绝非偶然，是别具深义的。

那么，具有什么意义呢？有“智慧文殊”之美誉的文殊菩萨乃“智慧”的代表。因此，在迹门中所开示的智慧教说，大致上都由文殊菩萨作代表。

而弥勒菩萨为“慈悲”的代表。因此，《从地涌出品第十五》后半以后的本门，乃进入“慈悲”的教说，所以便以弥勒菩萨为诸菩萨的代表。

到了最后一品的《普贤菩萨劝发品第二十八》，便以普贤菩萨担任代表。这是因为普贤菩萨是“行”的代表。普贤菩萨是司掌“理”、“行”、“证”的菩萨，《法华经》中特别歌颂其“行”方面的功德力。

文殊菩萨——智

弥勒菩萨——慈

普贤菩萨——行

这么一排列，便可更清楚《法华经》的组织架构。

作一个正正当当的人，最重要的，首先要有智慧。起歹念造恶业，那是因为没有智慧所造成，所以俗语说："无知是一种罪恶。"这里所指的智慧，不是世间智。所谓的世间智，比方说，对政府机关、工商企业的后门了如指掌，然后利用这些关系进行官商勾结，利用法律漏洞而狡猾地得到大笔财富。像这样的人虽然也可以算是有才智的人，但这不是真正的智慧。因为这种智慧是世间智。

真正的智慧，是能够洞悉世间一切事物的本质，能够正确地明了事物的生起以及迁移变化的原理。具备这种智慧，所行所为正当，所付出的努力当然都能得到辉煌的成就。也不会因受到欺骗、诱惑而轻易地陷入造恶的陷阱。

世上的人若能人人具备这种智慧的话，那么这个社会将会是处处充满光明，祥和安定，而且丰衣足食。所以，世尊所要告诉我们的，便是做人最重要的一件事，就是学习如何做个有智慧的人。

然而，得到真正的智慧后，若不能付诸实践，亦无法实现这种理想社会。因此有了智慧便能觉知，就算自己才智过人，循规蹈矩，事实上并无法给整个社会带来任何裨益，因为这个社会毕竟是建立在共生共存的基础上（诸法无我）。因此，对于尚未得到这种智慧而误入歧途的人，很自然就会希望他们也能得到这份智慧，真心地希望这些人也能得救。此愿心自然生起之时，"慈悲"心就会自然涌现。

一旦涌出了"慈悲"心，自然会全力以赴地付诸于"行"。自然会义无反顾地对仍不了解佛法的人说法，引导误入歧途的人回归正确的轨道，护持正在精进修习佛法的人。

像这样，"智慧"、"慈悲"、"实践"三者完全付诸实行时，才算是圆满地实践着佛陀的教说。而且，这个娑婆世间才能化为净土。《法华经》中之教说，就是由这样圆融圆满、无懈可击的组织所构成，以速读方式阅此经典，必定无法领悟其精神，道理原因就在于斯。

尔时，世尊知诸菩萨三请不止，而告之言："汝等谛听，如来秘密神通之力。"

此时的世尊，因诸菩萨三度请愿，知道他们对闻法的渴望与热切，是真诚地发自内心，便以严肃的态度说："大家把心静下来仔细听着。现在开始要解说如来实相之甚深妙意，及其任运自在之广大神通力。"

经文中"秘密"一词，不同于现代语中的"神秘"，而是"意义深奥，不易了解"之意。

如来实相具备了广大无边之"神通力"，以此力量引导一切众生时，妨碍其作用力发挥的障碍完全不存在，是一种真正自在无碍的力量，此称为"神通"。换言之，"秘密"为如来实相，"神通"为如来慈悲的功德力。

此中将如来"实相"与神通之"功德力"加以分别说明，是因为两者具有相辅相成的关系，别具特殊意义的。所谓"实相"，是神通的根本原动力；所谓"功德力"，则是神通力的"施展"。做任何事，根本的原动力与功德力的"施展"此二者若不能具备，事情便不能圆满完成。也就是说，根本原动力若不能如实地发挥其功德力，就犹如物未能尽其用、人未能尽其才，是同样的道理。

"施展"就是指体现成果。有些人外表打扮得非常光鲜亮丽；一些大型企业或公司团体极尽奢华地装饰门面，事事讲求排场。这些豪华气派的场面，绝非具有实质内容所造就出来的成果。怎么说呢？因为他们所摆出来的场面，并非来自真正的实力，只是虚张声势的表面活动而已。因此，就如一口浅井，很快就会干涸。

可是，功德力无论如何神通广大，若没有施展出来，也无法体现其成果。犹如地下水虽然取之不绝、用之不尽，若不能喷出地面成为泉水,或者不用抽水机抽取,也不能实用于生活上,不能为人类生活带来任何实质的裨益。所以说,“实相”与“功德力”两者是相辅相成的关系,互惠互补、互为因果,两者不可偏废。就是这个道理。

然而,如来实相,其“神通力”是无限的;其功德力也就是“神通力的施展”是任运自在的。所以,其所施展救护众生之力量是完美无瑕、绝对真实的,这一点是可以很清楚地确定的。

真　　如

这里所说的如来,当然非指迹佛自身,而是指久远实成的本佛。所谓的“如”,即“真如——此宇宙中最至上、最穷极之真理,具恒常不变性,是为真实之究极”。那么,最至上、最穷极之真理、真实之究极,到底又是什么意思呢?这种道理用世俗凡夫的思惟方式,永远无法明白。即使把“真如”解释为使我们发挥原有自性的原动力,相信大家仍然觉得非常空洞,难以捉摸,无法意会。

然而,“真如”是此世界唯一实际存在的东西,因此,它能够以任意形态显现。用我们凡夫心来思索时,应以何种形态取相呢?浮现于我们脑海中的,仍然必须以人之相貌出现,才能具体地融入众生心中。而具有此绝对威神力之圆满成就者,乃于无始过去以来,至无际的未来,永远于此世界使我们的一切生意盎然。当思及于此之际,我们便能真实地感受到,一双温暖大慈悲的手,无时无刻不在抚慰着我们。

对人类以外的众生,“真如”是以何种形态显现的呢?我们不可能知道。但对我们人类而言,无论如何都必须以人类的姿态出现,才能融入众生心,方能成为“救度”的力量。

如　　来

因此,“真如”必然是要以人格化的相貌显现于人间世界。此称之为“自真如而来”，因而称为“如来”。

而“佛”亦同于此。佛陀的实相就是“真如”，当我们思惟“真如之觉悟者”之时，必然性地加以具体的人格化。这样一来，才能使我们觅得自己本来面目的佛以及时时刻刻引导我们的佛，以其“慈悲”的实相具体地浮现于我们的心中。

法身、报身

现在所说的“真如”其实就是佛，此称为“法身”，也就是佛的实相。此实相以我们能够理解的形态而显现的佛，称之为“报身”。何以称为“报身”呢？因为以长久以来的修行果报，而成为一位具足圆满智慧的佛，故而得名。

应　身

以凡夫身出生于此世界而指引我们的佛，称为“应身”。所谓“应”，因应众生需求之意；因应需要救度的众生，而出现于此世界。

因此，现在对诸菩萨众说法的释迦佛是为应身，而此中所称“如来”，当然所指的是佛的法身与其报身。

有关此说，世尊接着继续开示：

> 一切世间天、人及阿修罗，皆谓今释迦牟尼佛出释氏宫，去伽耶城不远，坐于道场，得阿耨多罗三藐三菩提。然善男子，我实成佛已来，无量无边百千万亿那由他劫。

“一切人、天界的众生，以及住在他方世界的一切有情众生，皆认为现在正在说法的我，正是离开释迦族的皇宫，来到离伽耶城不远的河边禅坐，精进求道，而得阿耨多罗三藐三菩提的释迦佛。然而，事实上并非如此。其实我成佛以来，已经经过无量劫。”

在此终于要清楚地阐明佛陀的实相。

凡夫，只视眼睛看得见的东西为“存在”。只认定眼前的世尊是“佛”，是精神支柱，是修行的依归。可是，事实并非如此，此处明明白白地告诉我们，佛的存在是无始无终的。

而此教说并非只针对佛弟子而已，也不只是针对凡夫。也间接地提醒天界的众生以及凡夫以外的阿修罗。为什么呢？因为，天界的众生尚未得到真正涅槃。其所住的欢喜世界是暂时的，其所住的祥和世界不是永久的。因此，还是必须听闻佛法，证入真正的解脱，得到真正涅槃。还有，即使造恶多端的恶人，只要闻法的机缘成熟，必定能够得到解脱。凡夫以外的众生，以佛眼观之，一切众生皆平等，所以，此处加入天界的众生以及阿修罗，是含有特别甚深意义的。

道　　场

此中所说的“道场”，并不是指尼连禅河边有一座专为修行的建筑物，而是世尊坐于林中的菩提树下，进入禅坐冥想的地方。因在那里求道修行，所以称之为道场。因此只要是求道修行的场所，无论什么地方都是道场。家庭也能成为道场，工作场所也能成为道场，电车中、运动场也能成为道场。只要是有心人，便能处处皆道场。

如果这么说，是不是专为修道的道场便不需要了呢？也不是这样的。在实际的修行实践上，适当的修行环境是很重要的。像世尊那样伟大的成就者，刚开始修行时，所选择的是安静的树林，在那里进入禅定，也就是选择了适当的修行道场。何况，我们这颗凡夫心在日常生活中总是很容易受到外境的干扰。因此，尽量多制造一些机会，到众人共修的特定道场，净化自己这颗染著的心，是有必要的。不断地累积修行，渐渐地，在日常生活当中的所到之处自然会变成修行道场，渐次地便能实现无处不道场的境地。

再回到主题，世尊成佛以来已经经过无限的岁月，为了令弟子们体会“无限”的意义，继而开示如后：

譬如五百千万亿那由他阿僧祇三千大千世界，假使有人抹为微尘，过于东方五百千万亿那由他阿僧祇国，乃下一尘，如是东行，尽是微尘。诸善男子！于意云何？是诸世界，可得思惟校计，知其数不？

其意如下：

“譬如说，有人将此世界碎为微尘（粉末），持此所有微尘向东行，每经过五百千万亿那由他阿僧祇的国度，便放下一粒微尘，如此继续东行，洒完所有微尘。各位！用你们的脑筋换算一下，到底经过了多少世界？此诸世界之数量，可以用思惟想像吗？可以用数字表示吗？”

此中所说的“三千大千世界”，就是我们所住的这个世界。还有“五百千万亿那由他阿僧祇国”，是指无数的星球（天体）。换言之，也就是把地球碎为微尘（粉末），持此所有微尘向东行，每经过五百千万亿那由他阿僧祇的星球，便放下一粒微尘，如此继续洒完所有微尘为止。

“那由他”，是表示非常大之数量词，一说相当于一千亿。“阿僧祇”，也是表示非常大之数量单位。那么，五百千万亿乘以那由他乘以阿僧祇，此数到底多少？此数之无量无限，已是无法以思惟、思辨可以得知。

于是，就算弥勒菩萨等人，一定也只能如此回答世尊之所问：

弥勒菩萨等，俱白佛言：“世尊！是诸世界无量无边，非算数所知，亦非心力所及。一切声闻、辟支佛，以无漏智，不能思惟知其限数。我等住阿惟越致地，于是事中，亦所不达。世尊！如是诸世界无量无边。”

其意如下：

“弥勒菩萨等人，皆异口同声地如此回答世尊之所问：

‘世尊！您所说的世界，是为无量无边，并非由数字所能表达。即使费尽心力，拼命地思索，终究是无法估计出来。一切的声闻、辟支佛，以无漏智（烦恼已断者之智慧）来思索，亦不可能知其无边无际的境界。

就连已住不退转地的我们，虽然比声闻、辟支佛的修行德行稍微深入，但对现在世尊所说的无边无际的世界，仍然不能豁然领解。世尊！您所比拟的世界，真的是浩瀚而无量无边。’”

所谓无量，就是无法测量的意思；所谓无边，就是无限的意思。从此段文意便可得知，像这样的世界，除了佛陀以外，没有人能知晓。

而所谓声闻、辟支佛（缘觉），就是经由听闻佛法，独自悟道，而远离一切烦恼之修行者。可是，这个境地之修行者，只是住在自己的世界里，只满足于自己断惑后所进入的清明境地。像住在这样狭小世界之修行者，其智慧之所及是有限度的。因此，正如弥勒菩萨所说："一切声闻、辟支佛，以无漏智，不能思惟知其限数。"

然而，菩萨比声闻、辟支佛（缘觉）的境地更高，是为发大菩提心广度众生之修行者。因此心性开阔，智慧也深，已到达阿惟越致的境地。

所谓阿惟越致，就是不退转的意思；"地"，就是境地的意思。因此，所谓"住阿惟越致地"，是为周围的事情无论如何变化，心不为所动，心已到达永不退转的境界。

即使到达不退转地，仍然是身处因位的修行者，也就是说，尚未证得佛之果位，仍是一位修行中的菩萨。所以仍然存在一个"自我"。在救度众生与使世间更美满之际，心中仍然存在着一个"自我"。这样还不能说是自在解脱的境地。因此，其心所及之处，就会有限度，无法像佛陀那样无远弗届。因之，弥勒菩萨非常坦诚地表明自己力不能逮之处。

然而，佛陀是完全无私的。一旦到达佛陀的境地，身与境将完全地相即融合，天地间之一切万物等于已身，在思惟中已无自他的分别以及“自我”的概念。到达这种境地后，天地间之一切万物就在心中。因此，无论任何事物皆能清清楚楚地洞悉。

此处乃教导着，要到达这种境地，用一世、二世是不可能完成的，但我们若能将“自我”中的“我”去除，进而强化利人、利世之“利他”心，我们的智慧就能被无限地启发，而智慧之门便为之大开。

对弥勒菩萨等人的回答，世尊默然点头，继而开示：

> 尔时，佛告大菩萨众。诸善男子！今当分明宣语汝等。是诸世界，若着微尘及不着者，尽以为尘，一尘一劫。我成佛已来，复过于此百千万亿那由他阿僧祇劫。

“是时，世尊对大菩萨众说道：‘诸善男子！现在就要为你们详尽解说。方才所说一粒一粒地洒下微尘的世界，以及只是经过而未放置微尘的世界，将之全部碎为微尘。将此一粒微尘计为一劫的时间的话，我成佛以来时间之久远，比这些微尘数的时间劫，复过于百千万亿那由他阿僧祇劫。’”

目前为止，所说的无量无边世界，乃指“无限空间”。而说此“无限空间”之前提，乃是为了要说明“无限时间”所设。

把此世界碎为粉末，所搁置这一粒粒粉末的所有世界，其广大无边，无远弗届，实在是无法想像，更何况，现在还要把被放置粉末的所有星球以及只是通过但并未放置任何粉末的五百千万亿那由他阿僧祇的所有星球，也全部加起来，然后把这些全部再碎为微尘，这些微尘之数已非用数字的概念得以理解，而是表明一种“绝对”的概念。

世尊阐释这些教说，并非只是为了使我们想像莫大之庞然大数。这是为了要解明“绝对”与“无限”，所费之巧思。对世间凡夫光是讲“绝对”、讲“无限”，当然达不到立竿见影之效。因此，用一般人能够想像的，比方说世界、星球之类具有“相对”性、“有限”性之物作为标准,而使众生领悟出"绝对"与"无限"的道理。

于是,世尊告诉我们,这些数字就是时间。原本光是无限就已难以捉摸,现在又要把这个无限的一粒粒的微尘数,视为一劫(约十万年)的时间来思索。然后,世尊自己成佛以来所经之时间劫,不仅超过上述的时间,甚至远比五百千万亿那由他阿僧祇更为久远。世尊成佛以来所经时间劫,当然比无限的过去更为久远。

绝对的存在

如此,佛于无限的过去以来,俨然已存在于此世界,所以佛陀正是"绝对"的存在。

世尊以此"绝对"的存在出现于世,是多么宝贵。如前所述,能够真正成为我们精神支柱的,必定需要"绝对"的存在。只要是人类,无论多么伟大,就必然地与我们有"相对"的关系。因为迟早会从我们的面前消失,所以这种关系是"有限"的关系。因此,不能成为我们真正的精神依归。

再者,最新科技所制造的机械、设备,无论机能多么优良、多么精致精巧,也会有坏掉、生锈的一天。因此,这些物质与我们也是"相对"的关系,对我们而言也是"有限"之物。

即使家财万贯,钱财必然也有用尽的一天。功名利禄、丰功伟业都不可能一世拥有,所以这些也都是"相对"之物、"有限"之物。就连住在天上的神,只要是处于人类的心外,与人类还是属于"相对"的关系,不知何时会被弃之不顾。所以对我们而言,就是属于"有限"之物。

这些都不能成为我们真正的心灵依靠。然而,佛正是"绝对"的存在。于空间上,存在于我们的心内、心外,所到之处无处不在;于时间上,始于无限的过去,延续至无尽的未来,始终永远存在着。因此,这种存在,即使我们想要离开,也不可能分离。就是因为如此,才是

“绝对”。

佛陀的存在，打个比方说，犹如我们生命中所需要的氧气。氧气时时刻刻弥漫在我们四周，也充满于我们的体内。人类若无氧气一刻也不能生存，但是我们却经常对氧气的存在浑然不觉。但若有机会身处密闭的空间中，当氧气越来越稀薄。感到呼吸困难时，若将门敞开，换换新鲜空气，便能顿时让人神清气爽，而感到氧气的重要。

佛陀的存在，就如空气的存在是一样的道理，即使我们想要与他分开，也不可能分离，始终使我们生气勃勃，其存在是绝对的、无限的。正因为是绝对的、无限的，因而能够真正地投入全部精神去信仰、依赖、遵从。一定要如此地完全通达绝对与相对、无限与有限之道理。

接着，世尊继而开示道：

> 自从是来，我常在此娑婆世界说法教化，亦于余处百千万亿那由他阿僧祇国导利众生。

“从这样无限的过去以来，我常在此娑婆世界指导、教化众生，不仅此娑婆世界，亦于其他所有世界，同样地引导众生、裨益众生。”

此处亦是非常重要之处。其要义是，以凡夫身出生于此娑婆世界的佛，成道以来仅仅经过四十余年，但真实存在的本佛于无限的过去以来，一直都在此娑婆世界。不仅如此，久远实成的本佛释迦牟尼如来，遍满于十方世界，引导教化着一切众生。

目前为止，屡所述及的佛(报身佛)，各有其国土，各有受持其教化的世界，此称之为化土。例如，于东方的净琉璃世界有药师如来，于西方的极乐净土有阿弥陀如来，此娑婆世界是释迦牟尼如来的化土。然而，久远实成的本佛释迦牟尼如来不同于他佛之处，便是化导众生的范围并不囿于各自教化的化土世界，而是遍满于十方世界一切国土，引导教化着一切众生发挥应有的本质。此段经文明白地阐明着这个道理。

本尊的确立

诸佛(诸报身佛)乃是唯一之本佛,基于种种不同的条件,以不同的相貌显现。无论哪一尊佛都是至尊无上,当然是毋庸置疑的,只要寻其根源,一切诸佛将会归于久远实成的本佛释迦牟尼如来,此中明确地教示着这个重点。我们信仰对象的本尊,在此经中更加明确地突显出来。

我们的佼成会,将久远实成的本佛释迦牟尼如来视为本尊崇奉的意义,便是根据这个道理而立论,此乃最正确的信仰态度,经典中已明白地证明了这个道理。

由近至远

此中还有一个很重要的道理,也就是此经并未于一开始就说,所教化的对象遍及全宇宙,而是明确地先于此娑婆世界中说法教化,次而引导、利益其他世界的众生。这看起来似乎很平常,但此中蕴含着重大的训诫。

因为佛的慈悲是平等的,所以不可能先从娑婆世界开始教化,次而才将教化的范围扩及于其他世界。但是,以我们人类的立场来想,我们所行之菩萨道,自然必有其顺序。一开始就夸口要拯救世界,那是不可能作到的事。

所以,首先从拯救自己身边的人开始着手,之后再扩及度化有缘人,才是正确的顺序。而教化场所的选择,首先应从自己所住的邻里、村里开始,好好地贯彻,之后再扩及乡镇、县市,而后渐渐地凝聚了力量,再向全国进军,进而再将教化济度的手伸及国际海外。

可是,有不少人受到宝贵教义的感动,一下子就兴致勃勃地扬言“自己要拯救世界”。发大愿固然值得赞扬,以拯救世界为大愿也非常值得表扬。但是,光发大愿而没有实际去履行志愿的话,等于是空口说大话,完全无济于事。连自己的亲朋好友一个也无法救拔,怎么可能有能力拯救世界呢?像这种人,纵使发了广大志愿、心怀梦想,过不了多久就会变成缩头乌龟。怎么说呢?愿发得太大,但能力不足。

能力是要慢慢培养的,不可能一蹴而就地具备教化世界的能力。救度一个人、引导两个人、教化三个人,在作这些工作的当中,犹如堆雪人一样,渐渐地把雪人越堆越大。教化的能力是这样逐渐培养出来的。这就是"由近至远"的真正意义。

"由近至远"这句话,所指的不仅只有场所而已,还囊括了促进修行成长的要素,此点切要牢牢记住。

此中的"娑婆世界说法教化",与"余处百千万亿那由他阿僧祇国导利众生",应以上述的概念明确地理解。

于是,世尊继而开示。

> 诸善男子!于是中间,我说然灯佛等,又复言其入于涅槃。如是皆以方便分别。诸善男子!若有众生来至我所,我以佛眼,观其信等诸根利钝,随所应度,处处自说名字不同、年纪大小,亦复现言当入涅槃,又以种种方便,说微妙法,能令众生发欢喜心。

"各位善男子!(如前所述,真正的我,存在于无限的过去,至无限的未来。)于此期间,我示说了诸佛出现于世间的故事,例如然灯佛等等,又亦经常说佛之入灭。这全部的教说,只不过是为了引导大家所说的方便法门。

各位善男子!有一位众生来到我这里,我以佛眼观察此人的'信根',以及其他诸根的利或钝,考量能使其悟入佛慧的方法,应其根器列举诸佛名号。而且也说明了有关佛的寿命,各有大小不同。

然后,也示说即使佛一旦寿尽,又会再度出现于此世间,又将再度将佛法示说一遍，然后又再度入灭。

又以巧妙的方法，因应众生根机示说种种法门，令众生心生欢喜。”

此处，对方便法门的重要及其可贵，又再作一次详尽的解说。此中使我们了解，不仅只有世尊的教说中，种种方便法门是宝贵的；世尊出现于此娑婆世界，也是久远实成的本佛为救度众生所设施之权宜方便。其他诸佛轮番上阵依次示现，也同样是为了救度众生所施之方便法门。

前面“法华三部经的构成”的章节中，曾把本佛比喻成电波。其实我们的周围到处遍满着电波，但电波本身，我们根本看不见，也听不到。正因为有了电视机作桥梁，我们才能接收到影像，听到声音。佛法亦复如此，透过迹佛的示现，我们才有幸得以接触到佛的教说。

然而，众生所拥有的电视机，从感应度非常强到感应迟钝，种种水平皆有，因此，佛陀区分这些电视机的感应度，适度地加强或降低电压，以适应各种不同的电视机。犹如使其教说适应各种不同根器的众生。此乃佛陀的无缘慈悲所设施之方便法门。

也就是，“我以佛眼，观其信等诸根利钝，随所应度……”这一段经文所指的意趣。

而“信等诸根”，就是信根、精进根、念根、定根、慧根之五种根，此为我们信仰生活的根本条件。

信　　根

“信根”，是所谓的信仰心。《信解品第四》中曾详细作过解释。宗教之所以不同于学问，是在于学问帮助我们知解其义，但学问并不能产生救度自己、救度他人的力量。对所知解的部分，由衷地从心底发出深深的信仰，才能产生自利、利他的力量。达到此等境界，才能算是真正的信仰。

精　进　根

“精进根”，就是“纯粹无杂质，屹立不动的努力精神。”光凭信仰，是不足够的，维持纯粹无杂质的信仰，然后应勇猛精进地使信仰心永不退转、永不失去力量，才能算是真正的信仰。

念　　根

“念根”，乃于念念之间“常念”佛号。

当然，实际上要我们时时刻刻不忘佛，是不太可能办得到的。然而学生专心读书，上班族埋首于工作，精神完全专注于该件事当中，这便是合乎佛道的精神。

在专注期间，忽然察觉到“啊！我因佛陀而找到自有自性”。当完成一件工作，松一口气之时，“真好！自己果然受到佛陀的恩泽加被”。如此地心生感谢。或者是突然心怀不轨，起了歹念，或者是按捺不住心中的嗔念等等，在念头生起之瞬息间，能立即警觉到“这是佛陀之道吗？这样符合佛陀的精神吗？”如此渐次地，便能做到念念之间不忘佛的境界，念念之间一边工作，一边念佛，就是“念根”。

定　　根

“定根”，按其字面之意是为“决定”心。一旦进入信仰，无论遇到任何事，心无所动摇。下定决心，即使遇到迫害、诱惑，皆能堪忍一切，坚毅不拔地贯彻佛陀的教说，决不改变初心。无此等坚定的决心，不能算是真正的信仰。

慧　　根

所谓“慧根”，乃身为佛教徒必须具备的智慧。如屡屡提及的，此智慧不同于自我本位主义的智慧，而是去“我执”、断尽“烦恼"之真正智慧。只要具备这种智慧，就不会陷入错误的知见当中。

在日常生活当中亦复如是，谈到有关信仰，也可以套用上述的道理。一旦被本位主义的小小欲望所系缚，很容易被错误的信仰所颠倒。而错误信仰，对其教义无论如何地"信"，对其道无论如何地"精进"，亦作到时时刻刻意"念"专注，对其教义无比"坚定"，但因为本来就是邪知邪见的错误知见，所以不可能因此而得到解脱，只会陷入更迷惘的世界。

这种现象在世间上处处可见，是一件令人忧心，令人感到非常惋惜的事。因此，"慧根"虽置于五根的最后，但在进入信仰生活的顺序上，却是必须最先具备的要件。

佛之佛眼，能洞悉每一个众生"信、精进、念、定、慧"之五种根器的程度，佛陀依此而以种种不同方法引导之。

"佛眼"，慈悲眼之意。以此慈悲眼欲度众生离群迷，必定能洞悉众生的性格、资质、心地善良好坏。

后面经文中，亦出现"肉眼"、"法眼"等等用词，在此先解释一下。在佛教的教说中，对于事物的分辨方法分成五种，就是肉眼、天眼、慧眼、法眼、佛眼五种眼力。

肉　　眼

"肉眼"，即一般凡夫对事物的看法。凡夫的眼只能看到有形体的东西。还经常把油当作水、鲸当作鱼，往往不是看错，就是没看清楚。

天　　眼

"天眼"，依理论来说，就是能彻见事物的本质，可谓之科学眼。以此科学性的眼光来观察事物，知道眼前的水性液体，乃氧、氢之类的气体聚集所生成；也知道何年何月何日几点几分几秒的时候，某星球与某星球最为接近；也知道地面下蕴藏着几百万吨的石油。因此，在古代拥有优越于一般人的观察力，称为“天眼通”。

慧　眼

“慧眼”，以甚深智慧，彻见事物的本质、事物的真实状态。可谓之以哲学的角度来理解事物。

例如，因世间一切万物乃时时刻刻变化不息，所以一切万物并非恒常不变（诸行无常）；宇宙间没有任何事物可以单独存在，一切万物就像网状物般地联系在一起（诸法无我），也就是一切万物共生共存的道理。能思及一般人所无法考量的事物，能看清一般人所看不到的万物本质，这种眼，称之为“慧眼”。

法　眼

“法眼”，也就是以艺术眼光看世间物。一般人看山是山、看云是云，但对一个心绪澄净的诗人来说，山在悠悠之间仿佛在倾诉着什么，云彩在飘飘然之间仿佛在告白着什么。俏丽缤纷的花朵，树木迎风摇曳地微微作响，小溪潺潺的水流声等等种种大地的声音，仿佛用他人无法领解的另一种语言，诗意盎然地传述着情意。艺术造诣深厚的艺术家不同于一般人，能直接地触摸到自然界生命的美妙，并且对于“人类”、“人生”，亦拥有与一般人不同的见解，比一般人更能看到真实的一面。日本江户幕府时代，有一位绘画巨匠狩野探幽（1602～1674），就是因其造诣受到世人肯定，所以被冠上“法眼”之雅号，世称“狩野法眼”。

佛　眼

上述四种观察万物的方法中，以“佛眼”的境界最高。不只是能够洞悉世间万物实相，且能以慈悲心看待世间万物。

也就是使一切万物的生命依其本性，发挥其应有之本质为大前提之下，洞悉一切万物的实相。换个说法，便是兼备天眼、慧眼、法眼，并且内心洋溢大慈悲心，以此态度看待一切事物，才能真正具有宗教性意义。

以此佛眼观照一切众生，自然而然便能清楚地洞悉每一个众生的根器，而能授予最适当的法而引导之。佛眼圆满无瑕。虽然我们凡夫毕竟难以达到那样的境地，但于求道过程中不断地精进修行，累积德行，也能渐渐地接近那样的境界。

总而言之，无论看待任何事，都要以慈悲心为基础。身为佛教徒必须随时留心这一点。

再继续回到世尊的说法。

诸善男子！如来见诸众生，乐于小法、德薄、垢重者，为是人说，我少出家，得阿耨多罗三藐三菩提。然我实成佛已来，久远若斯，但以方便教化众生，令入佛道，作如是说。

“各位善男子！为此缘故，由于诸多众生中，仍然德薄、烦恼垢重，因此只满足某种程度的证悟，如来为这些人解说通俗浅显、使之易于深入的法，而说自己年少出家以来，如何地修行而得阿耨多罗三藐三菩提，所以，大家只要与我一样努力，应当能臻此境地。然而，实际上我的成佛，始于无始的过去。只是为了教化众生，令入佛道，而说方便法门。”

“乐于小法”，即认为声闻、缘觉所证悟的小乘境界，已经足够、已经满足的人。对这些人，佛陀以迹佛自身的亲身体验为实例而引导之，因为我（佛）自己也是如此，所以，大家也能办得到。佛陀教谕我们应义无反顾，一心受持大乘佛法。

对我们来说，再也没有任何一种鼓舞，能比这种鼓舞能为我们带来更大的激励了。有些宗教教导信徒们,只要依"神"之指示行事,依教奉行即可,可是远在天边的"神"对我们的教化真是鞭长莫及,我们眼睛看不见的"神"实在令人难以捉摸。这样的信仰,真叫人既摸不着边际,又无法得其要领。然而,佛教是以世尊真人真事的生活方式为实际典范,所以特别珍贵。追随世尊所走过的脚步,效法其伟大的精神,精进不懈地勇往直前,这样就可以了。这是最令人可以完全无有疑惑、完全信仰的珍贵法宝。

世尊对于"乐于小法"者,教示他们"跟随我的足迹",这对末法时代的我们是莫大的鼓舞,而且也是最神圣的解脱法门。当然,我们必须乐愿修大乘法,但乐愿修大乘法,也应经常不忘脚踏实地跟随世尊的足迹才是。

接着,世尊更加详细地说明佛之方便法门。

> 诸善男子!如来所演经典,皆为度脱众生。或说己身、或说他身;或示己身、或示他身;或示己事、或示他事。诸所言说皆实不虚。

"各位善男子!如来所演说的经典中,所示现的法纵使有种种的不同,都是为了度脱一切众生,使之离惑证真,达到解脱境地。为此之故,有时示说佛之实相(己身),有时示说以某种佛的形象显现(他身);有时示现佛身(己身),有时示现其他种种人物(他身);有时示现佛度脱众生之相(己事),有时间接地透过其他事情并以此为媒介,延伸救度众生之手(他事)。所示现之相虽有种种变化,然而所有言说皆句句真实,无有虚妄。"

己身、他身

此中之义,有点深奥难懂,但也是非常重要的。

第一个"己身",乃"己之身"之意,也就是佛之实相,所指的就是本佛。而“他身”，如然灯佛或者是阿弥陀如来，取其他某种相而显现的佛。

第二个“示己身”中之“己身”，即非以他身而是以佛之身出现于世之意，就是世尊自身。“示他身”，即以其他圣人、贤人出现于世之意。

第三个“己事”与“他事”，比较难以理解，目前为止，大抵上似乎均未被正确地诠释。所以在此必须特别明确解明。

佛度脱众生，究其本意，就是使我们的心搭上真理之轨道；对我们的生活，全面性地给予正面的调和。然而，佛为度脱众生所显现的，有顺的显现——“顺现”，与逆的显现——“逆现”。

己　事

例如，因失恋、事业失败、家庭失和等等，被弄得一筹莫展，而心情焦躁，这便是心与真理之轨道脱轨，出现失去调和的状态。这个时候，若能依佛之教说而觉悟真实心的保持方法，便能使心、生活得到圆满的调和，而能作出正确又具智慧性的行动，这就是顺的显现——“顺现”。也就是以救度本来的形式出现，这就是“己事”的意思。

他　事

然而，所谓的救度，并非始终以一成不变的方式出现。有时也以“逆现”的方式显现。

例如，我们闹肚子疼。此乃吃的喝的超过自己的消化系统所能负荷的程度，或者是可怕的病菌开始在肠内繁殖，总而言之，是身体失调所发出的警示信号。所以，肚子一旦疼痛，为了脱离腹痛的煎熬，就会求医吃药。然后，对于饮食方面，也会有所克制地直到痊愈为止。

假如没有疼痛的感觉，会是怎样的情况？如果不注意饮食的健康,长期不正常地使用胃肠,若不及时改变饮食习惯,最后胃肠就会无法再运作。更何况,赤痢菌、伤寒杆菌等等在肠内繁殖,若无腹痛、发烧等警示信号的话,就会回天乏术。

像这种身体的病痛,虽然不受欢迎,也令人非常讨厌,但是,事实上不透过这些疼痛的感觉作为媒介来传达身体的信息,便无法知道身体发生了严重的不调和。

不只肉体是如此,“三车火宅喻”中亦曾提及过,世间凡夫沉迷于五欲的世界,反而察觉不到业火即将烧身的危险。然而,当心灵感到烦恼、痛苦、不安、空虚之际,就会本能地蓦然回顾。然后,便会反思这是对的吗? 心老是持续这种状态,怎么办呢? 也就是所谓的“烦恼即菩提”。痛苦与烦恼的自觉,反而成为解脱的绪端。

人生不管遇到什么事,苦的感觉是人的心与身失去调和的自然警告。于是,察觉到“不能再这样继续下去”了,而遵循正确的教义,这颗心自然便能搭乘真理的轨道。因此,纵使病痛未能痊愈,现实生活未能脱离贫困,均不会为苦所逼而感到苦恼。这便是佛陀大慈大悲,度脱众生离苦得乐的法门。

佛度脱众生的方式,就是这样,乍看之下,并非以救度的形态出现。此便是“示他事”的道理。

我们佼成会对会员信徒特别提醒注意的事,就是信仰上的“功德”。每个人受到责备、受到指指点点,大致上心里都会不高兴,但是透过这些,才能伸出佛陀度脱众生的手,对这些批评、指责应该心存感激,才能真正实现救度之功能。这就是“示他事”中“逆现”的意义所在。

因此,“示他事”是非常重要的,应时时留心,将此殊胜之教义实现于我们日常生活中。

像这样,明确地教化“或说己身,或说他身;或示己身,或示他身;或示己事,或示他事”。全都是真实的教说,无一虚言。使人类向上,精益求精，使众生臻于真理实境之目的，绝对无一虚妄。

佛教正是一切真理的根本

此中明确地示说着，佛陀教义的广大无边。也就是说，佛陀的教义绝非与基督教的教说、穆罕默德所创的回教教说、古圣先贤的孔、孟、老子之学说有所对立。像这些圣人、贤者，也是佛的显现，其教说也是佛教教义的显现。

这并非因为我是佛教徒，所以才作这样的解释。因为所谓的佛乃是宇宙伟大之真理，宇宙伟大之生命，一切真理无所不包，除此“法”以外别无他法。并非因此而高喊着佛教才是真正的宗教，而贬斥基督教或他教。这种蓄意加以区别、贬斥的态度，并不是真正的佛教徒。

我们必须明白，只要是正知正见，无论出自谁的教导也还是正知正见。只要是真理，无论是谁的教说也还是真理。我们所仰慕的“佛”，乃是以此正知正见、真理，教导一切众生的根本根源，因此不可能与任何先知的学说有所对立。

举个浅显的实例，“米”、“面包”、“大豆”、“蔬菜”、“牛奶”、“鱼”、“盐”等等各种食品类，在滋养人类肉体的功能上，并非单独地存在。假如有人说：“我吃面包、蔬菜、喝牛奶，所以不需要‘营养’。”那等于是无稽之谈。米、牛奶、蔬菜无一不是滋养我们身体的营养品。这些可以滋养身体的食物，总称为“营养”。

佛陀所教导的教说，正相当于“营养”之比喻。因此，一切圣贤所说之言教，可比拟成米、牛奶、蔬菜这些个别食品。这些林林总总的根本根源，就是佛说之教义。因此，佛之教说乃具足培养人格的一切营养素，完美无缺的大飨宴，只要以清净心接受即可。在接受飨宴之时，大可不必再一一分析什么是米、什么是牛奶。

这个道理，只要能确切地了解本佛与迹佛的不同，必然能迎刃而解。

佛陀的教义，就是这样广大无边，迹佛所示现之世尊，也没有排斥其他宗教。当时印度最有势力的婆罗门教的诸神，像四大天王——持国天、增长天、广目天、毗沙门天之诸天神们，也因听闻佛法，受到佛法之教化而归依佛门，诸天神们各各具有超越世间凡夫的神通力，并以其神通力守护佛法，在佛法中一直被视为护法神。

还有，当时毗舍离国某位极有权势的将军，原本是当时印度所盛行的耆那教的信徒，但因听了世尊的说法后，非常感动而心悦诚服地归依了佛门。然后，这位将军欲将其改信佛教之事，向全国宣布，但被世尊阻止。世尊对他说："无此必要。"不仅如此，世尊还对他说："今后仍请一如往昔地继续供养耆那教教团。"诸如此类的例子不胜枚举。

世尊的思想就是以这种具包容性、不排他宗的态度，世世代代地流传下来。例如，中印度摩揭陀国孔雀王朝第三世的阿育王出生于公元前三世纪左右，统一印度，为保护佛教最有力之统治者。阿育王也实施宗教自由，未对其他宗教实行弹压政策。

还有，日莲圣人所高喊的"念佛无间、禅天魔、真言亡国、律国贼"的过激言论，被视为违反佛之旨意，乃是想当然尔。但是，这是因为某种特殊的因素，才提出这种谬论。

因为当时的日本，也就是镰仓时代的佛教，各各宗派互相对立，迷失佛陀本意的现象纷起。于是，日莲圣人为了想要重新整顿那些宗派意识，而大声呼吁要作一个真正的佛教徒，必须回归佛陀真正的本意。当时若不使用这种过激的言论，将无法引起人们的注意力，其真正的意图就是"方便"。因此，这正是依照前述的"他事"中所说腹痛的例子，以疼痛作为警示信号；以此言论，先激怒当时的人们，给他们来个痛击，而使出的"方便"绝招。

但是在现代，出家众和一般大众们大致上均非常理性，因此，不必再使用那般激烈的"方便"手段。所谓的"方便"，如屡次所述的，乃"应众生根机，施与适当的教化手段"。所以，众生的根机因环境的变迁已有所转变，一成不变地使用同样的"方便"手段，便是不具智慧。这样并不能正确地实践佛之教说，我们必须好好体悟此中妙意。

接着，世尊继续演说：

所以者何？如来如实知见三界之相。无有生死若退若出，亦无在世及灭度者。非实、非虚，非如、非异，不如三界，见于三界。

此文亦是非常难解之一段。首先，先解释字汇意义。"所以者何"之意为，"现在，如来的教说，虽然出现种种不同，但全都是真实，绝无半句虚言。这到底是什么原因呢？说明如次。"

三　界

所谓"三界"，有种种解释方法，依照一般的解释，乃指人类所居之世界（包括看得见的世界与看不见的世界），有欲界①、色界②、无色界③三种阶层。

所谓欲界，指的是我们所居住的这个充满五欲的世界。所谓色界，在心中能够想像的世界，但这是以某种具体形状想像出来的世界，也就是我们一般人心中思索出来的种种事物。所谓无色界，无有

① 欲界（梵 kāma-dhatu），即具有淫欲、情欲、色欲、食欲等有情所居之世界。上自第六他化自在天，其中包括人界之四大洲，下至无间地狱等二十处；因男女参居，多诸染欲，故称欲界。

② 色界（梵 rupa-dhatu），色为变碍之义或示现之义，乃远离欲界淫、食二欲而仍具有清净色质等有情所居之世界。此界在欲界之上，无有欲染，亦无女形，其众生皆由化生。此界依禅定之深浅粗妙而分四级，从初禅梵天，终至阿迦腻吒天，凡有十八天。

③ 无色界（梵 arupya-dhatu），唯有受、想、行、识四心而无物质之有情所住之世界。此界无一物质之物，亦无身体、宫殿、国土，唯以心识住于深妙之禅定，故称无色界。此界在色界之上，共有四天（空无边处天、识无边处天、无所有处天、非想非非想处天），又称四无色、四空处。

形，纯然的心灵世界，依禅坐及其他收摄心念的修行法门，使精神统一，便可到达此世界。

然而，如来能完全洞悉此三界真正的形态。

生、死、退、出

所谓“生死”，是无常的，是具变异性的。所谓“退”，即事物的消失。所谓“出”，即事物的生成。

此中的“无有生死若退若出”，即为“一切万物虽具变异性，但以如来之眼，观察世间所有万物之本质，这些无非只是一种现象，其真正本质不会消失，不会生成，不生亦不灭。”

无在世及灭度者

将以上的概念套用在人间凡夫身上来解说，“出”就是出生人间，“退”就是死亡。人出生之后，在抚育中渐渐茁壮，年岁渐增，继而衰老生病，最后面临死亡。以凡夫身出生于此娑婆世界的世尊，也是经过老、死的阶段。因此，此中之“在世”，即指世尊出生于此世界、存在于此世间之意。而“灭度”则指世尊进入涅槃，入灭之意。

于是，此中“亦无在世及灭度者”，意为“存在于此世间的佛，或者是入灭后的佛，均无差别地平等悲悯一切众生”。真正的佛，实际上并无“在世”和“灭度”之区分。

为什么呢？因为“久远的本佛，常在此世，平等度脱一切众生离苦得乐，时时刻刻在我们的身边”。此正是本佛的大慈大悲。

下一句“非实、非虚、非如、非异”，也是相当难以理解的一句话。

实、虚

“实”，即“实际能看得到的存在——‘有’”。“虚”，即“看不见而认为不存在——‘无’”。将具体形状所显现之物，当作确实之“存在——有”，是偏倚的看法。而将没有具体形状之物，视之为“不存在——无”，也是偏倚的看法。

比方说，水“存在”于彼处，因为能实际看得到，而视其为“有”，这种存在乍然之间确实令人很踏实，但不知何时，却因蒸发而消失得无影无踪，什么也看不见。相反地，空气中有水蒸气，因为眼睛看不见，以为不存在而视之为“无”，然而一旦水蒸气凝聚一定的程度，就会变成雨水降淋大地。所以，执著“实”与“虚”，都是凡夫之浅见，以如来之眼，观照宇宙一切万物，皆是“非实、非虚”之物。

如、异

所谓“如”，就是常住之意；始终存在，不会变异。而“异”正与“如”相反，是为时时刻刻迁移变化之意。

此中“非如、非异”，即是把世间一切万物，视之为恒常、不变异性；或者是把世间一切万物，视之为具变异性。两者皆是偏倚的看法。凡夫往往都以这种片面的见解理解世间事物，但是，宇宙万物，不管是具变异性也好，或者是不具变异性也好，在如来眼中皆能平等洞悉。也就是如来能够彻见事物之本质，能明其实相。

但是，像这种哲学式的思考模式，我们姑且全权委托给学者，在此试着将此教说的原理，应用于我们人类实际的生活上。

也就是说，世间万物之一切，以某种角度来看，会看到其变化的现象；而以另一种角度，也能看出其不变性。

比方说，封建时代的人际关系与现代人的人际关系，已经迥然不同。在亲子关系上也有很大的改变，但是父母疼爱孩子的心，以及孩子对亲情的渴望，几乎未有任何改变。

还有，所有人的相貌、体格、心性各有不同；但是思其共通点的话，皆属于人类。

因此，既不可执著于事物的迁移变化，亦不可拘泥于事物的不变性。只以差别眼光待人处世，不是圆融的态度；只以平等方式看待世间万物，也不是圆融的态度。以大慈大悲的立场，无所障碍，普遍地观察这一切种种相之同时，必须以慈悲之眼“发掘一切万物生命之原有自性”。

假如拘泥于“自己的肉体非恒久不变之物，真正的生命并非肉体生命”，如此一来，就会陷入错误的见解知见，而视自己的肉身为臭皮囊，弃之如敝屣。然而并非如此，现在的肉体也是本佛慈悲之所赐，所以应保重身体，如同珍惜自己原有的佛性，此乃极其自然的道理。这样来理解此义，心才不至于陷入执著的境地。此乃真正“发掘一切万物生命之原有自性”所应抱持的正确态度。

综上所述，如来看待一切万物，以大慈大悲的立场彻观实相，不被任何外境迷惑颠倒，不被任何物质所驾驭，是一种任运自在的态度，并非像住在三界内的众生所观见之三界，那般地偏倚与狭隘。

如何实践在生活中

此段经文所说，都是有关如来知见，但是，此中对我们的日常生活亦蕴含着甚深的教诲，必须巨细靡遗地将其妙义咀嚼出来。

首先，最重要的是不可错把具变异性之物，视为恒常不变之物。

比方说，自己的事业稍微奠定了一点点的基础，便以为可以高枕无忧，脱离现实，沉醉在梦境里，尽情打高尔夫球、吃喝玩乐，一不留神，就会有意想不到的事件祸从天降。现代商业经济社会，与全世界的景气有着密切的连带关系，因此，不知什么时候，不知哪个国家的经济风暴，对自己的事业会带来负面影响。所以，无论自己锐意经营的事业如何稳固，也不是绝对永远不会变迁。应始终保持高度的警觉性，以“世上无有一物为一成不变”作为警惕，时时提醒自己必须不断吸取新知，随时注意世界动态，勤奋不懈。

大抵上所有的企业经营者，都非常清楚这个道理，但众所周知，事实上许多人因自满于事业的辉煌，而疏忽大意，将自己打下来的事业江山毁于一旦。因此，无论多么富裕，不管是身为大企业家还是大政治家，应当使内心澄净，虔诚地跪在佛前，虚心领会佛陀的教诲。

佛陀的教说是宇宙与人生的根本原理，因此，以为佛教与实际生活毫无关系，那是大错特错的。正因为是宇宙与人生的根本原理，所以才能真正应用于实际生活之任何场合上。反过来说，不能应用于实际生活的道理，便不能称之为根本原理。

我们的身体，也是同样的道理。当健康的时候，不能察觉身体的变化。身体其实是以相当缓慢的速度静静地变化着。因此，不知不觉地，我们对自己的身体太过自信，容易生起增上慢。

事实上，不少人明明已经上了年纪，尽管身体已经不能再过度负荷，却仍然一如往昔，天天不醉不归。这就是把具变异性之物视为不变异的错误知见。所谓肉体的变化，应该都会有自觉的机会，但是嗜酒之徒却对此问题视而不见，漠不关心。此乃违逆自然警告的行为。了知佛法之正见者能以柔软心顺从这个身体所发出来的警示讯号，因此能够保全自己本来的寿命。

只要诚挚虚心地看待身体发出的警示讯号，自然能了了分明。例如，年轻力壮时，毫不在意地经常搞些冒险性的娱乐，一旦上了年纪，自然对具有风险性的事情，渐渐心生恐惧。这是必然之事，是对自然警告之回应。

年轻的时候，走在险峻山路的下坡路段，简直可以直奔下山。一旦有了年纪，就会一步一步、小心翼翼地慢慢走下山。这是因为由身体发出“敬请留意”的自然警告，已经明明白白地告诉你，年轻时即便受了伤，痊愈恢复的速度都比较快，而上了年纪后恢复的速度就比较慢，伤势就会很难痊愈。人只要诚挚虚心地依从此警示讯号，不急不缓慢慢地走下山，便一切没事。可是有些人就是偏偏不认老、不服输，不想输给年轻人。想要不甘示弱，想要炫耀自己仍然老当益壮，可以像年轻人一样地直冲下山，最后跌断骨头。尽是做些不服老的事，真是何苦！

因此，不可把具变异性之物，视为恒常不变，道理就在于斯。以不偏不倚的见解来看待事物，便能清楚地看出其变化。虚心接受此等变化，便能活得自在欢喜。

但是，太过于受到迁移变化的影响，也不尽理想。

觉得自己老态龙钟，所以不能再像年轻人那样，就此含饴弄孙，颐养天年，不想再工作。这种想法，就是受到迁移变化的影响。其实也有很多人即使上了年纪，仍然技艺不衰。晚年的人生应当是人生最活跃的时候，因为人生经验丰富，工作干练，人格圆熟，也具有长者的风范和威严。使自己曾有的经验、才干、手艺、指导能力、风范和威严，运用于社会，在还有一口气在时，应将今生所累积下来的无形财富奉献给社会、世人，这样才是正确的生存态度。

英国首相丘吉尔(1874～1965)在退出政坛后所写之《第二次世界大战回忆录》，于1953年得到诺贝尔文学奖。日本歌舞伎之巨匠歌右卫门①，已经衰老得举步维艰的程度，还是由人支撑着登上舞台，坐在椅子上给观众呈现精湛的演技。这些都是没有因为“老”而埋没自己才华的人。

刚才讲的都是老人的例子，现在就来举年轻人的例子。例如，日本第二次世界大战后的新宪法制定了男女享有平等权利的条例，这是很大的改变。但是，这只是承认身为“人”权利上的平等而已，孕育子女的身体并不可能被取代，这一点则是不可能改变的。

因此，男女平等，便以为女性的行为可与男性一模一样。这是受到环境思想变迁的影响，才会形成这种违背常理的观念。行为举止

---

① 日本歌舞伎表演团中村歌右卫门，明治时代以后，以男扮女装的歌舞伎团。第六代(1917～2001)本名河村藤雄，为第五代歌右卫门之次男。曾得到日本文化勋章、人间国宝、一等勋章等等多项奖章。

像男性一样的女性也不是没有，但大部分的日本女性在看待男女平等的观念上都有相当独到之见解。尤其是有些听闻过佛法的妇女，能自在地契合自然之理，过着妇女应有的生存方式，作个像样的时代新女性，相当令人崇敬。

“非实、非虚”中所含摄之教义，亦对我们的生存方式有着非常重要的启示。

不可以为“存在——有”，而疏忽大意；不可以为“不存在——无”，而悲观泄气地丧失斗志。既然有“存在——有”的时候，就必会有“不存在——无”的时候；即使以为“不存在——无”，而却实际“存在——有”。必须具备这种的思惟方式，努力为实现梦想而精进。

这个道理，可以套用在物质上、才能上，以及其他任何事情上。不执著于眼前“存在”的有或无，始终把自己该做的事一件一件地做得完善。切如实际，方能使心始终置于安稳的境地，且能过着干劲十足、朝气蓬勃的生活。

例如，我们来看看河川。河水源源不断，汩汩地流动。凝视着眼前一米宽的水面，一秒钟以前所存在的水，现在已经不存在了。此刻瞬间存在于眼前的水，消失于下一个瞬间。因为这样，所以说河川消失了，可是河川却仍然存在。

我们的生命过程，也与这些自然现象一模一样。严格来说，昨日的自己，已非今日的自己。我们全身的细胞时时刻刻都在生生灭灭。还有我们昨日的脑力、能力、技能，也与今日有所不同。但是，反过来说，昨日与今日的自己，还是同一个人。我们的人生，亦从昨日绵绵无间断地延续至今日。

如同将眼前一米宽的河川切分开来，这一段水并不能视之为河川。同样的道理，我们的人生，也是不能只将某一片段切分开来，只作部分考量。也有些人认为，只要当下此刻的刹那过得快乐就好，以后的事以后再说。这种观念是不对的。不可以视昨天为昨天、今天为今天、明天是明天，各各不相干。犹如河川始终源源不断、汩汩地流动一样地，昨日的自己所造的业，必将延续到今日，而由今日的自己来承担业力；今日的自己所造的业，必定会延续到明天。所以，在眼前一米宽的河水里下毒的话，下游的鱼都会被毒死。光只是一米宽的河水有了污染，就会影响至下游。

正因为如此，不要拘泥过去昨日的事情，而愁眉不展。一旦拘泥过去，未来将会裹足不前，无法迈开脚步向前迈进。过去虽然确实存在过，但不可以执著过去所曾经拥有的。这样的话，到底应该怎么办呢？就是应当活在当下，依正法，无有疑悔，信心十足地迈开步伐，活在充实的生活当中。这样便可消去自己昨日所造之恶业，累积明日善业的资粮。

“现在”虽稍纵即逝，却是实际存在的。因此，应当好好珍惜“现在”这个虚幻之物。此乃“非实、非虚”所教示我们的真实意义。

依如此的理念，学习佛知见（以佛眼觉知一切万物），我们不应被万物的变化、存在与否、异同等等表面的现象所迷惑颠倒，小心留意观察事物之实相，便能过着正确、豁达开朗的生活；能够实行我们出生此世间的使命。

世尊继而说道：

> 如斯之事，如来明见，无有错谬。以诸众生有种种性、种种欲、种种行、种种忆想、分别故。欲令生诸善根，以若干因缘、譬喻、言辞，种种说法。所作佛事，未曾暂废。

此中之“错谬”，就是不正确、误差之意。“性”为性质，“欲”为欲望，“行”为实行，“忆想”即思索之意。而所谓“分别”，此处即指按自己的价值观衡量一切事物之意。

众生在这方面的呈现，人人各不相同，所以，为了使众生增长善根，佛则示说各种不同法门。所谓“善根”，即产生诸善法之根本。心以善的性质、善的欲望、善的行为、善的思想、善的分别等等为根本。犹如植物的根，从根长出完善的枝干、茎、叶子，所以称之为“善根”。

那么，佛陀运用哪些不同法门教示众生呢？有时候以“因缘”而说之，所谓“因缘”，就是以佛陀过去世的真实例子演说。有时候以“譬喻”而说之，所谓“譬喻”，为使人易于理解教说之意义内容，而使用实例或寓言等加以说明。有时候以“言辞”而说之，所谓“言辞”，即是运用适当的措句遣词来解说。

佛　事

而“所作佛事，未曾暂废”中所谓的“佛事”，即是教化、度脱所有世间众生之佛的功德。此当然是指佛之大悲无量功德，运用或说己身、或说他身，或示己身、或示他身，或示己事、或示他事等等方法，在种种场合中，依种种方法教化一切众生。

在此说明一下这一段的大意。

“佛能千真万确地明辨一切万物之实相。但是，众生却无法办得到。因为众生具有种种的性质、种种的欲望、种种的行为模式、种种的思索模式，按自己的价值观分别一切事物等等之种种习性。因此，假如放纵这些习性、置之不管的话，各各的性质、欲望、行为、思想、利害关系、观念，则会互相冲突，争执就会相继而生。

所以，佛为使一切众生善根增长，示说自己过去世的真实故事，或以譬喻解说，或选择最恰当的言辞说明，以种种法门为我们说法。并且，佛所作之教化工作一刻也未曾停止过。”

若以为教化的工作与我们无关，而是佛陀的专门工作，那就大错特错了。宣扬佛法乃是每一位佛教徒必然之使命，“佛事”一词当然与我们有着非常密切的关系。我们将佛法传达给别人，使人人能有听闻佛法以及读诵经典的机会，这都属于“佛事”。

像这样的“佛事”传播的工作，过去以来片刻未曾停止过，同样于未来亦不可有所“暂废”。我们必须责无旁贷地将此胜举当作我们的重大责任,为未来的时代做继往开来的工作。

接着,进行下一阶段:

> 如是我成佛已来,甚大久远,寿命无量阿僧祇劫,常住不灭。诸善男子!我本行菩萨道所成寿命,今犹未尽,复倍上数。然今非实灭度,而便唱言当取灭度。如来以是方便,教化众生。

“如此地,真正的我,非常久远的过去,无法明确指出到底从何时开始,只能说无限的过去以来,早已成佛甚久,未来之寿命亦为无量。并且常住在世,恒久不灭。

诸位善男子!姑且不提本佛如此久远之寿命,我以凡夫身出现于此人间世界,然而我于前世行菩萨道所得之寿命,诚然非常久远,到现在寿命仍未尽。然而,现在我对大家说,再过不久将取灭度,事实上并非真正的灭度,而是为了教化众生所施之方便法门,而示现涅槃于众生面前。”

此段经文可能有些难以理解之处。第一句“如是我成佛已来,甚大久远”,不用说,此当指久远实成之本佛。下面另一句“我本行菩萨道所成寿命,今犹未尽,复倍上数”。即指迹佛世尊本身。

世尊,不仅只是现在世,前世以来已累世修菩萨行。因修此菩萨道之善业果报所得之寿命,就已非常久远。久远实成之本佛乃无始无终的存在,姑且不提本佛之寿命,世尊现在身的寿命,亦仍未能尽。但尽管如此,却宣说不久即将灭度。

为什么寿命未尽,却又对众生弃之不顾而取灭度呢?此乃完全为了教化众生所设施之方便法门,正是佛陀慈悲之显现。此中之玄机妙义,世尊将于后面经文中,谆谆开示一段非常重要的经文:

> 所以者何?若佛久住于世,薄德之人不种善根。贫穷下贱,贪著五欲,入于忆想、妄见网中。若见如来常在不灭,便起憍恣

而怀厌怠，不能生难遭之想、恭敬之心。

“贫穷下贱”，并非指物质上的贫穷及身份上的卑微，而是指内心的贫乏、卑劣。以佛眼观照一切，人人平等，万物平等，当然不可能有身份、贫富等之差别。

所谓“贪著五欲”，即是追求眼、耳、鼻、舌、身（触觉）五种感官知觉上的享受，也就是贪著知觉感官上的喜乐。例如，眼睛只想看美好的事物；耳朵只想听美妙的音乐；鼻子贪著香味；舌头贪食美食；身体贪著触感愉快的东西，例如，追求冬暖夏凉、不要风吹雨淋、使肌肤触感快意的优质上等衣着。

本能为无记，贪著生烦恼

五种感官的欲望乃人之本能，不是什么特别龌龊肮脏的事，但过度贪著于肉体的享乐，将会从中生出种种烦恼，所以不可贪著五欲。最重要的是，精神生活不能受其干扰、染著。

而人类的本能为“无记”。不能记为善或恶，故称“无记”。无记亦与中道思想互有关联。世尊的种种言说中，不断地提示我们这个重要的精神。例如，世尊接受牧牛女的乳粥供养而停止苦行，其中已蕴含了中道之精神。因为，如果将食欲这种本能，视为“恶”的话，那我们不吃不喝便会活活饿死。

佛陀之教说，并非极端的思想，而是示说着——本能虽不是坏事，但因被本能俘虏而燃起炽盛之烦恼火时，便容易成为引发恶因的导火线。也就是说，本能虽为“无记”，并不能记其善或恶，但贪著则是造一切恶的根源。若误解此中之意，便易于陷入苦行主义或禁欲主义，而违反中道的精神。

妄　见

而所谓“忆想、妄见”，是乃错误的思惟。“忆”与“想”都是思惟之意，但“忆”乃“追忆”过去的经验与回忆，而“想”则“想像”不曾体验过的事，一切事相都有可能无中生有，一切事相皆由心所造。

而所谓的“妄见”，是乃因“错误的见解”而看不清事物本来的真实原貌。而不能见事物之本源，是因为众生心中执著一个“我”之故。

比方说，在公司里有一位员工不知自己脸颊上黏着饭粒，这时正好与公司的董事长擦身而过，董事长不禁对这张脸微微一笑。倘若这位员工是一位一心妄想着晋升、加薪的职员，必定暗自窃喜：“董事长对我这么一笑，不用多久，一定会好事临门。”若是一位经常在工作中混水摸鱼或在财务上舞弊挪用公款的员工，此时必定心虚地想着：“那个笑容绝非空穴来风，可能就要东窗事发。”从而心惊胆战地害怕起来。

两者皆是因为执著一个“我”，而不明白董事长只是在笑脸颊上的饭粒。这是一种很自我、非常本位主义、被自我欲望驾驭后所得之见解，因此会变得看不见事情的真相。然而，不执著“我”的员工，一定会想：“奇怪！董事长看到我就笑，是不是我的脸上有什么东西？”而赶紧跑去照照镜子。

所举的例子虽然很浅显，道理也很简单，但在我们实际的生活当中，因为这种本位主义的作祟而看错了事物的真相，使生活陷于苦恼与不幸的例子，却是屡见不鲜的。此乃所谓的“妄见”。

所谓“入于忆想、妄见网中”，即对过去发生过的事耿耿于怀，对未来尚未发生的事，凭空想像，妄生执著，而掉进错误见解的网中，犹如手脚被五花大绑，无法自由伸展。若贪著五欲，就会完全以自我中心为出发点来考量一切事物，因此势必会造成这种结果。

憍　恣

“憍恣”乃骄慢、任性之意。佛陀若常住于世的话，众生就会以为随时都能闻法，因此，今天且纵情玩乐，闻法之事明天再说吧！这种心态称为“憍恣”。

比方说，住在地方的人士，一定比土生土长的东京人更经常地观光东京的名胜地区。东京的人，因为觉得随时都可以去，机会多得很，所以错过了前往一游的机会。若是将造访东京铁塔的人，把属于其他地方与东京的人数分别统计出来的话，恐怕是地方来造访的人士为多吧！与此相同的道理，因随时都有机会见到世尊，有了安逸的心态，就会将闻法之事无休止地拖延。

厌　怠

佛陀若常住于世的话，也会有人对闻法感到“厌怠”。心生厌倦、懈怠的人，以为佛法再怎么听，也是千篇一律的陈腔老调，不听也无所谓。

难遭之想

由此缘故，佛陀若常住于世的话，众生将难以对佛生起“难遭之想”的心情。因为不了解佛难以相遇，所以很难对佛生起“恭敬之心”，也就是说，不容易珍惜佛所说的法。因此，佛以方便而示说，不久即将灭度。

确实如此，世间人都有这种任性的习性。例如，自掏腰包到剧院的观众大都是以享乐的心态来观赏，在单口相声或是说书的表演即将开演时，大都不能静下心来仔细欣赏，有人还偏偏喜欢跟邻座的人交头接耳，说个不停，或者只顾着吃仙贝、吃橘子，弄得人声嘈杂，使大家都无法专心聆听。一场表演结束，下一场表演即将开场之际，这种嘈杂的情况最为明显。

像这种时候，说书的这些人怎么做呢？他们坐到台上行一鞠躬礼之后，就用扇子用力地往讲台上一拍，那一瞬间所有人的注意力集中之后，再以几乎听不见的声音，低声地开始说故事。到底说些什么？观众们根本无法听清楚。这时候观众才开始回复安静。“到底说些什么呢？想听个明白”的情绪才油然而生，此时才能开始用心倾听。

这就是说书的人所施展的善巧方便，因为说书的人非常能掌握观众的心态，因为“听不太清楚”，所以就会生出“想听清楚”的心理。

佛陀难遇、佛法难求，其重要性虽然不能拿上述例子来相提并论，但是从众生的心理作用之角度来看，是一样的道理。

现在让我们一起来了解这一段经文的大意。

“为什么佛陀要入于涅槃？因为佛陀若永远住世的话，众生的心里会生起任性、骄慢心。以为随时都能够见到佛陀，便容易生安逸心，而福德浅薄的一般人，就不会在心中种植善因，培养善根。

于是，被五官的种种欲望所染著，造成内心贫乏、心胸狭隘、卑鄙下流，因此对事物的看法，变得非常自我，待人处世，事事以自我为中心。因此，看不清事情的真相，而受困于错误见解的网中不能自拔，过着不幸的人生。

若是始终以为随时得以见佛、随时得以闻法，就会对佛法生起厌倦、怠惰、任性之心理，反正想听法时，再听亦无妨。于是，便不能产生佛法难遇、难求的心理，对佛亦不生恭敬心，对佛法亦不生珍惜、宝贵之心。”

> 是故，如来以方便说，比丘当知，诸佛出世，难可值遇。所以者何？诸薄德人，过无量百千万亿劫，或有见佛或不见者。以此事故，我作是言，诸比丘，如来难可得见。斯众生等闻如是语，必当生于难遭之想，心怀恋慕，渴仰于佛，便种善根。

《如来寿量品》可分为两个大纲。第一，明确教示佛之实相，以及示说佛之寿命为恒常不灭。第二，明确地详说，显现本佛之诸佛当中的释迦牟尼如来，为何必须入灭的原因。而第二大纲的要点核心，就在这段经文当中。

所谓“诸佛出世”，即诸佛出现于世；所谓“值遇”，即会遇佛陀。

其前半段的意思解释如次：

“因此之故，如来以方便法门说：‘你们应该慎思诸佛出世，难可值遇这一件事。’为什么说难以值遇呢？福德浅薄的人当中，有的人经过无量百千万亿劫的恒长岁月，终于能够得遇佛陀；而有的人仍然不能得遇佛陀。所以我说：‘如来难可得见’。”

读到这一段，大多数人必定会萌生一个疑问。

那就是，上述之意可能与本佛“随时”、“随处”遍满十方一切法界、度脱一切众生，产生矛盾。佛陀以无缘慈悲，度脱一切众生，离苦得乐，即使是福德浅薄的人，也应该能够得遇佛陀。这样应该比较合乎逻辑。

实际上，正因为本佛“随时”、“随处”遍满十方一切法界，所以福德深厚的人，就像是感应度很高的电视机，能轻易地感应到一般人无法感应到的佛法。但是，普通凡夫，仍然需要像世尊，中国的天台大师，日本的圣德太子、传教大师、承阳大师、日莲圣人之类的大成就者出现于世，直接听其授教，否则，则难以接触到佛法。

不见佛者

然而并非完全如此也。其实福德非常浅薄的人，即便是活在这些圣贤古德在世的当时，亦难以接触到佛法。怎么说呢？比如方才所说的，因为所谓的佛之“显现”，乃即我们自身“自觉”到佛性之故。而“见佛”亦如此，不管听闻了多少佛法，自己的心不能渐渐地趋向佛心，也是看不见佛的。这种情形只要试着环视周遭，就能看到很多实例。

这就是“不见佛者”的意思。虽然佛陀随时随处与我们同在，但未见到自有佛性，便无法得到解脱。既然佛陀说永远都在我们的身边，便尽情地放纵自己，为了满足自己的贪婪，过着极尽奢华的生活，进而还要妄想得到佛陀的帮助，这是一种罔顾他人利益、只顾自我享乐的行为模式。

有点唠叨地再次强调，既然佛陀说永远都在我们的身边，因此，纵使我们将佛忘得一干二净，纵使与佛法背道而驰，佛陀的大慈大悲也还是会赐给我们幸福的。其实不是这样的。佛陀的慈悲并不是这种滥慈悲，并不是这种无智的慈悲。

佛陀始终在我们的身边，是绝对千真万确的事。佛遍满于我们的心"内"与心"外"。但当我们找到自有佛性的时候，佛陀才会对我们伸出援手。有一句话："众生忆念佛者，佛亦忆念众生。[①]"我们于思佛、忆佛、念佛的瞬间，佛亦忆念着我们。

因此，所谓的佛法，终究是要由我们自己主动去求取。即使眼前正在弘扬着佛法，若无求法之心，佛法将一句也听不进去。就算听进去了，也不能铭感于心，与法不能相应。努力地精进求法，毕竟必须要自动自发。此乃世尊所教示的法门中的要点之一。此要点在后面"医子喻"的教说中亦有明确的开示，到时候我们再来详细说明。

现在继续来解释后半段的意思：

"若听到佛说：'我即将灭度，将佛法示说一遍后，不久就要在此娑婆世界中消失。'福德浅薄的众生才能领悟到值佛出世之难遇难求，这样才会珍惜欣逢佛陀出世之因缘，因此自然而然对佛陀怀抱仰慕之情，一心一意憧憬着佛，一心一意想要追随佛。如此一来，必定能于心中种下善根。"

恋慕渴仰

所谓的渴仰，原本之意是比喻喉咙干渴的人渴望得到一杯水喝

① 善导《观无量寿佛经疏》。

的样子，进而引申为景仰恋慕。尔后又引申为“甚深信仰”的意思。此处当然必须取其引申意来理解。

此处之教说，与其做任何说明，不如先套用在自己身上，实际地思惟看看，应当是最为首要的。

虽然我们虔诚地于口中称念着佛号，但试着静下心来思索时，就会发现在这个末法时代中，一心见佛，真是非常不容易。现在这个时代里，人与人之间互相钩心斗角，处处充斥着诈欺、争执、掠夺、杀戮，在这种恐怖的时代里，要值遇佛陀，可不是一件轻而易举的事。

能甚深地体会到此事，真正想要见佛的心，想要投入佛陀温暖怀抱的念头，才会油然而生。犹如喉咙非常口渴的人，迫切地渴望水的心情；犹如连续下了十几天的雨雪，就自然渴望阳光的出现；自然被佛陀慈悲的摄受力强烈地吸引着。此乃“心怀恋慕，渴仰于佛”的真正内涵。

圆融究竟之宗教

对佛生起这种仰慕之情，心必然清净宁静。一心一意希望投入佛陀大慈大悲的怀抱里，心中不可能掺杂着杂染、浊染。心能清净，就越能启发求法的菩提心，最后付诸于行的心就会越发踊跃。像这样，不仅仅只是自己变得越来越好，对于利益他人、利益社会的活动，将会很自然地乐于参与，积极奉献。

佛教之所以成为宗教中之宗教，是因为其教义究竟圆满，圆融无碍。所谓“心怀恋慕”，早已超越世间一般道理所能理解之境界。无论怎么样都无法离开佛陀温暖的怀抱，无法忘却慈悲的佛陀。恰如婴儿的天真无邪，只是单纯地吸吮着母亲的奶水，一心只想投靠在母亲温暖怀抱，是一样的道理。到达这样的境地，才能算是真正的信仰。

接着，佛说：

是故如来，虽不实灭而言灭度。又善男子！诸佛如来法皆如是，为度众生皆实不虚。

“因此，佛陀实际上并不会灭度，始终存在于无始的过去至无尽的未来，却一面说经过一段期间后就要灭度，即将消失于此娑婆世界。并非只有世尊如此，而是所有一切诸佛均如此，而且，这些都是为了度脱众生离苦得乐之故，皆为真实不虚，毫无半句虚言。”

所谓“皆实不虚”这句话，最能够显示出方便法门的真正价值之所在，此中之所谓的“实”，并非指“事实”而是指“真实”。佛陀存在于无始的过去至无尽的未来，这是一件千真万确的“事实”，但对福德浅薄的人并不明确直述此事，而对他们宣告即将取灭度。在此有形的世界里，因为不是“事实”，看起来好像是骗人的，但在心灵世界里，此乃“真实”不虚也。为了度脱众生离苦得乐之佛心，是“真实”的，所以绝非“虚”妄。所谓“虚”这个字所代表的意思，包含“虚妄”、亦包含“空虚、虚度”之意。此处亦兼具上述两种意思。但有一句话“方便妄语”，经常被误解，“方便”与“妄语”千万不可混为一谈。

举个例子，有一个人对某位少年说：“带你去美国读书。”便搭上船自横滨启程。这艘船本应向东行驶，却渐渐转向相反的方位，向西而行，途经菲律宾、新加坡、印度加尔各答等地。

少年的内心除了深感不安，又禁不住感到很生气。心中涩涩不安地盘想着，若是要去美国，从成田机场搭飞机，不一会儿的工夫不就到了吗？却老牛拖车慢吞吞地搭着船，不仅如此，还往反方向行驶。到底在搞什么鬼？心中不免疑云重重。

这么地想着想着，船竟然驶进地中海，到达法国的马赛港。在此上岸，被带到巴黎。这位青年更加百思不解，此重重疑团尚未解谜，却又被带往英国。在那里停泊一段时间，这回终于搭上飞机直飞美国。

那个人为什么这么迂回行驶呢？因为这位少年还不会说英文，

也不能适应外国的风俗文化。此时，若是搭乘飞机直接前往美国，马上进入学校，也听不懂老师说些什么。以父母亲的心情，顾虑他可能即将面临的种种困境，可能因为语言不通而害羞地失去信心。因此，绕一个大圈子，搭船来个长途旅行，一边适应西方饮食，使之先接触外国人，于熟悉那边的风俗民情之同时，也能让他实际地在当地学习英语。这样赋予自信后，最后再带其前往目的地。

这种情况，一面说要去美国，却搭乘反方向的船舶，这当中绝对没有一句谎言，而且也没有白走一遭，是绝对真实而有效的方法。所谓的方便，就是像这样的例子，以父母亲慈爱的慈悲心为出发点，所设施的“真实”且“有效”的方法。

当然，世尊是运用方便法门的个中老手，接着更以“法华七喻”的“医子喻①”阐释方便法门的玄机妙意。

> 譬如良医，智慧聪达，明练方药，善治众病。其人多诸子息，若十、二十、乃至百数。以有事缘，远至余国。诸子于后，饮他毒药，药发闷乱，宛转于地。是时其父还来归家。诸子饮毒，或失本心，或不失者，遥见其父，皆大欢喜，拜跪问讯，善安隐归。我等愚痴误服毒药，愿见救疗，更赐寿命。

“譬如说，有一个地方有位医术高超的医生。此人知识渊博，又有高度智慧，对一切事物了若指掌。熟悉种种药材，能精确地对症下药，能治愈任何怪症奇病，是一位非常有名望的名医。

这位医生有很多孩子。其数不止十人、二十人，甚至有上百的孩子。这位医生正好有事，必须远游他国，很不幸地，父亲不在家期间，贪玩的孩子们却错喝了毒药。若是父亲在家就应该不会发生这种事

① 法华七喻的第七喻医子喻，又作医师喻。出自《如来寿量品》。医，比喻如来；子，比喻三乘人。谓诸子无知，饮他毒药，心即狂乱，其父设方便，令服好药，以治其病。此喻三乘之人信受权教，不得正道，如来设各种方便，令服大乘法药，速除苦恼，无复众患。

吧！父亲不在家期间，放纵地过着为所欲为的生活，终致发生这样的不幸事件。因药性渐渐发作，孩子们痛苦地在地上打滚。

此时，在外办完事情的父亲返回家中。孩子们由于毒药发作，有的意识已陷入模糊状态；有的孩子则毒性尚未发作。但不管药性发作或没发作的孩子们，远远地一看到父亲回来，都高兴得不得了，跪下来哀求父亲：'父亲大人！很高兴您平安无事地回家了。我们非常愚蠢地错喝了毒药。请父亲大人救救我们，为我们治疗吧！'"

> 父见子等苦恼如是，依诸经方，求好药草，色、香、美味皆悉具足，捣筛和合，与子令服。而作是言："此大良药，色、香、美味皆悉具足，汝等可服，速除苦恼，无复众患。"

"经方"就是"处方"的意思。"捣"即是把药捣碎之意。"筛"即是筛子，是一种用来筛检过滤药材的器具。此段大意解释如次：

"父亲看到孩子们痛苦不堪的情景，因病况非常紧急，必须立即进行治疗，即开出各种处方，使用色、香、美味具全、药效绝佳的上等药材，并把药捣碎，用筛子筛检过滤，去芜存菁后加以调和，让孩子们服用。然后对孩子们说：'此药药效绝佳，且色、香、美味皆悉具全。赶快喝下去吧！不仅可以治愈现在的病痛，而且亦可预防未来所有疾病。'"

> 其诸子中不失心者，见此良药色、香俱好，即便服之，病尽除愈。余失心者，见其父来，虽亦欢喜问讯，求索治病，然与其药而不肯服。所以者何？毒气深入，失本心故，于此好色香药而谓不美。

"然而，其中神识还很清楚的孩子们，可清楚地辨识良药的色、香具好，知悉若喝下此药，必定药到病除，所以立即服用，病即痊愈。但是，毒性已蔓延扩散至全身、意识已陷入昏迷状态的孩子们，虽很高兴父亲的归来，也请求父亲诊治，却不愿吃下父亲所给的药。这些孩子为什么会这么愚蠢呢？因为毒气太过深入而神识不清，无法看清楚良药的色美，也不能闻到良药的香味，反而闻到一股令人作呕的怪味，所以完全没有喝下去的勇气。”

> 父作是念，此子可愍，为毒所中，心皆颠倒，虽见我喜，求索救疗，如是好药而不肯服，我今当设方便，令服此药。即作是言：“汝等当知，我今衰老，死时已至，是好良药，今留在此，汝可取服，勿忧不差。”作是教已，复至他国，遣使还告，汝父已死。

颠　倒

“颠倒”一词，经典中经常出现，意为违背常道、正理，是非倒置；不见实相，如以无常为常、以苦为乐等违反真理之妄见。凡夫具有四种颠倒，也就是（一）常颠倒，（二）乐颠倒，（三）我颠倒，（四）净颠倒。

常颠倒——于世间无常之法而起常见；亦即以“无常”为“常”，把具变异性的事物视之为恒常不变。乐颠倒——世间五欲之乐，皆是招苦之因，凡夫不明此理，妄计为乐；以“苦”为“乐”，把苦视为暂时的现象，当作一种快乐。我颠倒——此身皆因四大假合①而成，本无有我，凡夫不明此理，于自身中强生主宰，妄计为我；诸法本为“无我”，但却将共生共存的道理，视之为自己可以独力掌控。净颠倒——己身他身，具有五种不净，凡夫不明此理，妄生贪著，执以为净；以“不净”为“净”，对不净之物未深究本质，只就表面所看到的样子，便视之为“净”。

所谓的颠倒，除了像上述违背常理的看法以外，还有其他种种颠

① 四大假合：佛教主张世界万物与人之身体皆由地、水、火、风之四大和合而成，皆为妄相，若能了悟此四大本质亦为空假，终将归于空寂，而非“恒常不变”者，则亦可体悟万物皆无实体之谛理。又一般世人形容看破名利、世事，亦称四大皆空。人体的四大如有不调，必令人体感到不适而生病。

倒。而意识模糊的孩子们，把最上等的良药视如敝屣，乃因为他们已陷入颠倒的深渊之故。

此段大意大致如次：

“身为医师的慈父忖量着——可怜的孩子们，为毒所中，心皆颠倒，看到了我，虽然欣喜地求我诊治，却不肯服用这么好的良药。非得想个办法，非让他们把药喝下去不可。

于是，父亲对孩子们说：‘孩子们！好好地听着，我已年迈，死期已近。所以，将此绝佳良药留置于此，切记取之服用。服用之后，必能治愈你们的病，无须忧虑。’说毕即前往他国。然后，于旅途中派遣信差返回家中，对孩子们宣告‘汝父已死’的消息。”

> 是时诸子，闻父背丧，心大忧恼，而作是念，若父在者，慈愍我等，能见救护。今者舍我，远丧他国。自惟孤露，无复恃怙。常怀悲感，心遂醒悟，乃知此药色、味、香美，即取服之，毒病皆愈。其父闻子悉已得差，寻便来归，咸使见之。

让我们先把此处一些较艰深的用词弄清楚。所谓“背丧”，即与亲人死别之意。所谓“孤露”，即幼失父母而无庇荫之意，“孤”为孤儿之意，“露”犹如“露天”般地，喻身上无遮覆之物以抵风寒。也就是说，成为孤儿，失去一切能够爱护照顾自己的亲人，感到胆怯害怕，对人生失去信心。所谓“恃怙”，恃与怙皆为依赖之意，母死称为“失恃”，父死称为“失怙”。在此世上终于失去一切可以完全依赖的人。

此段大意说明如次：

“惊闻父丧消息的孩子们，感到十分悲恸。孩子们心里想着——若是父亲还健在的话，一定会竭尽所能救治我们，但是，现在父亲却丢下我们客死异乡。我们终于变成无父无母的孤儿，世上已经没有可以依赖的人——孩子们胆怯害怕的心情，此时此刻才痛切地涌上心头。当此之时，因毒性入侵所造成的意识不清的现象，忽然于此瞬间消失，得到清醒。

经此一番历练，才发觉父亲所留下来的绝等佳药，色、香、味俱全，而服下此药，毒病立即根治。

然而，当父亲听到孩子们恢复健康的消息后，径自他国返回，出现于孩子们的面前，见父归来的孩子们欣喜若狂，下定决心，今后一定遵从父亲的教导。我说佛之灭度，犹如此喻。”

此乃“医子喻”的故事，良医比拟佛陀，孩子们当指众生。比喻世尊在世之际，不能好好把握世尊所说一切法的众生，一旦知道再也看不到世尊之尊容，听不到世尊之法音，求法之心必然迫切地自然涌现。因此，世尊以方便手段，暂时离开此世间。“医子喻”所隐喻的当指此意。

此故事中的一些情节，其实是话中有话，含有很多言外之意，启示着很多教说义理。慎重起见，详加说明如次：

因不见佛所造成的错误

首先，父亲不在家时，孩子们错喝毒药之比喻。

毒药所指的是五欲烦恼，若能朝夕不离佛法，将不会受到犹如赤火燃烧的烦恼来侵扰。一旦稍微远离佛法，一不小心，五欲烦恼火，就会轻易地来侵袭。

众生皆有佛性

接着，于父亲第一次返家时，不仅意识还很清楚的孩子们，连意识模糊的孩子们，皆对父亲的归来生起大欢喜心。

诚然如此，事实上，即使意识恍惚的人，仍有辨别能力可以分辨自己的父亲。与此同理，即使意识模糊，心起颠倒妄想的众生，纵使平常放肆地说大话“世上怎么可能有佛跟神的存在”，像这种物质万能主义者，其内心深处，实际上总是无法从物质中得到真正的满足，经常受到不安与寂寞的情绪所侵袭。纵使自己没有刻意去意识、去感觉，其实心灵的某个角落，总是下意识地经常希望得到精神上的慰借，并希望得到真正心灵上的安逸。

因此，诸如此等人物，假如有机会能灌输他们正确的思想，而此思想能够安顿其身心，能使其心真正安立于日常生活中，他们必定也会心生喜悦。意识恍惚的孩子们，见父亦生欢喜之心，所象征的就是此意。

开示佛法亦须谨慎考量

再者，使用色、香、味俱全的种种药材，把药捣碎成粉末，用筛子筛检过滤，去芜存菁后，加以调和。

所谓种种药材，乃因治疗众生心病之处方中，有除惑之药、有令得真正智慧之药、有令发大菩提心之药等，林林总总。来自种种层面的心病都必须考量，而需要各种完备的处方。

而把药捣碎成粉状，乃为使凡夫众生易于服用而设施，换言之，也就是意味着使凡夫众生易于领解佛法。所谓的将药捣碎，是为了去芜存菁，换言之，此乃象征着佛法的精纯，无杂质。

这些情节都是象征着开示佛法必须用心地做好事前准备。必须考量众生的病情，配出最适当的配方。这样的话，众生们受教于尊贵的法义，只要能深信而无有疑悔，便能立即得到解脱。但其中仍然有未能信受的众生，所指的是意识陷入模糊状态的孩子，心虽欢喜地迎接父亲之归来，若是能相信父亲的处方，对此教义深信不疑，一定能够从病毒中解脱。但是，其精神已被五欲烦恼毒深深腐蚀的众生，虽然有点知道是很好的教义，但却不能主动地走进来，进入此教义的精神领域。

实际上，纵使是失去理性而徘徊街头的孩子，自己的父母迎面而来时，亦能辨识他们的面貌。因此，姑且先以笑脸迎接父之归来。但是，并不见得是诚心诚意。所以，也会出现反抗、逃逸之举，所指的就是这个道理。虽然能辨识父母亲的面貌，却不能明白父母亲疼惜子女的一片苦心。

佛对背信者仍以慈悲平等待之

对这些孩子，父亲既不生气，亦不放弃。而说“此子可愍”，此乃非常可贵之处。

对于自己的苦心教化充耳不闻的众生，佛陀仍觉得“应须怜悯”。佛对这些人绝对不会弃之不顾，反而更加殚思竭虑地想尽办法，运用各种手段，劝使他们尽可能地来信受佛法。而取灭度，也是方便手段之一，而且也是最充满着大慈大悲的方便手段。

自行之必要

为什么说佛取灭度是大慈大悲的方便手段呢？因为不仰赖他人的力量，亲自力行实践，对世间众生是非常重要的。尤其是信仰，绝对必须如此。也许进入信仰的因缘是因为别人的建议，但是进入信仰之后，若非发自内心真诚地想要求法，决不可能成为自己的信仰。因被他人三番两次热诚邀约难以拒绝而前往听法，不是出自自愿，乃碍于情面不得不去。以此心态听法，不能算是信仰。

就好比说，妻子将饭菜端到餐桌上，但是吃饭还是要自己亲自咀嚼。就算自己是无法饮食的病人，虽然必须经由他人用筷子夹菜送到口中，但是咀嚼吞食还是得由病人自己来。况且，经由别人的喂食，绝对不会觉得味道香美。这就是所谓的各人肚子各人饱、各人生死各人了的道理。

灭度乃慈悲的方便设施

因此，佛陀绝对不会强迫式地推开我们的嘴，硬把良药塞进去。

佛陀会以种种方便方法，引导我们用自己的手，将良药放进自己的嘴里，让我们尽早发现这种自尊自重的方法，尽早改变心意主动愿意服用。佛陀以或示己身、或示他身，或示己事、或示他事等形式，展现种种方便法门。

佛陀即将入灭之事，对众生而言是非常紧要、非常切身之问题。这么一来，不急着听闻佛法而优哉游哉的人，以及对佛的教说已经听腻的懒人，骤然之间，态度一定都会变得很认真。佛取灭度之用意就在于斯，乃最充满着佛陀无限慈悲之方便法门。

再次见佛

最后，孩子们完全治愈后，父亲平安无事地返回家园。此亦深含重大意义。

此乃意味着众生若是深信佛法，去除心中杂染烦恼之后，立刻便能与佛相应。被自己遗忘的佛立即浮现于脑海，如此便能随时与佛同在。

此“见”一字，尤甚重要。“观”字，虽同样具有观见之意，但观字具有“留心观察”，也就是刻意观察之意。可是，“见”字乃“自然观见”，也就是不假造作，非刻意。

当我们由衷地深信佛法时，自然而然地就能与佛相应。此并非见到佛的法相，而是自己觉悟了自有佛性，感受到佛与我们永远同在。

佛与人之间的关系，并非支配者与被支配者之间的这种冷漠关系，而是一种被亲情的温暖所拥抱，犹如具有血缘的亲子关系。正因为如此，即使是一时迷失，只要能正确地信受佛法，佛便于瞬间回到我们的身边。犹如慈父，永远与我们共同生活，永远守护着我们。

这个譬喻最能令人感受到佛陀的无缘慈悲无处不在，佛陀的温情处处洋溢。

说完“医子喻”的世尊，对大众问道：

诸善男子！于意云何？颇有人能说此良医虚妄罪不？

此意为“各位有何感想？是否觉得这位医生，并非有什么特别重要的事情，却将年幼的孩子们搁置家中远赴异乡；然后既然没有逝世，却故意向孩子们报丧，想必有人会谴责这种欺骗孩子的行为是不对的吧。”

众人皆一同答曰：“不也，世尊”，其意为“世尊！我们觉得这样并未构成令人谴责的罪因。”于是，世尊说道：

我亦如是。成佛已来，无量无边百千万亿那由他阿僧祇劫，为众生故，以方便力言当灭度，亦无有能如法说我虚妄过者。

“而我便恰如这位医师。于无始的过去以来，乃至无限的未来，一直都是佛之事实，永远不会有所改变，但是为了度脱众生离苦得乐，而示说即将灭度。没有任何人会责备我的方便法门，是一种欺骗的行为。”

尔时，世尊以偈言重新叙述本佛的无量寿，以及迹佛灭度的理由。

此偈因以“自我得佛来”一句展开陈述，所以称之为“自我偈”，是《法华经》无数偈言当中特别重要的偈言，因此，需要详加解说。

自我得佛来，所经诸劫数。无量百千万，亿载阿僧祇。常说法教化，无数亿众生。令入于佛道，尔来无量劫。为度众生故，方便现涅槃。而实不灭度，常住此说法。

“自从我成佛以来，已经过无量无限的时间。在此期间我经常示说真理的教义，教化无数的众生，引导其契入佛之真理实境。此后又已经经过了无量劫的时间。

我为了救度众生，亦曾经消失于此世间。然而事实上并没有真正灭度，反而经常在此娑婆世界说法。”

这里所说的“涅槃”，并非证悟之意，而是指入灭。

我常住于此，以诸神通力，令颠倒众生，虽近而不见。

“我经常于这块国土上，以种种神通力，使心颠倒之众生，看不到我的法相。”

有关“颠倒”，前已详细叙述。以“虽近而不见”对待因烦恼而心生颠倒之众生，也就是说，虽然佛在近处，但不使见之，而暂时消失。

众见我灭度，广供养舍利。咸皆怀恋慕，而生渴仰心。

“众生看到我入灭之情景，将对我之舍利恭敬、供养。当此之际，众生才开始对我怀抱思念之情，此刻才会顿然开始求法心切。”

有关“恋慕、渴仰”，刚才亦已详细解说过。此中所谓的舍利，当知所指的正是迹佛，也就是世尊本身。

众生既信伏，质直意柔软。一心欲见佛，不自惜身命。

“求法心切的众生，由衷地对佛法深信不疑，以率真的直心，一心一意地欲觉悟自有佛性，为达此一目的，态度认真，甚至不惜生命地精进努力。”

质　　直

众生对佛生起“恋慕、渴仰”心的话，对佛在世时所开示的法门，自然会认真学习，并深信不疑。如此一来，就会生起“质直”心。所谓“质”，即为朴质的质，不假任何装饰，态度自然，率真坦然。所谓“直”，不迂回，正直、直接之意。也就是毫无任何企图心，一心只想见佛之意。

柔　　软

此之“柔软”一词，对形容佛教与佛教徒与众不同的特质，最为独到、恰到好处。因信奉佛法，心变得“柔软”之故也。

所谓柔软，柔和婉顺，虚心受教。而柔和婉顺，并非指毫无主见，亦非指懦弱无能。像棒球、柔道的选手，身体若不柔软，球技、技能亦无法进步，竞技时亦无法愈挫愈勇，更无法培养出真正不屈不挠的精神。佛教中的柔软，就是类似这种柔而坚韧、柔中带刚之意。去除“我”，虚心接受正法，此乃柔软在佛教中的意义。

佛教教义本身就是充满柔软的教义。即使所谓的“正”，也不是方方正正、食古不化。如解说“中道”中所提过的，因始终契合着真理，所行所为将会是自在而柔和的。因此，真正的佛教徒，其内心不会被固定的形式、固定的价值观所禁锢，而是始终跟随真理行事。因此始终是柔和而婉顺，诚挚而谦虚。这就是佛教教义中柔软之真意。

所以，对佛之教说已经心服口服而完全起信的人，心中不会执持一个“我”，会以一颗不造作、不矫饰、诚挚之柔软心，一心见佛。为达此目的，甚而牺牲性命亦在所不惜。

此“一心欲见佛”，即如前述，就是“一心一意地欲觉悟自有佛性”。“确定自己被佛所眷顾，而觉悟自有佛性”。一旦明确得到这种自觉，就是等于见佛。

能够得到这种自觉，便可说内心已经澄净明澈，已经完全进入安宁的境地。当此之际，不管外境发生任何变化，心不会为之所动。因此，为了使自己的心到达这种境界，任何人都会抛弃世间财物、金钱、名利、地位，甚至不惜牺牲生命，这种心情的产生都是必然的现象。

> 时我及众僧，俱出灵鹫山。我时语众生，常在此不灭。以方便力故，现有灭不灭。余国有众生，恭敬信乐者。我复于彼中，为说无上法。汝等不闻此，但谓我灭度。

“当众生心既质直又柔软，有众多众生欲见佛之时，我与众僧一同出现于娑婆世界。有时我对众生说：‘我常住世，不会灭度。’但作为教化手段，在必要的时候，有时我会入灭，有时也会以不灭之身出现，两者都有可能。还有娑婆以外的世界，若也有恭敬、诚信正法，欲闻佛法的众生，我当亲临此诸众生所在之国土，示说无上甚深微妙法。你们不知此事，只是一味地以为我终究是会灭度的。”

所谓“与众僧一起”，就是与辅助宣扬佛法，以及教化事业的伙伴一起之意。所谓僧，并非只指和尚而已，对佛法确切地信仰、如实修行的人都是僧，因此在家信徒亦是僧团的一部分。（译者补注：此意于下面解释“三宝”的标题下，将有更详细的解说。）

佛并非独自出现，而是与众弟子们一起出现于此娑婆世间，此亦意味着甚深含义。只要是正确的深广的教义，必定能让人心服口服，护法者必定自然会来跟随。这种情形，在古今中外出现的诸多例子中都是如此。

“出灵鹫山”，佛陀当时说法之所在处就在灵鹫山，因而所指的正是“此世”之意。我们听闻正法的地方，不管是在日本也好，在美国也好，在街上也好，或是在寺院、道场之类特定建筑物里也好，只要是听经闻法之处，都可称为“灵鹫山”。

> 我见诸众生，没在于苦恼。故不为现身，令其生渴仰。因其心恋慕，乃出为说法。神通力如是，于阿僧祇劫，常在灵鹫山，及余诸住处。

“我以佛眼观见诸众生，沉浸在苦海深渊当中，痛苦不堪。正因为如此，所以故意不现身，使众生对佛生起渴仰之情。若众生对佛生起恋慕之情，便会立即现身为其说法。这就是佛之神通力，始于无限的过去，至于无尽的未来，佛必定常住于此娑婆世界以及其他国土中。”

所谓“没在于苦恼”，依照字面上的意思，意即为不知佛法的众生们，都沉浸在苦海深渊当中。在这些人当中也有人不知道自己身陷苦海。但是，像这样的人，在漫长的人生旅途当中，当生活中发生了一些小挫折时，就会有一股难以言喻的不安与寂寞的情绪涌上前来，这时就会想要紧紧捉住一个可靠的依靠。若不抓住一个可以绝对支撑自己的力量，就会完全不知所措。这种急于想要找到安全港的心态，追求绝对威神力的欲望，就是一种恋慕之情。

众生见劫尽，大火所烧时。我此土安隐，天人常充满。园林诸堂阁，种种宝庄严。宝树多花菓，众生所游乐。诸天击天鼓，常作众伎乐。雨曼陀罗花，散佛及大众。

“以凡夫众生的肉眼所观见的这个地球现在这种状态的时代结束后，整个世界就会面临大火所烧的命运，然而佛之国土却仍然安然无恙，天上的天人、世间的众生，皆来云集，比邻而居，天天过着快活的日子。在佛之国土中，有花团锦簇的庭园，有郁郁苍翠的林木；雄伟的建筑物比邻矗立，并装饰着种种光彩夺目的宝物；树上绽放着绚丽斑斓的花朵，长满丰盛的果实，在此宝树下，众生每天嬉戏，过着无忧的生活；天人们常击天鼓，经常演奏悦人的天乐；曼陀罗花如雨般地自天而降，洒落在佛及众生身上。此世界安和乐利、美轮美奂。”

此中的“劫”字，非指时间的计算单位，乃指时代。在古代的印度，认为天地万物形成并持续的现在这个时代一旦结束，一切万物将会毁灭殆尽，新的时代就会接着来临，这种情形称为“劫尽①”。

就算这种时代来临，佛的国土也不会面临被火烧尽的命运。佛的世界就是这种安和乐利、美轮美奂的世界。

这种情境，“以众生眼所见的世界，处处充满着痛苦；然而以佛眼观见之世界，则是处处充满祥和。”并且，透过正确的信仰，完全净化

① 在古代的印度，婆罗门教认为世界应经历无数劫，一说一劫相当于大梵天之一白昼，或一千时，即人间之四十三亿二千万年，劫末有劫火出现，烧毁一切后，再重新创造世界。

了自己内心的人，一边住在五浊恶世的娑婆世界，也能同时住于佛之国土。因此，此中所描述的净土景象，所指的乃是依照信仰而使心灵得到净化的内心世界。

肉体乃属于“物质”，所以必然会变异。像世尊那样得到无上大成就的觉悟者，其现世的肉体亦于八十岁时消逝于此世上。还有，支撑着我们日常生活的种种日用品、金钱，均属“物质”。这些物质都是无常的，都是具变异性之物。现在即使拥有，但不知什么时候会消失。名利、地位也都是无常之物。

娑婆即寂光土

可是，若是心灵真正得到宗教的净化，不管由物质所构成的外在世界如何变迁，精神则依旧祥和安逸，身心始终保持愉快。随时随地，宛若置身于动人的花海、妙音之中。像这种法喜的心灵境界，如上所述，亦可比拟为极乐世界的绝妙境界。

> 我净土不毁，而众见烧尽。忧怖诸苦恼，如是悉充满。是诸罪众生，以恶业因缘。过阿僧祇劫，不闻三宝名。

“依佛眼所见之此世界，并未为火所烧、所毁灭。可是，依众生眼所见之此世界，却是被大火所烧，处处充斥着不安、恐怖、苦恼之世界。这些罪业深重之众生，因于过去世累积了无数恶业之故，甚至经过了无量劫的漫长岁月，仍然无法听到‘三宝’之名。”

罪

所谓罪业深重之众生，不见得只是单指“曾造诸恶业者”。如《序品第一》中“诸法无我”的标题下所曾述及的，佛教中所谓的“罪”，乃指停止使自我人格向上精益求精的脚步，或者是停滞不前，或是走回头路。也就是说，使自我内心澄净，为世人、为社会创造幸福，乃是人类应行之路，不努力于自己分内所应该做的事，这就是“停止使自我人格向上精益求精”的行为。此乃消极的“罪”、“恶”。

更何况，使他人痛苦，陷他人于不幸，夺人财产，发动战争，互相残杀等等，诸如此类行为都是阻碍人类向前迈进、向上发展的行径，因此不必赘言，这些都是天大的罪恶。此亦可说是积极的“罪”、“恶”。

只要累积这种消极的、积极的恶业罪行，又不造善因，则不可能得到善果，纵使经过千年万年，既无缘值佛出世，亦无缘听闻佛法，亦无法成为佛的弟子，这就是“不闻三宝名”的意思。

三　　宝

此中所谓的“三宝”，乃佛教徒心灵上所应依恃之三种宝贵的精神依靠。此乃释迦牟尼佛于成道后不久，开始传法之际，对弟子们所开示的法要。因无上宝贵之故，所以称为“三宝”。就是“佛”、“法”、“僧”。

所谓的精神依靠，回忆一下本章前面“自灯明、法灯明”标题下之所述之教说。“自己做自己的灯明，自己做自己的依靠。”这句话能够为我们带来无比的力量，鼓舞着人心，带给人类莫大的信心。但这个自己，绝对不是一个充满“迷惘”的自己，而是依靠“法”去生活的自己。我们必须应用这个“法”燃烧自己，照亮别人，使世间处处充满光明。换言之，必须依靠自己的毅力与努力，度过种种艰难。但是这种求生求存之道，必须落实于遵循“法”的原则之下。

然而，这个“法”乃囊括世间一切“真理”以及“宇宙法则”，因此对凡夫而言，实在有点难以领悟出此实相之精髓所在。因为难以捉摸，所以要将此精神支柱，真正落实于身心修行上以及实践在日常生活中，总让人觉得不知该如何去依靠。

于是，世尊为使凡夫众生能够理解这个“法”的精髓，将其分为三种来解释。

"佛"——想必大家已经相当理解,在此应无必要再详说。

"法"——佛陀的教说称为"法"。

"僧"——自古以来,此字之意一直被错误地流传。这话怎么说呢?现在所谓的"僧",一直只被限定于和尚的意思。当然,如前面解释"与众僧一起"时所说的,是指佛法的信仰者,多半表示"人"的意思。但是此"僧"字之字源,原是表示"信仰教团"。也就是说,"僧"字乃"僧伽"之略称,而所谓的"僧伽"在梵文里的意思,是指"紧密结合"。世尊将其弟子,也就是共同追求佛道的伙伴所构成的团体,命名为"僧伽①"。

对凡夫而言,离群索居,独自求法、修行,是极为困难的事。这种修行方式往往容易造成懈怠,或是误入邪道。

然而,若能与众多怀抱共同信仰的人,携手共同组织一个修行团体,便可以在修行道上相互切磋,交流学习心得,相互告诫、相互激励,这样便能在修行道上走得平平稳稳。所以,世尊教示我们须以"僧伽"作为精神依靠,其道理便在于斯。

因此,可以成为我们一切精神依靠的,就是皈依此"佛"、"法"、"僧"三宝。也就是说,以"佛"、"法——佛之教说"、"僧——抱持共同信仰的教团"作为心灵依靠的话,便能够切实无误地实践正法于日常生活当中。正因为如此,身为佛教徒的我们都要皈依"三宝"。

可是,恶业深重的众生,不能听闻到三宝之名。也就是说,值佛

① 僧伽:梵语 saṅgha,略称僧。意译为和、众,乃和合之意,故又称和合众、和合僧。又取梵语与汉语合称为僧侣。为三宝之一。广义而言,僧伽包含在家众在内之佛教教团全体,即指信受如来之教法,奉行其道,而入圣得果者。亦即出家剃发,从佛陀学道,具足戒、定、慧、解脱、解脱知见,住于四向四果之圣弟子。或指信受佛法,修行佛道之团体。盖如来成道后,首至鹿野苑,度阿若憍陈如等五比丘,为僧伽之滥觞。在中国,则一人亦称为僧,且僧之名与出家"沙门"同义;而"僧"者,在三宝中被称为僧宝,均以比丘为主,然亦有指比丘尼者。若比丘、比丘尼合称,则称为僧尼。

出世的因缘浅薄，当然是不用说的；甚至连听闻佛法、得到有共同理念的道友，以及进入佛教教团，都是非常困难的事。

诸有修功德，柔和质直者，则皆见我身，在此而说法。或时为此众，说佛寿无量。久乃见佛者，为说佛难值。

此段文意浅释如次：

觉知自己造诸恶业，而洗心涤虑，发愿追求正法。“为了利他、裨益社会，在修行功德上下功夫，并且性情柔和、正直的人，当下便能见佛，能在佛陀说法会上见到佛陀。佛对待这些人，有时说：‘佛之寿命久远无限，佛之存在乃为不生不灭、无始无终。’然而，佛对那些经过漫长岁月，好不容易才有机会听闻佛法，但在修行层面上仍未大有进展的人，则说：‘佛法难遇难求，慎勿放逸。’”

我智力如是，慧光照无量。寿命无数劫，久修业所得。汝等有智者，勿于此生疑。当断令永尽，佛语实不虚。

前半段之意为“佛之智慧功德力，如此地广大无边，其智慧的光芒照见无量众生。并且佛之寿命无量，乃久修善业、累积无数功德所得之寿命。”

所谓“慧光照无量”，就是佛的大威神力能度尽一切众生之意。

这种场合中所指的佛，并非指久远实成的本佛；此中所要强调的是，释迦佛出现于此娑婆世界，其于因位修行菩萨道时的寿命，早已是无量久远。

其后半段的意思为：“一心追求真正智慧的众生，对佛之智力、慧光、寿命，不生起任何疑念，并且应断尽心中一切妄想执著。佛善巧地用方便法门而说灭度，事实上，佛为了度脱众生，时时刻刻遍一切法界。佛说的这一切法语，都是真实的、无半句虚言”。

如医善方便，为治狂子故。实在而言死，无能说虚妄。我亦为世父，救诸苦患者。为凡夫颠倒，实在而言灭。

“如方才所说的‘医子喻’中，为了治愈精神恍惚的孩子们，身为父亲的医师实际上明明没有死，却巧妙地运用方便法门，告知孩子们自己已经客死异乡。对这样的事情，没有人会责难父亲说了谎言。与此相同的道理，佛取灭度，绝非虚妄。我亦身为世间大慈父，身负度脱世间众生离苦得乐之重责；随时陪伴在受苦众生的身边，欲去其苦难。但是由于凡夫的心颠倒，所以实际上我一直都在众生身边，却刻意告诉他们即将入灭，即将离开此世间。”

“我亦为世父”这句话，真的是非常令人感动，此中洋溢着佛之无限慈悲，而且能令人感受到一股纸笔无法道尽的无限温情，传遍我们的身，渗入我们的心。

以常见我故，而生憍恣心。放逸著五欲，堕于恶道中。我常知众生，行道不行道。随所应可度，为说种种法。每自作是意，以何令众生，得入无上慧，速成就佛身。

“若是随时都能见到佛的话，众生会心生骄慢，沉浸在五欲的享乐当中，为所欲为。所以修罗道的苦、地狱道的苦、种种恶道的苦患，就会出现于人生中。佛对众生的根性了若指掌，能清楚分辨出，如实地实践着佛道者与未切实实践佛道的众生。因此，适应众生的用心程度、修行程度，以最恰当的方法说‘法’。

但是，佛无论对任何众生，都不曾改变其原本慈悲之本怀。佛只是经常挂念着‘到底应该使用什么方法，才能引导一切众生进入佛道？到底应该如何，才能使一切众生尽快地到达佛的境地？’”

此中作为偈之结语：“每自作是意，以何令众生，得入无上慧，速成就佛身。”这一段话亦包摄着佛之甚深大慈大悲。此正是佛之本愿。

《寿量品》的说法，在此便告结束。如一再所述地，由于本品中世尊的教诲，我们才明明白白地得知，自己受到久远实成本佛之大慈大悲所启发，这种启发性的自觉，已不可动摇地屹立于我们的内心深处。

只要经常保有这一份自觉，我们的人生必然是充满光明，不躁进，而且人生态度必然是积极并且充满着勇气。

分别功德品第十七

由于《如来寿量品第十六》中的详述，使我们已经很清楚地了解，佛随时、随处都与我们同在。清楚地深信这一点，我们的内心自然就会有所转变，渐渐能体悟出生命的真理以及人生的奥妙。

在尚未进入真正信仰境界时，对人生没有正确的理想，无法怀抱坚定的信念与希望，所以心很容易笼罩在晦涩不安中。

当然，也不能说，没有信仰的人就一定个性不开朗、必定对自己没有信心，或是对人生全然地不抱任何希望。这是因性格、境遇、年龄等之不同而因人而异的。这些人当中，也有人以一种漫无目的的态度，过着信心满满的日子。但是，这些人所拥有的自信与希望，其实是虚无飘渺的；其对人生的豁达态度，一点也不可靠。因为只要一旦遭遇任何不幸，那些自信、希望立刻成了梦幻泡影。

也有一些人，对任何事情从来不深入探讨，甚至对自己为什么活在世上，亦从来不加以深思；过一天算一天，对生涯没有计划，对世间一切事物均抱持着事不关己的态度。这种人大多都对社会、对家人没有任何使命感，甚至对自己本身都是不负责任的人。像这种人的人生，姑且算是一种幸福吧！但是，这种生命态度，乃违背了"诸法无我"的真理。只追求个人幸福的人，并无法累积任何善业，其生命可以说是毫无价值可言，只是个醉生梦死的人。

然而，真正拥有信仰的人，因内心澄净明澈，其怀抱的理想绝对不会像泡沫般地瞬间消失，不会盲目地追求一个虚无飘渺的梦想。其所拥有的自信与希望，与其对人生豁达开朗的态度，乃稳固地扎根在甚深信仰的基础上。其信心来自于深信佛随时、随处守护着自己，自己的佛性将会得到启发。因此而活得安稳、有信心，这种信心非常坚定，不会轻易为水、火、刀刃所击碎，遇到任何困难皆可从容不迫地面对。

到达这样的心境，我们的人生当然会有显著的改变。心境改变的人，其人生不可能不随之改变，并且必定会有很大的转变。此乃“信仰改变心境，心境改变人生”。此则称之为“功德”。因此，信仰有功德乃是确然之事。

所谓功德，并不只是浮现于心灵层面，亦会显现于肉体上以及物质生活上。毕竟人的心、人的肉体，以及人生活上所必须的物质，各各都具有相应的关系，心境改变的话，肉体、物质生活也会改变，都是理所当然之事，没有什么值得稀奇的。因此，只肯定心的功德，却否定肉体、物质方面的功德，那是完全不合道理的。

最近医学界在这方面的研究亦大有斩获。“身心医学”已被视为最新的医疗方法。一直被人类认为与心灵毫无关系的疾病，诸如眼疾、皮肤病、心脏病、高血压、荨麻疹、气喘病、妊娠反应、女性的异常性经痛等等，这些疾病的原因，事实上都与精神作用有着非常密切的关联，并且在临床实验上都已得到确切的证实。

尤其是肠胃方面，最容易受到精神压力的影响。像胃溃疡，因为喝酒或是抽烟所造成的伤害，远不如因为长久的心情紧张、情绪不稳定所带来的影响来得大。更有趣的是，盲肠还有“失望盲肠”之别称，因为根据医师们的统计，在入学考试、重要比赛一结束，紧张的心情一放松，就很容易引起盲肠炎。

心态的转变，有助于身体疾病的治疗，正因为人的身体是色心不二(肉体与精神是不可分的结合体)，所以这也不是什么特别的事。在我个人的经验中，曾遇到一些弯腰驼背、拄着拐杖的老人家，在听闻几句法语后，却居然能够挺起长年以来无法伸直的腰杆，直挺挺地站起身来走着回家。其实在我们的周遭，这种实例是屡见不鲜的，我们绝对不会视之为奇迹。这只不过是一件必然的事而已。

再者，进入信仰生活，由于心态的转变，纵使在金钱与物质方面渐渐左右逢源，这也不是什么特别稀奇的事。心态有了转变，自己对生活、工作的态度随之改变，也是必然之事。依照这种转变而将人生的方向盘，驶向明灯所照之处，这些都是非常自然的现象。

彻底深入真正信仰核心的人，不仅仅能够靠自己的力量改变自己的人生，而且将给人一种焕然一新的感觉。个性变得豁达开朗，对人生充满自信，而且人生态度也会变得非常积极进取。这些都会自然地流露在其脸上、言行举止上以及待人接物上。关于这些改变，周遭的朋友必然都会另眼相待。在其身上自然会散发出一股令人难以抗拒的魅力，并给人一种强烈的信赖感。因此，事事顺心，工作进行顺利，物质生活渐至佳境，这都是极其自然的演变趋势。

这些都是来自正确信仰而获得之功德力，所呈现的自然转变。因此，当这些恩赐出现时，不必讶异，只要恳直地虚心接受即可。亦无须拘泥于固有成见，坚持“信仰应着重于心性问题，不应要求任何功德。因为有所求的信仰，会流于契约式的低层信仰”。虽然有所求的信仰，其用心不善，然矫枉过正，亦容易失之中道，易落于执著的陷阱中。

即便这么说，事实上，抱持这种想法和观念的人，也是相当罕见的。另外还有一种“著相的信仰者”则为数不少。这类的信仰者，可以说不是把现世利益当作“报偿”，而是一开始就是别有“目的”，才走进信仰的。

大体而言，会走入宗教信仰的人，多半是受到某种挫折，或是遇到一些无法解决的烦恼，因想要解决这些烦恼而求救于宗教，是非常自然的行为，对此亦无须太过自责。但是，念头中若是一直抱着希望宿疾得愈，一心想要摆脱财务上的困境等这样的“目的”，反而会成为禁锢自己的枷锁。因为，心中被“病苦”、“财务周转”的烦恼所牢牢牵制。

以这种现世利益为目的而进入信仰的人，因为对佛陀并未完全深信之故，很容易就会迅速退转。只顾及眼前利益的人，若不能及时看到明确的功德利益，对教义就会立即心生疑惑，感到厌倦。

由于每一个人过去的宿业不同，即使进入正确的信仰，心也已经洗涤清净，无有染著，虽然也能为利他、利益社会一心一意地勤行菩萨道，但由于业障深重、宿业未灭尽之故，所以有些人在现世当中，无法明确地得到功德利益。

然而，真正相信佛陀无量寿命的人，便能够很有信心地确信自己的佛性是本来具有的，并相信此一自性佛性是恒常不变的，因此确信"只要能在此道上向前迈进，业障必定能够灭尽，然后一步一步地慢慢接近佛的境界"。有了这样的信念，其信仰生活必当非常充实而圆满。

因此，纵使宿疾未见明显的疗效、物质生活仍然不是很充裕，其心仍然能够悠然自得。即便从他人的角度来看，这个人明明深受着痛苦的煎熬，但就其本人之内心而言，其实已确实得到解脱，不以苦为苦，这才是真正信仰者本有的心态。

综上所述，所谓的功德，如《如来寿量品第十六》中所教示的，拥有一颗质直、柔软的心，是非常重要的；不要把现世利益挂在心头上，只是一心一意地观想佛即可。觉悟自有佛性，与佛成为一体，完完全全依照佛陀的指引，虚心实践即可。当此果报之功德，真正地改善了现实生活中的生活品质之时，虚心恳切地接受即可。此乃是因为所思、所行与真理相契合，所呈现出来的自然体现。

有关此"功德"之说，在后面的《分别功德品》、《随喜功德品》、《法师功德品》的三品中，各有说明。先将以上所述"功德"之根本意义牢记在心，应以此心得来读后面的三品。

此《分别功德品》当中，将确信佛陀无量寿命所得之功德，分为十二项说明；并且亦详尽地介绍有关正确信仰生活之可贵。而此品所呈现的功德，并非所谓的现世利益，主要是阐明有关信仰者心性方面的功德。因此，对佛法还不是很清楚的人来说，也许有点难以领悟，但是此中所说之功德，对于已经读诵《法华经》到这个程度的我们来说，真的是特别宝贵。

那么，且让我们进入此品经文吧！

因《如来寿量品》的教说，无量众生们因得知佛陀的寿命无量，以及佛常在世间随时、随处引导一切众生，而使众生得获无上利益（大饶益）。这是什么样的利益呢？这个利益，就是确信自己时时受到佛的启发、守护、引导，而品尝了甚深法喜的功德利益。

当此之时，世尊对众菩萨之上首弥勒菩萨示说，有关深信佛陀寿命无量者所得之信解功德，将分成十二个阶段说明如次。

无 生 法 忍

第一项："六百八十万亿那由他恒河沙众生，得无生法忍。"

所谓"无生"，即为"无生死"之略语。"生死"，是为生灭、变化之意；所谓"无生法"，是为一切万物不生不灭之意。所谓"忍"，就是忍耐的忍；确实到达某一种境界后，不会轻易地受到外界影响而有所动摇。这就是"无生法忍"的境界，也是信解佛之寿命无量的第一种功德利益。

总括而言，真正相信佛之寿命不生不灭者，将不会因身处逆境或是社会变迁而轻易地受到影响，因此心情不会激动地上下起伏很大，不于喜、怒、哀、乐中摇荡不定；得到真正信仰的人，其精神状态将从漂浮不定的浮萍，转变成坚固的磐石，不会因表面变化而轻易动摇；对自己的人生信心满满，而且此信心不会犹如昙花一现般地短暂，将会持续一生，坚定而不退转。

闻持陀罗尼门

第二项："复有千倍菩萨摩诃萨，得闻持陀罗尼门。"

此中所谓的“千倍”，与后面出现的“一世界微尘数（将一个世界碎为粉墨之数目）”、“三千大千世界微尘数”、“二千中国土微尘数”、“小千国土微尘数”、“四四天下微尘数（将须弥山四方国土的世界乘上四倍，此四倍的国土世界碎为微尘之数目）”、“三四天下微尘数”、“二四天下微尘数”、“一四天下微尘数”、“八世界微尘数”等等，都是一样，纯粹只是表示很大的数字，无须对这些数字严密考究。

所谓“陀罗尼门”，与后面即将出现的“总持”之语同义，就是“止恶扬善之功德力”之意。所以，所谓“得闻持陀罗尼门”，即是因得闻佛法，心境转变，而得到“止恶扬善之功德力”之意。当然，此功德力不仅仅是自己得益而已，亦会扩及周遭的人，此乃菩萨与凡夫众生不同之处。

乐说无碍辩才

第三项：“复有一世界微尘数菩萨摩诃萨，得乐说无碍辩才。”

无量菩萨“得乐说无碍辩才”。所谓“乐说”，即欢喜自在地演说佛法。既不是被人命令、胁迫，亦不是因为责任义务而说法，也不是因为企图得到拥戴，当然更不会是贪图某种利益。说法，正是因为心生法喜，自愿而说。这可说是弘法者的最高理想心境。

所谓“无碍”，即无有障碍物之意。就算被人嘲弄、讥笑、非难，或者是遭受迫害，不会因此而沮丧，反而更加百折不挠地宣扬佛法。所谓的障碍物，不只是指外在的胁迫，也包括内在的障碍物。大部分的人在有钱有闲的时候，都能兴致勃勃地力劝他人听经闻法，但是一旦没有充分的金钱与闲暇时，就会显得意兴阑珊，或是出现无力感，而无法再去关心他人，这就是被自己的心、环境所障碍。

然而，达到真正信仰的人，即使自己的生活并不宽裕，即使自己的身边仍有一些令人忧心不已的事，这些都不会成为妨碍菩萨行的障碍物，仍能持续不断地广宣流布佛法。

“无碍”这句话中，除了“不为外在与内在的障碍物所征服”之意以外，还有“持有打破众生固有成见之能力”之意。对于教义一点也不感兴趣而不愿来信受的人，或者是带着歧视眼光或心怀偏见的人，或者是即使专心地听讲却总是无法领悟的人；菩萨行者能够令这些人打开心扉，真诚地信仰，使他们领悟、理解。具有这种辩才无碍的能力，才能说是理想的布教者。这种说服力称为“无碍”。

所以，所谓“得乐说无碍辩才”之意为，总是以欢喜心为人解说正法，不屈服于外在与内在的障碍物，具有说服一切众生的能力。

旋陀罗尼

第四项：“复有一世界微尘数菩萨摩诃萨，得百千万亿无量旋陀罗尼。”

又有无量菩萨摩诃萨，得无量“旋陀罗尼”。所谓“旋”，“旋转”之意。将止恶扬善之功德力——陀罗尼，从太郎传给次郎，再从次郎传给三郎，再从三郎传给花子，得到这种根本功德力，可以将佛法无限循环地传承下去。无量菩萨在布教、传法方面，具有如此无限伸展的原动力。所以，可以说是无上功德。

转不退法轮

第五项：“复有三千大千世界微尘数菩萨摩诃萨，能转不退法轮。”

又有无量菩萨“能转不退法轮”。前面《化城喻品第七》的有关章节中也曾说过，所谓“转法轮”，犹如车轮滚动，无止境地将佛法传承下去。因此，所谓“转不退法轮”，即乃无论遇到任何障碍、困难，绝对不会退怯，仍能处变不惊，继续宣扬佛法。

转清净法轮

第六项：“复有二千中国土微尘数菩萨摩诃萨，能转清净法轮。”

又有无量菩萨“能转清净法轮”。也就是说，菩萨们完全不求回报，只为佛法的薪火相传而说法，能以这样的清净心行持菩萨道。这对凡夫而言，虽然有些困难，但信仰心已经非常坚固的人因为内心已然得到净化，自然能以清净心行持菩萨道。

第七项：“复有小千国土微尘数菩萨摩诃萨，八生当得阿耨多罗三藐三菩提。”也就是说，有无量菩萨，经过八次轮回转世与修行，而证得无上佛陀果位。

第八项：“复有四四天下微尘数菩萨摩诃萨，四生当得阿耨多罗三藐三菩提。”第九项：“复有三四天下微尘数菩萨摩诃萨，三生当得阿耨多罗三藐三菩提。”第十项：“复有二四天下微尘数菩萨摩诃萨，二生当得阿耨多罗三藐三菩提。”第十一项：“复有一四天下微尘数菩萨摩诃萨，一生当得阿耨多罗三藐三菩提。”

又有无量菩萨，依其修行功德的不同，有些菩萨需再经过“四生”，有些菩萨须经“三生”，有些菩萨须经“二生”，有些菩萨只须再经“一生”的轮回转世与修行，便可以到达佛陀的境界。

第十二项：“复有八世界微尘数众生，皆发阿耨多罗三藐三菩提心。”也就是说，其他无量众生得知佛之寿命为不生不灭，皆发菩提心，愿证无上正等菩提。

以上所述，乃因确信佛之无量寿命，所能得到的十二种功德。简而言之，此乃喻示着此十二种功德具有一种力量，只要根本信仰确立了，将会有一股莫大的力量，源源不断地倾泻而出。这股力量不仅能够使自己的信仰越加深入、坚固，更能将信仰扩及他人。若能彻底贯彻此一信仰，保证我们必能获得此最大的功德，总有一天一定能够到达佛陀最高境界。

当然，到达佛陀境界，路途艰辛，非比寻常。方才也说过，有些菩萨，仍须再经八次轮回转世与修行才能到达。更何况，凡夫身的我们，要到达佛陀境界，还需再经多久的岁月呢？还需再付出多少的努力呢？实在是无法得知。

但是，有了正确的信仰，只要再加把劲，总有一天必定会到达彼岸，这样明确的功德，为我们人间凡夫带来莫大的希望。只要有此希望，我们的人生就会变得很有意义，很幸福。

人的一生当中，一直都在计较着金钱上的得失，以及徘徊在情感的得失之间。得到高官厚禄后，就妄想要长期占有，却不知道只要稍不留神，犯了一点小小过失，就有可能于一夕之间失去。一心望子成龙，含辛茹苦地养儿育女，孩子却不幸遭受意外，猝然丧子。人的一生犹如戏曲，幕起又幕落，喜乐、哀恸、悲伤一幕又一幕，虚虚实实、实实虚虚地不断重演，不知不觉地，一生便浑然过去了。纵使自己的一生过得非常的充实，当死亡来临的那一瞬间，蓦然回首自己的一生，一定会有一股寥落的空虚感涌上心头。

然而，人的一生中，痛苦、喜乐、悲伤不断地重复交替，若能有一个坚强可靠的信仰，可以强有力地支撑其人生的话，即使外表上看似载浮载沉、悲欣交集的样子，只要能充满确信的希望，继续在佛道上精进，无论多么痛苦的生涯，即便是还需要度过四生、八生的轮回转世，在这样漫长轮回的旅途上，仍能以轻松愉快的脚步行进。

我们并不是这一辈子结束之后，便一切告终。于来世、再来世还要投胎转世，还会同样地天天为日常生活中所发生的点点滴滴而喜怒哀乐。若能明白地认清此一事实，光一想到这一点就足以令人厌烦。内心必定发出呐喊："够了，我已经受够了！"然而，世间上的人大部分并未能觉悟这个道理，所以，纵然已吃尽苦头却仍然执迷不悟，于来世、再来世不断地承受相同的痛苦。若能转世投胎做人，那还算幸运，若是投胎到恶趣（地狱、饿鬼、畜生、修罗）的话，那就更惨了。

一个已经得到真正信仰的人，时时刻刻为接近佛之境界，一步一步，脚踏实地努力不懈，所以，纵使这段旅程有多么地漫长遥远，绝对不会心生厌倦，也不会失去兴致。始终怀抱希望，能够活得充实。正因为如此，也可以说只有佛教徒才能获得如此殊胜之功德。

而且，真正的信仰者所应努力的方向，不是以自证佛陀果位为目的，而是应经常努力于尽可能地带引更多的众生进入信仰。因此，信仰者越增加，整个人类越能往进步的方向前进，整个世界越能接近寂光土的理想境界。

此处经中所分别详说的十二种功德，其精髓应可归纳为上述概要。

让我们再继续来探讨下一段经文：

> 世尊说完诸菩萨因确信佛之无量寿而得到无量功德利益之际，虚空飞舞着白莲花（曼陀罗华）、大白莲花（摩诃曼陀罗华），自空而降，散落在来自十方世界，云集于此，坐于师子座上的诸佛身上；并散落在七宝塔中的释迦牟尼佛身上；以及不久以前已经灭度，为证实释迦牟尼佛所说的教义为真实不虚而出现于世的多宝如来的身上。不仅如此，亦散落于一切诸大菩萨的身上，以及四部众（比丘、比丘尼、优婆塞、优婆夷）的身上。

像这种以洒鲜花的方式表感恩心的习俗，源自古老印度，据说至今仍沿袭着这个传统。所谓天降花雨，乃象征着天界的天人们，亦对佛说的法献上鲜花以表感谢之心。还有，不仅对佛洒鲜花，连菩萨们以及四部众的身上亦洒鲜花，这表示不仅开示佛法的佛是尊贵的，连听闻佛法的佛弟子们也都同等的尊贵。我们这些人，于专心一致听闻佛法、实践佛法之际，就算不能亲眼看见天降花雨，亦应观想白莲花、大白莲花自空而降，飞舞着飘落在我们身上的情景。

> 还有，带着典雅香味的栴檀、沉水香等，如雾般地下降。于虚空中，天鼓响彻着深远、微妙的鼓音。

当然，此亦为称扬佛法的方法之一。

并且降下种种天衣,垂下各式各样镶着金、银、玉之璎珞。于镶满宝物的香炉上,点上价值连城、极为名贵的香,此香自然地周遍于大会的每个角落,以香供养列席大会的每个人。

所谓供养,与前面所说的一样,也是表示对佛陀、对佛法的感谢之情。

诸菩萨众们,手持天盖①遮覆在每一尊佛的身上,为歌颂佛之功德,而高高地扬起幡旗,这些幡旗一个接一个地连结,直至天上。这些菩萨们以清晰嘹亮的歌声,演扬无数歌曲,赞叹诸佛。

这些菩萨们的队伍长列直至天上,此乃表示佛之教说,遍满整个宇宙所到之处,度脱着一切有情众生。

此时,弥勒菩萨从座起身,偏露右肩,合掌礼拜世尊,而说偈言:

世尊现在已为我们解说,佛之寿命不生不灭,佛遍在一切法界,随时、随处陪伴着我们。这种稀有难得之法,自古以来闻所未闻。由此教说,使我们确切觉知,佛陀乃是一位具有度脱一切众生威神力的真正觉悟者,其寿命之久远无法计算。我们这些佛弟子们都已彻底明白,只要能将世尊所说过的法,试着应用在自己身上,总有一天必定会到达佛之境界,因此全身能感应到法之喜悦。

弥勒菩萨以此作为开场白,反复地歌颂世尊分别所说的功德。若是已经了解前面长行之内涵,便能轻易理解偈中意义,在此只列出比较特殊的名相作解释。

---

① 天盖:盖,原为印度作为防日遮雨之器物,后世乃以圆筒形丝帛制品高悬于佛像顶上,或悬于说法者高座之上,而成为佛殿之庄严具。僧侣行道时,亦使用长柄之天盖,例如中国求法僧玄奘于西行时,即曾用之。此外,密教行灌顶时,例如三昧耶戒坛、金刚界大坛、胎藏界大坛等,均需设置天盖。

“住不退地”，为“无论遇到任何困难，坚定不移地住于不退转的境地”，此义同“得无生法忍”。

“旋总持”，义同“旋陀罗尼”。

“一切智”，指佛的智慧，得一切智，就是指到达佛之境界。

“发无上心”，就是发愿求无上道，希望到达佛陀证悟的境界，义同“发阿耨多罗三藐三菩提心”。

“释梵如恒沙，无数佛土来。”就是帝释、梵天等诸天无数善神，从宇宙中种种国土云集于此，一同供养佛。

“一一诸佛前，宝幢悬胜幡。”所谓“胜幡”，于前面《授学无学人记品第九》中亦曾说明过，就是婆罗门教的沙门于宗论激辩获胜时，插在门前表示胜利之旌旗。此风尚盛行于当时的印度，变成生活化的一种习俗，所以很自然地出现于佛典中。总而言之，所指的是相信佛寿命无量，表示根本信仰已被牢固地建立。因为其根本原理乃超越一切教说之上，因此世尊开示此教说之时，来集于大会之诸佛面前都一一地插上胜幡。此乃证明此教说为无上法门之铁证。

将世尊所说的法复诵完毕的弥勒菩萨，便以“闻佛寿无量，一切皆欢喜。佛名闻十方，广饶益众生。一切具善根，以助无上心”作为偈的结束。

其大意为：“得闻佛之寿命为不生不灭的一切众生，各各欣喜无比。佛之名号响彻十方，广泛地将此功德利益普及更多世间众生，使世间众生因此功德而具备善根，此善根有助于完成根本大愿，是达成无上道之最大助力。”

此短短两行的偈言，可以说已完全涵盖《分别功德品》前半之精髓。弥勒菩萨对佛法的理解力，以及其阐述佛法时所展现的表达能力，是我们不可多得的最佳典范。

从《从地涌出品第十五》后半，《如来寿量品第十六》，至《分别功德品第十七》的前半为止，也就是刚刚所述的偈言为止为本品之前半。此“一品二半”为本门的正宗分(教义核心)。自古以来,此“一品二半”不仅是本门思想的核心,也被认为是《法华经》全文的核心,更被日莲圣人推崇为一切经典的精髓所在。

为什么会如此重要?因为信仰中最重要、最大、最核心的问题,也就是“信仰对象”,在此“一品二半”中,彻底地探讨这个最核心的问题,明确地阐明了我们的信仰对象。此说在《如来寿量品第十六》中亦曾述及。

因此,《分别功德品》前半中所教示的,也就是所确立的信仰对象,在我们的信仰生活中扮演着多么重要的角色,给我们带来莫大的功德利益。

而此后之各品,乃至《普贤菩萨劝发品第二十八》为止,是为“流通分”,其中所主要阐述的有两点,其一为“持正确的信仰,会出现什么样的果报”。其二为“持正确的信仰,应注意之事项”。然后,“将正确的信仰,广为流传于后世”。这便是“流通分”中世尊嘱咐我们的任务。

《分别功德品》前半的正宗分中所教示的功德,是属于信仰上的功德。即使进入“流通分”后,也就是《分别功德品》后半,以及《随喜功德品第十八》前半为止,所提的功德也是属于这种信仰上的功德。可是,后半以后所说的,便是经常出现在我们日常生活中与自己非常切身的功德。

流通分的重要性

然而,可能有些人会认为信仰是不必讲求功德的,只要彻底学习《法华经》核心的此“一品二半”,完全地领悟其中精髓,如此便足够了。也就是说,完全相信其中所说的佛之无量寿,就能由衷地相信我们的自有佛性,这样就可以了。

如果可以完全彻底地做到,那也无妨。可是事实上,可以达到完全无所求、完全纯粹的信仰，这个几率可能是万分之一也可能是十万分之一的比率。总之，理想归理想，现实问题当中，这种机率微乎其微。

面对着内心苦闷、满腹牢骚的世间凡夫，只是一味地描述理想境地，只会让这些活在苦海里的众生觉得这些理想境地是遥不可及，永远难以企及的世界。所以，还是要涉及较切身的问题和切合实际日常生活的实例，才能令人真正感受到此教义的真实性、实用性。此为“流通分”第一个所要把握的重点。

再者，凡夫心往往很容易松懈。即使已经非常清楚教义的可贵，但只是理性上知道而已，懈怠心会在不知不觉之间生起。然而，若是经常读诵经中所说的“以正确的信仰去身体力行，现实生活便能够往更光明的方向前进”。这样一来，已经稍有松懈的信仰心，便能立刻示以警惕作用。此为“流通分”第二个所要把握的重点。

再者，佛陀将“广为流传此教说”之重任，委托在我们这等人身上，连我们这些人都能得到佛陀的信任，真是无限之感恩。每每于礼诵佛所说的这句话，觉知了佛陀慈悲的真正用意，便能使我们得到莫大的激励，使我们奋然涌起勇猛的精进心。此为“流通分”第三个所要把握的重点。

总而言之，此娑婆世界一万个人当中，就有九千九百九十九位凡夫，“流通分”对娑婆世界的凡夫而言是不可或缺、非常宝贵的教说。全然了解这个道理，不起增上慢心，必须以谦虚的态度，和学习正宗分时一样地认真投入。

接着，开始进行后半经文的解释。

尔时，佛告弥勒菩萨摩诃萨：

阿逸多！假如有人听闻佛之寿命为无量，能生一念之信解，其所得之功德无有限量。

假若有善男子、善女人，为得阿耨多罗三藐三菩提，于八十万亿那由他劫中,行五波罗蜜——布施(檀波罗蜜)、持戒(尸罗波罗蜜)、忍辱(羼提波罗蜜)、精进(毗梨耶波罗蜜)、禅定(禅波罗蜜)。此中并不包括智慧(般若波罗蜜)。此累劫累世行持五波罗蜜所得之功德,比起对佛寿命之不生不灭,于一念间生信解心所得之功德,根本无法相提并论。其功德既不能及其千万亿分之一,亦无法用算数、譬喻来形容。因为其所含价值的性质全然迥异。

假若有众生得知如此功德,将不会于求阿耨多罗三藐三菩提之道中生退转心,也绝对不会有人会对佛之无量寿命有所疑惑。

对此段文意,若不留神,恐生误解。也就是说,《法华经》乃强调实践之经典,却说对佛寿命之不生不灭,于一念间生信解心所得之功德,远超过八十万亿那由他劫中行持五波罗蜜所得之功德。当然令人感到相当矛盾。

然而仔细再读,其功德之不同在于"算数、譬喻所不能知"。也就是说,其问题的性质根本就不同,所以,无法用价值观来比较。说得更浅显一点,一万块钱与一块钱都是表示金钱单位,所以两者可以进行比较;但"学问"与"一万块钱"是无法一比高下的。性质不同,根本不可能互相比较。

与此道理相同,行布施、持戒、忍辱、精进、禅定,是无上的修行法门,没错。但欠缺智慧(般若波罗蜜)的五波罗蜜,终究只能归类为一般的道德准则,或者是哲学性的逻辑思辨而已,只凭五波罗蜜无法得到真正的解脱,无法到达究竟涅槃之彼岸。此中所谓的智慧,并非指凡夫智,而是指佛智。以佛智为根本去行五波罗蜜的话,很明显,必定是圆满的宗教行为,也是到达涅槃彼岸之路。所以,这里明确地标示出不包括般若波罗蜜,其用意便在于斯。

一般伦理道德之善行,或者是哲学式的思辨,纵使历经几十年、几百年，努力实践，亦无法使我们到达究竟涅槃之彼岸。反之，仅仅一念间对佛之寿命无量生起无比信心，确信佛陀生生世世都守护在我们身边，并确信自己的佛性亦如佛一样地不生不灭，受到佛陀的启发与指引，时时活在这份自觉当中，当此一念生起的刹那，便能立刻飞奔至安乐的境地。

也就是说，前者是宗教范畴以外的一般世俗人的努力，并未具有宗教情操；相反，后者则是属于宗教范畴以内，其境界是宗教性的觉悟。因此，问题的根源与性质不同，根本无法互相比较。对前述之一切经意，始终无法领悟而深感遗憾者，若能领会出上述之真意的话，那么，对于“行持五波罗蜜所得之功德，远不及一念信解所得之功德的几百千万亿分之一”这样的文意，绝对不会觉得有任何言过其实之处，也应该可以体会出这是最真、最实、最恰到好处的措字遣辞。

四信五品

中国的天台大师为了使众生更易于理解《分别功德品》，而将其要点分为“四信五品”来讲解。

所谓的“四信”，就是佛陀为阐明《法华经》之功德，在《分别功德品》中对佛在世时之弟子，明示有关信仰方式的四种阶段，称之为“在世四信”。四信，即一念信解、略解言趣、广为他说、深信观成。

所谓的“五品”，就是佛陀对在他灭度后之弟子，明示信仰方式的五种阶段，称之为“灭后五品”。五品，即随喜品、读诵品、说法品、兼行六度品、正行六度品。

一念信解

“四信”中第一的“一念信解”，就是刚才所详说的对佛之寿命无量，于刹那一念间心生信解。此虽只是信仰的第一阶段，但其功德不可限量。

世尊以偈言重述之。偈中并无艰深文意,因此以通释浅说如次:

布　　施

有人为求证佛之智慧,于八十万亿那由他劫中,长期以来精行五波罗蜜。于此长劫中,无有间断地对佛、佛之缘觉弟子以及诸菩萨众,长期地布施、供养。比如说,布施奇珍异味之上妙佳肴、上等服饰与寝具;以芳香无比之栴檀树建造精舍法堂,供佛说法之用,并以花园、林木布置精舍之四周。于长劫中,一心一意只为弘扬佛道,而无有间断地行此等种种布施。

持　　戒

此人亦遵守佛制之禁戒,内心清净明澈,无有迷妄,无有缺漏,一心追求诸佛所赞叹之无上道。

忍　　辱

此人亦行忍辱行,与周遭一切事物均衡地取得调和,住在心无所争的柔和境地,就算来自周遭种种莫须有的恶事加害,其心亦不会因此而动摇。即使受到自以为对佛法已十分理解之增上慢者的轻蔑、骚扰,仍能保持平静心以待之。

毁谤正法的人,自己本身对佛法内容根本不了解,只知道一味地轻蔑正法,增上慢的人除了用这种卑劣手段捣乱正法以外,不可能有更好的办法。

精　　进

此人始终意志坚定,于无量亿劫中,长期地一心求法,无有懈怠。并于无量劫中,于寂静的空闲处,禅坐冥思,进入三昧。或以经行,一边漫步一边思索佛法,除了睡眠以外,都能收摄自己的心性。

禅　定

因以上种种努力的结果，得以进入禅定的境界，于八十亿万劫中长期安住于一心不乱的境界中，以此精神统一所得到的福德(持此一心福)，发愿登上佛之果位，愿以所得之一切佛智，进入所有禅定至极的境界(禅定际)，为达此一境界不懈地修行。

此人于无量劫中，行持五波罗蜜等种种功德，堪称人中翘楚。

在此有善男、善女，听到佛之寿命无量的教说，哪怕只是刹那间一念之深信，而生感恩的念头，此所带来的福德，远远胜过前述于无量劫中行持五波罗蜜者所得之福德。假若众生对此教说不生一丝疑惑，于须臾间生起一念之深信，无论是谁都能得到这种福德。

尤其是于无量劫行菩萨道的诸菩萨们，因为已经非常了解大乘佛教的精神，所以听到佛之寿命无量的教说，必当立即能够信受。

像这些人，信受此尊贵之教说后，便自然而然地志愿于未来，与佛一样地得到无量寿命以度众生。

就如现在的我，身为众释迦族之王，对法深信不疑，在道场中对大众说法无有畏惧，是一样的道理。这些精进修行的人，当起誓愿于未来世以导师的身份，受到一切众生景仰而亲临道场，亦同样地示说佛之寿命不生不灭的教说。

真正虔诚的求法者，大多是内心清净而个性率直(质直)。像这样的人，能听闻种种佛法(多闻)，能持有止恶扬善的力量，并能身体力行(总持)。诸如此等人物，不只是义解佛法，而且能确实领悟佛法的根本精神。这些人从未怀疑过我所说的一切法。

偈中“以回向佛道”的“回向”，是一个非常重要的佛教专有名词，必须特别加以解释。

回 向

“回”即“回转”，“向”即“转向”。“回向”即是将本来自己所应得之善根功德，回转给众生。

例如，读诵经典可以使佛法深植于心中、使内心清净。原本读经是为了自己成道所行之修行法门之一。可是，在祖先灵前读诵经典，便可以把原来自己可以获得的诵经功德回向给祖先，帮助祖先的灵成佛。因此在亡者灵前诵经，称之为“回向”。

但是事实上，“回向”并不只是针对亡灵。究其本来主要的意义而言，诵经功德回向给活在阳世的人亦无妨，其实回向给活着的人应该更具有意义。就是说，为全人类的幸福而诵经，把原来自己可以获得的诵经功德，“回向”给全世界的人类。

之所以然，回向是把自己最宝贵的法功德，布施予他人，比起金钱、物质的布施功德更大，可以说是完成大我、牺牲小我之最尊贵的行为，是布施功德中最大的一种。

在行金钱、物质的布施时，以有所求的念头行此布施，希望此功德回馈到自己身上，这种布施心是最下等的。一般布施心，就是希望能够给他人带来幸福。此布施能唤醒受惠者的佛心，此布施功德再回到佛法上，便成为普及佛法的机缘，以此念头而行布施，是为最上等。

因此，偈中示说“以回向佛道”，就是这个意思。

还有，在此有两个重点必须特别强调。

一个是，所谓回向，虽完全为“他”，但其功德最后还是会自然而然地回归到自己身上。

另一个重点是，对祖先的灵最大的回向，其实还是自己能够成才、成器。自己的所思所行能对得起自己的祖先，那就是实践菩萨道。没有比实践菩萨道，更能够光宗耀祖，使祖先的灵欢喜、安心。因此，不只是诵经或者是唱诵经题而已，必须时时留意在清净的念头之下，以及在力行实践上，净化自己，使自己向上，精益求精。

接着，世尊改变语调继续开示。

略解言趣

再者，阿逸多！假若得闻佛之寿命无量长远，能理解此话中所涵之重要旨趣的话，此人所得功德无有限量。此人能得如来无上智慧。

此之境界，比"一念信解"更加向前跨越了一大步。不只是短短刹那间对佛之无量寿的信解而已，而是对佛所说的重要教义，大致都可以理解。

因此，佛之寿命无量长远，便已表示着在我们需要的时候，乃至无论转世投胎到哪个世界，佛随时、随处一直在我们的身旁，时时刻刻为我们说法。我们本来具有的佛性，也是永远不生不灭，因此，我们只要虔诚信奉、行持《法华经》，总有一天一定会到达与佛同等之境界。只是我们一直被种种妄想执著的乌云所蒙蔽，所以无法察觉佛以其无量寿，一直督促着我们精进，因而心生怠惰。但是也不要轻易灰心，只要能拨开乌云，将妄想执著一个一个地去除，总有一天必定能够见佛，一定会到达与佛同等之境界。这样的境界也许历经一生、二生的修行也无法办得到，但我们身旁一直有佛相伴。既然我们已得知自己的佛性为不生不灭，便能够怀抱着勇气与希望，使我们永远走在精进之路上。不仅仅只是自己，世间每一位众生，都能以此共同理念，手携手、心连心向前迈进，那么，真正和平乌托邦的理想社会，便可能在地球上实现。

用这样的观念来理解“佛之寿命无量”，便能够从中体悟出，看似极其简单的教义中所包摄的重要意义，此乃接近佛智慧的第一步。信仰层次进入到这个阶段，天台大师称之为“略解言趣”。

接着，再继续浅释下面的经文。

广为他说

何况广闻此经，又能进劝他人听闻，自己确实用心行持又能教人受持，不仅自己书写又能教人书写，并且以花、香、璎珞、幢幡、天盖、香油、酥灯等等供养经卷，此人所得之功德无量无边，能证得佛果，具足佛之智慧。

这是比“略解言趣”的信仰层次更向前迈进一步的真实写照。也就是说，不只是对教义所含摄之真实意义有了相当程度的理解而已，还能进一步地精进，更广泛地听闻佛法，使法意更深植于心，能忆持不忘，并勤奋书写经典。而且，不仅自己亲身体验，亦劝导他人一同来实践。这就是“广为他说”的阶段。

“广为他说”的同时，并示说如何对经卷作供养。所谓供养经卷，乃是对经典所述说的教义，由衷地表达感恩之行为表现。此中所提到的无数高贵豪华的供养物、饰品之名称，当然也是表示以“物”表征感恩心之意。我们若有感恩的念头的话，禁不住就会想要以行为来表达。因此，以“物”庄严佛堂，对一个虔诚的信仰者来说，是一件极其自然的行为反应。

深信观成

阿逸多！假若善男子、善女人，听闻佛之寿命无量，而能深心信解的话，这些人则能看到佛常在灵鹫山，被大菩萨、诸声闻众所围绕，而为他们说法的情景。还能见此娑婆世界道路平坦，皆为琉璃所作，以黄金为界，奇花异树林立，一切的建筑物都是宝石所砌成，有众多菩萨住在其中。若能看到如此情景。称之为深信解相。

此乃述说当我们深深信解佛之无量寿命之时，所能得到的境界。所谓能看到佛常在灵鹫山，亦等于确信自己现在所住的地方，佛一直与我们长相左右。而且，能切实地感受到，自己的周遭始终演扬着佛法。

还有，能将娑婆世界视如庄严美丽的国土，乃意味着当信仰的境界到达那样的层次时，娑婆世界将变成寂光土。依照佛之教诲，内心始终能法喜充满，此现实世界就会立即摇身一变为极乐之邦。所见之每一方寸皆是金碧辉煌，所看到的每一位都是菩萨。也就是说，不拘泥人类外表的美丑，能看见人真正的本质——佛性。

此乃信仰者之最高境界，这就叫做“深信观成”。所谓观，即人生观、世界观之意。深心信解佛之无量寿命，遵循佛之教诲，而圆满实现了佛陀的人生观、世界观时，便能时时住在法喜充满的世界，因此，娑婆即为寂光土。

灭后五品

接下来的经文，叙述世尊灭度后，信仰者的形态以及信仰的功德。也就是“灭后五品”。

初随喜

首先，佛说：

如来灭度以后，假若听闻此经而能无有疑惑，不起毁谤，起随喜心，当知此人已得深信解相，进入真实信仰的境界。

只是理性地“理解”，还不能算是信仰。必须能觉受到“无比可贵”的喜悦之情，才能算是真正进入了信仰的境地。刚刚开始生起随喜心，因此称之为“初随喜”。此“初随喜”，在接着的《随喜功德品第十八》中，亦将详尽叙述其种种功德。由此可知其重要性。

读　诵

接着，下一段阐明“灭后五品”中第二“读诵”的意义。浅释如次：

于生起初随喜心时，就已得深信解相，进入真实信仰的境界，更何况读诵此经、勤于受持者，其所得之功德当然更大。像这样的人，可以说一肩担负着如来家业。

阿逸多！这些人已经没有必要为我建造宝塔、寺院，也没有必要建造僧坊，以及提供四事（衣服、饮食、卧具、医药）供养僧众。为什么呢？因为人人受持、读诵此经典，此受持、读诵一事，亦如同建造宝塔、僧坊、供养众僧之功德。

比方说，为祭祀佛舍利而建七宝塔，其塔高广壮观，越到高处变得越小，最后终于到达梵天，并以各式各样的饰品装饰宝塔，以各式各样的供品、烧香、音乐、舞蹈等等供养，并以美妙音声歌咏赞颂。诸如此等供养，无微不至，尽善尽美。然而，受持、读诵此经之功德，与无量千万亿劫作上述这些供养所得之功德是相同的。

此中所说的，便是从“初随喜”更进一步，对此经确确实实地受持，一心不乱地反复读诵，这种信仰的境界，就是如此之可贵。所谓读诵，不只是嘴巴念一念而已，必须在心里头反复思惟其意，深深地体悟。这个信仰阶段，称之为“读诵”。

说　法

阿逸多！假若有人于我灭度后，听闻此经，能够好好受持，能亲自书写亦能劝导他人书写，此人所得之功德，如同建造僧坊。以贵重的赤栴檀木建造佛殿，佛殿之周围，以花园、林木庄严，有净身浴池，有训练思索的散步大道，有静坐思惟的洞窟等等设备。还有衣服、食物、寝具、医药等等物品之供养功德。也就是说，像这样地建造无数僧坊、寺院，以及以上述那些应有尽有的实物供养我与比丘僧们，所得之功德，与听闻、受持、书写之功德是同等的。

因此，于如来灭后，假若有人受持、读诵此经，为他人演说，亲自书写又教人书写，以此方式供养经卷，没有必要建造宝塔、寺院，也没有必要建造僧坊来供养僧众。

受持佛之教诲，虔诚读诵经典，渐渐深入佛说之甚深含义，自然就会禁不住地想要将此殊胜之教说分享给他人。说法的方式，并不局限于演说，若是具有生花妙笔的才华，不妨在报章杂志中发表亦可。倘若是没有口才，或是文笔欠佳的人，不妨以身体力行的方式，无声胜有声地表达佛法的宝贵。凡此种种都可以归类为行为语言，都算是“说法”的一种方式。

所谓“说法”，是先从自我向上精进、自我解脱开始，进而向前踏出利他、度他菩萨行的第一步，因此，此一功德远胜“读诵”之功德，自不在话下。

慎重起见，在此强调一下应注意之事项。也就是前段与此段的叙述中，都提及有关没有必要建造佛舍利塔、建造僧坊以供养僧众之事。同样的事情，在《法师品第十》也曾经说过。

这些都是在启示着一个重要的概念，就是发自内心真诚恭敬心所作的供养，远胜于物品供养之功德。而且对佛最大的供养，表现在信受、实践、宣扬佛法的实际行动上。必须确实铭记这个道理。

还有其他需要特别留意之处，就是世尊虽然已明明白白地告诉我们，法中具有佛身，而且世尊也已明确指示，不必膜拜祭祀我之舍利，但这些并不表示寺院完全不需要。对于把经典只当作一门学问的人，大多是如此曲解其意。这些人都是过度执著教理而淡忘信仰的人，他们的想法都是因为没有慈悲心、不怀感恩、不持恭敬心所造成的。

我们佛教徒遵循世尊的教诲，必须对此教理信受、实践，为了整个社会的进步，宣扬佛法，尽最大努力，都是当然之事。但是，做这些事的同时，亦不可忘记，对指导我们走向无上道的人间教主世尊，以及亘古至今助佛宣扬佛法的诸菩萨，仍须以实际行为来表达我们的感恩之情，因此，实际的供养乃是必然的行为。

屡次述及，只要能深心至信无疑，自然而然就会付诸于行。因此，我们经常于佛像前朝夕礼拜，庄严佛堂佛像的种种行动，都是赞叹佛、供养佛的具体表现。此事亦须切实铭记在心。

兼行六度

接着，进一步地说明有关修行德行：

> 如现在所说的，受持、宣扬此经所得之功德，无法称计。更何况又能身体力行，实践布施、持戒、忍辱、精进、一心（禅定）、智慧六波罗蜜。此行之功德最为殊胜，其德犹如虚空一般地，东西南北、四维（东南、西南、东北、西北）上下，无边无际。此功德可以使受持者直接达到佛之无上慧。

此乃“兼行六度”之阶段。所谓的“兼”，并非六波罗蜜全部同时并行，而是行受持、读诵、说法之时，亦兼行六波罗蜜之意。而且，在此阶段中，六波罗蜜完全并行，是不可能的。因此，此乃谕示着，修行必须因应适当的时机，衡量自己的能力，量力而行。

无论在任何情况下，世尊都不会以强迫的方式灌输他的思想。世尊总是引导我们先衡量自己能力之所在，从作得到的地方开始着手，渐次地累积修行。此在《方便品第二》中“五浊恶世”标题下曾举过例子：“修行不管从哪一扇门入门都无妨。甚至连堆沙建塔的儿童嬉戏，也是入佛道之门。”

于是在本品中，世尊以一种完全不牵强的顺序，指导着我们渐渐深入信仰核心，这个顺序经过天台智顗大师的整理与分析，将之归纳为“在世四信”与“灭后五品”，无须再重述。

还有一个不可忽略的重点，前面为了赞叹“一念信解”之功德，感觉上好像有一点点低估了五波罗蜜之功德，可是现在却又成为信仰中不可或缺的要素，而且前面是五波罗蜜，现在却又变成六波罗蜜。

这到底是怎么一回事呢？世尊乃智慧圆满的佛，人间大导师，其在世的当时，直接受其教导的佛弟子们听到佛之所说，皆以“感恩”、“珍惜”之态度信解，能够深信不疑。

再者，即使行五波罗蜜，也是经由世尊之佛慧所直接指导，因此皆能在修行上有卓越的成就。佛弟子们直接从世尊授予“智慧”，并依照此智慧，专心一致地修行“布施”、“持戒”、“忍辱”、“精进”、“禅定”的话，便能在修行上得到最大的成果。而且，行此修行时，世尊亲自指导，身处在伟大人格、无上至尊指导者的身边，因此日日夜夜在感激与法喜的心情下实践修行，这种情境是容易想像的。

然而，失去人间大导师的末法时代中，必须全靠自己的力量去学习、去修行。亦必须靠自己的努力，去探求、去领悟佛的遗教中所教授的“智慧”之门。因此，比起佛在世的时代，五波罗蜜中应加上“智慧”，修行六波罗蜜是非常重要的。

正因为如此，世尊于此中特别推荐此修行门，让我们更深刻地感受到世尊甚深广大的慈悲，是如此细腻，不禁使我们肃然起敬。

在此阶段中的信仰者，行六度（六波罗蜜）之际，亦须配合每个人的处境，所以在修行方法上，将会因人而异。此阶段的修行仍然处于部分实践的阶段，也就是说，只能兼行受持、读诵、说法之程度而已，所以此阶段称之为“兼行六度”。

正 行 六 度

然而，一旦进入信仰者的最高阶段，便自然而然会完全彻底地行六波罗蜜。像这样的人，将会得到什么样的功德呢？这便是下一段经文所要述说的重点。

假若有人不仅读诵、受持此经，为他人说，自己书写亦教人书写，而且为了求法众生而建造塔寺及僧坊，还赞叹菩萨之功德。并且为他人引用过去种种真实故事，解说此《法华经》之难解处。（此行已圆满所有的布施行，因为此一布施已包括财施、法施、身施。）

同时，为了清净自身，确实守持佛之训诫（持戒）；与心怀柔和者共同修行，无论处于任何逆境，都能不起嗔心（忍辱）；志愿坚固，心常清静，无有杂念，念念不离佛法，因这些修行而到达深层精神统一的境界（禅定）；以勇猛的精进心学习种种善法（精进）；聪颖利根，并能深入佛之智慧，能正确回答刁钻的问难（智慧）。能达到这种境地的人，便是确实地实践六波罗蜜的人。此人能够证得我坐在佛陀伽耶菩提树下所证之果位。也就是说，阿耨多罗三藐三菩提的境界已在眼前。

这个境界的信仰者，已能圆满地行持六波罗蜜，称之为“正行六度”，到此一阶段，亦如世尊所证明的，已经离最高的觉悟境界不远了。因此，对这些人，佛说：

阿逸多！这些人行、住、坐、卧所需之修行场所，应为之建造塔寺，用以奖励其修行。并且天上人间众生都应供养一样的塔寺。

在前面世尊曾说，没有必要为我建造宝塔，现在却又说为了实践正行六度的人，应建造塔寺供养之。这些乃是提示在末法时代中实践佛法、宣扬佛法的重要性，是非常珍贵之法语。

接着，世尊以偈言而重述此义。此偈之中，有二三句较为艰深的字眼，但因与长行之意完全相同，所以只要能确切掌握长行中的意思，再多读几回，必定能够理解。

关于偈中艰深的字眼，大致上只要能掌握以下的用词，应该就没有什么大问题了。例如，表刹——立于塔上面之尖柱；须曼、瞻卜、阿提目多伽——皆为带着香味的植物；谦下——态度谦恭和蔼；随顺——体贴他人，时时站在对方的立场斟酌事情；生心如佛想——若见"正行六度"者，应视之若佛，以同等恭敬心待之；其所住止处——此等成就者所停留之住处。

最后，以"佛子住此地，则是佛受用。常在于其中，经行及坐卧"为结束，此句亦非常宝贵。

佛陀对深心信解佛法的人，视之如子般地疼爱，因而佛教徒亦被称为"佛子"。佛子所住的地方，佛陀亦会当做自己的住处来使用。这就是"受用"之意。并且，佛陀经常在该住处经行、坐卧。

也就是说，只要我们彻底信仰佛所说之真理，佛陀就会来到我们的住处，与我们同住一处。对信仰者来说，再也没有比此更能令人兴奋、感恩之事了。天天生活在法喜充满之中，时时与佛同在，与佛共眠。这样的信仰生活，是精神升华最崇高的境界。

随喜功德品第十八

此品中，将要更加强调"初随喜"之功德，并再加以详细解释。为什么需要如此不断地重复说明呢？因为对法生欢喜心，发自内心，真诚"感恩"，是为信仰中绝对不可或缺的根本要素。

内心不能激发出"感恩"之心，尽管读尽万卷经典，能背诵一切教理，这只不过是通晓佛学而已，不能算是佛的信仰者。对教义心生欢喜，才能算是信仰。因此，为了强调这个道理，才会一再重复说明。

我们试把信仰用数学的乘法公式来形容：信仰对象×信仰心＝信仰结果。

由此公式便可得知，尽管信仰对象似乎多么地完美无缺、多么地至高无上，信仰态度一旦错误，信仰层次低，便不可能生出善果。也就是说，把佛法当作 100 来表示，若"感恩"之信仰心是 0 的话，那么，100×0，其结果还是 0。

再者，即使信仰心非常热切，假如其信仰对象是一个虚幻的空壳子，也是毫无价值可言的，也就是 0×100＝0。对虚幻之物，无论多么热切地信仰，最终只能得到一个虚幻的结果。

更何况，信仰了错误的思想教说，其结果更是不堪设想，最终当然都是以不幸事件或是遗留弊害来收场。也就是说，邪教之类的教义，其本身对社会是负面的，我们把它比喻为－1。对这种邪教的信仰，达到百分之百时，－1×100＝－100，就会变成如此大的负面效果。信仰邪教，是多么可怕。透过这个公式来解说，应当可以十分明白。

《法华经》中之教义，若也要以数字来表示的话，那当然是无限大。假如以 100 的数字来表示，就算只是刹那间之一念生起深深之"感恩”，假设此一念为1，那么，就会得出100×1=100的乘数效果。所以“初随喜”，就是这么重要。更何况，当信仰心演进为2、5、10、100之时，随着信心的增长，其功德亦将无法估算，当然是不必赘言的。

现在，让我们正式进入本品之经文，浅释如次：

尔时，弥勒菩萨对世尊说：世尊！若有善男子、善女人，闻此《法华经》心生欢喜，起感恩心的话，能得到多少功德呢？

弥勒菩萨对此当然了若指掌，但是为了加强众生的信仰心，才对佛提出此一问题。真不愧为慈悲[①]之表率，为入门的初学者着想，而殷勤地恳请世尊更详细地解说佛法。

世尊答之：

阿逸多！如来灭度以后，不管是比丘也好，比丘尼也好，在家信众也好，或者是尚未入信的知识分子也好，或者是耆老、年幼者，都无所谓。总之，无论是什么样的人，听闻此经后，内心感到法喜充满，然后离开说法之道场，游至他方。

不管其所抵达之处是僧坊也好，是远离尘嚣之寂静地（空闲地）也好，或是都市闹区、乡镇村落、田庄聚落也好，无论是什么样的地方都好，将此刻自己所闻之法义，原原本本地对自己的父母、亲戚、友人和其他认识的人，尽己所能，为其解说。

听到这些法的人也生欢喜心，并到处为他人传述佛法。然后，这些听到法的人亦生随喜心，亦为他人传述。如此辗转地传述至第五十遍。

阿逸多！闻此第五十遍佛法的善男子、善女人，心生感恩之随喜功德，仍然非常殊胜。现在我将要说明此中道理，你们应当

① 依《弥勒上生经》、《弥勒下生经》所载，弥勒出生于婆罗门家庭，后为佛弟子，先佛入灭，以菩萨身为天人说法，住于兜率天。据传此菩萨欲成熟诸众生，由初发心即不食肉，以此因缘而名为慈氏。

仔细听着。

此中有三大要点，千万不可忽略。

如其所闻

第一个要点“如其所闻”。对初入门的初学者而言，将其所听到的教说传述予他人，是非常重要的一种学习。因为若不试着传述自己之所闻，对特别重要的法，将无法表达得淋漓尽致，以致容易造成误解。

传述自己之所闻，看似简单，其实是有点难度的。有很多的社会心理学家对此做过具体的实验。

他们把很多的学生，用很大的间隔隔开，从最远的一位开始，以简短的话在耳边轻轻私语，依次传递下去。比方说，“据说太郎与次郎，正发生口角争论不休之时，花子刚好路过，好像是太郎辩胜了次郎，所以次郎气得满脸通红，而太郎也以惨白的脸怒目而视。”就这么简单的内容，经过十几个人交头接耳、辗转传递之后，结果，内容竟然走了样。描述的情节稍有点不同，尚情有可原，但是辩胜的人却变成次郎，满脸通红的人却变成太郎，情节的结论完全变了样。

为什么会变成这样呢？一者，有可能听错；二者，是因为记忆力不够好，而弄错了某一段关键情节；三者，是由于主观意识从中搅和，而把内容弄得一团乱。这种所谓主观意识，大多是造成听错、记忆错误的始作俑者。比方说，主观地认为辩输的那一边应该是一脸惨白，才符合一般常识，有了这样先入为主的主观意识作祟，在记忆途中变更了内容，而终于听成“次郎一脸惨白”。

佛陀的教说，若是像这样地被错误传扬的话，那就大事不妙了。因此，佛陀以“如其所闻”教诫我们。但是对于已经能够完全掌握佛法精髓的人，佛陀亦允许他们不妨试着巧妙地运用方便法门。但更重要的是要注意因材施教。初学者千万不可忘记这个训诫。

顺便一提，佛陀的入室弟子们对于传播佛法的态度，是非常地谨慎而仔细的。据说世尊入灭后四个月，五百位佛陀弟子，为了确定世尊所说的法而聚集于王舍城。众弟子们互相确定自己所听闻的佛法，在确定无误后，便作为定本，成为日后记诵之标准。此次会议称之为第一次“结集”。

至于“结集”是如何展开呢？有多闻第一之美誉的阿难，被遴选为唱诵者，摩诃迦叶为主持。将有关某个教说，于何时、何处，以谁为对象，以何因缘而示说，其内容为何，一个接一个地以问题的形式而展开。而阿难则一一回答这些问题。

而其他四百九十八位佛弟子们，则专注倾听，假如阿难的回答与自己的记忆无有相左，便认定为世尊之说。只要其中有一人有所异议，该诵便不能通过。对调解世俗凡夫的商议，采取少数服从多数，是相当合理的解决之道。但将佛陀的言教流传后世，乃是神圣大业，因此一字一句皆不得有误，必须制作完全正确的定本，因此必须采取全部出席人员一致的认同，方能通过。

全场一致认同为世尊所说后，再一同唱诵出来，并将之牢记在心。因此，大部分的经典皆以“如是我闻”——“我们确实如此地听闻”，作为经的开始。

再者，同样的问答多次重复，乃是为了加深记忆。例如《阿含经》之类的原始佛教的经典，相同的叙述不断重复的情形非常多，到了大乘经典的《法华经》，虽然已经有了大幅度的调整，但是为了加强印象、加深记忆，仍然采用重复叙述的方式。

让我们稍微岔开主题，再次提醒一下，“如其所闻”有多么地重要，千万不可忘记。

随　力

第二个要点，“随力”。

此中又有两种意思，一个是“随其能力之所及”。另一个是“随其能力而尽最大之努力”。

刚开始听闻佛法的人，不可能做到像得道高僧那样说法无碍。因此，即使讲解的方式不熟练，口才欠佳，说话不是很流利，也没关系。或者，不必只限于演讲的方式，文笔不错的人不妨试着以文章传述佛法。总之，应用自己过去的经验，发挥自己的专才，来讲解佛法。此乃第一个“随力”的意思。

可是，虽然口才不是很好，但只要真心诚意地尽自己最大能力，努力去讲解佛法的话，这份热诚一定能打动对方的心。要言之，就是诚意的问题。此乃第二个“随力”所含的意思。

五十辗转

第三不可疏忽的要点，就是辗转传述五十遍的佛法，而此第五十位的闻法功德，为什么是最为殊胜？此正是为了要强调《法华经》殊胜之所在而作的描述。

原因何在？因为第一个人亲临法会闻法，非常通达佛法，不仅所开示的法具有说服力，也非常具有领导能力。因此，所得到的感动也特别深刻。

然而，第二位以后的人，对于传述佛法都不是很专业，对于所听闻的法都很生疏，对佛法没有广泛的知识基础，也谈不上有甚深的信仰，更不是说法经验丰富的人。因此，即使能够将教义内容“如其所闻”地传述，但受教者所得到的感动程度，越到后面就越会递减，这是很自然的现象。

这样继续传至第五十位，大抵上对所听闻的教说，几乎已经失去了感动力。闻法的人充其量只不过是：“噢！原来如此。”右耳进，左耳出，听完就过去了。

但是，《法华经》不会出现这种情形，这是《法华经》不同凡响之所在。因为其教说内容精湛，妙义无穷，只要内容能被正确传扬，即使传至第五十位，仍然能不由自主地感到甚深的感动。当然，比起最初的第一位，其感动的程度当然略次一筹，但其所得之些微感动，仍有莫大的功德，此闻法之无量功德则解说于下段经文中。

必须领悟出此“五十辗转”中之甚深意义。

接着叙述有关功德。此中必须特别留意之处，就是虽然出现种种功德，但都以非常象征性的方法表达，所以，不可囫囵吞枣地望文生义地错解佛法，必须掌握其内在的精神意义。若不如此，则恐怕失之毫厘，谬以千里。《法师功德品第十九》以下的章节，也应以此态度来理解才是。

现在再回到经的本文，浅释如次：

假若此宇宙一切有情众生，包括世间、天界的众生，还有畜生、饿鬼、修罗、地狱界的众生，甚至鸟兽、小虫、微生物等等，总之，有人想要使一切有情众生得到幸福，而尽可能地行布施行，一一满足他们生活享乐上所须的一切。比方说，给予众生数不尽的金、银、琉璃、砗磲、玛瑙、珊瑚、琥珀等种种奇珍异宝，还有象、马、车以及七宝所盖成的宫殿楼阁等等，总而言之，就是施予有情众生物质上之一切所须。

然而，此大施主八十年间持续不断地作此布施后，于心中生起以下的念头：“我已因应众生的欲求，提供生活享乐上所须之物质。但是这些众生们已渐渐衰老，已年过八十。白发斑斑，满脸皱纹，死期不远，不久即将临终。现在我应当以佛法教导这些众生。”

这么地想着，于是便召集这些众生，使之听闻佛法，以法教化之。这些众生非常欢喜地学习佛法，对于修行实践也跃跃欲试。于是这些众生，一时皆得须陀洹道、斯陀含道、阿那含道、阿罗汉道，灭尽一切烦恼（有漏），到达一心不乱的甚深境地（深禅定），心境已进入不为任何境遇所动摇，自由自在，而且不被任何物质所迷惑的解脱境地(八解脱)。

原典中出现很多艰深的用词。

“六趣”,就是“六道”,在前面《无量义经·说法品第二》中曾解说过。

所谓的“四生”,即卵生(由卵壳出生者)、胎生(从母胎而出生者)、湿生(从润湿地所生)、化生(卵生、胎生、湿生以外的出生方法,皆由其过去之业力而化生)。因此,四生已涵盖了一切生物。

“有想”,即杂染的意识作用,思考任何事总是左思右想。“无想”,即停止一切意识活动,思虑澄净明然。“非有想”,即粗大的烦恼皆已灭尽的境界。“非无想”,则还有极微细的烦恼仍未断尽,此境界,虽位于三界最高的境界,但还在六道轮回的天界,仍未达到佛之境界。

“示教利喜”,已于《化城喻品第七》中“示教利喜”的标题下作过详说,在此省略。

从“须陀洹道”至“阿罗汉道”,是声闻修行次第的四种阶段。“须陀洹道”,是成为佛弟子的最初阶段;“斯陀含道”,此阶段的烦恼虽灭,但烦恼仍有颠覆的可能性;“阿那含道”,具有颠覆可能性的烦恼已灭;“阿罗汉道”,已灭尽一切烦恼,心境明然澄净的阶段。此四阶段,渐渐地向上修行,是一般的修行次第,但这些人却直接地到达阿罗汉道的境地。

所谓的“八解脱”,是为了去除对事物见解上的执著而分成的八种修行法门,此处因触及太过专业性的问题,而省略之。

接着,世尊问弥勒菩萨:“你意下如何?此大施主所得之功德是多还是少?”

弥勒回答说:“世尊!此大施主所得功德非常大,真的是无量无边。就算施主只作物质方面的布施,其功德亦是无法计算。

更何况，此人使一切众生去除一切烦恼，证得阿罗汉果。”

于是，世尊更加慎重地对弥勒说：“那么，现在我要明明白白地告诉你。此大施主对宇宙一切有情众生，不仅施予一切物质方面的布施，甚至也施予精神方面的布施，为其去除一切烦恼。然而，此人所得之功德却不如刚刚所说的第五十人，只因闻《法华经》中一句偈言之随喜功德来得大。其功德甚至连百分之一、千分之一、百千万亿分之一均不能及。不，事实上，根本无法用这些数字来作比较。”

为什么不能作比较呢？其中有两个原因。第一个原因是，“财施”与“法施”在根本性质上是完全不同的。

物质上的布施是善行，没错。但是，其所布施之功德是有限的、相对的。

比方说，对贫困者施予金钱。一千元的面额对那个人来说，也许真的可以成为其重新再出发的本钱也说不定。但是这是因人而异的，因为有些人在拥有这笔钱的时候，过得非常惬意；一旦这笔钱用完时，也许又会回到贫穷的状态。不仅如此，某种情况下，因为有了这笔钱，使他们原有的惰性与挥霍无度的癖好又故态复萌，反而招来负面效果也说不定。因此，物质上的布施也是善行，没错。但是，这种布施之功德是有限的、相对的，原因就在此。

顺便一提，布施物质与金钱时，若能引导他们有效地运用于改善生活方面上，将能够使所布施的物质、金钱，更能发挥其效用。这样的引导已包含于“法施”的范畴，因此“财施”中再加上“法施”，则如虎添翼。社会福利制度之类的措施，若能依此理念实施，将是最理想的。

但是，这些也还是有限的、相对的。为什么呢？因为其所给予之布施，尽其寿命时，亦同时告终。真正既完美又能永远发挥效用的布施，就是给予佛陀的教说——“法施”。因为得到“法施”的人，不止一生受用无穷，来生亦能继续受用，所以没有比此更大的功德了。

然而，此大施主不仅对天地一切有情众生行“财施”，同时行“法施”布施佛法，使之证得阿罗汉果。可是，此布施之功德，却远不如辗转传述五十遍中之最后一位，只因闻《法华经》之一句偈言，而生起法喜之功德。颇有些令人百思不解吧！此中自有其妙意，说明如次。

证得阿罗汉果，乃小乘中最高果位，已灭尽一切烦恼。假若此人隐遁于深山，独自享受着禅乐境界，其功德自此便戛然停止。虽然佛法是尊贵无比之教说，但是，若不能将之传扬，使芸芸众生得到法益，使其精进，给予勇气与力量，进而使整个社会欣欣向荣的话，佛法的可贵便无法完全发挥出来。有些专业的宗教师，只为求自我觉悟，深居山林寺中，有些则专门为人举行丧礼作佛事，这样并不能发挥佛陀真正的本意。

然而，《法华经》的经教，并非教授只求自我解脱的法门，其教说乃着眼于利他的菩萨行。因此，《法华经》的一偈，所得到法喜的心情，必定会渐渐地蕴酿成一股利他、利世的力量。

对于得证阿罗汉果的人来说，其自身所证得之果位，乃小乘中最高果位，所以在声闻乘来说已得到满分。相对地，听闻《法华经》的一偈，而生起“初随喜”心者，其人之觉悟对其自身而言，也许只不过是一分而已。但是，小乘法最高觉悟的一百分，与大乘法中的一分，其价值是大相径庭的。为什么呢？因为大乘法中的一分是可以无限扩张的一分，此之一分具有变成一千、一万的可能性。

自己个人的觉悟犹如囤积于仓库中的一百石米，自己享用一生，应当无有堪虑。但是，这种人所得之觉悟只能自己独享其成，不能裨益其他众生。而且运气差一点的话，稍不留神，这些米也许还没有享用，就被虫先吃了或被老鼠吃个精光。然而，对《法华经》的经教，所生起初随喜的念头，犹如种下的秧苗，可以收割一升的稻谷。因生命力盎然，尽情发挥其效用之故，因此，将来收割几百石、几千石的稻米都是有可能的。

正因为如此，所以非常的可贵。尽最大之极限行“财施”，布施一切财宝，再加上行“法施”，使之得阿罗汉果，都不如只因闻《法华经》之一句偈言而生起法喜之功德来得大，其道理就在于斯。

此乃五十人辗转得闻教说所得之法喜。那么，最初闻法的人情况又是如何呢？

> 阿逸多！五十人辗转得闻《法华经》，所感动之随喜功德，已是如此功德巍巍。更何况最初于法会中亲闻而生随喜者，其所得之功德，更是无量无边，根本无法相提并论。

此段意味着，即使是由初学者传述给初学者，辗转地传述五十个人，其教说之价值，仍然非常大，因此听闻的人还是能感到法喜充满，更何况直接听闻证悟者的说法而得到的感动，这份感动将为其人生带来一大转机，对整个社会带来广泛的影响，实际上，功德是无法评估的。

综上所述，所阐明的都是针对《法华经》的经教生起一念感恩心所得之功德。接着，就要阐述比此更低层次的的阶段。也就是说，只是接触了教说而心中尚未深受感动、尚未生起法乐的人，亦能得到莫大之功德。

换句话说，此中乃启示着，法缘是多么地重要。我们众生确实人人皆有佛性。若没有机缘能值遇佛法，未能使自己的佛性觉醒，毕竟无法到达解脱的境界。因此，最重要的先决条件，是一定要先接触到佛法。所谓接触佛法的缘，可以说是非常殊胜而难能可贵的。因此，给予他人听闻佛法的缘，也是非常可敬的行为。

须臾闻法

哪怕听闻《法华经》只有须臾片刻的人，将其所听闻的法推荐给他人，诱导他人来闻法，其所得之功德又是如何呢？将于下段经文中说明：

阿逸多！若有人欲闻此《法华经》而前往道场，不管是坐着、站着皆可，若能须臾闻法，此人将因其闻法之功德，可以转生善处。可以乘坐上等马车到天界的天宫。

有人就席法会，此时刚好看到有人进来，而建议其坐下来听法，或者是将自己的座位分一半与其共坐，此人所得之功德，可以使其转世到帝释天，或是梵天王等等善神的身边，若是转生于此娑婆世界的话，身份高贵，得与转轮圣王并列而坐。

阿逸多！若有人能以"有人正在开示《法华经》，一起去听如何"，邀请他人。受到劝导的人，若能受其教，而于须臾间闻法，邀请者因此之功德，可以转生到陀罗尼菩萨的住处。

帝释天与梵天王都是守护佛法的最高善神。转轮圣王则是依佛法治世的一国之王。所谓的陀罗尼菩萨，乃是能教化众生使之止恶向善之菩萨。此乃意味着，给予他人接触《法华经》因缘的人，与这些善神、圣王、菩萨同等尊贵，因此而能够转生到这些人所住的国土。此中也意味着，因精神面的重生，使人生一百八十度地大转变。

如此，不仅精神面得到重生，肉体上也变得相好庄严。经文中描述了种种相好庄严，在此没有一一诠释之必要。因为叙述的目的，主要是为了要强调，精神生活获得改善的人，必定会显现在其脸上，这就是相由心生的道理。也可以理解成——精神改造肉体（此说请参阅《化城喻品第七》）。

像这样的变化是以极其缓慢的速度显现，在现在世当中，脸形并不会作大幅度的改变。但是，其内心高贵的情操，将会投射在其脸部的表情上，因此使其神采奕奕，脸部表情将会给人优雅的感觉。因此，累积越深的德行，越能清楚地呈现其潜心修炼的成果。

即使看到古时候的名僧、高僧、圣人、贤人的肖像或者是雕刻像，一般来说，他们的相貌不见得都是姣美的。说到世尊十大弟子，除了阿难与罗睺罗以外，即使想要恭维一下，也无法举出一个美男子。所以只能用“一脸苦相的阿罗汉”来形容他们。尽管如此，他们的脸上各各流露出一种言语无法形容的稳重，洋溢着慈悲、甚深智慧的高贵相。

然后这些人，下一世以至再下一世，次第地行菩萨行，其高贵的精神情操，终于改变其相貌，像世尊那样地成就了三十二相、八十种好庄严具足的佛相。而我们亦同样能到达这个境界。

也就是，精神面重生的影响，其改变不只止于精神面，也必定会呈现于肉体上。其变化的步伐虽然非常缓慢，但是确实在变化着，那是毋庸置疑的事实。此段经文应当以这样的观点来理解才是。

法师功德品第十九

《随喜功德品第十八》中，所阐释的是有关初学者的功德，而此品则要更进一步地说明信仰者也就是有关法师的功德。

所谓的法师，并不限于出家僧，而是不论出家、在家、男子、女子也好，只要笃信佛法、受持佛法，并且努力将佛法弘扬于世的人，皆可称之为法师①。（译者注：法师一词，在中国大陆以及台湾普遍用于对出家众的尊称。）

此“法师”所应行的行法，已于《法师品第十》中详说，亦即受持、读、诵、解说、书写之五种行，而称之为“五种法师”。试着一个一个考究此五种行，可以得知此中详细示说着信仰次第的进行阶段。

首先，听闻教说后得到一定程度的理解而信受，进而感动地生起随喜心，便能确实地受持其所信解的教说，接着便会想要深入经藏，阅读经典，进而诵之，然后，就能将经义真正地读进脑海里。这些阶段，可以说都是为了自己所作的修行，总而言之，这些阶段已为信仰者所应具备的要素，打下了坚固的基础。

然而，信仰层次进入此一阶段后，自然会禁不住地想要向他人传述佛法，这种心情自然会萌动。接着，顺理成章地发展到解说佛法、书写经文，或以其他著作弘法。不进入此阶段，不能称得上是真正的信仰。

现在就来解说本品的经文，浅释如次：

于是，世尊对常精进菩萨示说，进入此一信仰阶段的人所得

① 法师：指通晓佛法又能引导众生修行之人。广义之法师，通指佛陀及其弟子；狭义则专指一般通晓经或律之行者，称为经师或律师。

之功德。首先是行“五种法师”者，当得八百眼功德、一千二百耳功德、八百鼻功德、一千二百舌功德、八百身功德、一千二百意功德。然后，以此功德，庄严六根(眼、耳、鼻、舌、身、意之六种感官知觉器官)，皆令其清净。

此中八百、一千二百之数字，乃表示“完全齐备”之意，不需要拘泥这些数字的多或寡。

那么，眼睛有哪些功德呢?

父母所生清净肉眼，见于三千大千世界，内外所有山林河海，下至阿鼻地狱，上至有顶。亦见其中一切众生，及业因缘、果报生处，悉见悉知。

其意为，甚至连父母所赋予的肉眼，于深入信仰后，迷雾已去除，肉眼中亦会变得清净明彻。下至地狱界，上至天界，甚至连三界一切万物的真相，皆能洞察得一清二楚。不仅能彻见住在此中一切有情众生的生活状态，并能完全知悉众生生灭的一切业因、业缘。

此经文后面之偈言中最后一句“虽未得天眼，肉眼力如是”。也就是说，即使并未具有天界的人那种明辨万物真相的天眼，在人间世界里，亦能以“肉眼”洞悉一切事物的道理。

为什么会具有此一能力?如前所说的，肉眼中的迷雾已去除，已变得清净明彻之故。说得更浅显一点，由于内心明净，已无“我”执，不依主观意识或先入为主的观念来看事物，因此不会扭曲事物的真相。再者，内心时时刻刻清净宁静，没有波涛汹涌的情感作用来干扰，眼睛里自然会呈现事物真正的原貌。

世尊曾举一个例子:“用火加热后的沸水，无法反映出事物原来的面貌。被水草所覆盖的水面，亦不能如实呈现事物的面貌。被风掀起阵阵涟漪的水面，亦不能显现事物原本的面貌。”使这个水面(心眼)沸腾，再覆盖东西在其上面，又使之生起波浪，诸如此类之现象，犹如众生心中的自我本位主义，以及纷扰情感作用之迷妄。当这些都铲除之际，才能观见事物之实相。此乃喻说所隐摄之涵义。

此中所说眼之功德，亦应以如此的概念来理解。

菩萨的四无畏

偈言“以无所畏心，说是《法华经》”中所谓的“无所畏心”，按照字面解释，即为“无所畏惧的心”，无有任何恐惧、顾虑，将自己所确信的部分从容不迫地解说。古来，此“无所畏心”更被详细地解说成“菩萨的四无畏”。也就是，一总持不忘，二尽知法药，三善能问答，四能断物疑。若能用心留意这四种精神，便能够具有十足的信心，而以“无畏心”说法。

总持不忘

第一的“总持不忘”，即是“总持不忘，说法无畏”。能完全忆持，不忘失自己所听闻的一切法，无论对谁说法皆无所怖畏。

具有这种无畏心，其之道理看似理所当然，但实际上忆持不忘并不是那么简单。听经闻法时，一方面专心一致地听讲，一方面遇到疑问一定要有不怕困难的精神，势必要为找到满意的答案而穷究不舍，而且还要加上早晚反复地读诵，这样才能确实真正铭记于脑海里，读进心里，而达到永远忆持不忘的境地。若无此等不厌其烦的精神，不可能达到此一境界。

尽知法药

第二的“尽知法药”，即为“尽知法药，及知众生根、欲、性、心，说法无所畏”。“法药”，按字面意义，即为法药之处方。

与医师按照症状的不同、病情的轻重而变换处方是同样的道理。每一个众生的根机、欲望、个性、心性各不相同，能了知每一个众生的根机，能因应他们的根机，能适切地给予适当的法，犹如能够明确对症下药的医师，当然能够无有任何恐惧，能够无畏地说法。

也就是说，身为菩萨不光只是能忆持教法而已，而是已经能够巧妙地运用方便法门，已拥有自由自在为众生说法的能力。

善能问答

第三“善能问答”，即为“善能问答，说法无畏”。“问答”，即是对众生的质疑与反驳一一作答。

若是说法的主题单纯，而且只限于某种范围，对法大致了解的任何一个人，大都只需一宿的临阵磨枪就足以胜任。

但是，真正的讲经说法者，必须具有能力，明快地解答众人的疑问，以及思路井然有序地答辩反驳的问题。绝对不会以敷衍了事的态度，牵强附会地作解答或答辩。其解答之内容，必定完全符合佛所说的法。

所谓的“善”，所指的就是此意。也就是说，解答的“内容”非常完“善”。即指正确地契合佛法。

还有，纵使回答的内容非常正确，若不能善用方法，使对方易于领悟，以及纠正对方错误思想的话，也不能算是善于言说者。所谓的“能”，所指的就是说服能力。

换言之，无论针对什么样的质疑与反驳，都能依照佛所说的法，明确地解答，并能使任何人都能领解，能做到这一点，才有能力泰然无畏地说法。

能断物疑

第四“能断物疑”，即为“能断物疑，说法无畏”。

“物疑”，即疑惑丛生之意。因为佛法广大无边，非常深奥难懂，因此，对解释的方法生出种种疑问，是在所难免之事。自古以来，有一句俗话，就是“有僧一百，解法亦为百”。人言人殊，各有不同。但对于必须明确判断之处，则需要头脑非常清晰的人。对于使人困惑的难题，则需要德高的真正修行者以及已培养出平等大悲的资深行者，因其思辨无碍，方能像庖丁解牛一般地使众生的疑团迎刃而解。

为什么呢？若是遇到复杂、多义性的问题，这样解释也行、那样取义亦可之时，光靠思考，将永远无法觉知佛陀之真意。唯有已经契入佛陀大慈大悲的觉悟者，才能对此微妙的疑问，明确地判断出“佛陀的真意”之所在。然后，完全“能断物疑”者，才能真正泰然无畏地说法。

教化众生布教说法，实非一件容易的事。这么一来，可能有人因此而胆怯。但是千万不可因此而灰心。此处所说的，是讲经说法者的最高理想，达到这样的境界，当然都是大菩萨。即使是大菩萨，也不是一开始就是大菩萨，他们也是经过千锤百炼、长期的修行才到达此一境界的。

因此，我们这些正在修菩萨行的人，当于心中谨记此四种理想，并把它当作人生最高目标，以此为诫训来说法。假若遇到自己能力所不能及的艰深问题，应坦然恳切地回答——此问题已超过我的能力范围，让我请教高人，日后有机会再回复此一问题。不可以为了维护自己的尊严，当众敷衍搪塞，想欺人耳目地蒙混过去。而且，这样的回答，绝对不会贬低说法者自己的身价，反而会得到听众更深的信赖。

继而解释有关于耳之功德。也就是阐述有关行“五种法师”的人得到耳根清净，可以清楚地明辨一切万物的音声。

所谓的一切音，即是万物在动态当中，由震动所发出的声波。因此，信仰到了一定程度、内心达到澄净的人，能清楚地分辨出万物在动态中所发出的微妙声音。

经中举出很多响声、音声的实例，例如火声、水声、风声都是大自然所发出来的声音。熊熊烈火燃烧的声音、潺潺的水流声、风的飕飕声，一经其耳，皆能非常清晰地得知大自然的脉动。

大自然的一切音声，对耳根得到清净的人而言，皆为和乐的妙音，皆是使心无比安乐的梵音。相反地，当声音异常之际，亦能灵敏地察觉出声音的真相，能警觉出暴风、旋风、海啸、洪水即将来临，而能安然地化险为夷。不仅可以救自己，也能够帮助他人预先防备灾难。

更何况，人类所制造出来的声音，诸如吹螺、打鼓、敲钟、摇铃等等，这些人为的音声中所内藏人心的鼓动，当然更能容易地分辨出其中的起心动念。

好比说技术熟练的技师一进工厂，虽然数百台机器同时轰轰地作响，但是在专心倾听之下，哪一台机器发生故障，哪里情况不妙，都能非常清楚。管弦乐队的指挥家对于上百人的乐师所弹奏的种种乐器，哪一个音稍微偏低或是偏高，甚至哪一位的演奏没有把感情表达出来或是哪一个人的演奏太过僵硬等等，皆能了若指掌。

更何况，身为人生的工程师、导师的“法师”，对有生命的东西所发出来的声音，当然不可能不了解其音声中所包含的情绪。

毋庸赘言，有生命的东西所发出来的声音，当然是由“动”所发出来的，这不只是纯粹声带震动所发出的声音，其中当然也抒发着情感作用、意识作用，亦为动态的情感、意识的呈现。一种是当情感产生激烈作用时，也就是高兴、悲伤、痛苦的时候所发出来的声音；一种是透过语言向别人表达自己的意识时发出来的声音。鸟兽的叫声，也是大致如此。

深入信仰中心的人，可以完全明辨这些声音真正所要传达的信息。甚至可以分辨地狱道众生痛苦的呐喊，畜生道众生受到种种酷刑的哀号，饿鬼道众生饥饿的悲恸声，阿修罗道众生互相争强斗胜的打斗声。

还有，天人所说的话，比丘、比丘尼、菩萨们教化的法音，皆能了了可辨。也就是，无论在什么地方，听闻任何教法，皆能明白法的宝贵，皆能明了法所涵盖的真正意义。

然后，偈中又说："诸佛大圣尊，教化众生者。于诸大会中，演说微妙法。持此法华者，悉皆得闻之。"《法华经》中，因有如来全身之故，当然可以说持有《法华经》者，如同听到如来亲自说法。

偈中又有两个重要的用词。一个是"听之而不著"，另一个是"而不坏耳根"。"听之而不著"，意思是听到美妙的音乐、歌声，亦不对其产生执著。纵使享受绝妙的音色，也不会沉醉在其音声、歌声的享乐当中，而乐不思蜀地忘却自己该做的事。这是对于有关娱乐方面所应持有的善戒。"而不坏耳根"前后全文为"三千大千界，内外诸音声。下至阿鼻狱，上至有顶天。皆闻其音声，而不坏耳根"。此中之意，纵使听到三千世界所有声音，亦不会使耳朵失聪，精神亦不会受到扰乱。一般人的话，听到痛苦、烦恼所发出悲痛的惨叫声，或是听到打架的咆哮声，一定会受其干扰，而造成心思不能集中。然而，信仰坚固的人不会受到干扰，能以平静心"安住于此间"。

接着叙述有关鼻之功德。鼻子是人的五官中最具动物本能的器官，香味的艺术未能如眼的艺术（绘画、雕刻）、耳的艺术（音乐）那么发达，便是这个原因。但是，光凭这个，却能强势地直接左右着人类的情感。有些味道一闻，便使人失去食欲，引起头痛；可是有些香味却能使人心神荡漾。

因此，香味这种东西，事实上是很难捕捉、驾驭，但是若想自由自在地、清楚地运用嗅觉功能，还是只有从掌握物质之本质着手。

接着是舌之功德。分为两种，第一，不管吃任何食物，始终犹如品尝着珍馐佳肴，这是因为当信仰深入到某种层次时，心已进入非常平静的状态，当然所吃的食物都能感到味道香美。第二，自己说的话，很能打动人心，不用再多加解释，所指的自然是辩才无碍。

接着是身之功德。能行“五种法师”者，其身清净，为一切众生所景仰，一切万物的实相反映于其身。这是因为专致一心行菩萨道的人，已经除去“我执”之故，因此在其身上，可以如实地反射出万物之本质，对世间一切万物的现象，不曲解、不掩饰、原原本本地呈现出来。

因此，被众生尊之为导师，见到其法相皆心生法喜。偈中“众生皆喜见”所指的即为此意。

接着是意之功德。行持“五种法师”之修行，得一千二百之“意”功德。

> 以是清净意根，乃至闻一偈、一句，通达无量无边之义。解是义已，能演说一句、一偈，至于一月、四月乃至一岁。诸所说法，随其义趣，皆与实相不相违背。

浅释如次：

得到意功德的人，心的深处(意根)澄净明然，只要听闻一偈或一句的佛法，便能通达此中所包摄无量无边的含义。

完全了知其中含义后，能持续一个月、四个月甚至一年，永无间断地解释此一句、一偈。换言之，因为通达其意，所以能够从各个不同的角度，以种种不同的方式演说。不管用什么方法解说都行得通，甚至能够经年累月长期地解释。此处非常能凸显出佛法的广大无边，以及通达佛法者之甚深智慧。

接着，“若说俗间经书、治世语言、资生业等，皆顺正法。”此句经文当中对现实生活所出现的种种问题，含摄着重要的教诫。

“俗间经书”，即是宗教以外较具启发性的书籍，例如有关指导人生方面的哲学、伦理的相关书籍。不仅限于书籍，言说、演讲也都包括在内，这些皆可视之为做人处世之世间学。

“治世语言”，即是政治、经济、法律等方面有关治理国家的言论。

"资生之业",即是指导农业、工业、商业等方面的相关言论。

深入信仰核心的人,即使谈论有关这些现实生活上的问题,其言论也不会违背正法,自然持论正当,皆能契合佛法。

专业的宗教人士谈论精神层面的问题以及探讨心性问题,乃是正道。直接接触国内政治问题、国际外交问题并不妥当,但若能切中要题地探讨核心问题,也是责无旁贷、义不容辞的事。世尊本人对政治的理解自然不在话下,甚至也教导我们有关各个产业和经济上的实务问题。

况且,大部分的佛教徒并非专业的宗教人士,而是在家众居多。因此,依各自的工作岗位,有的谈论有关"俗间经书"、有的谈论有关"治世语言"、有的谈论有关"资生之业",这些几乎都是每天无可避免的家常便饭。

有关这些现实生活方面的言论,因为关联着相当大的利害关系,所以谈论这些问题时,自我意识中的"我"总是按捺不住地想要出出风头。因此,大多数的人在这种自我意识的催眠之下,便很容易地变成忽略大我而着重小我的短视者,因此,只着重眼前利益,而罔顾人类"共生共存"的利益,其言论,不是唯唯诺诺,就是见风转舵。说穿了,只不过是个哗众取宠、附庸风雅的人罢了。然而,真正深入信仰的人对事物的看法,能非常接近佛的平等大悲,能以"追求人类共同利益"为目标。因此,其言论亦自然地会与佛法相契合。佛陀所教诲的这个训诫,对于现代这种唯利是图的社会尤其重要。

经文更进一步地说明:

> 三千大千世界六趣众生,心之所行,心所动作,心所戏论,皆悉知之。虽未得无漏智慧,而其意根清净如此。是人有所思惟筹量言说,皆是佛法,无不真实,亦是先佛经中所说。

也就是说,能完全知悉此三千大千世界所有处境的众生,其心之所思、心之作用，乃至想入非非等等起心动念。

为什么具有这样的能力呢？因为此人虽然尚未得到无漏智慧（烦恼已断尽，能通达实相之智慧），但是内心已经净化，得到意根清净，因而得此神通力。

像这样的人在描述其自身对事情的思惟态度，以及其对事情的处理方针，一定按照佛法，句句皆是真实。其所说的法，均与佛说一致，无有差别。

所谓“先佛”，是指世尊出世以前过去世的诸佛。佛法无论在任何时代一直都是恒常不变的真理，所以，真的已进入甚深信仰者所说的法，永远能贯通过去、现在、未来之真理，永远能与真理一致。

世尊如此用尽心思地说明眼、耳、鼻、舌、身、意六根完全清净之功德，其用意何在？此中应包含两种意义：

第一，真正行持《法华经》，身心皆能到达此一甚深境界。因此，应一心不乱地努力行持。这是此中所含激励的用意。

第二，真正《法华经》的行者，必须肩负宣扬佛法的使命。因此，当然具有“明明白白洞察一切事物之能力”。若尚未到达此一境界者，表明修行还不够。因此，应经常自我省思，不要陷入增上慢，也就是带着警惕的意思。

上述两点，乃此品的精髓，应谨记在心。

常不轻菩萨品第二十

听完佛说《法师功德品第十九》的全体弟子们，并不是每一位都能充分理解其中所含激励与警惕的真意。也许有些人失去信心，“毕竟像我们这种根器的人，似乎不太可能圆满地实践《法华经》的全部经教”；或许有些人态度轻率，以为“只要在形式上修‘五种法师’行，或多或少总会得到一些功德吧”；还有，也许有些人已经变成增上慢，骄慢的心态已掩盖其真心本质，以为“自己是菩萨，俨然不同于声闻、缘觉二乘之徒，所以才能得此神通力，当然是与众不同，独树一帜的”。

世尊的说法，任何时候、任何场合都能完全展现其至真至善与圆融圆满，哪怕弟子们身上所残留的一丝丝妄见，佛都能完全洞悉，并平等慈悲地伸出其接引之手，教化弟子们到达完全证悟的境界。具有上述那些心态的弟子，世尊都能完全洞悉，并平等地运用种种法门化导。

世尊突然转变话题，开始对得大势菩萨说法：

> 现在各位必须明白了悟。假若对信奉、受持《法华经》之比丘、比丘尼、优婆塞、优婆夷，恶口、辱骂、诽谤的话，一定会有很大的罪报。相反地，行持《法华经》者所得之功德，正如现在所说的，眼、耳、鼻、舌、身、意六根皆得清净，其功德广大无边。

接着，世尊以一则过去的真实故事为例，故事中的人物，便是常不轻菩萨。

> 得大势菩萨！无始久远的过去，有一位佛，名为威音王如来。其时代劫名为离衰，国名为大成，威音王如来在那里为众生

说法。为求声闻者开示四谛法，使之觉悟人生的种种变化，而解脱生、老、病、死等之苦恼。为求缘觉者示说十二因缘法。为诸菩萨开示证得无上菩提所应修持之六波罗蜜。

此威音王如来入灭后，其所演说的真理如实地被实践的正法时代，持续了相当长的时间；而真理虽未消失，但只流于形式化的像法时代亦持续了倍于正法的时代。正法时代、像法时代都结束之后，真理完全消失的末法时代来临时，威音王如来又再度出世演说真理。如此到现在为止，二万亿的威音王如来接连不断地出现于世，于任何的时代中，一直不停地演说佛法。

而最初的威音王如来灭度之后，进入了以研究态度钻研佛法的像法时代之际，戒律已流于形式，出家众都是一群自以为已经悟道的增上慢人。当此之时，有一位行菩萨道之行者，名叫常不轻。

得大势！为何名叫常不轻呢？因为这位修行人，凡是遇到任何人，不论在家、出家，必定恭敬礼拜，并且赞叹地说："我非常尊敬大家，绝对不敢轻视你们。因为你们都是行菩萨道的人，将来必当成佛。"

此常不轻并不专以读诵经典为主，只要遇到人必定靠近向前礼拜。然后，始终说着同样的话："我不敢轻视你们。因为你们将来必当成佛。"

然而，四众之中，有人因为心不净而生嗔恚，以恶口辱骂："你这个笨蛋比丘，到底是何方神圣？说什么轻视不轻视我们的言论，真是狗拿耗子多管闲事。还说我们一定会成佛，我们不想听这一派胡言。"

如此长年累月地受尽各种辱骂，这位菩萨都不曾心生嗔怒。仍旧只要一遇到人，就对其说："你将来必当成佛。"不了解其中真正妙义的群众，各各气得不得了，拿起棍子、石头、砖瓦等打他、丢他。于是，这位菩萨赶快远离现场，仍然大声地说："我无论如何都不会轻视你们。你们将来必当成佛。"

依然始终不变地说着："不会轻视你们。"因此世间的增上慢比丘、比丘尼、优婆塞、优婆夷，替这位比丘取了"常不轻"的绰号。

这位"常不轻"的比丘，年岁渐增，临命终时心净澄明，于虚空中得闻威音王如来所说的《法华经》，皆能完全领悟、受持。因此而得六根清净之功德力，本来即将结束的生命，又更增加二百万亿那由他岁之寿命，因而更广为他人演说《法华经》。

这么一来，那些蔑视这位比丘，又为他取了"常不轻"绰号的增上慢比丘、比丘尼、优婆塞、优婆夷们，看到"常不轻"得"大神通力"，能去除众生的烦恼；得"乐说辩力"，具有说服众人的能力；得"大善寂力"，纵遇任何境遇，不会受到影响而有所动摇，因而对常不轻所说的法，开始洗耳恭听。并且听闻教法后，皆能完全信服，并遵循"常不轻"的教导。

这位菩萨亦教化了无数的众生，引导其发菩提心，愿证阿耨多罗三藐三菩提。其命终之后，尚能值遇二千亿的佛。这些佛的名号皆为日月灯明佛。

在日月灯明佛的身边，"常不轻"更加经常演说《法华经》，以是因缘又值遇二千亿的佛。这些佛的名号皆为云自在灯王佛。

在二千亿云自在灯王佛的身边，依然继续受持、读诵《法华经》，并依然为众生演说。因此所得之果报，更得六根清净。于四众中说法，无有任何畏惧。

得大势！这位常不轻菩萨，供养、恭敬、尊重、赞叹以上所述的这些诸佛，累积种种修行，已种诸善根(其所具备的德行，已非常接近佛德，却未堕增上慢，仍然精行菩萨道)，之后又值遇诸佛，于诸佛身边仍然继续说法。最后终于成就一切功德而成佛。

得大势！有何感想？当时的常不轻菩萨不是别人，正是我。假若我于过去世，受持、读诵此《法华经》，不为他人演说的话，便不能如此快速地证得阿耨多罗三藐三菩提。我于先佛身边，受持、读诵此经，为人说法之故，没有迂回绕道，便直证阿耨多罗三藐三菩提。

得大势！当时的比丘、比丘尼、优婆塞、优婆夷，以嗔心轻贱我，又对我怒目相视，由于一念嗔心，受到果报，二百亿劫中无法值遇佛陀，听不到佛法，亦没有机会值遇道友。就因为这样，而没有机缘接触到离苦得乐的法门，于千劫间在阿鼻地狱中受大苦恼。然后，此宿业罪障灭尽时，这些人又再度遇到过去世的我——常不轻菩萨正在教化众生，引导众生证得阿耨多罗三藐三菩提之机缘。

得大势！有何感想？曾轻贱过常不轻菩萨之四众们，正是现在出席于此会中的跋陀婆罗等五百菩萨、师子月等五百比丘、尼思佛等五百优婆塞。他们现在因佛之教说，求阿耨多罗三藐三菩提之志已非常坚固，并永不退初心。

得大势！现在正是觉悟的时刻。《法华经》给予诸菩萨带来很大的功德，能引导他们从菩萨的阶位，渐次证入佛慧。因此，诸菩萨、大菩萨！于我入灭后，应努力受持、读、诵、解说、书写此经。

世尊以偈言重宣此义后，便结束了《常不轻菩萨品》。从《法华经》一开头至此品为止，想必大家一定感觉到本品独具妙义，与前面各品意趣大相径庭。前面各品所出现的种种国土的情景，大致上都是此娑婆世界所看不到的梦幻世界，或者是地狱道的种种令人悚然的景象。并且，所登场的人物，大多不是具有非凡人格，就是完美的理想人物，当然佛陀更是一位伟大的成就者，那是更不用多说的。

然而，进入了《常不轻品》后，就比较贴近现实人生。虽然背景并没有特别描述，但是浮现在我们脑海里的情景，简直就是一般街头角落的景色，都是在周遭可以轻易找得到的实例。

还有此中登场的人物，也都是随处可见的一般庶民的翻版。此中所谓的比丘、比丘尼、优婆塞、优婆夷，并不局限于出家众以及信徒。指的是所有一切世间众生。换言之，包括一些地位低微却威风凛凛的武士；占据街头一隅势力的年轻恶棍；看似一副通情达理的脸，其实是有点势利眼的中年商人；外柔内刚的商店老板娘。在这些人物当中，还有号称对佛学无所不知的学问僧；坚守戒律却傲慢自大的中年僧；一副道貌岸然，只管托钵却不说法的老僧，皆处处可见。甚至连故事中的主角常不轻，也能在附近的街头找得到与其极为相似的人物，看似很认真的模样，可是感觉上又有点古怪，就一位年轻僧侣而言，又呈现出略带高尚气质的模样。

《法华经》被誉为是最富文学色彩的经典，其中最具文学色彩的章节，可以说就是《常不轻品》。此中所描绘的都是非常人性化、非常贴近现实的情景。

具此美誉绝无过言。因为此中生动地描绘着，一个非常平凡的人物，只以专行一门“礼拜佛性”的功课，就完全掌握了真正信仰的精神，进而完成自我，发挥自有佛性而证得佛果的过程。

在此之前，世尊不断重复强调实践“五种法师”之重要性，并说明其所得之功德广大而无边。如此一来，在凡夫心中，当然会认为切实实践“五种法师”是一件不可能实现的事，而生起放弃的念头。要不然就生起应付、迎合的心态。非常令人遗憾地，凡夫大多具有这些习性。

世尊完全能洞悉闻法众生的这种心态，所以在本品当中的说法模式，作了相当幅度的调整，以不同的角度使我们重新再认识过去因缘说所含摄的真实意义，此中可以归纳成三个关键要点：

第一，仅仅拥有一个美德亦不嫌少，重点在于彻底贯彻与执行。

此乃进入解脱之道的第一步。

第二，形式上的学习、形式上的行，无论费了多少功夫，亦无丝毫实质益处。唯有专精于一门功课上，用真心而且以坚忍不拔的毅力去实践，才能开创人生。

第三，菩萨行的根本，在于礼拜佛性。所谓的礼拜佛性，就是明确相信一切众生皆本具佛性。不确定人类本有佛性而行救度众生之菩萨道，只不过是形式上一种浮华无实之行。确定人类本有佛性并对其礼拜，才会有无私的悲心，度化众生的工作才能真正落实。

这三种意义，常不轻菩萨以非常"人性化"的性格，戏剧性地出现于故事中。而且，此非常"人性化"的人物，正是世尊过去世的本生谈，因此对我们而言，一向遥不可及的世尊仿佛忽然变得非常亲近。一股温暖的亲切感，令人感到无比温馨。

同时，也可以确实地体悟到，假若我们也能亲自实践常不轻菩萨所精勤走过来的路，那么，我们一定能够到达佛境，成就圆融的人格。目前为止，世尊这位伟大的成就者，仿佛是高耸云端的存在，尊贵而崇高，与我们凡夫似乎相隔遥远。但是，经由常不轻以非常亲切、人性化的姿态，呈现世尊的前世，使我们感觉好像找到了攀登云端的阶梯。

因此，我们得到莫大的鼓励。让我们知道其实并没有多大的困难，只要从效仿、学习常不轻开始着手就可以了。于是，新的勇气奋然而起，振奋人心。

《常不轻品》因具这种意义，在流通分当中，不，应该说在整部《法华经》当中，占有举足轻重的位置，是最具特别价值的一品。不仅如此，此故事当中，隐含着许多重要的教义在其中，现在我们就来一一解析。

拜出佛性

常不轻比丘出现于世的时候，为像法时代。所谓的像法时代，即佛所说的真实教说虽仍然继续流传着，可是教与行却已经流于形式。因此，僧人们对佛教教义只是表面上与形式上的精通，却以高僧自居；或是仅守戒律，过着与世隔绝的修行生活，以一副道貌岸然的态度傲然于世；或者盲目地附庸风雅。也就是佛教完全迷失其真正生命的时代。

佛教真正的生命在哪里呢？其实就在于从根本上彻底觉悟“一切众生悉有佛性”。一切皆以此为出发点。

自觉自有佛性，将此佛性引至光明的方向，使之增长，使其朝气蓬勃地启发出来。此乃信仰生活的第一步，也是声闻、缘觉的境界。

既然自己有佛性，人人亦应悉有佛性。觉悟出自己内在的佛性，自然能体认出其他的人亦平等地拥有此一佛性。没有这份认知的人，就表示他尚未见到自有之佛性。

试着环视我们的周遭，非善类者到处充斥。也有一些人，一眼就能判断出绝非善类。杀人、抢钱，连续不断地诈欺、夺人财产，作尽伤天害理的事，根本不值得世人同情。但是，这些无非都是从报纸所刊载的犯罪事实所作的道德是非判断，若是试着对其整个生活进行了解，就会愕然发现再怎么丧尽天良的人，绝对不可能没有一点人性。

杀人犯回到家中，将婴孩抱在怀中，说不定也会唱摇篮曲哄其入睡。对人会做出无比残酷行为的人，也许对自己饲养的爱犬却非常疼爱。欺负善良老百姓的黑社会老大，可能对待手下的弟兄情同手足，也说不定。

即使这么说，切勿同情这些人所犯下的罪行。必须以智慧、理性，试着以平常心、公平的眼光，来仔细端详这些人物，当我们看到所谓的“恶人”，天真烂漫地哄逗婴孩、疼爱爱犬、眷顾手下弟兄之时，我们不能不承认在那一瞬间，他们是绝对有一点点人性的。

这一点点的人性，就是佛性的种子。从其被罪业的尘垢深深地覆盖、染污的内心中，可瞥见到一点点的佛性。犹如黑暗牢狱的墙壁上一扇小窗。人人都拥有这扇光明之窗。

每逢遇到人，就要找到这一小扇明窗，然后赞叹这扇明窗。经由赞叹，使之发现自己的这扇明窗。而发现自己这扇明窗的人，则会想要投入更多的光。当投入更多光芒之时，明窗自然会敞然大开。这就是“拜出佛性”、“觉悟自有佛性”的意境。而“拜出人的佛性”，才是真正菩萨行的要点所在。在此行当中，佛教方被真正活用。

千万不可错解“而是比丘不专读诵经典”这句话的意思。不专于读诵经典，只是不停地对人行礼拜，并不是说读诵经典完全不需要，而是指像法时代里，流于形式上的读诵是毫无意义的。与此相较之下，“拜出人的佛性”当然很重要，这是佛道修行的根本，是一切修行的前行。此乃其中所要强调的意思。

常不轻对所有的人说：“我非常尊敬你，因为你将来必当成佛。”此乃常不轻行“拜出佛性”之行的根本原理之所在。对其拥有之佛性礼拜、赞叹，就是承认、尊重人人本来具有之佛性，以此证明“你将来必当成佛”。

使人觉知自己的佛性，大别有两种方法。一种方法是承认其本有之善良本质，并使此善根更加增长，使恶自然泯灭。这是将人类本有佛性之本质启发出来，是为“顺”向化导，称此为“顺化”。

另一种方法是指出其恶劣根性，严以苛责，使其被覆盖、淹没的善根开显出来，这是施以“逆”向化导，使之觉知自有佛性的方法，所以称此为“逆化”。

这两种方法是互为表里、相辅相成的。因人而异，因应场合，巧妙地分别运用，是最为理想的。

但大致上，“顺化”是比较有效果的方法。为什么呢？如其字面之“顺”，是为随顺、恒顺之意。这是因为顺应人类一般的心理之故。也就是说，任何一个人受到赞美、称赞，绝对不会不高兴的。心情一高兴，自然就会打开心扉，温暖的光就能够照射进来。那么，此中之佛性就会朝气蓬勃地开显出来。

对小孩的教育，以前也都是抱持着不打不成器的观念。这就是属于“逆化”的教育。可是，现在已经是爱的教育的时代，对小孩不打不骂，采取鼓励表扬的方式，这就是“顺化”的教育。因为已经知道褒扬的教育方式，可以使小孩的性格自然成长，也更能将孩子真正的才能启发出来。相反，过度的“顺化”也会造成溺爱的反效果。所以，用“逆化”的精神加以锻炼，也是非常有必要的。

总而言之，受人夸奖是人人欢迎的事。失去天真而分别心变得特别重的大人，刚刚开始时，虽然对词藻华丽的赞美词感到有点恶心，觉得有点被人拍马屁而略感不快，但如果这个赞叹是出自真心，这个误解总有一天会自然冰释。因此，即使是牢牢封闭的心，也会渐渐地被打开。

被常不轻所礼拜的人，也是如此。刚开始时，觉得被愚弄而非常愤怒，所以对常不轻辱骂、丢石头、用棍子打。对这些暴力行为，常不轻却一点也不起嗔心，依旧不停地对他们行礼与赞叹。因为态度非常诚恳，所以众人封闭的心自然冰解，渐渐地打开心扉。

被冠上常不轻的绰号，不是没有道理的。就是因为让人有亲切感，所以才会为他取这个绰号。刚开始时，觉得常不轻是在愚弄大家、好管闲事，而真正怒目相视的人，渐渐地转变对他的看法。因为常不轻即使被丢石头、被棍子打，却一点也不生气，仍旧说“我不敢轻视你”，并行礼拜。如此更会加深人们对他的印象，让人觉得这位比丘实在是与众不同。常不轻成为村里的名人并让人倍感亲切之同时，人们就会微微发现其不同凡响之处。在人们的心中，亦会生起敬畏的念头。

坚韧不拔地专行一门功课

这是非常重要的精神。即使资质不够聪颖，只能记住一门功课，也没关系。一见人就行礼拜，虽然作风有点违背常理，但若是由衷真诚的行为，纵使受到迫害仍能无有畏惧，意志无比坚定，最后必定能打动每个人的心，使每个人心中生起一种敬畏的念头。

正因为众人心中生起敬畏的念头，常不轻开始解说自己所领悟的《法华经》，众人除了愿意听从以外，又能同时生起信服之心。

日本江户时代有一位名叫禅海①(1687～1774)的僧人，为了众人的便利，在耶马溪的石头山，只靠自己的力量，独自挖凿隧道。刚开始时，并未受到村民的支持，甚至还受到迫害，但秉着勇往直前的坚定信念，锲而不舍地挖凿岩石的精神，终于也感动了所有村民。

还有其他很多类似的真实例子，不辞辛劳地为世人、为社会奉献自己，在蛮荒中披荆斩棘，开荒拓原，挖凿用水渠道，都与禅海走过同样的心路历程，都与禅海遭遇过相同的境遇。这些实例中的人物，都是以一颗"真诚的心"贯彻自己"正确的信念"，以一份坚定的毅力——"无论发生任何事端，绝对不屈不挠，坚持到底"的精神所支撑着，其愈挫愈勇的精神所成就的辉煌成果，实在令世人感戴。

不惜身命与柔软心

众人或以杖木、瓦石而打掷之，避走远住。犹高声唱言，我不敢轻于汝等，汝等皆当作佛。

此中可以体悟出佛陀要告诉我们的两种训诫：

第一，众人欲对常不轻施以暴力之时，常不轻尽速逃逸。

即使被棍子打断手臂，即使被石头打破额头，常不轻一动也不动。这个节操，可能相当广被日本人所接受。但是，这是由于"不惜

---

① 据说禅海得知耶马溪(大分县)有一条悬崖路段，非常危险，已死伤无数的路人，因此决定在它下面挖一条隧道。他白天乞食，夜晚挖掘隧道。历经三十年的岁月，终于将隧道挖成，人们便可以从那儿安然地通过。这条隧道就是有名的青洞门。

身命”一语受到错误的理解，也可以说是偏激的心态所造成的。

若能真正地理解“不惜身命”真正的含义，应当会彻底地将法视为最重要。将法视为最重要的话，一定会将护持法、增长法、宣扬法，视为最重要的使命，因此受到迫害的时候趁机逃逸之举，绝对不会当作是一种耻辱。尽可能地延续生命，随时都有机会说法。因为有这份坚定的愿心作为支撑之故，在肉体遭受危险时，能机警地安然逃离。

对日本人来说，应特别以此为最佳的训诫。因为日本人似乎对生命不够尊重，不分轻重地轻贱自己的生命。

可是，过去的日本人并非如此地顽固。日本镰仓时代著名的武将楠正成(1294～1336)在赤坂城受到幕府大军的围剿时，他认为不能在这场战役中失去一切的军力，如果赢不了这场战役，也不能就此结束，于是迅速地作出撤退的决策。楠正成是一位虔诚的三宝弟子，具有佛教徒应有的“柔软心”。正因为其作出弃城逃逸的决策，于日后再度举兵而攻陷了赤坂城以及千早城，并以其智谋和勇敢大大地削弱了镰仓幕府的势力。

还有日本战国织丰时代的武将岛津义弘(1535～1619)，观测出关原之战不可能得胜，于是冲出敌军的重重包围，逃到琉球岛。正因为保全了性命，日后卷土重来成为领有广大领土的诸侯，连德川幕府亦对其敬畏三分，成为明治维新成功的原动力。凑巧的是，岛津义弘亦是一位虔诚的佛教徒。

非常耐人寻味的是，没有一位日本人会把楠正成判成卑劣无耻的小人，也没有人辱骂岛津义弘是懦夫。因为当时的战役，既不使全军覆没，又能安全逃出，被视为是智慧的决策。可是，日本人却不知什么时候开始，失去这些柔软性的精神。

这难道是受到继佛教之后，由中国传来的儒家思想所影响吗？可是，儒家思想中亦有一句“君子不近危”，这当中已明确地教示着尊重生命的重要。那么，这难道是日本人固有的民族性吗？为了澄清这个疑问，考据了整个日本历史，也找不到一点蛛丝马迹可以作为佐证的史料。既然如此，只能推论，这可能是某种支配性的思想，使日本人失去其原有柔软的民族性。学者们若有兴趣，不妨将这个为日本人带来浩劫的真正原因，仔细地钻研出来，好让我们日本人有个明确反省的根据。

总之，这对日本人是非常重要的。近年来，政治上、经济上的斗争渐渐地倾向暴力化，街头游行示威、劳工罢工等抗争打斗的场面越来越暴力。归结这些原因，可以说彼此都是欠缺柔软心之故。

外表看似柔弱，其实犹如轻柔的柳树，临风摇曳永不折。即使看似英勇威武、气宇轩昂，其实犹如坚硬的橡树，喀喳一声地不堪一折。日本人若是想要变成一个真正伟大的民族，先决条件就是应该培养佛教教义中的这份柔软心。因此，尽早来学佛，理解佛教的教理，相信这应当是最明智的抉择。怎么说呢？因为佛教的教说，在在处处一直都是强调着心性方面的问题，其中也特别教示如何使心达到“柔软”的境地，而且，真正的三宝弟子无一例外，每一个都是拥有“柔软心”的人。

常不轻菩萨生涯中的点点滴滴，可以说就是示现着“柔软心”的真实典范。

不屈不挠地贯彻信念

此中还蕴含一个很重要的教诲，虽然常不轻菩萨因肉体遭受到迫害而四处逃窜，但其所坚持的信念从未因此而有所屈服，从未舍弃过正法。这就是“软弱”与“柔软”不同之所在。内在精神面软弱的人，只要外境施加一点点压力，就会轻易地屈服，甚至舍弃自己的信念。然而，真正的信仰者，无论遭遇任何困境，对自己的信念必定会始终如一地贯彻到底，坚持护持正法。采取柔软的态度，目的就是为了要护持正法。

常不轻菩萨虽然一方面四处逃窜，但其“礼拜佛性”的菩萨行，始终未曾停止过。最后终于使众生心中本有的佛性萌芽。常不轻菩萨才是真正的勇士。

常不轻菩萨始终只行此一“礼拜佛性”之菩萨行，却以此行而得证菩提。在其临终之际，“于虚空中”得闻威音王佛亲自示说《法华经》。于虚空中听闻，就是于心中自然显现这些法音，而自然地证入觉悟的境地。

自然觉悟，似乎有点神秘色彩的感觉，其实一点也不神秘。因为所谓的真理任运之时，皆可由任何人自然领悟，自然觉受，乃理所当然。

而正因为是真理，于无限的过去便已俨然存在，所以于过去早就有智慧者已经发现此一真理。此处所说的威音王如来，就是已经觉悟了宇宙唯一真理并示说此真理者。但是，这是过去世所发生的故事，在常不轻菩萨在世的时代中，并无此一教说。但因真理永远不灭、恒常存在之故，只要世间出现非常有德行者，就能再次觉受真理。而再次觉受此真理的人，便是常不轻菩萨。

在这种多元文化、媒体发达的现代社会里，也许有人会认为这种道理根本不合逻辑。但是，这种观念才是肤浅之见。因为这类族群者根本不知悠悠浩瀚的宇宙历史中，现今人类所营造建立起来的文化，已经历经几度生成，几度还灭。

深思着宇宙悠久历史之际，对无量威音王如来所示说过的真理，以及此一真理使常不轻菩萨在临终时自然得悟，这些都是理所当然，绝非奇异之事。

自行与化他的循环

那么，以后的常不轻菩萨是如何生存的呢？此中亦蕴含着很重要的训诫。常不轻菩萨自己领悟《法华经》，并且深信其义，所以其临命终时得到增益寿命的果报。而在二百万亿那由他岁之间，做了哪些事情呢？都是为众生而宣扬《法华经》。也就是说，不只是修礼拜佛性的基本菩萨行而已，还详解佛法。这表示常不轻的菩萨行已经向前跨越了一大步。于是，对严重地犯下谤法罪的增上慢人，有教无类地感化他们，引导他们契入佛法的真理。

而且，并非就这样结束。因这些功德而得遇二千亿佛，并供养、恭敬、赞叹这些佛，在诸佛的身边说《法华经》；又因此之功德，又得遇二千亿佛，然后又同样地在诸佛的身边说《法华经》，以此功德，到达“得是常眼清净，耳、鼻、舌、身、意诸根清净，于四众中说法心无所畏”之境界。

就这样，因种植种种善根之功德而得遇诸佛，受诸佛之教化后，又广弘《法华经》，然后以此功德，又再得遇诸佛，又再受诸佛之教化。如此自行与化他行，无数次地不断轮换交替。累积无量功德后，终于成佛。

在此，常不轻菩萨的信仰生活有其特别殊胜之所在。毕竟始终如一地贯彻最初的一念，这种不退转的勇猛心并非只是一股狂热，而是沉着稳当、毅力不拔的勇猛心。也就是学而行之，行而学之，不断累积，自行化他，终于确实抵达成道之路的终点。

我们也应该循着常不轻菩萨的足迹，一步一脚印地精行菩萨行。刚开始，只单行一种菩萨行亦无所谓。因为佛法之根本只有一个，只要能虔诚实践，必定能从行的当中悟出根本大法中所衍生出来的种种法。达到这种境界后，莫一人独享法喜，应与他人分享，广为他人演说。这样的话，不仅给予他人法功德，自己也能从中得到更多的法益。也就是说，相续不断地得遇无量诸佛，每次一个接一个地会遇新佛（＝法）之时，对法供养、赞叹，生恭敬心，将这些分享他人。分享佛法，也将再次成为会遇诸佛（＝法）之机缘。每一次反复地实践这种行之时，就是确实一步一步地接近佛陀的境界。而在我们面前，以亲身经历证明此一事实的，正是释迦牟尼佛。换言之，佛陀在此宣说常不轻菩萨实际上就是自己的前世身。此乃证明了常不轻菩萨的修行方式，正是通往成佛之道的直行道。

因此，如本品最初所说的，对信仰还犹豫不决、未生起信心的人，应可以从中得到莫大的鼓舞。或者是思想比较保守消极的人，觉得自己对法都不能很透彻地了解，怎么可能为别人说法呢？然而，常不轻菩萨的真实故事将使这些人体悟到事实并非如此，其实只要将所听过的法，原原本本地告诉他人就可以了。而在告诉他人的时候，对法的理解自然就会更加深入。然后，在不厌其烦地反复“学”与“说”当中，将会一步一步地迈向成佛之道，成就圆满的人格。了解此一信仰的原理后，就会得到莫大的勇气。

远见四众，亦复故往

让我们再回忆一下，本品之初还有一个很重要的一句话，就是“乃至远见四众，亦复故往，礼拜赞叹……”。“远见四众”、“亦复故往”这两句是非常重要的。为什么说很重要呢？因为对他人说法时，非常需要这份主动的精神。也就是说，不能采取消极的态度，等到有人发问或者只待有缘人时，才示之以教，必须积极采取主动，遥见远方有前来者，特意前往，为之演说佛法。这样才算真正具足了普度众生之菩萨心。

常不轻菩萨对这些行，都有勇于尝试的精神。最初虽然招来反感，受到大家的冷言嘲讽，但精诚所至，金石为开，终于解开众生的戒备心。这种积极的布教态度，也是我们必须效仿之处。

不值佛、不闻法、不见僧

接下来这一段经文，务必留心阅读。“彼时四众比丘、比丘尼、优婆塞、优婆夷，以嗔恚意轻贱我故，二百亿劫常不值佛、不闻法、不见僧，千劫于阿鼻地狱受大苦恼。”

佛教中所谓的“罚”，其真实形态，在此段经文中说得非常清楚。在此可以明确地了解所谓“罚”的实际情形。所谓的“罚”，并非来自神或是佛的惩罚。对一位礼拜佛性，行如此尊贵行为的人，心怀嗔意，鄙视其行，二百亿劫之间，没有值佛、闻法、见僧等之因缘。

这种惩罚并非得自某人，而是自心未开，不能见佛，自塞其耳，不能闻法。因为如此，内心的烦恼火无法熄灭，于千劫之中过着犹如阿鼻地狱的人间炼狱之苦。

这就是“罚”之实际形态。佛陀绝对不会对人类施予任何惩罚。佛陀总是以其大慈大悲，救度众生离苦得乐。但是，世间人若不主动来见佛，或是会遇演说佛法的人，佛也不会以强制的手段施予教化，只会耐心地等待机缘成熟。机缘成熟就是业灭尽之时。

无论哪一种恶业，都必须依果报长期地受大苦恼，依此受报，恶业才能消失。当此业报消失的那一瞬间，必定能打开长期以来受到禁锢的心。我们的这颗心，因为长久以来尝尽人间苦涩、受尽折磨而封闭，现在终于愿意追求真正的解脱，这是因为心中已经生起对绝对真理恋慕渴仰之情。也就是觉知了自有佛性。接着所说的“毕是罪已，复遇常不轻菩萨教化阿耨多罗三藐三菩提”，所指就是此意。曾经值遇佛法的人，总有一天一定能够得到解脱。

法缘的可贵

这些增上慢者于前世受到常不轻菩萨不断地以“汝当作佛”之熏习教化，但因为不肯虚心受教，落得长久以来一直过着苦不堪言的生活。可是，只要彻底消灭这些苦恼的根源，曾经听过“悉有佛性”之教说就会浮现于脑海中，于是能进入解脱之门。然而，假若这些人过去不曾受教于常不轻菩萨“悉有佛性”之教化，结果会是如何呢？当然是永远无法解脱人世间的种种苦,那是可以想见之事。

因此,千万要牢牢记住,不管对方是怎样的一个人,均平等地引导其发掘自有佛性,告诉他们人人皆有佛性,这样的教化乃是无上功德,必当于将来的某一天,成为他们解脱的资粮。

《常不轻品》最重要的要点,应该就在于斯。

接着以偈重申前述之意。此偈亦是重要偈言之一,是归纳以上长行之精要,所以最好把它熟记起来背诵。

若是能领会前面长行之内容,偈中之意也自然能理解,在此仅就其中二三处较特殊之词汇解释之。

"将导一切",即为引导一切众生之意。

"计著于法"中之"计",是为对佛法以学问式的态度研究、分析;"著"乃为执著之意。也就是忽略了法的真正精神,只是流于形式上的学问研究。与后面"诸著法众"中"著法"之意相同。

"清信士女",是指在家善男信女。其后之文均浅显易懂,就此省略。

如来神力品第二十一

此品亦为非常重要之一品。之所以重要，是因为本品中将迹门与本门的教说，作了整体性的归纳，并在此品中特别强调本迹不二，迹门与本门看似不同，其实是无二无别，只要知其神髓，便可了悟两者皆会归同一真理。

迹门乃阐释世尊成道以来，教化众生的目的及其教说之内容。在迹门当中，阐释着世间一切万物生成的道理，世间凡夫众生的本质，世间凡夫应如何生存之道，以及人与人之间的待人处世之道等哲学、伦理道德。

而本门则阐释所谓的佛并非示现八十岁的寿命出现于世上这位释迦牟尼佛，而是使一切万物发挥其原有自性之久远实成的本佛。并阐释了人类究竟解脱之道以及建立人类真正的和平社会，就是使一切众生归依佛，与本佛成为一体，这是唯一的道路。

迹门与本门的意义大别如次：

迹门是出生于娑婆世界的释迦牟尼佛所教示的教说，本门则是不生不灭、久远实成的本佛之显现。或者也可以这么理解，迹门是阐释人类正确的生存之道以及正确的人际关系，而运用智慧适当处理人世间种种的相对关系是非常重要的，所以，迹门是智慧之教说。相对地，本门则是使宇宙万物发挥其原有自性之久远本佛之体现。而久远本佛之体现，也就是本佛的大慈大悲，所以本门是慈悲的教说。要详尽研究《法华经》之教义，确实有必要建立这种分类法。

大致上，思索万物之本质，“分析”是必然的方法。仔细推敲其构造、组织如何，由哪些要素所构成，一一考察其各自的意义及其所担负的使命，这就是所谓的“分析”。

但是，光是分析是不够彻底的，这样并无法呈现出研究成果。先分门别类地细细分析之后，再进行全面性综合的整体研究，这样才能贯通真理的整体性。此称之为“综合归纳”。不管研究任何学问，若未兼备“分析”与“综合归纳”这两种研究方法，将无法得到真正的成果。

学习《法华经》也是如此。我们为了要理解正确的教义，必须要先绵密地思惟与分析。但是，一直分析，除非是非常聪颖的人，不然的话，所听闻的种种法门，必定杂乱无章地停留在脑海里，无法清晰地理出头绪，无法一条一条合理地归纳出来。这种没有效率的学习方式，永远无法得到真正的理解。

况且，我们不能把《法华经》只当作学问来学习，因为就算已经非常理解，也无法掌握到真正的精髓所在。必须从“理解”进入“信仰”。理解与信仰，换言之，就是“解”与“信”若不能到达浑然一体的境地，自己不能得到解脱，也无法济世度人。

就此意义，此《如来神力品》中，将综合归纳前二十品所说的一切教说，阐明贯穿一切教说的唯一真理。此中迹门与本门的教说，将浑然地融合成一体，将可以使我们归依的心愿化为强劲的力量。

然而，即使仔细一再阅读此品，也读不出上述的意思。觉得好像只是叙述着如来不可思议、非常神秘的神力。这就是此品难解之处。前面也曾提到，这种神秘的现象乃象征着如来大慈悲心，其中种种不可思议的现象中，已蕴含迹门与本门浑然一体的意味。

这还是一种分析的态度。那么，暂且依用古德们的解释，来说明如来的十大神力中所包含的意义。这么一来，会出现比较专业性的解释，专有名词也比较多，但不必太拘泥这些名相。这些名相毕竟只是为了理解上的方便，真正的目的，当然是要理解本品的精神。

现在就进入本文的解释。

《常不轻菩萨品第二十》经文的最后，世尊说：“是故行者，于佛灭后，闻如是经，勿生疑惑。应当一心，广说此经，世世值佛，疾成佛道。"无量地涌菩萨们，皆于佛前一心合掌，瞻仰世尊的容颜，而对世尊说：

"世尊！我等于世尊灭后，于此娑婆世界以及世尊分身所在一切国土中，必当广说此经。我等既已得此真实清净大法，因此想要以受持、读、诵、解说、书写来报答佛恩。"

地涌菩萨，就是前面《从地涌出品第十五》中，自地上涌现之大菩萨们，他们的德行比文殊菩萨、弥勒菩萨更为殊胜。这些菩萨于佛前，誓愿必当广说此经。

并且，亦说明了诸菩萨们为什么要广说此经的理由，这是意义非凡的。也就是说，诸菩萨们表明既然得此大法，除了好好珍惜，反复学习、反复温习，更发愿为人演说、书写、供养此经。

所谓的供养，是为了表达感谢所作的报恩之行。因此，广说此经，也就是为了报答受此教说教化之恩德。不愧是自地涌出之大菩萨的报恩方式，要是世间凡夫，一定想着"自求解脱为要"而优先考虑自己。然而，这些菩萨的心中已无"我"的存在。

将功德施予他人，自己也能从中受益，是必然之事实，然而故作清高地否定此必然之功德，反而是一种执著。佛法中从未出现过这种固执己见的教义。因此，之前都一直反复地说明，由于为人演说《法华经》而给予他人功德之同时，自己亦蒙受功德利益。

到了此品，都是德行非凡菩萨中的大菩萨，所以我们知道这些大菩萨已经全然去除"我"执，示现着信仰者之最佳理想境界。

还有很重要的一点，就是即使已经成了大菩萨，仍然严谨地"自行"受持、读、诵、书写之行。

成了大菩萨，在法的理解上应该已到达无远弗届的程度，但对忆持经典的功课，仍然精进，努力不懈，为了使理解更加深入，经常温故知新，反复复习，以书写经典作为行持法门，使经义刻骨铭心地融入身心，这样的精进行为是非常令人崇敬的。对于容易陷入增上慢的我们这些凡夫俗子而言，是非常可贵的训诫。

地涌菩萨们说完他们的誓愿后，世尊非常满意地颔首。但世尊并未作任何评论，只是在法会中一切众生的面前，展现无比殊胜之大神力。而参与法会的一切有情众生，就是文殊菩萨以及过去曾住在娑婆世界的无量菩萨众以及诸比丘、比丘尼、优婆塞、优婆夷，天、龙、夜叉等等住在娑婆世界以外的众生，以及人、非人等一切众生。

首先施展的神力便是“出广长舌，上至梵世”。

出广长舌①

乃指佛陀伸出的舌头，可长抵梵天。对日本人而言，可能觉得有点滑稽，难以苟同，此乃沿袭印度的习俗而立说。古时候的印度人伸出舌头是为了证明自己所言真实，这种风俗习惯是具有合理考证的。总而言之，佛陀所伸出的舌头，可长达天界，是表示佛陀至目前为止所说的法，句句真实，恒常不变。也就是指世尊一切言教绝无半句虚言，绝无矛盾冲突之处。

换言之，“迹佛的教说”与“本佛的教说”，在义理上看似各有所别，然事实并非如此。就其根源而言，是源自同一真理。此乃“出广长舌，上至梵世”所蕴含之意义。

二门信一

所以，后世又将此不可思议的“出广长舌”的神力，解释为“二门信一”之表征。

所谓的二门，就是迹门与本门。最初的世尊以凡夫身住此娑婆

① 广长舌：为佛三十二相之一。诸佛之舌广而长，柔软红薄，能覆面至发际，如赤铜色。此相具有两种表征：（一）语必真实。（二）辩说无穷，非余人所能超越者。

世界，教导世间凡夫在现实生活当中的种种生存之道。然而，到后来世尊明白表示自己原本为不生不灭之本佛。然后又告诉我们，觉悟出本佛所发掘出来的自有佛性，方为真正的解脱道。世尊的前后两说是相当有距离的，那么应该如何来理解世尊之所说呢？因此而生起种种疑惑的不乏其人。

然而，释迦牟尼佛是久远实成的本佛，因不忍心看到众生疾苦，而以慈悲心降生于人间世界。以凡夫相出现于世的释迦牟尼佛，与本佛之间是无法加以区别的。再者，释迦牟尼佛若未能出现于人间世界，我们便不可能有机会了解到本佛的意义。因此，迹佛与本佛，根本无法区分出孰优孰劣。

于是，穷究迹佛与本佛之道理唯有一个，就是精读整部《法华经》，使我们得知信仰对象只有一个。此乃“二门信一”的意思。佛陀之“出广长舌，上至梵世”，乃蕴含此甚深意义。

> 一切毛孔放于无量无数色光，皆悉遍照十方世界。众宝树下师子座上诸佛亦复如是，出广长舌，放无量光。释迦牟尼佛及宝树下诸佛，现神力时，满百千岁。

这回释迦牟尼佛全身毛孔，绽放出五光十色、灿烂夺目的光芒，遍照十方世界。此时正端座于宝树下师子座上之诸佛，也与释迦牟尼佛一样地出广长舌，然后全身也放出无量光。这种庄严殊胜的景象持续了百年、千年之久。

毛孔放光

从释迦牟尼佛身上释放出灿烂的光芒，十方世界处处充满光明，此乃表示真理之光，能破除迷暗。

前面也曾经提过，实际上黑暗并非真正存在，只是因为没有光，看不清楚而称黑暗。因此，只要有光线照射进来，黑暗就会立即消失。所以黑暗完全是虚幻之物,非实际存在。

妄想执著与黑暗相同,事实上妄想执著并非真正存在。真正存在的唯有真理。所谓的妄想执著,就是尚未觉悟真理时的内心状态。因此,只要觉悟真理,妄想执著就会立即消失。

这告诉我们一个重要的观念,只要是身为人类的一份子都应该警觉到,不可被这种非利他的烦恼妄念所颠倒,一旦觉悟真理,妄想执著自然就会消灭。而阐明此根本原理的,就在诸法实相的教说当中,根据此一教说,而展开了"十如是"的法门。也就是在迹门的教说中,首先详细地阐释依此原理所衍生的一切事物的真相。

而在本门的教说中,终于在紧要关头,契入了真理之核心,也就是"久远实成之本佛乃是绝对之真理"。这句话表现着佛陀温情洋溢的慈悲,本佛乃无限的过去以来,遍满一切处,使一切众生觉悟自有佛性。而我们人类正是佛陀的孩子,换言之,此乃告诉我们"所有人类将因佛之指引而找到自有佛性"。

二门理一

迹门与本门中所说的教说,穷究其根本都是源自同一真理,称之为"二门理一"。佛陀身上所放出的光照遍十方世界,消灭一切黑暗,此一瑞相之示现,具有甚深含义。

再者,释迦牟尼佛出广长舌,毛孔放光;诸佛亦同时出广长舌,毛孔放光。这些都象征着真理的唯一性。纵使诸佛无量无边,无一不是依此唯一真理而悟道。

真理与真理相互共鸣,真理与真理融合为一。释迦牟尼佛绽放出无上尊贵之光芒,无量诸佛身上亦放出同样的光芒,二者之光芒互融为一体,照遍整个宇宙,使宇宙充满无量光明。此正是《法华经》之信仰者所持有的终极理想——"一切众生终成佛道"、"娑婆即寂光土"之具体展现。以这样的态度来理解这一段经文,将会刻骨铭心地感受到其中所包摄之崇高意义。

一 时 謦 咳

“然后还摄舌相，一时謦咳，俱共弹指。”刚才的瑞相示现一段时间之后，现在收摄广长舌相，释迦牟尼佛与无量诸佛同时发出咳嗽声。

此中表示什么含义呢？发出声音表示以音声示说佛法。于是，一切诸佛同时发出咳嗽声，则表示一切教说会归为一。

二 门 教 一

世尊最初以方便法门诱引众生。方便法门也是正法，并不是低层次的法门。只是为了理解究竟法门，为了通达真理实相之中间过程所采取的权宜措施，各个都是非常重要且宝贵的法门。假如说，本门为乘法，而迹门则相当于加法。如果不先学会加法的计算方式，那么，一开始教导 2×3＝6 的话，一定无法理解其中道理。所以，先使之了解 2＋2＋2＝6 的道理之后，便可以说明所谓的2×3，就是 2 加 3 遍的意思，这样大家必定能迎刃而解。可是，一开始就示以二三得六，使之死记死背，这样的方法绝对无法将九九乘法表真正背起来。

信仰的道理亦如此。加法、乘法都是正确的计算方法。本门与迹门都是正确的教义。方才我们把信仰比喻为乘法，这也是必须建立在确实了解加法后，才能真正了解乘法的道理。

前面《随喜功德品第十八》中，曾以数学公式“信仰对象×信仰心＝信仰结果”来说明，倘若于一开始就突然告知“应以久远实成的佛为信仰对象”，闻者可能不知所措，真正的“信仰心”将难以生起。更何况，信仰了错误对象，所造成的后果不堪设想。

然而，迹门的教说之中，乃一一详明着世间社会的形成、人类的本质、人类的生存方式以及人类之间共生共存的关系，而维持这些关系的调和，必须遵从此一真理，也就是领悟“三法印”、“十二因缘”的法门，而依此法门行持“四谛”、“八正道”、“六波罗蜜”，方为正确的生存之道。而此道理就是加法的阶段。

了解这个道理后，就要开显真实，使我们找到原有自性的久远实成、不生不灭之本佛。当此教说明确地开显之时，我们心中当能豁然体悟到：“是的，只要能与佛融合为一，自然而然便能依真理而生存，这便是真正的解脱之道。”

因此，《法华经》的前半所说的“方便”法门，以及后半所说的“真实”法门，两者皆是真理，最终都将会归一门。所以称之为“二门教一”，诸佛同时发出“一时謦咳”，所表示的就是这个道理。

俱共弹指

“俱共弹指”，弹指乃是印度的风俗习惯，日本人可能会觉得很奇怪。以拇指与中指压覆食指，复以食指向外急弹，为古代印度所盛行表示虔敬、许诺或警告之风俗。此中所代表的意思，就是应允“承诺”，保证“依教奉行”。

所以，释迦牟尼佛以及无量诸佛同时弹指，表示一切诸佛誓约共同广衍此经。也就是互相约定，实践菩萨道。

而菩萨道的根本精神为何？乃是“自他一体”。悲悯众生，发菩提心，欲救众生离群迷，这只是菩萨行的入口处而已；见众生疾苦，禁不住地伸出度脱众生之手，才是真正的菩萨心。

婴儿肚子饿了就会哭得哇哇叫，母亲会将婴儿抱在怀里喂以母奶，这时母亲的心已经超越“悲悯”心疼的心情。孩子肚子饿的感觉，宛若自身饥饿那样的切实。所以，不会做任何考量，会立即将孩子抱入怀中喂食。而孩子一心一意吸吮着，母亲亦沉醉在这份温情中，守护着孩子。此时的母亲与孩子已融为一体，丝毫不必有所顾忌。心中并无正在“行”某件事的心理，这就是无所求的菩萨心。

说法者与闻法者之间，能有这样的关系，是非常殊胜的。世尊与其弟子之间，一定正如这种温情洋溢的关系吧！就如“病在众生身，痛在佛身”的道理一样地，“自他一体”乃菩萨行的理想境地。

二门入一

将《法华经》的教说，于最初的《序品》到现在的教说为止，作个通盘考量，将会赫然发现其全部的教说都将会归于“自他一体”中。

依“十二因缘”、“四谛”、“八正道”之教说，去除妄想执著，而提升自我人格。这看来似乎只是在追求自我完成，成就自己，但事实上在自我提升之同时，自然会促进周遭朋友的成长。这就是“自行”即“化他”的意义。这种身教比起费尽唇舌的言教，更确实，更有效果。“六波罗蜜”当然是菩萨行的轨范，也是行“自他一体”之具体实践。

进入本门教说之后，终于能真实地体悟出“自他一体”的道理。理解了一切众生乃是久远本佛之真正佛子。换言之，我们每一位世间众生，看似各各不同，其实是源自同一根本。因为不了解此中道理，所以不协调、纷争四起。假如一切众生皆能彻悟此一道理，一切众生皆进入“自他一体”的境界，那么，此娑婆世界将立即变成寂光土。

如此，整部《法华经》的教说会归于“自他一体”之精神中，此称之为“二门入一”，诸佛同时弹指，表示一切诸佛誓约共同广衍“自他一体”之精神于此娑婆世界。

六种地动

接着，“是二音声，遍至十方诸佛世界，地皆六种震动”。

所谓“地皆六种震动”，前面也曾说过，乃是表示天地万物深受感动的情景。“是二音声”是指前面“一时謦欬”与“俱共弹指”所发出之两种声音。诸佛正式高声宣言，《法华经》中一切经说会归于唯一真理，以弹指表示誓约于此娑婆世界，实现“自他一体”之菩萨行的理想境界，此弹指声响遍十方，天地间一切有情众生为之感动，使大地震动。

能感受到一股震撼人心的感动力，无论是谁都想要付诸实践。不少人只是理性上的知解其义，并将其视为知识学问，不亲自实践。但是，当身与心亲自体验了这种感动，必然会付诸实践。

二门行一

此实践就是行菩萨道。《法华经》的一切教说，都必须透过菩萨行来实现。穷究迹门的教说，也是推广“六波罗蜜”之菩萨行，而本门的教说中，也是开显佛与自己融合为一之“自他一体”之教说。这种体悟势必会开显利他行的菩萨道。因此便会为世界和平、实现娑婆即寂光土而展开菩萨行。此称为“二门行一”，大地六种震动中所包含的便是此一甚深含义。

那么，以上所出现之五大神力，乃是释迦牟尼佛以及无量诸佛为示现其证悟、教说、誓约而展现。而此后即将出现的五大神力，乃是表示佛之证悟、教说、誓约，影响天地间一切众生之时，佛为了要回应众生，继而所展现之五大神力。

普见大会

大地出现六种震动之后，世尊继而说之。

> 其中众生，天、龙、夜叉、干闼婆、阿修罗、迦楼罗、紧那罗、摩睺罗伽、人、非人等，以佛神力故，皆见此娑婆世界无量无边百千万亿众宝树下师子座上诸佛，及见释迦牟尼佛共多宝如来在宝塔中坐师子座，又见无量无边百千万亿菩萨摩诃萨，及诸四众，恭敬围绕释迦牟尼佛。既见是已，皆大欢喜，得未曾有。

不仅仅世间凡夫，连天地间一切有情众生，均由于佛之神力而能够彻见——诸佛云集于娑婆世界的灵鹫山；释迦牟尼佛与多宝如来并坐于宝塔中；其他诸佛坐在宝树下的师子座；以及无数菩萨恭敬围绕着释迦牟尼佛。见此种种情景，一切众生觉受到未曾有之欢喜。

于是，上自天人下至地上小小虫蚁的一切有情众生，皆能普见大会的崇高景象，佛教之专业术语则称之为“普见大会”。

未来机一

此意味着什么呢？一切有情众生见到一切诸佛，也就是意味着一切众生皆能平等地悟入佛慧。

现在，众生根机各各不同，因此证悟的时间则有迟速之别，利根则速，钝根则缓。方便法门之教化内容，必须因应众生根器而作种种变化。然而，毕竟这是目前的现状，若是考量未来的前瞻性，则是一切众生总有一天皆能够证得佛果。

得悟不论迟或速，都是到达终点的过程。所谓根器不同，当指到达终点的时间上的不同；然而到达彼岸，大家一样都是佛，根器不同的问题便不再存在。这个意思是指未来根机同一，因此称为“未来机一”。而“普见大会”是指一切有情众生均能平等见到佛，所以于未来当中，佛必定平等地引导一切有情众生进入证悟的境界。此乃佛之大神力的展现。

空中唱声

> 即时，诸天于虚空中高声唱言：“过此无量无边百千万亿阿僧祇世界，有国名娑婆，是中有佛，名释迦牟尼。今为诸菩萨摩诃萨，说大乘经名妙法莲华，教菩萨法，佛所护念。汝等当深心随喜。亦当礼拜供养释迦牟尼佛。”

一切众生普见诸佛云集之大会，觉受未曾有的欢喜，此时，诸天善神从虚空中大声唱言：

“此无边无际无量千万世界的彼岸，有一个名为娑婆之国土。此国当中有位佛名释迦牟尼。现在正为诸菩萨摩诃萨演说妙法莲华，教菩萨法，佛所护念之大乘法门。大家应当由衷地心生随喜。亦必须礼拜、供养释迦牟尼佛。”

所谓的教菩萨法，乃是教导菩萨道之法门；而佛所护念，乃是诸佛时时刻刻护念着宣扬佛法者。

诸天高声唱言之音声所要描绘的，正是此一音声能震撼人心，使众生刻骨铭心并清楚地觉受。这种情形不仅仅只有佛教是如此，基督教以及孔孟学说当中，也经常出现“天籁之音”。蒙受上天的启示之际，也就是明心见性、体悟真实信仰的时刻。

而此中所体悟到的是什么样的境界呢？乃是内心明确地体悟到“娑婆世界中，正因为释迦牟尼佛阐释真实不二的妙法莲华、教菩萨法、佛所护念等法门之故，而使得这个宇宙的一切有情众生找到自有自性，使整个宇宙得到调和，为此宇宙带来真正的安详”。

未来教一

这又代表什么意义呢？现在娑婆世界虽然充满种种苦，但是在未来，一切学问、教说必定会归于佛法。届时，此娑婆世界就会变成宇宙中最清净的世界。然而，现在使人类迈向文明的种种教说、学问，均自成其脉，各期所成，反而使人类产生对立，导致不幸。比方说，宗教之间的对立就是其中一例，政治理念的对立也是如此。还有，本来科学真正的精神乃在于促进人类幸福，然而像原子科学的发明，却使人类朝向自我毁灭的方向前进。

诸如此等的学问与教说，若能依循释迦牟尼佛所示说的尊重生命、调和万物的理念前进，此世界将会实现寂光土的理想境界，娑婆世界在物质文明高度进化中，亦同时能够成为宇宙真正的核心。

此处所示说的就是含摄这个理念，在未来当中，一切教说必定将会归于佛法。此称为“未来教一”。

咸皆归命

> 彼诸众生闻虚空中声已，合掌向娑婆世界，作如是言：南无释迦牟尼佛、南无释迦牟尼佛。

此中情景乃自然天成。

也就是说，宇宙间所存在的一切有情众生，皆同时面向娑婆世界而唱念“南无释迦牟尼佛、南无释迦牟尼佛”。因为大家皆归依于释迦牟尼佛的教说。

未来人一

这也是预言未来世界的情景。现在仍然有人尚未知道佛法；而有些人即使有了接触佛法的机会却不愿意深入；还有一些人尚热中于邪知邪见；有些人对于生命甚至还不具有任何问题意识，只是茫无目的地活着；甚至有些人更离谱，违反道德、触犯法律等，无恶不作。总之，林林总总，各种层次的人都有，但在未来，一切众生归依佛陀的时刻一定会来临、必定会实现。

届时，一切众生心不起恶念，人人智慧圆满，所以无知愚昧之人不复存在。此一境界称为“未来人一”。一切众生唱念“南无释迦牟尼佛、南无释迦牟尼佛”，乃表此意。

遥散诸物

> 以种种华、香、璎珞、幡盖，及诸严身之具、珍宝、妙物，皆共遥散娑婆世界。所散诸物从十方来，譬如云集。变成宝帐，遍覆

此间诸佛之上。

此时，花、香、璎珞、幡盖以及装饰佛身四周的华丽饰品，还有庄严佛身之种种器具宝物等，皆自虚空飞舞、飘落于此娑婆世界。这些宝物来自十方，宛如云彩聚集，当它们即将飘落到地面前，刹那间变成美丽透明的薄纱帐，覆盖于诸佛之上。

来自十方世界的众生归依佛陀，为了表示感恩心而散洒种种物品，这些物品于瞬间变化成飘逸的云帐，用纯一的颜色覆盖于诸佛之上。这种不可思议的情景意味着未来一切众生在供养佛的修持上，将会是相同的。

未来行一

供养佛的修行当中最重要的供养，就是在日常生活当中一切之所行要尽可能地契合佛心。虽然说日常生活之所行不胜枚举、千差万别，但是在契合佛心这一点上是完全相同的。虽然虚空中散落下来的宝物林林总总，但是最后只以一种单一颜色的云帐覆盖于诸佛之上，就是以这种情境来描绘这个譬喻。

换言之，虽然现在众生之所行有善有恶，但于未来一切众生的行持方法将一致地表现在“契合佛心”这一门功课上，因此这一譬喻乃表示“未来行一”之意。

此“契合佛心”是非常重要的生活轨范。日常生活必须遵守法律，亦须合乎道德的规范。但是法律与道德并无法明确囊括一切的生活规范，而且，法律与道德亦随着国家、时代而改变。如此一来，若是没有一个明确的圭臬可以超越时间、空间，来作为我们行为道德的导航的话，总让人觉得非常不牢靠。

然而，有此“契合佛心”作为圭臬，无论任何场合，都能很安心地行一切行，不会失足于恶行与不道德。佛为天地之真理，“契合佛心”当然是契合天地之真理，因此不可能会出错。

通一佛土

于时，十方世界通达无碍，如一佛土。

如此一来，十方世界无有隔阂，无论何处均可自由通行、通达无碍，整个宇宙成为一个佛土。

未来理一

此意所指为何？现在的娑婆世界是一个执著充斥的世界，极乐世界则是一个完全没有痛苦、美轮美奂的世界，而地狱道则是无间疾苦的世界。若一切众生依佛之教导，完全契合真理地实践于生活的话，就不再有天界、娑婆世界、地狱道之区别，此世间就是佛之世界。

换言之，真理毕竟只有一个，在未来中，总有一天，一切万物都将会归于唯一之真理，使世界得到完全的调和。这样的意思就是"未来理一"。

像这样述说着如来的十大神力之种种不可思议之瑞相，乃是整部《法华经》经意之统合，同时也是示现着穷极的理想境界。同时，佛陀亦保证这个理想必能实现。此处虽将短短的经文分成十段，用了一些专门术语作了解释，但对这些专门术语无须太费神，只须充分掌握住其中之精神即可。

总之，倘若细细品味咀嚼此段经意，就会体悟出《法华经》的教说，巨细靡遗，精心策划各种情节，来引导众生走向成佛之路。当此之时，必定能觉受到一份法喜与感恩，而这份感恩之情用言语亦无法道尽。

同时，这个理想境地虽然路途遥远，但只要能依照佛的训诫一一实践，将能一步一步地渐渐接近这个理想境地。一想到这里，不仅能肯定自己存在的价值，对自己的人生更是充满信心。

人生有了明确的目标，比什么都可贵。然而，目标若是多了一二个，心就会左右摇摆不定，无法得到安定。但只要能以“攀登佛之境界”为唯一目标，以此最崇高的目标作为人生之准则，那么，无论是工作、家庭生活、人际关系或是从事任何休闲活动，皆能贯穿成一条线，因此不会误入歧途。

当然，因为是凡夫身的缘故，难免会心生妄念、会懈怠、犯错，或是被身边小小烦恼弄得团团转，或是浸淫在喜乐的享受中，或是朝朝暮暮反复着执著妄念，都是在所难免。但是，在反复着这些执著妄念之际，若能生起一步一步地渐渐接近佛陀境界之自觉，自己的人生舞台不至于荒腔走调，因为这份自觉始终是一个可靠的精神支柱。

此中所描绘的境界由于太过理想化，也许有些人会认为这对自己简直是遥不可及的梦想。千万勿以这种消极笼统的概念来误解此中所要阐述的本意，最重要的是应将这种理想世界的情景铭刻于心，然后，将其作为人生目标，实践于日常生活。

接着，世尊对上行菩萨及其他菩萨大众说道：“诸佛神力，就是这么殊胜，不可思议，一般凡夫的智慧是无法想像的。但是，为了付嘱你们于将来好好地宣扬《法华经》，而以如来神力不断地叙述此经之功德，亦永远无法说尽。”

此中所谓的嘱累，“嘱”为委托、付嘱，有拜托之意；而“累”为照顾之意。因此，嘱累乃“委托照顾”之意。弘扬此经之工作任重而道远，但佛陀将此重任委托我们，付嘱我们：“不遗余力，力图宏扬。”真的是有点受之若宠。光是听到这句话，必定会毫不犹豫地开始实行世尊的托付。

那么，以如来的大神力，于无量无边百千万亿阿僧祇劫那么长的时间，一直阐述《法华经》的功德，仍旧说不完，其功德如此广大无边。其要点接着叙述于后：

> 以要言之，如来一切所有之法、如来一切自在神力、如来一切秘要之藏、如来一切甚深之事，皆于此经宣示显说。

这是结论中之结论，所以特别重要。

如来一切所有之法

此中的“法”乃“正法”之意，指《法华经》中已经包摄如来所证悟的一切正法。其他经典中所说的也是如来所证悟之正法，但是只是相当于一部分，是为了因应众生不同根机所教示之方便法门，尚未能涵盖一切法。

而《法华经》当中阐释了贯通宇宙真理的圆融妙法，因此能够涵盖一切法。并且，此经亦是世尊一生说法最终的总结，因为具有这层意义与功能，所以说此经包摄如来所证悟的一切正法。

如来一切自在神力

如来所证悟的绝对真理转换成救度我们世间众生的功能时，如来所伸出的济度之手无远弗届，不会有任何遗漏。这就是“如来一切自在神力”，此神力已包括在《法华经》中。

也就是说，我们读诵《法华经》，无论读到哪里，处处皆阐述着真理，因此就算只读一偈一句也能够得到解脱。假如能完全通晓整部《法华经》，领悟真正的真理，并能依教奉行，便能到达佛之境界。因而说此经之中处处充满如来济度众生之自在神通力。

如来一切秘要之藏

此处之“藏”字，就如“大藏经”那样地数量庞大，表示很多的意思。“秘要”，即确实地储藏于心中之意。这是指如来之教说无量无边，如来能通达一切万物之实相，能洞悉一切众生各别之根机，因此能够适应各种不同场合，而为我们衍扬适当之教说。这样的教说无量无边，储藏于如来心中。

而储藏于如来心中无量无边之教说，皆全部包摄在《法华经》中，所以是“如来一切秘要之藏”。

如来一切甚深之事

所谓“事”就是“事理三千”中的实践之意。体悟“理”，必定会付诸行，由“理”趣向“事”，必定能到达究竟之路。“理”与“事”是相辅相成的。

《法华经》中，并未片面阐述“理”，经中详细阐明了世尊如何地修行、如何通过哪些考验而悟道的过程，以及用什么样的方法教导弟子及一切众生，经中详细记载着这些真实的记录。

此中不仅记述世尊出现于此世间之后所发生的真实记录，同时也记述了世尊于无始的前世以来，在因地修种种菩萨行的记录。世尊前世修行的伟大成就且不用说，世尊于此娑婆世界所修证的内在世界，当然是普通凡夫的智慧所无法企及，是具有甚深意义的，所以称之为“甚深之事”。

要而言之，整部《法华经》归纳于《如来神力品》，而此品再予以归纳的结果，就是“以要言之，如来一切所有之法、如来一切自在神力、如来一切秘要之藏、如来一切甚深之事，皆于此经宣示显说”这段话。浅释其意为：“归结其要点，用如来所证悟之一切法，来济度一切众生，此济度的作用为如来之神力，以此神力示现一切教说，以及过去世所行一切救度众生之行，这些皆于此经中详细开显。”《法华经》所具最崇高的意义价值，及其至真至善、圆融无碍的经意，再一次地通过世尊亲自陈述而得到更明确的证实。

接着叙述如来灭后所须留意之事项：

> 是故汝等于如来灭后，应一心受持、读、诵、解说、书写，如说修行。所在国土，若有受持、读、诵、解说、书写，如说修行，若经卷所住之处，若于园中，若于林中，若于树下，若于僧坊，若白衣舍，若在殿堂，若山谷旷野，是中皆应起塔供养。所以者何？当知是处即是道场，诸佛于此得阿耨多罗三藐三菩提，诸佛于此转

于法轮，诸佛于此而般涅槃。

“正因为此缘故，于我入灭以后，你们应当一心受持、读、诵、解说、书写此经，遵照经中所说，如实地去修行。

于所在国土中，若有受持、读、诵、解说、书写此经，并依教奉行，或者是正确实践此经说之场所，不管此处是坐落于花园、森林、树下、僧坊、在家信徒的家中、殿堂、山谷、旷野等等，皆应造塔而供养此经。

为什么呢？这些场所皆与我开悟道场一样。因为虔诚受持、修行《法华经》的地方，皆为诸佛得证阿耨多罗三藐三菩提的场所，也是诸佛于此转法轮、说法教化众生之处，也是诸佛进入涅槃境地之处。”

前面虽已每每提及，但在此世尊又再次强调教义本身的崇高与珍贵。然后，明确阐明受持经典、依教奉行实践，乃是最正确的信仰之道。

此中“经卷所住之处”这句话中的“经卷”，非指“物”，而是指教说所流布之处，表示教说被正确地实践的地方，该处就是安定之场所。若以“物”视之，必定会曲解其意，将无法贯通此中思想脉络。

为什么一字之误，会出现那么严重的误差呢？因为往往象征“教理”之“物”，会比“教理”本身更受到崇敬，很容易被世人当作归依对象，而促成错误信仰。象征“教理”之“物”，当然也很宝贵，但是将其视之为归依、崇拜的对象，并乞求赐福保安，这样的信仰态度将使宝贵的佛教沦于低俗的迷信，可以说是一种大谤法的行为。

再次强调，此中所说的至尊至贵，是指“教理”的本质。而正确的信仰，就是受持、修行、实践此至尊至贵之教理。这是成为我们信仰生活基础的非常切要之事，必须更加确实牢记于心，不可废忘。

接着，世尊以偈言重述此义。偈中所述皆同上述，但有一些新的措字遣词，就此词汇而浅释之。

受持此经之功德，首先是“能持是经者，则为已见我；亦见多宝佛，及诸分身者。又见我今日，教化诸菩萨。”受持、修行、实践此经者，便能见到佛陀。而所谓的见到佛陀，就是如前所详说的“与佛同在之自觉”，当这份自觉觉醒之时，我们的心便能臻于安乐祥和之境地。

接着，“能持是经者，令我及分身，灭度多宝佛，一切皆欢喜。十方现在佛，并过去未来，亦见亦供养，亦令得欢喜。”受持、修行、实践此经，能令一切诸佛欢喜。能契合佛心，因此使佛欢喜。而此行是对佛最大之供养。

接着，“诸佛坐道场，所得秘要法。能持是经者，不久亦当得。”能受持、修行、实践此经者，无须耗费恒长岁月，便能领悟诸佛在道场禅坐所证入之甚深境界。

接着，“能持是经者，于诸法之义，名字及言辞，乐说无穷尽。如风于空中，一切无障碍。”能虔诚地受持、修行、实践此经者，将会得到辩才无碍，能够自由自在地随宜为人解说佛法。“义”是指教说旨趣，“名字及言辞”乃是佛法的名词、名相。

最后，“于如来灭后，知佛所说经，因缘及次第，随义如实说。如日月光明，能除诸幽冥。斯人行世间，能灭众生暗，教无量菩萨，毕竟住一乘。是故有智者，闻此功德利，于我灭度后，应受持斯经。是人于佛道，决定无有疑。”此偈大致对《法华经》作了小小的归纳，因此是非常严肃慎重、非常宝贵的一句偈言。通释其意如次：

“如来灭度以后，若能明确掌握佛法以何因缘而示说、示说之对象、说法之场所、教化之成效等等因缘以及其顺序，并依照教义之旨趣，如实无误地为世人解说的话，犹如日月之光能消灭黑暗，能消除众生的愚痴，而使更多的信仰者会归于一佛乘之道。

因此，真正对人生的意义慎重思惟之有智慧之人士，若能听闻此一殊胜功德，在我灭度以后，应当会欣然地受持此经。慎重思惟人生意义的人，一定会以此经典作为人生目标的归结。毫无疑问，此人必当能成就佛道。”

此偈为《法华经》众多偈言之中非常重要之一偈，在理解其意之同时，更希望能将其背诵下来，将有很大的裨益。

嘱累品第二十二

说完《如来神力品第二十一》的世尊，威仪端正地从法座起身，以右手摸无量菩萨之头顶，而作是言："我于无量百千万亿阿僧祇劫，累劫以来长期地修行，终于得证此难得之阿耨多罗三藐三菩提法。此法门流传后世之重大责任，现在将委托你们。你们应当一心流布此法，广令一切众生得到真正的幸福。"

摸头在日本乃意味着褒扬之意，而在印度则意味着一种信任感，所以有"将此重责大任委任你，切记一定要确实付诸于行"之意。译经家鸠摩罗什的师父须利耶苏摩将《法华经》授予罗什之时，也是一边摸其头而付嘱道："汝慎传弘①。"世尊摸无量菩萨之头顶，也是表示对这些菩萨的甚深信赖，所以这些菩萨们必定感到无比荣幸。

而且，世尊不仅自知自己不久即将入灭，而且将此事明确告知众弟子们。世尊与弟子之间所植的深厚情感，可以想见。但是即将入灭的世尊，只付嘱唯一究竟实相之"法"，其他什么也没说。世尊澄净朗然、崇高的人格以及充满大慈大悲的心，让我们只有俯首归顺。

世尊摸无量菩萨之头顶三次，并重复嘱咐三次，当知此事何其重要。接着，世尊付嘱诸菩萨们：

> 修习是难得阿耨多罗三藐三菩提法，今以付嘱汝等。汝等当受持、读诵，广宣此法，令一切众生普得闻知。所以者何？如来有大慈悲，无诸悭悋，亦无所畏，能与众生佛之智慧、如来智慧、自然智慧。如来是一切众生之大施主。

---

① 《法华经传记》中所收录释僧肇《法华翻经后记》中记载："从大师须利耶苏摩，飡禀理味，殷勤付嘱梵本言：佛日西入，遗耀将及东北，兹典有缘于东北，汝慎传弘。"

这是非常重要的一段经文。首先必须把“难得”与“无诸悭恪”一起解释。佛陀所证悟的境界，若非全力以赴地精进修行，是不可能证得的。世尊过去世累劫的修行暂且不论，于现在世，亦以修种种苦行，才证得无上正等菩提。世尊对这份“难得”的证悟，毫无一点“悭恪”之心，开诚布公地完全示予一切众生。这是为了尽可能地使我们不必迂回绕道，希望我们能直接疾速地到达阿耨多罗三藐三菩提的境地，而处心积虑为教化我们所用的巧思。

这种引导众生的法门，与世俗一般教育比较，应该让人更能深深铭感世尊的苦心。一般的世俗社会，传授学徒种种学问知识、技术技能。若能将自己十年所修得的功夫，花五年的时间用心地传授给弟子，这种师傅当然是罕见的。大多数人的心态，认为自己尝尽心酸所得来的功夫，舍不得全部授予弟子，总喜欢将秘方留一手，或是至少也要让弟子尝尝自己所吃过的苦头才甘心。此称之为“法悭”，是为蓄意妨碍社会进步的不良心态。

世尊特别告诫我们不可“法悭”。不仅对自己所证悟的法，毫不吝啬地全部传授，应更想尽办法，让自己费尽十年得来之全部功夫，希望别人能用更短的时间，比方说八年也好、五年也好，更早一点成就，为此而费尽巧思，考量种种手段与教授方法。这就是真正的慈悲心。这并不限于宗教性的“法”或者是“悟”，甚至包括世俗中一般学问、技术技能，前辈们应以此态度对待后学、提携晚辈。此“法悭”之教谕中，亦教导我们世间应有的正确学养。

尤其是“无所畏”中的“畏”，与恐惧有些微不同，而是“顾忌”、“执著心”之意。不仅没有“法悭”，而且对任何事物毫无顾忌，心无任何执著地任运说法。

所谓“顾忌”，就是担心对众生讲经说法，会惹人嫌弃，招来恶言辱骂。

而“执著心”，就是对讲经说法别有企图、别有所求，希望得到丰厚的报酬，或者是想要得到人们的爱戴与崇敬。

如来以大慈悲而为众生说法，所以对法没有丝毫悭吝之心，对一切法毫无顾忌、毫不保留、心无所求，以悠然自得的态度教化一切众生。我们亦应当为接近如来这种境界而精进努力。

如来便是以这样的态度为众生说法，能给予众生佛之智慧、如来智慧、自然智慧。此三种智慧，归纳《法华经》之要义，相当重要。但是此三种智慧，过去以来好像一直未被明确诠释。

佛之智慧

佛乃佛陀之简称，而所谓的佛陀，是为“觉者”、“真如”之意。而真如则是觉悟宇宙真理者之意。因此，所谓的“佛之智慧”，即为觉悟宇宙真理之智慧，通达诸法实相之智慧。以要言之，就是“真实智慧”。

如来智慧

“如来”，就是“从真如而来的人”。不止是觉悟真如，从真如而“来”当中亦有甚深含义。“来”至何处呢？也就是来到众生的世界。为何来到众生的世界呢？当然是由于佛之大慈悲，为了使众生觉悟真理，为了救度众生。因此，“如来智慧”是为“慈悲智慧”。

自然智慧

接下来的“自然智慧”，其义最为艰深，所谓的自然，乃是“油然而生”之意，指心中生起的信仰。因此，“自然智慧”亦称为“信仰智慧”。

所以，人类成就真正人格，必须圆满具备“真实智慧”、“慈悲智慧”、“信仰智慧”，而如来便将此三种智慧授予我们。因此，“如来是一切众生之大施主”。如来是最伟大的施主，因为他将此三种智慧毫无保留地完全授予我们。

《法华经》中所教导的一切教说，虽然还有其他种种的归纳方式，但是能以此三种智慧归结其要义。

世尊接着训诫如次：

> 汝等亦应随学如来之法，勿生悭恪。于未来世，若有善男子、善女人，信如来智慧者，当为演说此《法华经》使得闻知，为令其人得佛慧故。若有众生不信受者，当于如来余深法中示教利喜。汝等若能如是，则为已报诸佛之恩。

其意浅释如次：

世尊说："你们大家应跟随如来，学习如来之心法。"是乃意味着"踏袭我所走过的路径，体会我的精神"。是什么路径呢？就是绝对不法悭，只要遇到相信如来智慧的人，应当为其演说此《法华经》。这并不是有什么特别的企图，只是为使此人得到相同的智慧。

假如有人不能信受此法，该怎么办呢？世尊教示："当此之时，应于我所教导的其他甚深法义中，选择适合此人根器之法门，以渐进的方式循循诱导。"

所谓的"示教利喜"，在前面的《化城喻品第七》当中已有详尽的解说，也就是教化众生之合理顺序。首先"示"说入门法及基础概念。若观见众生想要更深入教理的话，则进而"教"以深义。如果深义亦能全然领会时，便为其解说实践法门之功德"利"益。进而劝令众生只要持续受持、修行，便能得到人生之"喜"乐。

佛陀之教说有八万四千法门，个个都非常重要，没有一个是多余的，全都是宝贵无上、至极之教说。世尊采取对机说法的方式，因应众生根机，随顺地方性的不同特征，任运自在，辩才无碍地为众生说法。因此于此诸多教法当中，可以说已经示现了针对所有一切众生根机的说法形态。

此乃教示我们，一开始就为其演说《法华经》，假若有不能信受的人，无论从哪个法门入门均无所谓。《法华经》乃是一切教说之总会归，是最为殊胜之法门，但是也不会因此而陷入独专《法华经》的现象。日莲圣人也没有只固执于一部《法华经》，为了解说《法华经》，亦以圆融的态度参酌引用了其他很多的经典。这种对佛典的态度，对当今日本宗派分歧的这种社会现象，有很大的启示作用。

像这样地，为了示教众生正法而尽一切努力的人，“则为已报诸佛之恩”，也就是报佛恩最佳之行为表现。

听闻世尊示说以上教法的大众皆生大欢喜，法喜遍满全身，并对世尊更加生起甚深恭敬心。然后曲躬低头，合掌对佛说：“我们当依世尊之指示确实实行。请世尊不必忧心挂虑。”

如此重复三次，表示其誓愿之坚固。面对着佛，能坚决而肯定地说出：“请勿忧心挂虑，当奉行世尊之指示实行。”若无承担一切困难的觉悟，是不可能说出这种承诺的。再者，若无绝对的自信，也是不可能立下这种誓言的。由此可知这些菩萨们的修行、德行都是非常殊胜的。曾有古德将《如来神力品第二十一》中受委托流布、行持佛法的菩萨们，与此品中受到委任的菩萨们之间，将其分出上下区分而释，但世尊将此流布之重任平等地“付嘱”大众，所以我相信实际上经典中并没有特意将菩萨的位阶加以区别，分出高低。

得闻菩萨们坚固誓愿的世尊，心满意足地点头。接着令来自十方世界云集于此的分身诸佛各还本土，并说道：“各位请回到自己的所在处安居。佛塔中的多宝如来也可以回到本处。”

《法华经》的教义，早已确知其具有未来性，也就是即使在后世，亦能够得到受持、流布。因此，来自十方世界的分身诸佛与多宝如来，为了证明《法华经》教义的真实性，以及其无限的价值而来集于此。

听到世尊的吩咐，十方世界的无量诸佛以及多宝如来、上行菩萨等无量菩萨众，还有舍利弗等声闻四众，以及一切世间天人、阿修罗等，均完全领悟世尊所归纳的结论，皆感到无比的欢喜。

此中“佛所说”的结论，简而言之，应当就是依照《法华经》去实践，此娑婆世界将会变成寂光土。《法华经》的说法，则在此《嘱累品》中告一段落。

药王菩萨本事品第二十三

前章节的最后提到，至《嘱累品第二十二》为止，《法华经》的教说已经告一段落。与其说告一段落，不如说教理内容已臻于完备更为妥切。然而，怎么后面还会有第二十三品到第二十八品呢？因此，一定要先澄清这个疑念。

经过第一品至第二十二品为止的学习与熏修，已经理解了佛法的根本骨干，对法所生起之“信仰”心已无比坚固，想要依教奉“行”的精神也已经建立起来。然而，关于“行”，说起来容易，对凡夫而言可不是一件轻而易举之事。依教奉“行”的精神虽已确立，但是一旦真正落实于“行”，还有一件事需要再次叮咛，就是莫退初心，莫怠惰。要经常给予鼓舞，使之精勤不懈，奋力向前迈进。总之，要多给予一些正面的激励。

过去的真实故事，正是激励众生的最佳材料。曾有某位古德，就是以这种法门精进地修行佛道，而得到这种殊胜之功德成就。这种真实例子最具激发性，最能使凡夫奋发精进，坚定修持之决心。

在日常生活中有关道德教育的情况亦是如此。诸如教育孩子们“为什么要尊敬老人”的道理，孩子们果真会付诸于行吗？这是一个很大的问号。然而，若是以“今天在公车上有位步履蹒跚的老人一上车，一位很懂事的小朋友立刻起身让位。看到这幕情景，真令人感动”这样的实例，灌输道德伦理的概念，孩子们的内心立即会产生强烈的感应，必定能使每位小朋友产生跃跃欲试的作用。

菩萨为众生之典范

因此，凡夫行善也同样地必须有一个良好典范。那么实践佛道应以谁作为典范呢？不用说，当然是释迦牟尼佛。而追寻释迦佛所踏过的足迹，则是最好的方法。可是，释迦佛德行圆满，成就了一切觉行，实在是过于完美无瑕，所以，凡夫们应该从哪里着手效仿？令人有点茫茫然捉不到头绪。

针对于此，若能明确地告诉众生，有位菩萨成就某种德行，有位菩萨行持某种法门，这样的话，就能够给予众生明确的目标。二十三品以后的经文，主要就是阐述这些道理。即使菩萨的每一种德行及其境界，均被描述得非常理想、崇高，也不能就此断定，非到达此等境界，就不能算是真正的行者。二十三品以后的经文也提醒我们这些情形，并告诫我们勿陷入贡高我慢而孤芳自赏。因此，对于总是前进一步就退后半步，或者才前进半步却退后一步的佛教信徒们，只要阅读这些经文，便能对易于怠惰的心起到激励作用，对易于陷入增上慢心给予警示作用。二十三品以后之经文，其重要性就在于斯。纵使教理内容已经告一段落，也不能掉以轻心而忽略之。

此处必须留意，就是此后之经文增添了更多神奇性的故事，希望不要误解。对此，有二三个注意事项必须先弄清楚。

第一，必须掌握住这些神奇性故事的背后真正所要传达的教理及其精神，必须了解其真意。例如，此中所描述的一切众生喜见菩萨用火燃臂的情节。在古时候的印度，真正实践这种修行者不可胜数。而在中国以及日本，以烧身供养而圆寂的僧人亦不胜枚举。但实际上，这种行为的确违背了世尊所教导的中道精神，绝对不值得赞扬。

经中所比喻的一切众生喜见菩萨燃臂的行为，其背后所隐摄的真正精神，才是末法时代的我们应作为典范之处。所谓燃臂，乃是“身体力行”之精神象征。再进一步穷究其义，是“为了实践佛法，可以不惜牺牲生命”之精神表现。此处必须用内心去体会，绝对不可直接取其表相的外在举动，不明究理地以此作为行为表率。

第二，以身相示现救护众生的形式，若以肤浅之见理解此义，当是大错特错。例如，虽然描述只要一心称念观世音菩萨，纵遇种种灾难皆能免除，假若完全按照文字表面上的意思去理解的话，那就根本无需在佛道的修行上勤费工夫了。如此一来，目前为止所说的《法华经》，便是徒劳，空说一场。至此关节，不可能会推翻先前的教说，这根本不必多作思辨。然而，非常意外，自古以来不少人，仅按文义表面上的意思，而理解成只要称念观世音菩萨之名号，观世音菩萨立刻现前救护众生，而演变成一种"易行道"的信仰。

若细读《观世音菩萨普门品第二十五》中有关观世音菩萨的这些神力，自然就会得知这些都将归功于释迦牟尼佛所说的"法"之功德力。然后，必然能够理解此中真正的含义在于众生所依靠的对象毕竟是"法"，但在修行以及实践上，应将观世音菩萨视为典范，作为当前学习的目标。这些意义，其实在经典的文句中亦表示得非常清楚，以下经文解释中将会一一详释。总之，这样的误解以及轻率的解释，已经广泛地渗入于民间大众，扭曲了具有崇高教理的佛教形象，令人感到非常遗憾。因此，在此要提醒本书之读者，千万不要重蹈覆辙。

那么，现在就要进入《药王菩萨本事品》之本文。

说完《嘱累品第二十二》，大众正沉醉在无限法喜充满之际，宿王华菩萨忽然想到一个问题，而请问世尊：

"世尊！药王菩萨为何具有如此之功德力，能够优游于娑婆世界，任运自在地教化、救度众生呢？想必药王菩萨一定经过许多的难行、苦行。世尊！恳请为我们开示有关药王菩萨修行的过程。一切众生、诸菩萨及声闻众，若能闻此法义，一定心生欢喜。"

所谓"游"，乃游说、游行（巡行各地参禅闻法，或说法教化，即遍历修行之谓）之"游"，亦就是能自由自在地出现于娑婆世界的任何地方，教化、救度众生之功德力。

针对此一问题，世尊告诉宿王华菩萨：

"久远以前，有一位佛叫作日月净明德如来。佛有众多弟子，皆为大菩萨、大声闻众，佛之寿命四万二千劫，菩萨寿命亦如此。彼国无有女人、地狱、饿鬼、畜生、阿修罗等，亦无种种苦难。国土庄严美丽，诸宝树下皆有菩萨、声闻禅修，入于定中。虚空中天人们作天伎乐，歌咏赞叹，供养于佛。”

将女人与地狱等恶道并列之描述，在《提婆达多品第十二》中曾说明过，佛陀在世当时的印度，社会上一般的观念，认为女人是祸水、罪恶的根源，是男人修行的障碍。所以无需拘泥此中之措辞，而是不要忘记，打破当时这种世俗不平等观念的，正是世尊所宣扬的教说。

“当时，日月净明德如来，为一切众生喜见菩萨及众菩萨、诸声闻众，演说《法华经》。这位一切众生喜见菩萨，为了弘扬佛法，乐习苦行，无论多么辛苦，不悔不倦地亲自力行。依照日月净明德如来的教诲，一心追求佛道，于一万二千年间不断地精进不懈，最后终于得到现一切色身三昧。”

所谓“现一切色身三昧”，谓诸佛菩萨为方便摄化众生，顺应众生之根机而示现种种色身；示现种种色身时所入之三昧，又称作普现三昧。因应众生根器的不同，有的必须和颜悦色地引导，则须采取和蔼的态度；有的必须采取严厉的方式，则应示以不动明王怒目金刚相，毫不留情地以斥责的态度引导之。像这样的教化，皆能丝毫无误，任运自在。“丝毫无误”是非常重要的，尚未到达此等境界者，往往对众生的根器判断错误，而无法适时适宜地引导众生。对末法时代中行持《法华经》的我们而言，应视之为最大的警惕训诫。

接下来，“一切众生喜见菩萨，得到此现一切色身三昧，心大欢喜，这些都是因为得闻《法华经》所获得之功德。为了感恩，而欲供养日月净明德佛及《法华经》。于是就座，即时入于三昧，于虚空中降下曼陀罗华、摩诃曼陀罗华；又降下栴檀之香，此香六铢价直①娑婆世

① “直”通“值”，《法华经》以“直”示之，故以原文书之。

界，以供养佛。”

这些花名、香名前面已解释过，在此不必再释。而“此香六铢价直娑婆世界”，并未隐喻着什么特别的教义，所谓的六铢[①]是形容重量极轻之香，却是价值连城。只是个形容词而已。

“作此供养后，从三昧出定的一切众生喜见菩萨深切地思惟着，以神力供养于佛，不如以身供养。下定决心的一切众生喜见菩萨为了以身供养，于一千二百年间，饮服各式各样附有香味的香、花、香油，使身体圆满清净。并以香油涂身，将香油淋在衣服上，于日月净明德如来面前，用火点燃自身。此乃为了报佛恩，而誓愿得大神通力。当此之时，一切众生喜见菩萨燃身所发出来的光芒，遍照八十亿恒河沙世界，并划破一切黑暗。”

持续不断地饮用香、香油，乃是象征洁净身心。此乃教示着，欲供养佛，必须净化自身的行为，是为先决要件。

再者，以供养佛，而欲得神通力之誓愿。此神通力并非为了自己，而是为了弘扬佛法。获得这种神通力便可以自由自在地广宣流布佛法，这当然是对佛最大之供养。

接下来，“光明所遍照世界中，诸佛一同对佛赞叹道：‘很好！很好！圆满无瑕。此为真正的精进，真正的供养。纵使供养多么奢华之物，皆不能与之相提并论。就算将国城、妻子供养佛，也不能及。善男子！此乃布施中最为第一。于种种布施中最尊、最上、最有价值。怎么说呢？因为此乃以法供养诸如来之故。’诸佛说完这些赞叹之后，各各沉静默然。以赞叹之眼神，凝视着一切众生喜见菩萨之身所绽放出来的光芒。一切众生喜见菩萨之身，持续燃烧一千二百年以后，才尽其寿命。”

---

① 六铢：一铢为四分一厘六毛，六铢即其六倍，形容其重量极轻。

最崇高之布施

此中特别强调,何谓真正的供养,何谓真正的布施。而“身体力行”正是最大的布施与供养。燃烧自己的身体所象征的真正意义在于,无论多么艰难亦不辞辛劳,为了法可以竭尽一切,牺牲自己。

接下来,“一切众生喜见菩萨尽其寿命之后,转世于日月净明德佛之国土中,出生为净德王之王子。出生后即以偈言为其父王说法:‘大王!我于日月净明德佛之处修行,即时得证现诸身三昧,之后仍然继续勤行大精进,舍弃自己所爱之身。供养于世尊,为求无上慧。’

说完偈后,继而对父言:‘日月净明德佛现在仍然在世。我已先行报佛恩之供养,得证解一切众生语言陀罗尼(闻一切众生之所言,而能洞悉其所思,并能施予众生最恰当之教化),之后,又能够再闻此《法华经》中无数偈言。实在是幸运之至!因此我还想要再次报佛恩,供养此佛。’

说完此话的王子,即坐于七宝台上,忽然又升腾于虚空中,来到佛前,以头面顶礼佛足,十指合掌礼拜,以偈赞佛言:‘容颜甚奇妙,光明照十方。我适曾供养,今复还亲觐。’

说完偈赞之后,一切众生喜见菩萨再次对日月净明德佛言:‘世尊!世尊仍在此世,真是令人景仰。’”

此处,佛弟子对佛之恋慕渴仰之情,毫无保留地溢于言表。众生恋慕佛之心与佛之慈悲心,感应道交,完全相融,达到无限法喜充满之境地。这不禁使我们也想要亲身体验,于会遇佛之际,亲自对佛说出心中景仰之情。

接下来,“当此之时,日月净明德佛对一切众生喜见菩萨说:‘善男子!欢迎来到我的国土。我于此世当说之法皆已说完,即将进入涅槃,请为我安置临终之床座,我于今夜当入涅槃。’又对值得信赖的一切众生喜见菩萨说:‘善男子!我将弘扬佛法之事全权委托你。你将身负大任，一切的成败就仰赖你了。还有诸菩萨大弟子，阿耨多罗三藐三菩提法，遍于三千大千世界所有道场，以及侍奉佛法之诸天善神，这一切皆悉委托你。我灭度后所有舍利，也将付嘱于你。应增建若干宝塔，以利世间众生能广修供养。'”

未曾有人能够受到日月净明德佛如此信赖。这真是非常难能可贵。为何一切众生喜见菩萨能够得到佛陀如此深厚的信赖呢？正是因为这位菩萨真诚地发自内心去实践菩萨行之故。其实践之成果，由其受到日月净明德佛甚深信赖中，便可得知。在此我们必当深切地感受到，身为佛弟子最重要的就是实践佛之教说。

造塔之意义

还有，此中虽说广修供养佛舍利，但绝非指佛舍利本身。其目的是透过供养佛舍利，使一切众生生起对佛恋慕渴仰之情。还有佛付嘱造塔之事，乃是通过造塔，使佛法普遍深植众生心。所谓的塔，是为歌颂佛德而建。如果只是形式上的造塔，并不充实内涵的话，不可能契合佛心。最能使佛陀欢喜的，毕竟不是形式亦非空论，而是“实践”。

接下来，“日月净明德佛将所有后事，交代一切众生喜见菩萨后，便于当晚之夜后分①入于涅槃。此时一切众生喜见菩萨悲痛而泣。感伤之余对佛之恋慕之情越发深切。于是，一切众生喜见菩萨即搜集须弥山下的海岸所产之栴檀木，以极为芬芳之栴檀木非常恭敬地为佛火葬。然后将佛舍利纳供于八万四千宝瓶中，并造八万四千庄严之宝塔而供奉之。”

世尊所说的法门有八万四千，所以，将佛舍利分别装入八万四千宝瓶，而供奉于八万四千庄严宝塔之中。此乃为了使佛法永远住世

① 夜后分：相当于寅时，近于日出之时。

所作的努力，乃记念佛法、赞叹佛法之行为表现。

“对一切众生喜见菩萨而言，这样的供养还是觉得不够圆满。于是更发愿供养佛舍利，便对诸菩萨、大弟子、诸天以及其他一切有情众生说：‘请大家甚深思惟。我现在要开始供养日月净明德佛之舍利，希望你们仔细思惟，这个供养形式到底具有什么样的意义？’

然后，一切众生喜见菩萨于八万四千宝塔前，点燃自己的手臂作为明灯。所燃烧之光于七万二千年间一直绽放着光芒。这份光为许许多多的众生去除心中烦恼，令无数众生皆发菩提心，求证无上正等正觉，证得现一切色身三昧。”

以身供养

努力使佛法永久住世，而记念佛法、赞叹佛法，诚然亦为非常大的供养，但对真正《法华经》之行者而言，这样还是不够的。毋庸赘言，以身力行实践方堪称最大供养。

所以，一切众生喜见菩萨点燃自己的手臂。此乃表示不论身体如何辛劳，一定专心一致，实践佛法。此行犹如一盏大明灯，遍照一切黑暗，为系闭众生之牢狱带来光明。如此一来，众生自然而然地自愿来追求佛道。所以便可明了，以身力行实践，会有多大的功德利益。

“然而，诸菩萨、诸天、人及其他一切有情众生，看见一切众生喜见菩萨烧尽其手臂，感到非常忧心悲伤，感叹道：‘一切众生喜见菩萨是我们的老师，是教化我们伟大的恩师，可是现在两臂烧尽，身已不具足。应该怎么办才好呢？’

见此情景之一切众生喜见菩萨，安慰大家：‘各位！我虽然舍去两臂，但是必当会获得金色之佛身。也就是因为以身力行实践佛法，而能获得佛之智慧。假若此为真实不虚的话，我所失去之两臂必当再生。’话一说完，两臂立刻恢复原状。此乃由于此菩萨之所行、福德、智慧淳厚所致。”

“一切众生喜见菩萨再生两臂，天地间一切众生皆非常感动，得未曾有过之欢喜心。”

不以苦为苦的心境

烧尽两臂后又能失而复得，乃是象征着行菩萨行的理想之境。燃烧手臂的行为，从第三者的眼光来看，当然觉得难以堪忍这种痛苦，然而对于已到达大菩萨境界的人而言，并不会觉得有什么痛苦。换言之，为了法，纵使牺牲自己，一点也不会感到痛苦。这就是所谓的“乐于说法”之境地。如前所述，不进入这种境界不能算是真正的信仰。

“当尔之时，释迦牟尼佛告诉宿王华菩萨，此一切众生喜见菩萨正是现在的药王菩萨。药王菩萨拥有自由自在地优游于娑婆世界说法之神通力，正是其舍身布施之因缘所获得。”

借此因缘，世尊继而示说：

“宿王华！假若有人发心欲得佛之智慧者，用自己的双手双足，略尽自己微薄之力，实践佛法，供养佛，是非常重要的。这种供养比任何‘物’的供养来得更为殊胜。以三千大千世界之奇珍异宝供养佛及佛弟子所得功德，不如受持此《法华经》中之短短一偈所得之福德为多。”

十 喻 称 叹

“宿王华！此话怎么说呢？《法华经》是无上、最圆融之经典，无论多么壮丽之山川江河与浩瀚无涯之大海，永远无法伦比。《法华经》是如来所说诸经中最为博大精深之经典，犹如一切河川必将流向大海，犹如一切诸经必将会归于《法华经》。

还有，犹如须弥山为群山中之第一高山，《法华经》亦是诸经中最为无上。又如夜空中无数星星，以月最为明亮，《法华经》是诸经之中最能照亮一切众生，蠲除一切烦恼，使人生豁然开朗。又如太阳光能泯灭一切黑暗，此经亦能破除一切不善黑业。

又如诸小王之中，以转轮圣王最为第一，此经亦是诸经中最为尊贵。又如帝释天是诸天善神之王，此经亦为诸经之王。又如大梵天王是一切众生之父，一切贤圣、学、无学、菩萨等发愿证入佛境界之际，此经犹如父亲，引导这些众生证入佛慧。

又如一切凡夫中，以须陀洹、斯陀含、阿那含、阿罗汉、辟支佛为第一，此经亦为佛、菩萨、声闻等所说之诸经法中最为第一。因此，有能受持此经典者，于一切众生中最为第一。一切声闻、辟支佛以及其他佛弟子中，以菩萨为第一，此经亦于一切诸经法中最为第一。如佛为诸法之王，此经亦是诸经之王。”

此中所说之“十喻称叹”，以十种譬喻反复称颂《法华经》为最高、最殊胜之经典，完全是为了表示实践《法华经》是成就佛道的第一要道。为使一切众生深刻地烙印于心中，而不断反复称颂。

此中千万不可忽略《法华经》为一切众生父之譬喻。在印度，于释迦佛未出生世间以前，大梵天王曾是一切众生之父，被视为一切众生的支配者。现在千万不要再冒出这种误解，此中所说明的，乃是“如大家所认为的，大梵天王是众生之父，此经亦为一切众生心中之父。”慈悲耐心地引导凡夫追求真理，乃为佛教的一大特色，不要忽略此柔和的引导方式当中，所要强调的是“《法华经》才是众生之父”。

接下来，世尊又说道：

> 宿王华！此经能救一切众生者。此经能令一切众生离诸苦恼。此经能大饶益一切众生，充满其愿。

此事更加详细说明《法华经》是拥有救度一切众生，使之离苦得乐，饶益一切众生，满足众生之所愿等种种能力。

还有此中所说的"愿",绝非属于满足物质享受或是追求生活安逸之类的眼前利益的愿望。如前面《授学无学人记品第九》中所解释过的本愿、总愿、别愿,所谓"愿"乃"自己人生目标的理想"。因人而异,每个人虽然怀抱不同的理想(别愿),但此理想必须是为了裨益世人、裨益社会所发之利他愿,这是身为佛教徒所应担负之使命,千万不能忘记。若是把此处所说的"愿",误以为是追求人类的根本欲望,这样的误解将会使《法华经》沦于低俗的迷信。对法有了误解是非常可怕的事,一定要非常留心。

十二喻之利益

接下来,"犹如蓄满清净水的池塘,能满足一切众生之干渴;犹如人在天寒地冻当中得到火之温暖而身心苏泰;犹如裸者得到衣服;犹如旅行他国的商人获得地主引路;如孩子找到母亲;如想渡水的人得到舟船;如病人得到良医治;犹如在黑暗中获得明灯;犹如贫者获得宝物;犹如人民获得仁王;犹如贾客找到平稳的海路;犹如火炬去除黑暗。《法华经》能令众生离一切苦、去除一切病痛,能使之从生死轮回之束缚中解脱出来。"

此中所述是为"十二喻之利益",把《法华经》的功德利益,用十二种譬喻来陈述,一个一个细细地咀嚼其中之意味,一定能领会出这些譬喻并不只是表相上的单纯形容,而是具有甚深意义的。其中最重要的是在最后一句。

所谓的生死,乃指轮回,不断地生了又死,死了又生。因此,所谓的生死之缚,就是指身陷轮回之苦而无法解脱之意。然而,只要了解佛教的精髓——《法华经》,并能受持,便能解脱生死轮回之苦。也就是能得到觉悟。

假若将此移入现实生活,无论周遭起了任何变化,将不会因此而挫败、气馁,因为已经到达解脱自在的境地。此最后一句"能解一切生死之缚”，真的是非常棒的一句话。

“假若有人能得闻此《法华经》，自己亦书写，亦使他人书写。其所得之功德，以佛之智慧亦无法计算其多寡。而且，假若书写此经，并作种种供养，此功德亦无量无边。”

所谓供养，乃表感恩之情。表示对经中教说感谢之最佳方式，莫过于亲自实践其说，弘扬其说。此中以种种庄严美丽之物为饰，并点燃种种明灯，这些也是以菩萨行表示供养经说之行为表现。

前面大抵上已阐释整部《法华经》的经意，现在开始要叙述有关《药王菩萨本事品》之功德。为什么特别强调受持此品之功德呢？因为“教”须由“行”来实现，因此，此品特别着眼于身体力行实践《法华经》之可贵。

因此，不要以为此中只是在推崇受持此品之功德而已。这样肤浅的认知，往往会形成武断式的信仰态度。若能用心阅读，必定不可能萌生这种错误知见。例如：“善哉善哉，善男子！汝能于释迦牟尼佛法中，受持、读诵、思惟是经，为他人说。”此中特别提醒着一个重要观念，即《法华经》为释迦牟尼佛所说的大乘法之一，能受持、读诵、思惟此经，并为他人解说，是非常重要的行法。因此，我们必须受持的是整部《法华经》的经意及其精神。后面即将出现的《观世音菩萨普门品第二十五》中所阐述的思想，也要特别掌握住这个精神。

后面经文无须通盘解释，只要萃取其中精华即可。这样的话，必定能够确切掌握此中所要传扬的精神。

再次提醒不必过于在意“尽是女身，后不复受”，“若有女人闻是经典”等经文中所述及有关女人之词，其原因请再回顾前面章节，不再赘述。

五五百岁

而“如来灭后，后五百岁中”，此中有关五百岁的相关解释，有必要说明一下。世尊将自己灭度以后的时代，分成五个五百岁①。说明如次：

五百岁	时	法
第一五百岁	解脱坚固时	正法
第二五百岁	禅定坚固时	
第三五百岁	多闻坚固时	像法
第四五百岁	多造塔寺坚固时	
第五五百岁	斗诤坚固时	末法

解脱坚固时

为佛陀入灭后第一个五百年间，正法盛而证解脱者多。此中所谓的“坚固”，含“确实无误”之意，所谓的“解脱坚固时”，意为众生实践世尊之教说，确确实实能解脱烦恼痛苦之时代。这种证悟能持续五百年，是因为纵使世尊已经入灭，其崇高人格之余光仍能暂时住世一段时间，只要众生们能够确实遵循世尊之教诲去如实地实践，便能享有安和之精神生活。严格地说，这个时代众生的根性比较倾向于追求安逸的生活，无师独悟的缘觉境地不再受到重视，认为只要专心一致地实践世尊之教说即可。但即使如此，正法仍能继续流传，此乃由于世尊个人德行之感召，但经过五百年后，这样的时代便将告终。

禅定坚固

接着进入佛陀入灭后第二个五百年间，诸比丘修禅定得住坚固。然而，此时佛陀入灭已经经过五百年，社会环境已有相当显著的变迁。因此，佛法应当如何诠释？应如何适应当时时代潮流与时代之需求，才能适时地、正确地应用于当时之社会呢？诸如此类的思索便

① 诸经诸译各不相同，此中所引出自《大集经》。

应运而生。这个时代，虽然正法仍然存续着，但墨守成规，只是单纯老实地修行，已经变得很困难。所以，受持佛法的行者，进入禅定甚深思索，寻求适应新时代的方案。此称之为“禅定坚固时”。

多闻坚固时

继而是佛陀入灭后第三个五百年间，此时期的人唯多闻读诵而坚固不变。此一时期，世尊入灭已经经过一千年，世尊在众生心中的形象与地位，已由现实人生的导师转变为历史上值得崇敬的人物，与众生心之间已出现了距离。对世尊虽然依然崇敬，但恋慕渴仰之情已趋于淡薄。同时，此时代物质文明渐渐发达，社会环境更加复杂化。佛法中所教授的人生应行之道，渐渐地演变成学问，变成学者研究的对象。但是学习佛法的风潮还是很兴盛，所以此时代称之为“多学”也就是“多闻”的时代。

多造塔寺坚固时

多闻坚固的时代过后，即佛入灭后第四个五百年，为造立塔寺坚固之时期。此一时期，连学习佛法的兴致已显阑珊，认为只要造塔、造寺，祭拜佛陀，便能获得利益，佛教只流于形式，已经完全丧失其原有之精神。

贵族以及权力阶级，以为建造寺院能使家族带来繁荣；而僧侣们因这些权贵之士的护持拥戴，过着极尽奢华的生活。而一般庶民，则以为到寺院参拜，就能得到庇佑，至于信仰，已流于放逸的态度。此时代当中，因造很多塔寺，因之称为“多造塔寺”的时代。

斗诤坚固时

此一时代为佛入灭后第五个五百年。此一时期，连形式上的宗教也完全地被漠视。众生变得自私，为了维护自身、家族、财团、阶级以及自己国家之种种利益，当这些利益有所冲突时，则经常互相明争暗斗。这些争执都是由人与人之间的矛盾以及自我利益冲突所产生。由此种种恶性竞夺，经常发生流血不幸之事件。就算未至如此之惨境，也是大事小事纷争不断，社会不得安宁。此称之为“斗诤坚固时”，正相当于我们现在这个时代。

正　法

此五五百岁之中的“解脱坚固时”与“禅定坚固时”，因正法仍能存续，依佛之教法而修行亦能证果，所以此之一千年称为“正法时代”。

像　法

继正法之后的“多闻坚固时”与“多造塔寺坚固时”，佛法只流于形式。虽有教法及修行者，多不能证果，称为像法，像即相似之意，所以此之一千年称为“像法时代”。

末　法

教法垂世，人虽有禀教，而不能修行证果，称为“末法时代”。佛法当然是永远不灭的，绝对不会消失，只不过是众生心迷失之故，所以不能详见。正因为处于末法之世，则更加需要佛法，其真正价值才能有效地被发挥出来。因此，世尊不断地重复说明于末法时代中，受持、行持、广说《法华经》之可贵。

> 闻是经典，如说修行，于此命终，即往安乐世界。阿弥陀佛、大菩萨众围绕住处，生莲华中宝座之上。

意为听闻《法华经》，而能遵照世尊之教诲依教奉行，来世即可往生阿弥陀如来的极乐世界。

正当佛灭后的五百年,西方印度传来阿弥陀佛的信仰。也就是说,只要称念阿弥陀佛的名号,必定能往生极乐净土,全然地倾向于他力信仰。阿弥陀佛当然也是大慈大悲的佛,虽然拥有接引一切众生至净土的大神通力,但是只依恃阿弥陀佛之愿力,而想从中得到解脱,仍然是非中道之精神也。无论怎么说,若不能努力于领悟宇宙真理,使自己的生命契合此一真理,不可能往生阿弥陀佛的国土。追求正确的智慧,力行实现自我人格完成之道,阿弥陀佛的接引才能真正实现。

此乃有所误解,才会造成极端的他力信仰。其实经中已明确补充说明了"闻是经典,如说修行"这句话。也就是说,对阿弥陀佛的信仰,亦应依《法华经》的真实教说力行实践,阿弥陀佛济度众生的功德力才能真正实现。

三　毒

然而,并非来世才有功德,受持此经者于现在世便能够去除贪欲、嗔恚、愚痴之烦恼。贪欲——对所拥有的物质、名誉、地位、爱情等永远不能满足;嗔恚——不随己愿,即生嗔恨、怒心;愚痴——只顾及眼前的利害得失。此三种称之为"贪、嗔、痴三毒",系毒害凡夫众生之最甚者,能令有情长劫受苦而不得出离,故特称"三毒"。若能除此三毒,即是无上功德。

正因为有此三毒的存在,才会萌生下面所要说明的,诸如自大狂妄的憍慢心、忌妒心等等迷妄诸垢。这些虽然都是男女所共通的垢秽,但对女性而言,应更加引以为戒。此中特别提到"若有女人",就是因为有必须特别留意之处。

接着,"是人现世口中常出青莲华香,身毛孔中常出牛头栴檀之香。"乃表示受持此经者,对自身周边所产生良善的感化作用。犹如人的身上散发出来的香气,使接触到他的人也沾上这股香气、清流。

所以，此人口中所飘出来的青莲华香味，当从其言说当中，自然地飘散于其周遭，能美化人的心灵。而身上毛孔中所散发出来的牛头栴檀之香气，乃表示此人之举手投足，自然而然地净化周遭的人。身体力行佛法的人，自然想要到达这样的境界。

再者，“此经则为阎浮提人病之良药”这句话，此中之“病”所指的当然是心病。前面章节中也提及过，心病痊愈了，身体的病痛自然随之痊愈。此中所谓的“病”，若当作是身体的病痛，将易招来无谓的误解，必须特别留意。

下一句“度脱一切众生老病死海”，意为“度脱一切众生的老、病、死之苦海”。此中所说的老、病、死，并非确指现实生命中的老、病、死，此乃泛指“生死”之意。以老、病、死来表示人生最重大之变化。也就是教示着，对于人生的种种变化，无须害怕、惊慌。

烧身供养

药王菩萨，如其名号，乃为众生治疗疾病的菩萨。虽然说是疾病，事实上是指心病。药王菩萨首先慰借众生的心，众生身体的病痛自然随之痊愈。然而，此神通力是如何获得的呢？是因为一切众生喜见菩萨于过去世行“烧身供养”之故，也就是以身体实践《法华经》的意思。

现在这里的解释，是以逆向探讨其原因与结果；若顺向解释的话，便是一切众生喜见菩萨，为了身体力行《法华经》，而成为疗愈众生心病的药王菩萨，并得到这种疗愈众生疾病的大神通力。心灵疾病的痊愈，对于身体疾病的疗愈有很大的助益。所以由衷真诚地受持、实践《法华经》，便是疗愈一切疾病的原动力。《药王菩萨本事品》便是开示此一原理，而此正是鼓舞我们精进的资粮。

妙音菩萨品第二十四

此品介绍远自理想世界而来参访娑婆世界的妙音菩萨的故事。此传奇故事中所包含的意思，将于故事展开时，适时地一一解说。现在让我们先来探寻精彩的故事情节。

世尊于说完《药王菩萨本事品第二十三》之时，忽然于眉间绽放出白毫相光，照见东方无量诸佛之国土。而于此无量无边的国土中，有一国名为净光庄严，净华宿王智如来正在那里说法。

白毫相光

世尊于眉间所绽放出来的光芒遍照无量诸佛之国土，乃是意味着佛虽始终遍一切处，但一切众生透过世尊的开示，才明白这个诸佛存在的道理。换言之，白毫相光乃象征着宇宙真理之显现，也就是“佛之智慧”之象征。

这种景象是始自于《序品第一》以来一直所呈现之相，由于本品中特别再体认其重要性，所以，首先再从白毫相光遍照无量诸佛世界开始，展开故事情节。若无此一认知，或者是一不留神，便非常容易流于肤浅、庸俗的理解，希望读者诸君能特别留心注意。

接下来，其国有一位德行圆满的妙音菩萨，具足一切三昧神通力。所谓的三昧，是将心定于一处或一境的一种安定状态。此中举出十六种三昧，其大意简单说明如次：

首先“妙幢相三昧”，妙幢即是一种非常美丽的旗徽，其用途是插在大将的阵营上。因此，“妙幢相三昧”即确信《法华经》为一切教说之核心，而此确信不会动摇。

第二“法华三昧”，即为表示深信《法华经》之教说而力行实践所得之定境。且亦为十六种三昧之代表，所以其他十五种三昧，也是在解释“法华三昧”，是法华三昧的详细分析。

第三“净德三昧”，如其字面上的意思，乃具足清净之德身，但心中一点也不会特别意识到自己所具有的德行。因此，没有我执，不会变成增上慢，所言所行自然能感动周遭的人。

第四“宿王戏三昧”中所谓的“宿”，是为“自久远往昔以来”之意；而所谓的“王”是为“繁盛”；而“戏”，是为“自由自在”之意。因此，其意为“自久远往昔以来，具足圆满功德，并且能以此德行任运自在地引导众生”。换言之，一心效法大菩萨之德行，愿成就佛道，此一心愿坚定不移，绝对不会退失道心，这种境界称之为“宿王戏三昧”。

第五“无缘三昧”，并非只度有缘人，甚至连无缘的一切众生皆度脱之，彻底地贯彻慈悲之精神。

第六“智印三昧”中之“智”，是具足甚深智慧之意，而“印”就是印象的印，能使众生印象深刻之意。换言之，就是具足甚深智慧，而此一智慧愿使身边周遭的一切众生，皆能受到印象深刻的感化。时时刻刻不忘此一心愿，称之为“智印三昧”。

第七“解一切众生语言三昧”，能洞悉一切众生之心愿，而示以适宜之教说，并安住于此一境界之中。

第八“集一切功德三昧”，一切教说之功德，皆会归于“自他共成佛道”，一心专注于成就此一佛道。

第九“清净三昧”，烦恼皆已断尽，而始终专注于保持清净身之心念上。

第十“神通游戏三昧”，无论遭到任何境遇，能够不受其束缚，一心一意地努力保持这种自在解脱的心境。

第十一“慧炬三昧”，犹如灯火照亮四周，愿使自己的智慧，亦能犹如一把圣火，时时刻刻照亮身边的人。

第十二"庄严王三昧"中的"庄严",虽然是在形容非常隆重华丽的装饰,但此中是表以德行庄严其身。"王"为兴盛之意。所以,此乃表示誓愿自身成就殊胜德行,成为自然感招众生的行者,一心住于此一境界之中,称之为"庄严王三昧"。

第十三"净光明三昧",愿使自身散发出明净之光,愿此光明净化周遭,一心不乱,专注于此一念头。

第十四"净藏三昧",誓愿内心净化,非常清净圆满,念头始终住于此一心念之中。

第十五"不共三昧"中所谓的"不共",是为"不共通"、独具之意,而不共独具就是佛。所以,一心一意怀抱一个坚定不移之理想——到达佛之境界,为证入此一境界不断修行。

第十六"日旋三昧",犹如太阳永无休止地遍照地球一切万物,使一切万物发挥其原有之自性。为到达此最高境界,一心不乱地精进修行。

妙音菩萨圆满具足十六种三昧,是一位德行圆满的大菩萨,所以,释迦牟尼佛之白毫所绽放之光芒,一照亮其身,妙音菩萨便立即得知释迦牟尼佛是一位大圆满的觉悟者。于是,妙音菩萨即对其国土的佛——净华宿王智如来说道:"我现在即将前往娑婆世界,礼拜释迦牟尼佛。并欲参见佛弟子中成就非凡的诸菩萨众。"

净华宿王智如来再三叮咛:"这是很好的想法,当可往诣。但是有一些事情你必须特别留意,就是娑婆世界并不是清净无垢之世界。我们的身材这么高大庄严,光芒万丈,而娑婆世界的佛身短小,菩萨们的身材也是如此。所以,你也许会对他们生起轻蔑心,但要特别留意,不可生起这种轻慢的态度。"

妙音菩萨禀告佛:"是的,我定会遵守您的告诫。我今往诣娑婆世界,皆是如来之功德力,因此,将以如来慈悲之本意造访娑婆世界。"

理想与现实的差异

与净华宿王智如来、妙音菩萨相较，释迦牟尼佛与其菩萨弟子们的身量是小得多，且身体亦未散发光芒，这是含摄何等意义呢？其实此所呈现的就是理想与现实的差异。净华宿王智如来的国土，乃遥远虚空中的理想世界。因此，彼世界的佛与菩萨之身量，皆无比雄伟高大，身高几百万公里长，且色身金碧辉煌。此乃象征着所谓的理想。

然而，现实又是怎样的情形呢？毕竟不能如理想那般地高大，也没有光彩夺目的外表。现实与理想相比，自然是相形见绌的，身材当然小得多，又矮又丑。但是，这样的现实世界里，居然出现一位已经成就崇高人格之觉悟者，其形象、体形纵使尺寸比率都很小，并且也没有光芒四射的色身，但其尊贵比起虚空中的理想像当有过之而无不及。而且，在处处充满邪恶以及魔道不断来阻扰的现实世界里，能够到达佛之境地，更增显其之尊圣。这就是净华宿王智如来，谆谆教诲的真正意义之所在。

于是，妙音菩萨就此进入禅定，以此禅定力，乍然之间于娑婆世界的灵鹫山法座的附近，现出八万四千朵优雅的莲华。这些莲花有金色的茎、白银色的叶子、金刚石的花蕊以及犹如红宝石剔透的花瓣。

文殊师利菩萨见此情景，非常赞叹，而询问世尊："世尊！是什么样的因缘使这些莲花于骤然间绽然盛开呢？"

释迦牟尼佛告文殊师利："这是妙音菩萨欲从净华宿王智佛国，光临此娑婆世界之前兆。"

文殊师利对佛说："世尊！妙音菩萨种何善本，修何功德，而能有如此的大神通力？我们也想要勤修此行，唯愿世尊能为我们引见妙音菩萨。"

释迦牟尼佛说:“文殊师利！多宝如来必定会为你们引见。”

多宝如来虽未亲自说法,但是证明他人所说的真理,则是多宝如来肩负的使命。

多宝如来立刻说:“妙音菩萨！请到这边来,文殊菩萨想要会见你。”

妙音菩萨遵照多宝如来的指示,带领八万四千菩萨,从净华宿王智佛国出发,伴随着动人的旋律与优雅的花朵,来到娑婆世界。这位菩萨容颜端正,相好庄严,其功德威光炽然照曜。妙音菩萨一到达灵鹫山,便非常恭敬地来到释迦牟尼佛面前,头面礼足奉上贵重璎珞,恭敬地问候:

“世尊！净华宿王智佛要我问候世尊,您的身体是否无恙？为引导众生是否尝尽心酸、吃尽苦头？恶心恶行的众生是否度尽？多宝如来是否也依旧在此担当其使命？”

接着,妙音菩萨向释迦牟尼佛请求:“我今欲见多宝佛如来,唯愿世尊为我引见。”

释迦牟尼佛当时即对多宝如来说:“妙音菩萨想要拜见您,请与之会面。”

此时多宝佛即对妙音菩萨称叹道:“你能专为供养释迦牟尼佛及听闻《法华经》,并为会见佛之诸弟子远道而来,难能可贵。”

这是非常重要的一席话。为了报答示说真理之释迦牟尼佛的恩德而作供养;熏习阐明此真理之《法华经》;欲以实践此真理之菩萨为学习的榜样。此三件事情,无论任何场合,对任何人而言,都是很重要的,此之重要性,透过真理的证明者多宝如来表扬妙音菩萨的事实,更得到证明。

尔时,有一位华德菩萨觉得非常不可思议,也请问释迦牟尼佛:“妙音菩萨种何善根,修何功德,而得到多宝如来如此赞叹？”

释迦牟尼佛答:“华德！有这么一段因缘故事。过去有一位佛,名云雷音王佛，这位佛具备不生不灭（多陀阿伽度）、慈悲（阿罗诃）、智慧（三藐三佛陀）之三种德目。其佛国土名为现一切世间，于其国中教化、救度一切众生。妙音菩萨为了报答此佛之恩德，于一万二千年间演奏种种美妙音乐，并奉上八万四千的宝器，供养云雷音王佛。以这样的功德，而出生于净华宿王智佛之国土，并得那样的神通力。就是因为于过去世累积善业，供养过诸佛，而造就了现在的妙音菩萨。”

演奏音乐，是赞叹佛德的一种方式。但是并非如其字面上的意思，不停地演奏音乐，而是以音乐代替“语言”，赞叹佛德之象征。

语言的力量

佛陀的教说中，对语言是相当重视的。佛教中“和颜爱语”是为引导众生之秘诀，也就是说，以和颜悦色、和蔼可亲的态度，用慈爱的口吻，引导众生。还有，在语言这方面特别重视的宗派真言宗，以“秘密语”祛除一切厄难、灾祸。于《陀罗尼品第二十六》中所出现的咒文，亦与此意味相同。

基督教中也是如此。《旧约圣经》中最初出现的语言，叙述着万物的诞生，乃由此最初出现的语言而生。

即使现代学问当中也有与此雷同的概念。若无语言文字来阐明思想，思想将无法形成。的确，在我们心中思惟某种事物时，必定用语言来思考。虽然没有说出口，但是心中之所思，确实是透过语言使之概念化。因此，没有语言便无法思惟，是毋庸置疑的。

试着深入思考妙音菩萨为何名为“妙音”，便能领悟到此“玄妙之音”，正是诠释着“真实之语”。佛不可能因为得到“玄妙之音”的赞叹、供养而乐不可支吧！正因为以“真实之语”赞叹，而感到心满意足。

这样的解释也能适用于八万四千的七宝钵之供养。佛不可能因为得到美丽的盆器而心生欢喜。众所周知，此所谓的八万四千，所表示的是佛教法门的数量。也就是奉上八万四千七宝钵，乃是表示以佛说的八万四千法门引导一切众生离苦得乐，来作为报答佛恩的方式。

世尊继而说道："华德！你可能以为妙音菩萨的色身此刻正在娑婆世界，然而事实不然。妙音菩萨于所到之处现种种身，为诸众生说《法华经》。"

接着经中将妙音菩萨的三十四身一一列举出来。那些名称大抵上应该都能理解，在此只举出比较难懂的部分作解释。其中所谓的"天大将军"，就是在天上守护佛法的大将；所谓的"居士"，即是在社会上拥有相当地位的在家人；所谓的"宰官"，即是王宫贵族的管家；所谓的"婆罗门"，即是指学者。妙音菩萨并不局限于此三十四身，能因时因地以种种身份示现。并且，于娑婆世界以外的十方世界中，因应众生的根器，以种种方便法门教化一切众生。

尔时，华德菩萨问佛："妙音菩萨所得之神通力，是以何种禅定而得？"世尊告诉华德菩萨："其所入之禅定名之为现一切色身。妙音菩萨能'因应一切众生根机而示现种种相'，正因为得此殊胜之三昧，方能施予无量众生佛法之利益。"

听闻这一番话，与妙音菩萨一同来诣之八万四千菩萨以及此娑婆世界之无量菩萨，皆得此现一切色身之三昧力，亦得陀罗尼之神力，能持各种善法，能遮除各种恶法。接着，妙音菩萨一行人便向释迦牟尼佛及多宝如来告别，返回自己的国土，向净华宿王智佛报告此行之所见所闻。

听闻世尊以上之教导后，华德菩萨因而得知《法华经》的重要性，并力行实践，亦得法华三昧，《妙音菩萨品》便在此结束。

本品即将结束之处，其内容，乍读之下，或许很有可能萌生一个疑点，就是妙音菩萨是不是与久远实成之本佛相同呢？因为其中提到能以种种相示现于十方世界，甚至还说妙音菩萨具有“应以佛形得度者，则现佛形而为说法”之神力。一不留神，很有可能萌生那样的误解。

然而，妙音菩萨与久远实成之本佛，绝对是不同的，他毕竟只是本佛的侍者菩萨，其教化力亦远远不及作为迹佛之释迦牟尼佛。这一点是非常明确的。

这话怎么说呢？前面亦已提过的，妙音菩萨乃是“理想”的象征，是在种种不同层面教化众生、示现世间众生种种理想境界的菩萨。比方说，政治家有政治家的理想境界，企业家有企业家的理想境界，学者有学者的理想境界，婚姻家庭有婚姻家庭的理想境界等等，一一表明每一个层次的人所应有的最高理想与最远大之目标。这样理想的教义，当然是可尊可贵的。但是，理想只是停留于脑中思考、不付诸实现的话，那是不会衍生意义及价值的。必须将理想具体地落实于现实生活中，其真正价值才会出现。

金色辉耀、身长万丈所呈之理想形象的妙音菩萨，纵使具足三十二相、八十种好，在以凡夫身出现于娑婆世界的释迦牟尼佛面前，仍以最崇敬的方式，以头面顶礼佛足，供养贵重璎珞，其意义便在于斯。换言之，把佛的“理想”呈现于凡夫身的释迦牟尼佛，方为真正“理想”的体现者。因此赞叹“理想”体现者——释迦牟尼佛，是必然的。

理想具体实现的重要

妙音菩萨从“理想”世界来到“现实”世界，其真正用意便在于此。释迦牟尼佛在这个染著、邪见增盛之娑婆世界中，努力弘扬正法、建立理想社会，是如何地伟大，如何地可贵，妙音菩萨为了证明此事而前来礼拜释迦牟尼佛。

“理想逐步地实现才是其最可贵之处”——此正是本品之真正精

髓所在。因此,在其他理想世界的佛,如大日如来、阿弥陀如来等等,也都是非常可尊可贵;但是,对地球上的人类而言,“理想”的体现者——释迦牟尼佛,才是久远实成之本佛,才是我们所应信仰的真正本尊。此处又再次明确地证实。

观世音菩萨普门品第二十五

《法华经》二十八品当中，自古以来此品争议性的问题特别多。也就是如前节所介绍的，只要一心称念观世音菩萨之圣号，立刻能从现实的苦难中得到解脱，这样地消解其意，是非常肤浅的解释，使得观音菩萨成为一种安逸、懒散的信仰对象。

的确，此品之前半占了相当多的部分，主要都在叙述只要称念观世音菩萨之圣号，便能够免除火难、水难、风难、刀剑难、鬼难、牢狱难、盗难等七难；能脱离人生的生、老、病、死四种苦；能灭贪、嗔、痴三毒；能随心所欲、求子得子等等。因为这些叙述，而使得凡夫俗子们不经意地掉进了安逸信仰的胡同，亦不无道理。但这是因为对前面《法华经》所开示的内容，没有完全正确领会所造成的。

造成这种误解的原因可以分成两种。

第一，对于所谓"解脱"的概念过于肤浅。这是因为把"解脱"完全仰赖外在的力量所致。《寿量品》中曾详细作过解释，所谓"解脱"，乃是觉悟出久远实成的本佛随时随处与我们同在；内心深处确确实实地领悟到，自己因本佛而找到自有自性。这样的状态才能算是得到真正的解脱。

正因为能够确切得到这种自觉，方能真正得到心灵上的安逸。当此之时，所言所行自然而然能契合佛心，如此便能与周遭的一切得到调和。随着这种调和的气氛渐渐地扩及周遭，所到之处便自然而然地成为寂光土（理想社会）。

"解脱"真正的面貌应该是这样的境界，可是却将其仅仅视为免除现实生活中的痛苦与灾难，这是因为想要借助某种外力所导致的错误知见。举个浅显的例子，由于便秘所引起的经常性头痛，为了解除头疼的症状而服用止痛剂。一时之间疼痛确实也能解除,但这是治标而非治本。因为病源的根本原因在于便秘,而没有对症下药,头疼的症状不可能真正根除。与此相同的道理,一味地借助他力,就算能一时解除眼前的痛苦烦恼,但这并不是真正的解脱。

第二个误解,也是非常严重的问题。这就是对“菩萨”定义上的误解。真正解脱的实现,只有真如本身,也就是本佛。这个原因就是方才所讲的解脱的道理,应该已经不言自明。换言之,最重要的,就是确信本佛救度众生的精神,并契合佛心切实实践。

当然,所谓的菩萨是以济世度人为誓愿的,因此,一定会随时随处救度苦海中的众生。但是,根本的解脱、真正有意义的救度,乃在于“受到本佛的启发”,除了这份自觉觉悟以外,不可能有所谓真正的解脱。

那么,菩萨救度众生的方式,应该如何体现呢?随时随处救度众生脱离苦海,当然也是体现方式之一。但是,菩萨更重要的使命,在于为佛传扬佛法,并且为我们呈现信仰生活中的最佳典范。成为我们的楷模,引导我们迈向解脱之道,这才是菩萨真正的使命。

成为大菩萨的话,便能成就一切功德,但每位菩萨各有其特别殊胜之功德。例如,常不轻菩萨“行礼拜而拜出一切众生的佛性”;药王菩萨则行“身体力行,以报佛恩”;妙音菩萨则行“崇敬理想的具体实现”等等之修行,各有其特色。各个菩萨因各有其特别显著的德目,所以都是我们易于效法的对象。

观世音菩萨也是菩萨身,也是我们学习的典范中所应仰慕的对象,而不应将其仅视为诉求的对象。本品中所叙述的观世音菩萨所具有的神通力,正是为了使我们凡夫众生发菩提心,誓愿成就观世音菩萨的德行,而更加努力行持《法华经》之教说,为了“激励”我们修行,而揭示我们修行的“楷模”所立说。

称念观世音菩萨

“称念观世音菩萨”，就是观想观世音菩萨。此乃对“观世音菩萨慈悲行”憧憬之具体表现。以深深的憧憬心而称念，行为举止必会深受影响，而菩萨的德行必能具体地实现于言行举止中。古来这个真正内涵却经常被忽略，几乎大部分的人都认为完全凭仗着观音菩萨的神通力，便能从现实的痛苦中得到解脱。这种态度并非真正的信仰。真正的信仰当有其崇高之内涵。

有了以上的基础概念，就可以来学习本品的经文。此中并无特别艰涩难解的用词，所以只要能掌握出此品精髓以及各个要点，就足够了。

观　世　音

本品以无尽意菩萨请问世尊，为什么观世音菩萨名为“观世音”而展开，此乃因其名号有其重要意义之故。而世尊回答：“众生有种种烦恼时，称念此菩萨名号，此菩萨能清楚辨别烦恼声之根源，使之离苦得乐，因而命名为观世音菩萨。”

所谓观，即为观察之意，能明辨事物。所谓世音，就是世人之音。纵使说是声音，并不局限于口中所出之声音，也包括心中对痛苦无言的呐喊，以及祈求心想事成等等现实人生中切实的需求。所以，观世音菩萨能觉观世间所有一切众生的痛苦，能觉知众生之所求，而能应其所需而教示适切的法门，使其离苦得乐，并能引导其迈向自己梦想中的理想境地。并且，于引导众生之际，应众生之机缘而示现种种相。观世音即拥有如此德行及神通力之菩萨。

领导者之最佳典范

“观世音”的这种能力，是身为领导人物绝对不可或缺的基本素养。身为一大家族之人父、人母，要把一大群孩子各各教育成社会上的精英栋梁，成为有用的人，必须模拟自己住进孩子的身心当中，去洞悉孩子的身心状况。这样的话，孩子身体的营养，孩子心中的欲求，都能清楚地分辨，而能调理出适当的食物，给予适当的调教，成为孩子们商谈的对象。总而言之，对孩子身心的欲求做出因应措施，能巧妙灵活地运用最适切的方法引导之。其实每一位天下父母亲，都会为了儿女的幸福不惜牺牲自己的一切。这种亲生父母的慈爱，就是观世音菩萨悲悯众生的精神。

还有，在工作场所中身为主任、课长、经理等主管阶层的人，不仅仅对部下每一个人的个性、能力应了若指掌，对他们不满的情绪、烦恼、希求亦应一一有所了解，这样才能以适当的方法指导部下们进行工作，使每一位部下的能力得到充分发挥，使之各尽其才，发挥最大的工作效率，并且能够更加向上成长。身负重任要职者如董事长、担当教育国家未来主人翁的老师、司掌一国政治的议员、行政长官等，更加必备这样的精神与素养。必须像观世音菩萨那样具备精确的洞察力，因正确的洞察而发挥卓越的领导能力，为了谋求众人的利益奋不顾身地牺牲自己。必须具备这种大慈大悲的精神。

还有行持《法华经》的我们，以一片赤诚之心弘扬佛法，引导一切众生迈向人格完成之道，建设理想之社会。这些悲愿，也是建立在观世音菩萨大慈大悲的精神之下。关心周遭朋友，潜进其心中，洞察其烦恼、痛苦、希求，能够巧妙地各应所需，给予最适当的引导，才能算是真正有效果的菩萨行。

如此地，观世音菩萨能为众生袪除七难之灾、去三毒之恼、满足其所需。菩萨具足这种慈悲之神通力以及应众生根机任运自在地示现三十三种身，为众生说法之神通力。这些都是我们《法华经》行者之典范，是我们所应努力效仿的目标。并且在现实生活当中，有机会作为领导人物之时，观世音菩萨正是最佳的学习榜样。

慈眉善目

此中还有一个千万不可遗忘的，就是自古以来观世音菩萨的雕像、画像，都被刻画为非常温和、慈眉善目之相貌。此乃身为领导人物所应呈现温柔、宽容、慈悲之理想形象，透过画匠、雕匠被描绘出来。礼拜这种菩萨像，自然能使我们的心境变得和平安祥。

汤川秀树博士所编集的《人类与科学》一书，以十一面千手观音像的图片作为卷头画，然后附上一段叙述文：

"观音菩萨虽有千手以及十一张面貌，却一点也不失其整体性的调和与内心的平静。从现代人品味的角度来看，过度完美无瑕，反而无法令人感到赏心悦目，也说不定。现代人类的科技发达的结果，拥有更多面孔、更多只手；拥有类似显微镜、望远镜之类新式的眼睛；为了防护放射能的危险，发明了能够远距离操作的装置；发明电子计算机取代人的头脑。的确是非常进步。但是活在这个人力被机器取代的现代人，于不知不觉之间态度严肃、面无表情。新潮的流线造型，才能让人有新鲜的美感。当今的人类世界，无法找到像观音菩萨那样和蔼慈祥、充满温情的面貌。感觉上没有些微神经衰弱的人，反而令人觉得有点奇怪。然而，正因为这种现象愈是加速趋于问题化的同时，追求内在世界心灵的安宁以及外在世界和平的欲求，将愈会变得更加深刻而迫切。"

像这样的科学书籍，竟然于开卷的首页，插入观音像及其所述之文章，其用意真的是值得令人深思与细细品味。

那么，要如何才能作到像观世音菩萨那样的牺牲精神呢？要如何习得敏锐的洞察力？要如何才能具有卓越的领导能力？唯有受持、修行、切实实践释迦牟尼佛所示说之教说，除此以外更无别途。怎么说呢？观世音菩萨也是因遵循释迦牟尼佛所说之教义，力行实践，才获得那样神通力的。

这些在经典中均有明确的示说。也就是出现在无尽意菩萨解下颈首之璎珞供养观世音菩萨，而观世音菩萨无论如何也不愿接受供养的故事情节中。无尽意菩萨虽然再三地恳求，仍被一再地拒绝。最后因为释迦牟尼佛的建议，观世音菩萨好不容易才答应接受无尽意菩萨之璎珞供养。但所接受的璎珞，并未占为己有，而是将其分作二分，一分献给释迦牟尼佛，一分献给多宝如来。这个行为之用意，在于表示自己的神通力，乃因释迦牟尼佛所教示之真理，以及证明真理之多宝如来之功德而得。换言之，此中明确地说明着，观音力之获得，必须实践、觉悟释迦牟尼佛所教示之真理。

这个重要关键常被忽略，所以自古以来大多数的人，都以为只要称念观世音菩萨之名号，便能立即得救，而使得观音信仰沦落为低俗、迷信的信仰。现在应该蠲除这些不正确的认知。

观世音菩萨的愿力

这个观念于后面所揭示的偈言中，可以得到确切的解答。也就是观世音菩萨以何因缘而得此名号？针对无尽意菩萨之所问，世尊所回答之偈言：

> 汝听观音行，善应诸方所。弘誓深如海，历劫不思议。侍多千亿佛，发大清净愿。

其意为，最重要的先决要件是——必须听闻观世音菩萨所累积的修行是多么地深入。观世音菩萨誓愿应种种不同的场面，以种种方法救度身历险境的一切众生。此誓愿深似海，世间凡夫历经累劫的思索，亦体会不到。以此誓愿侍奉无量诸佛，而发广大清净愿。

后面偈言所述的都是介绍此清净愿之略说。

偈中所言使我们明了所有神通力，全都是观世音菩萨“愿以此神通力，誓度一切众生”所立之大愿，而于累劫依教奉行长期修行所得之成果。前面的长行中所述的，是神通力的“果”；而偈中所阐明的，是得此神通力的“因”，也就是“愿”。因此，像这样地发“利他愿”、“慈悲愿”，不退道心，精进修行，必定能到达观世音菩萨之境地。此乃偈中所立之意义。

此偈乃《法华经》中非常有名之偈言，所以欲将此中特别重要的部分提出来加以解说，其重要性就是前面所说的道理，因此，希望读者诸君能以此正确的认知来读此偈颂。

偈之开头一直叙述着种种灾情、厄难，大致如下述：

> 众生被困厄，无量苦逼身。观音妙智力，能救世间苦。具足神通力，广修智方便。十方诸国土，无刹不现身。种种诸恶趣，地狱鬼畜生，生老病死苦，以渐悉令灭。

所谓“观音妙智力”，乃具足明辨众生种种心声之妙力，能巧妙适切地施予相应之解脱法门。为了具足救度众生之神通力，而广修种种智慧、种种方便法门。这些都是为了欲示现于十方诸国土中救度众生；欲救度堕入地狱、饿鬼、畜生诸恶道之众生；欲使生、老、病、死等人生种种苦，渐令消灭。这些都是观世音菩萨所发之大悲愿。

可是，梵文中多了一句汉译所无之文句“无尽意得闻，欢喜、满足而以伽陀（偈）告之曰。”增补此句后，接下来的意思更能明确连贯，也使得整部《法华经》之文更融会贯通。也就是说，前面的偈，乃世尊示说观世音菩萨之种种慈悲大愿；而以下的部分，则是因世尊所言之偈，而深受感动的无尽意菩萨对观世音菩萨赞叹之偈。换言之，增补此句后，方可明确判定下面的偈言乃无尽意菩萨所说。

> 真观清净观，广大智慧观，悲观及慈观，常愿常瞻仰。无垢清净光，慧日破诸暗，能伏灾风火，普明照世间。悲体戒雷震，慈意妙大云。澍甘露法雨，灭除烦恼焰。诤讼经官处，怖畏军阵中，念彼观音力，众怨悉退散。妙音观世音，梵音海潮音，胜彼世

间音，是故须常念。念念勿生疑，观世音净圣。于苦恼死厄，能为作依怙。具一切功德，慈眼视众生。福聚海无量，是故应顶礼。

所谓真观，穷究真实之眼；清净观，除去妄想执著之清净眼；广大智慧观，广度一切众生之智慧眼；悲观，欲使烦恼中之众生离苦得乐之悲眼；慈观，希望一切众生都能得到幸福之慈眼。这些林林总总，都是称扬观世音菩萨本具之慈悲慧眼的赞叹词。赞叹“眼”当然等于是赞叹“心”。

因此，我们亦应以观世音菩萨为榜样，誓愿亦能获得这些“眼”，培养慈悲“心”。而此正是“常愿常瞻仰”之意。

因具这样的悲心，观世音菩萨之身绽放出“无垢清净光”，始终照亮四周。这份光芒散发着温馨，充满着人性光辉，能照亮别人，温暖人心，使人心豁然开朗。此乃非常可贵之法语。

此智慧之光（慧日）能消灭一切黑暗。所谓的黑暗，如屡次所述的，由于执著妄想而遮掩了洞悉实相之眼，当智慧之光照射过来，烦恼与黑暗就会立即遁形。只要能去除执著妄想，种种不幸、灾难自然随之消失，整个社会必然充满光明。这便是“能伏灾风火，普明照世间”这句偈的意思。

悲　愿　戒

所谓“悲体戒雷震”，是乃赞叹观世音菩萨持戒所发得之威德力的形容词。所谓的戒，是乃戒杀——不杀生，戒盗——不顺手牵羊、不偷窃。

这些戒的功德力，是由发愿的出发点所决定，也就是依据愿心的根本精神而得。种种规定、法律、政令的制度，其原理与戒的原理相同。制定这些规定的人以及发号施令者的出发点，越是夹杂着本位主义或是自私自利的心态，施政就越不可能有卓越的成绩。还有，就算自己身居高位，却不考虑一般大众的福祉，一意孤行，制定不合时宜、令人难以遵守的行政规章，都不是明智之举。这种罔顾众人利益只想独善其身的规则，实际上是毫无价值可言的。

然而，观世音菩萨所持守之清净戒，乃是扎根于清净无杂染之“悲”心上。“悲”是为悲悯众生之心，欲拔除众生之苦恼。以此大悲心为根本而持戒，因此，如雷震四方有巨大的威力。此中亦包含了很多对领导人物很有启发性的教义。

“慈意妙大云，澍甘露法雨，灭除烦恼焰。”这句妙语也是很好的训诫。

所谓“慈”，慈爱众生并给与快乐。这种大慈心，犹如能遮覆天空的云那般地无量无际，恰似空中层层积云降下滋润大地的雨，使草木苍生万象复苏，观世音菩萨从大慈心降下法雨甘露，息灭众生烦恼焰。

具备此等威神力之故，若遇法院审判等诤讼事件，或遇兵荒马乱，念彼观音力，这些恐怖及惹人心烦之事悉能消除。

这段话，必须理解其文字中所深藏之内在含义。大大小小的纷争，其实都是由自我内在冲突所引起；都是因为没有慈悲心，不关心他人的冷漠态度所引起；以及没有宽容心，无法原谅他人的过失所引起。若遇这种情境之际，我们应观想观世音菩萨。所谓“念”，便是于心中观想。一心观想这位发大愿、希望明辨一切众生心声之观世音菩萨；观想发大愿、欲救众生离一切灾难而奋不顾身的观世音菩萨；观想其慈悲心、牺牲的精神、慈眉善目的容颜。

感　应

心有灵犀一点通。经常以“感应”一辞表达，所指的就是非常有默契。当我们观想观世音菩萨时，自然而然地，我们的心就会变成观世音菩萨。这样的话，彼此的心中都会生起一股温暖，宽容的心自然也会生起。去除我执,消解抵触,便能和睦相处。因此,纵使正处于争执的情况之下,也能以从容不迫的态度处之,彼此都能有此心态,那么争执亦自然消解。这便是此中所要传达的真正本意。

“妙音观世音,梵音海潮音,胜彼世间音,是故须常念。”

这一句也是非常好的偈颂。所谓“妙音”,就像前面所说的“真实语”之意。“观世音”之意亦如前述。而所谓“梵音”,即是以清净心说法之法音。“海潮音”,犹如暴风雨来袭之前惊涛骇浪的音声,能够深刻地烙印于人们内心深处,以此来比喻佛法余音缭绕、打动人们的心弦。“胜彼世间音”,乃意味着此法门具有神力,能征服世间到处弥漫的妄想执著与烦恼。

像这样以种种场面示说微妙之殊胜法门,都是教示我们必须观想观世音菩萨,自己应一心效仿成为观世音菩萨而努力。

“念念勿生疑,观世音净圣。于苦恼死厄,能为作依怙。具一切功德,慈眼视众生。福聚海无量,是故应顶礼。”

到底能不能完成此一誓愿呢?绝对不可生起这种怀疑的念头。观世音菩萨,乃众生遭遇种种苦难灾厄时,完全可以信赖的菩萨。具足一切圆满功德,以慈悲眼观众生。一切福德,由观世音菩萨之慈悲力,能像一切河川流向大海一样地凝聚起来。因此,我们都应顶礼观世音菩萨,并效法其菩萨行。

无尽意菩萨赞叹观世音菩萨的威德后,接着便是持地菩萨向世尊说道:“若有人能得闻观世音菩萨平等地引导一切众生进入真理实境之门,以神通力适应众生,示现种种相——普门示现,任运自在地为众生解说佛法,应可获得相当的功德。”此一法会便在此结束。

得闻此说法的一切大众,皆发菩提心,愿自己一心依教奉行,愿得无等等阿耨多罗三藐三菩提心。“无等”,乃尊贵无与伦比之意;“等”,乃愿得佛之智慧,以平等心使一切众生入佛之知见。

慈悲之洞察力

再度归纳本品所说的要义，第一，“假若是身为领导人物，应该以观世音菩萨为学习目标，洞察一切众生的音声，以彻底的慈悲心，赴汤蹈火，解决众生的苦恼，因应众生的苦恼与需求并伸出救度之手。”

和蔼可亲的包容力

第二，“面临种种困厄、争执，或者起了种种恶念之际，应即时观想观世音菩萨，观想其之和蔼、祥和、包容力。这样的话，心胸自然豁达开朗，无论身遇任何困境，皆能以从容不迫的态度泰然处之，争执自然消解，恶念迅速消失。”

以观世音菩萨为学习目标

第三，“应该把到达观世音菩萨的境界，作为学习的一种目标，而欲获得其殊胜的德行与神通力，还是必须遵循释迦牟尼佛所开示之此一妙法，永不退初心，不断地修行。”

经过以上三点的归纳，对《观世音菩萨普门品》之真意，想必应该能够掌握得更加贴切。

陀罗尼品第二十六

《陀罗尼品》，乃描述受到《法华经》之教说而感动的众生们，慎重地宣示誓愿守护此经之章品。

此中所登场的人物，有药王菩萨与勇施菩萨两位佛陀之弟子，也是佛陀之侍者，因此发此菩提心是理所当然之事。

接着，毗沙门天与持国天，此二天原为婆罗门教的神。其他宗教的诸神亦誓愿守护《法华经》，如前面章节中所述，乃是因佛教具有包容万教，能给予万教真正生命之缘故。

接下来是十位罗刹女与鬼子母的故事。甚至这些人见人怕的女鬼们也扬言，若是有人扰乱《法华经》行者，一定要与予严厉的惩罚。连女鬼们亦立誓守护此经，乃证明佛心是平等的。反过来说，就是《法华经》之教说，亦平等地教化这些女鬼，亦拥有使其成佛之能力。

本品中所出现的一些咒语乃梵语的音译。这些咒语为什么不加以意译呢？此乃译经家鸠摩罗什特别用心之处。中国的译经家大致遇到下列五种情形时，认为不译其意比较好，而以贴近梵音的汉字译出。此称之为"五种不翻"。

（一）此方所无之故。印度有而中国所无之动植物，或者是印度传说中的妖魔鬼怪，这些原本就是无法翻译的。例如《法师功德品第十九》中所出现的多摩罗跋香、多伽罗香等产于印度等地的植物，为中国所无，故保留原音，此外迦楼罗、紧那罗等魔鬼亦是如此。（二）多种含义之故。一个字多种含义，若仅择其一意译出，亦无法尽其原意。例如陀罗尼一词，意译总持、能持、能遮。即为"能总摄忆持无量佛法而不忘失之念慧力"，又兼具"防非止恶"，能持各种善法，能遮除各种恶法。还有一义，若唱诵这种神秘语言的话，便能直接进入佛的世界，而此《陀罗尼品》中的陀罗尼，所诠表的就是后面这种意思。（三）为秘密之故。作为秘密之语故不译，例如经中诸陀罗尼，系佛之秘密语，微妙深隐，不可思议，若是译出，将会抹杀其神秘意义。此品《陀罗尼品》所出之咒语，就属此一类型。（四）顺古之故。为遵照以前的习惯，例如阿耨多罗三藐三菩提，意译为无上正等正觉，最初即以音译，大致上已成为习惯用语，故保留前人规式，盖历代译经家皆以音译之。（五）为存尊重心之故。若是意译将失去原有之意。如释迦牟尼、菩提萨埵等，一概不译为能仁、道心众生等。此乃因前者能令人生起尊重之心，后者则易等闲视之。

然而，现代人与古人已迥然不同，对完全不知其意的用词，不会感到可贵，也不会感到其神秘之力量。虽然现代人也认同语言伟大的威力，但这些语言必须是能理解之用语。理解之后才能打动心弦，才能因此而改变人生观、世界观。这些有所改变后，性格、健康状况亦随之改变，境遇亦会大回转，因而展开人生新的里程。这才是现代当中所谓“语言之威力”。

此品中以音译所出现之咒语，对现代人而言已经不能适用，那么不说明意思，将无法使现代人体解真正的宗教精神。因此，在此先揭示其意思。可是这些翻译也因不同的学者而出现各种不同的用词，本书非属学术性质的书籍，故而省略学术性的考证，将使用贴近现代人的译语来解释。能够掌握其大体上的意思最为重要。

世尊说完《观世音菩萨普门品第二十五》后，药王菩萨即从座位起身，礼拜世尊并请问：“信受、实践《法华经》，能得什么样的功德呢？”佛陀回答：“能够读诵、理解《法华经》中短短一句偈言，并依教如实地实践，其所得之功德胜过供养八百万亿那由他恒河沙等诸佛之功德。”

药王菩萨非常感动地对佛说：“世尊！我现在为了守护《法华经》的说法者，赠与陀罗尼神咒。”即说咒文如次：

不思议[一]。所思[二]。意念[三]。无意念[四]。永久[五]。修行[六]。寂静[七]。淡泊[八]。脱离变化[九]。解脱[十]。济度[十一]。平等[十二]。无邪心[十三]。安和[十四]。普遍平等[十五]。灭尽烦恼[十六]。无尽之善[十七]。彻底解脱[十八]。不动寂然[十九]。淡然[二十]。总持[二十一]。观察[二十二]。光辉[二十三]。自信[二十四]。究竟清净[二十五]。无有坑坎[二十六]。亦无高下[二十七]。无有回旋[二十八]。所周旋处[二十九]。清净眼[三十]。等无所等[三十一]。觉悟之绝对境[三十二]。而学真理法门[三十三]。教团和合[三十四]。所说鲜明[三十五]。真言[三十六]。安住真言[三十七]。无限作用[三十八]。宣畅音响[三十九]。晓了众声[四十]。给予大众一切教化[四十一]。教理无有穷尽[四十二]。无所思念自在解脱[四十三]。

药王菩萨说："世尊！此陀罗尼神咒是乃无量诸佛所说。假若有加害持诵此神咒之法师者，斯罪如同加害诸佛之罪。"

释迦牟尼佛赞药王菩萨道："善哉，善哉！药王！你为了守护法师而说陀罗尼神咒，此举将饶益一切众生。"

尔时，勇施菩萨站起身来对佛说："世尊！我亦为拥护受持、读诵《法华经》者而说陀罗尼。得此陀罗尼的人，即使各种魔兵魔将，百般地想要找出其最弱之要害，欲予以加害，将无法得逞。"说毕即于佛前而说咒文：

光耀[一]。大光耀[二]。炎光[三]。照亮[四]。信心充满[五]。富丽[六]。欢喜[七]。欣然[八]。安住法中[九]。应机说法[十]。教法永住[十一]。教理独具妙义[十二]。教理纯净[十三]。

"世尊！此陀罗尼神咒，无量诸佛所说。假若有加害持诵此神咒之法师者，如同加害诸佛。"

尔时，北方的守护神毗沙门天王亦站起身来对佛说："我亦为悯念众生，拥护此法师而说陀罗尼。"即说咒文如次：

富有[一]。游戏[二]。无戏[三]。无量价值[四]。最富[五]。无上之富[六]。

“世尊！我将以此神咒拥护法师。我亦愿守护受持《法华经》者，并努力使之无忧无患。”

尔时，东方的守护神持国天王，虽然身份崇高受到无量干闼婆（司掌天乐之神）恭敬围绕，亦往诣佛前合掌而言：“世尊！我亦以陀罗尼神咒，拥护受持《法华经》之行者。”即说咒文如次：

无数[一]。多数[二]。暴恶[三]。持香[四]。黑曜星光[五]。念力[六]。大意[七]。顺述[八]。最高真理[九]。

“世尊！此陀罗尼神咒，无量诸佛所说。假若有危害持诵此神咒之法师者，则为危害诸佛。”

尔时，出现十位罗刹女与鬼子母及其子眷属们。所谓罗刹女，乃是性情暴戾之女鬼。但是现在已经成为佛之弟子听闻佛法。而鬼子母原本也是女鬼，专门捉别人家的小孩来吃，可是对自己的小孩则格外地溺爱。于是，释迦牟尼佛将鬼子母的小孩捉一个藏起来。鬼子母到处寻找孩子，近至崩溃状态。此时释迦牟尼佛对她开示，这就是其他母亲失去孩子时的痛苦。此时，鬼子母方知自己所犯的过错，痛改前非亦成为佛之弟子。

这些拥有魔力的女鬼们来到佛前，异口同声地对佛说：

“世尊！我们亦欲守护读诵、受持《法华经》者，为其去除种种灾患。假若有人对此法师百般刁难，想要找出其之要害，或是无事生非地找碴儿恼乱，我们绝对不会令其得逞。”即于佛前而说咒文如次：

此人[一]。在此[二]。此人[三]。此等人[四]。此人[五]。无我[六]。无我[七]。无我[八]。无我[九]。无我[十]。已兴[十一]。已兴[十二]。已兴[十三]。而兴[十四]。而立[十五]。而立[十六]。而立[十七]。无加害者[十八]。无加害者[十九]。

“我们可以忍受践踏我们头上之耻辱，也要尽可能地使受持《法华经》的法师无有任何恼人之事，并且使之不要受到种种鬼道众生的侵扰。若是鬼道众生用其魔力使他们罹患热病，即使一日、二日、三日、四日，乃至连续七日发了高烧，希望他们不受热病所毒害。这些鬼道众生，有时现男形、有时现女形、有时现童男形、有时现童女形，不断地来侵扰，或是出现在梦中侵扰等等之事，皆不使之得逞。”献上此一祈祷文之后，更以偈言说之：

> 若不顺我咒，恼乱说法者，头破作七分，如阿梨树枝，如杀父母罪，亦如压油殃，斗秤欺诳人，调达破僧罪。犯此法师者，当获如是殃。

这句也是很有名的偈言。我等誓愿守护一心持诵此咒之《法华经》的法师，假若有人不成全我等之心愿，而困扰了说法者的话，将会得到罪报，头会像阿梨树的枝干那般地断裂。此乃罗刹女鬼们所发的誓言。

据说阿梨树一遇强风，枝干落地则立即四分五裂。为什么头会像阿梨树的枝干那般地断裂呢？因其所造之罪，等同杀父杀母之滔天大罪。

所谓的“压油殃”，乃榨油时在原料上置以重物压之。据说原料当中会涌出虫子，重量适当的话，就不会压死虫子。可是若是心急，想要赶快弄好，放了过重的压石，就会杀死虫子，油味也会变坏。据说这在古时候的印度，被视为极为非善之行。换言之，此乃强调众生平等，以及尊重所有生命之重要性。

还有，在斗秤上作手脚欺人耳目，亦是同等之罪。在现代法律中，这些罪行自然没有杀人罪那样地严重，但实质上，从意念所犯之罪来看，这种行为实在是卑劣之至，所以古时候的印度亦视之为大罪。

破坏教团和合之罪

接下来的“调达破僧罪”。所谓调达，就是提婆达多。提婆达多曾经百般使计，用尽各种办法想要破坏教团的和合。前面《如来寿量品第十六》解释“三宝”之标题下，对于“僧”已做过详细解释，此乃“僧伽”之略称，原是表示“信仰教团”之意，所以破坏了以共同信仰所结合之教团的和合，当然罪不可赦。

因此，恼乱《法华经》说法者之罪，等同如此大罪。因此之罪报，头会像阿梨树的枝干那般四分五裂。

乍看之下，似乎这些罗刹女真的立下毒誓，将对《法华经》的敌人采取报复，但千万不可如此地理解此中意义。这些罗刹女们刚刚成为佛之弟子，修行时日未久，积德未深，所以会用这种耀武扬威的态度，说出比较激烈的言辞。但即使如此，拥有绝对宽容、平等心的世尊，不可能毫无附带条件地以“善哉，善哉！”褒扬她们的言行。

罚的原理在前面(《譬喻品》中的“十四谤法与佛罚”，以及《常不轻菩萨品》中的“不值佛、不闻法、不见僧”之标题下)已有详述，这个原理不会轻易改变。进而检讨此一偈言，并不是说“要裂头”，而是说“会裂头”，“将会得到”等同杀父杀母及其他等等罪。这些乃是依罪报的原理而立论，所指当然是自作自受之意。

说完此偈之罗刹女们对佛陀说：“世尊！我等将以自己的身体守护受持、读诵、修行此经的一切众生，令他们始终安稳，远离种种障碍，纵遇毒杀者，此毒性自然消除。”

佛陀心满意足地以慈悲的眼神注视着罗刹女们，并和蔼地对她们说：“善哉，善哉！单单只守护崇尊《法华经》者而已，所得之福德已不可称量。更何况，守护理解、实践、精勤不懈供养经卷者之功德，当然更是无与伦比。皋帝！你和你们的眷属，一定要善加守护此等法师。”

听闻这些法语之诸大众，由衷地感动，誓愿不管今后遇到什么样的问题，环境如何变迁，都会永远抱持不变的信仰，坚持自己的信念。

妙庄严王本事品第二十七

此品当中似乎描绘着遥远的古代，而且非常梦幻的故事，其实乃叙述着非常切合实际、非常切身的问题。这便是家庭信仰的问题，借由不同信仰的亲子关系展开问题的探讨。信仰正法的孩子与信仰外道的父亲以及身处两者之间母亲所持的态度，此乃相当实际的问题。

此中并提示着身为领导人物的信仰问题。现在的社会，信仰是个人的自由，任何权势都不可能改变个人信仰自由的现状，更不可能借由权势控制人们心中的信仰。但是，广泛地受到世人尊崇的领袖人物，其信仰即使纯粹是其个人之信仰，必定不可避免地会给众多人带来深远的影响。妙庄严王对信仰问题的抉择，隐约地暗示着这个问题。

妙庄严王随其两子出家，有其特别要表征之精神内涵。现代社会中，信仰与日常生活两者并非背道而驰，已融为一体。所以，此中的出家以及舍弃王位，若是不加以深入体会，只知其表面上的意思，恐怕会有很大的误导。出身于王公贵族之家、生活富裕之王子，舍弃一切而出家，乃是强调精神生活上的安逸远远胜过物质生活上的享受。妙庄严王禅让王位给自己的弟弟而选择出家，乃是表示建筑在心中的王国远比实际的权势更有价值。所谓的“出家”，不要单以字面意义诠释，应以“精神生活的转换”来解释。

经文中重要字义的解释先暂且搁置，先来一探此中故事之奥妙。

古老的过去有一位佛，名为云雷音宿王华智佛。国名光明庄严，其时代称为喜见。彼佛土世界中有一位王名叫妙庄严，其夫人名为净德，生下两位王子，一名净藏，一名净眼。

两位王子具有大神力，福德兼备，智慧过人，长久以来广修种种菩萨行，包括六波罗蜜，四无量心的慈、悲、喜（与人分享喜乐）、舍（施予他人恩惠不求回报，自己所受的怨怼不怀恨在心），以及这些修行的助道法三十七道品，皆悉明了通达。

因此而得净三昧——欲彻底灭除一切烦恼；净光三昧——希望自己的德行能散发光芒，照耀四周；净色三昧——希望行为举止能够具备清净之德；净照明三昧——希望以自己的德行净化人心，影响周遭的朋友；长庄严三昧——希望能依德行圆满而使自己的庄严身周遍十方；大威德藏三昧——希望具备圆满德行来感化世间一切众生。这些三昧，两位王子皆悉通达无碍。

尔时，云雷音宿王华智佛，因慈悲心之故，欲教化妙庄严王及一切众生，而说此《法华经》。于是，净藏、净眼两王子来到其母后面前禀告："母后！愿母往诣云雷音宿王华智佛所。据说此佛即将开示世上最宝贵的《法华经》。我们亦将陪同您一同前往。"

母告子言："很好，很好！但是你们也很清楚你们的父王笃信婆罗门教。佛法才是唯一之真理，所以真希望你们的父王也能信受。你们是不是应该试试邀请父王一同前往闻法呢？"

但是，这是一件不可能的事。王后与王子一开始就知道，一定会被断然拒绝。

王子悲伤地说："母后！我们是佛之弟子。为什么偏偏出生于此外道之家？"

顿然之间，三人沉默无语。过了一会儿，王后好像想到好办法而对王子说："有一个好主意。你们不妨试着为父王演现神变。父王若能觉受不可思议的力量，一定能接受你们的意见。"

于是两子欣然接受这个建议，立刻来到其父王面前，突然飞到虚空中。然后在数十米以上的高空，展现或行、或坐、或卧等种种神变。然后忽然之间，头顶喷出水来，脚下喷出火焰。或现庞然大身遍满虚空，或骤然缩小如豆，忽而变小，忽而变大。然后又忽然消失于空中，又忽然出现于地上。进入地面仿佛溶于水中，在水面上如履平地，健步如飞。

见此神变的父王佩服得五体投地，非常高兴自己的孩子有此大神通力，而向孩子问道："实在是令人讶异。你们到底受教于何方圣者？谁是你们的老师？"

两王子回答："父王！云雷音宿王华智佛是我们的老师。现在正于七宝菩提树下，为一切世间天人广说《法华经》。"

父言："原来有这么一位伟大的圣者，一直都不曾听闻。我也很想拜见你们的老师。"

听闻父王亦欲一同前往的两王子，雀跃不已，从空中飞下来，来到母亲面前，向母亲表白："如母亲所献之计，父王已经发心信解佛法。托您的恩德，使我们能为父亲宣扬佛德之事。母后！我们现在还有一个愿望，便是希望母后允许我们随佛出家。"两王子以偈重宣其意。

> 愿母放我等，出家作沙门。诸佛甚难值，我等随佛学。如优昙钵罗，值佛复难是。脱诸难亦难，愿听我出家。

"值遇诸佛，远比看到优昙花之盛开更是难上加难。若是坐失良机，则难以脱离修行的种种障碍。我们希望能够一心一意学习佛法。请允许我们出家成为沙门。"

母亲不加考虑，当场答应他们："当然好！诚如你们所说的，值佛出世是非常不容易的事。"

于是两人非常高兴地向双亲禀告："父王母后！非常感谢你们。请父王与母后亦一同往诣云雷音宿王华智佛所。值佛出世，犹如优昙钵罗花之盛开，千年难得一现，又如单眼乌龟难以在大海中找出浮木的孔穴。而我们因宿福深厚，幸得会遇难遇的佛法。"

当时听到这一席话的后宫女眷们，亦欲受持《法华经》。

净眼菩萨于久远以前，早已完全体解《法华经》的精神，发菩提心，永远实践。净藏菩萨亦于无量劫以前，完全远离诸恶，得清净心。两人得证这些境界，都不是为了个人的解脱，而是因为怜悯一切众生，一心一意地欲令这些众生远离恶道，发菩提心。正因为如此，才能到达清净的三昧境地。

王后净德夫人很久以前就信奉佛之教说，得诸佛集三昧——深深理解佛陀之尊贵崇高，能知诸佛秘密之藏。

到达清净三昧境地之两位王子，以方便力改变了他们的父王，令其信解佛法，乐求佛法。于是，过了一些时日，妙庄严王带领群臣眷属，而净德夫人带领后宫婇女眷属，两王子带领四万二千民众，一同来到佛的身边。在王家的带领之下，举国上下同求正法。

尔时，云雷音宿王华智佛为王说法，先从浅显易懂的开始讲解，渐渐次第地深入。妙庄严王对生平初次听闻之真理，生起了无上之法喜。

于是，国王与王后为聊表感谢之意，解下颈中真珠饰品献给佛陀，将真珠散在佛的身上，说时迟那时快，这些真珠立刻于虚空中化成四柱宝台，此宝台中有一装饰着宝物的宝床，床上敷着数不尽的天衣。佛陀坐在宝床上，绽放着无量大光明。

妙庄严王礼拜佛，心中充满着感恩——佛陀如此之尊贵，成就如此端严殊胜的德相，实在令人惊叹。

当时，云雷音宿王华智佛告四众言："大众们！你们看到妙庄严王在我面前恭敬合掌的景象了吗？这就是虔诚归依佛门的尊贵形象。此王现在已成为佛弟子，继而精勤修习成佛之道，必定能证佛果。成佛后之佛号为娑罗树王佛，国名大光，时代劫名为大高王。在娑罗树王佛的身边，有无量菩萨众及无量声闻为归依弟子，其佛国是一个平坦庄严的国土。"

沉浸在法喜充满中的妙庄严王，已经不想再回到自己的王宫。

于是，当场就将王位禅让予其胞弟，并将国政任其全权负责，自己与王后及两王子，还有其他眷属，相偕一起出家修行佛道。妙庄严王出家后，于八万四千年间，始终精进修行《法华经》，而得一切净功德庄严三昧——行一切济世度化众生之工作，毫无一点要求回报之心，住此悲心，屹立不摇。

于是，妙庄严王升腾于虚空中，对佛禀告："世尊！接引我进入佛道是我之两子。他们两人示现种种神通，转化我错误的知见，令我安住于佛法中。亦令我得见世尊。此两子真的是我的善知识，是我的善友良师。原本我也具有宿世善根，所有才能有此因缘见到世尊，但是此两子为了发掘我的宿世善根，为饶益我之故，而出生于我家。"

尔时，云雷音宿王华智佛告诉妙庄严王："是的，是的！诚如所言。正因为曾种善根，才能生生世世得值善知识、良师益友。而且善知识正是进入佛道，非常重要的桥梁。

大王！得遇善友是相当宝贵的因缘。因此之善因善缘才得以见佛，才能发菩提心，求证佛慧。大王！你知道两王子的来历吗？事实上，此两人于过去世已曾供养无量诸佛，在诸佛身边熏习《法华经》，悯念邪见众生，一一地引导他们住于正见。"

听到这一席话的妙庄严王，即从虚空中下来，尽其所有言词赞叹佛德，恭敬合掌对佛说：

"佛陀的智慧功德浩瀚伟大，尽以言词莫能道尽。往昔未曾闻、未曾见。佛陀的教说中具备不可思议之度化力。实行佛陀之教与行，没有任何令人忧心苦痛之事，能够安心快乐地行持。

世尊！从今以后我不会再被自己的执著烦恼所颠倒。立誓不再生邪见、憍慢、嗔恚等诸恶念头。"说完后，向佛顶礼而退出会座。

以上就是妙庄严王全家的故事。说完此故事的世尊对大众说：

"妙庄严王正是现在的华德菩萨。而净德夫人，正是现在于我面前，色身绽放着光芒并照亮周遭的庄严相菩萨。两位王子，就是现在的药王菩萨、药上菩萨。药王、药上两位菩萨，成就如此伟大功德，于无量诸佛身边济世度人，已种植种种功德，而成就了不可思议之诸善功德。因此，听到此两位菩萨名号的人，应当对其令人可敬的德行而虔诚礼拜。”

世尊开示此《妙庄严王本事品》，使无量众生远离烦恼尘垢，得清净法眼。

现在，让我们来思惟此品所含摄之要义。

首先，两位王子在父王面前所示现奇迹式的神变，并非借由佛法使用怪力乱神，去引诱父王的好奇心。这个神变，必定是学习佛法，依信仰而改变其性格，进而修正其日常生活的行为所得。

并且，使父王亲见这些神变，是为了以实际行动证明佛法的真正价值，来诱导父王发菩提心。

引导众生进入佛法，一味地说“佛法是非常宝贵的法”，这样是不可能奏效的。必须将其宝贵之处，如实传达。这个时候，教义内容的解释就占有举足轻重的位置。根据众生的根器，或以极为浅显易懂的方式，或以具理论性的方式，有时亦引用通俗的比喻为例，有时配合现代科学知识，总而言之，擅用一些贴切的实例，使人易于领悟的诠释是必要的。

依证化导之重要性

但是，比此更为便捷省事的方法，就是示现亲自体验的成果。最佳诱导方法，就是示现自己因深信佛法并亲自实践后的真实改变。这才是最直接、最强而有力的见证。

然而，对很少见面的朋友，或是时间有限的时候，若不用非常显著明显的真实见证，诸如宿疾得愈、境遇好转等等为例，是难以收立竿见影之效的。关于这一点，对于朝夕相处的一家人，平常的一举一动有了小小的转变，一定会比较敏感。在说话的细节上，对待兄弟姐妹的态度上，看人的眼光，待人处世，这些细微之处在信奉佛法后都会呈现显著改变。这种实证一定会深深影响家人。

引导家人

反过来说，引导家人，纵使拼命地为其解说教理，使之了解其中的理论根据，但本人之生活态度若不改变，很难有所成效。在别人面前比较会掩饰自己的缺点，也比较能言善道，但在家人面前，就会很自然地露出本性。也就是说，虽然教理非常殊胜，但家中那位深信佛法者的言行，还是那副调调的话，就比较难以引人入信。

因此，引导家人，可以说看似容易其实是最难的。其中特别困难的，就是孩子引导父亲，妻子引导丈夫。父亲是一家之主，是家中最具权威的人。大致上社会经验丰富，也比较固执己见，而且不同于纯情而又毫无社会经验的年轻人。思想上比较故步自封，再加上在家庭中权威性的地位，两者结合起来形成了一大壁垒。所以，即使内心感受到教理的殊胜，亦很难跨越出自己所构筑的坚固阵线。虽然此处并没有记述妙庄严王接受佛法时内心的葛籐，但是已示范着典型的父亲形象。

心怀壮志的青年与贤明的母亲

心怀壮志的两位王子，正感到与父亲思想分歧、信仰不同而烦恼之际，正是贤妻良母应当登场的时候。母亲从来不会建议孩子当面说服父亲，因为早就洞悉这样反而会招来反效果，并且自己亦不从中干涉。信仰是一个比较严肃又纯属内在层面的问题，所以不太容许有人介入，干扰其思想的蕴酿。所以，贤明的母亲建议孩子直接呈现信仰的实际成果。

具有柔软心的父亲

妙庄严王也是一位令人崇敬的父亲。看到信仰的真实见证，能以恳直虚心的态度欣然接受。这正是拥有柔软心的真实写照。大部分的父亲就算亲见殊胜的真实见证，总是别别扭扭地不是吹毛求疵，就是提出一些歪理，强词夺理地诡辩，总之，不想放弃错误的知见，也不想改变自己旧有的思想。内心虽然稍微开始有所动摇，但碍于权威、碍于面子，一下子下不了台，这些都成为其下决心的障碍。然而，妙庄严王所采取的态度令人赞赏。因为身为父亲又是一国之王，是比一般人更难放下身段的，但是妙庄严王一发现了真理，即坦然地依从真理，是相当难得的。

妙庄严王并没有拿出权威来故作姿态，亦不拘泥自己的身份地位，懂得尊重真理，亦非常尊重传达真理的人。这份恭敬的柔软心，表现在其称呼自己的孩子为“善知识”当中。

知识是指朋友，所以善知识就是善友。此中之“友”，包涵亦师亦友之意。权势并重，居万人之上的一国之王，在家中亦是具有绝对权威的父亲妙庄严王，虚心坦然地称呼自己的孩子为“善知识”，虔诚礼拜真理，这种虚心坦怀的表现，深深令人佩服。

那么，家庭里的信仰问题圆满地解决了。全家进入正确的信仰，每天生活在法喜之中，可以说是理想家庭的典范。

领导阶层者的信仰

可是，这里还有一个值得深省的问题，就是一国之王的信仰，感化群臣以及全国子民的真实例子。身为一个领导者拥有正确信仰时，其影响如何地深远，应该要当作非常切身的问题认真地考量。本来，信仰应该是纯属于个人的问题，但是政治势力、弹压一旦介入，信仰就会失去其纯粹之本质。因为信仰毕竟必须发自个人的内心，不应施加任何权势，才能保持其天然的本质。

但是，因为领导者的信仰实质上对民众会有很大的影响力，这未必一定是领导阶层的人施以弹压、强迫政策之所为。这种影响力，若是从奉承、阿谀谄媚的角度来判定，有这种想法的人才是污秽丑陋的。真正受到民众信赖、尊敬，被百姓真诚拥戴的领袖，百姓自然会受其仁德感招而潜移默化，这是极其自然的道理。

佛道当中，人人平等。一介草民与一国之王，一样能成为佛弟子，表示不平等阶级根本不存在。但是，现实问题当中，一国之王的发心所产生的影响力，与一介草民的发心是绝对不能相比的。因此，云雷音宿王华智佛亦对妙庄严王的发心非常高兴，当场给予授记。

因此，真的非常希望身为领导阶层的人物都能拥有正确的信仰，其道理就在于斯。根本不需要强迫部下，只要将正确的信仰所培养出来的自然气质、正直的行为，带到工作场所中，自然而然地，其高雅的人格节操一定会给部下带来正面的影响。

此品中，蕴含着这些令人深省的现实问题，确实是非常重要的一品。妙庄严王，应该就是示现“领袖级人物对真理妙法所应有之态度”的最佳典范。两王子的表现，就是示现“孩子改变父亲的信仰（此亦适用于妻对夫）”的模范。净德夫人，则是示现“身处于前卫的孩子与保守的父亲之间，身为母亲所应扮演的角色”，皆是令人回味无穷的隐喻。

普贤菩萨劝发品第二十八

“文殊智”、“普贤行”，这两位菩萨的智行圆满刚好是绝妙的一对。“智”乃“体悟真理”，“行”乃“体行真理”。

我们在迹门的教说中，已经学习过所谓的“真理”，当时的说法会上，代表佛弟子向佛请法问法的一直都是文殊菩萨。也了解以《如来寿量品第十六》为中心的一品二半中所说的“久远实成之本佛”，而当时的说法会上，乃以弥勒菩萨为佛弟子的代表。之后的流通分，则以诸菩萨的种种修行为真实楷模，揭示具体的“实践”法门。然后，于《法华经》的最后，普贤菩萨才登场，而普贤菩萨为何此时才出现呢?其中当有其深妙奥理。

普贤四行

详加阅读本《普贤菩萨劝发品》与《法华经》之结经《观普贤菩萨行法经》，便能了解普贤菩萨是下列四种功德之具体显现。

(1) 亲自实践《法华经》。

(2) 排除一切迫害《法华经》的因素，全力守护之。

(3) 证明《法华经》行者所得之功德，与迫害《法华经》者应得之惩罚。

(4) 证明因为不解《法华经》经义而无知地造恶者，亦可以经由忏悔而灭罪消愆。

也就是说，兼备以上四种功德的普贤菩萨，以此四行作为《法华经》行门的总归结，并誓愿行此四种行，使所有《法华经》行者能安心地修行。因为长期以来闻修《法华经》者即将踏出新的人生旅程，因此而以此誓愿作为鼓励他们所说的临别赠言。

这种景象,犹如学校当局对即将踏出校门的毕业生所说鼓励、关怀的饯别话。毕业生将过去之所学牢牢地积存于脑海中,即将展翅飞翔,走入社会。但是,实际上一旦踏入社会,如何将学校所学的知识实际运用呢?实际上茫然不知所措之处甚多。也许会遇到学校所学未能得到肯定的情形,或是被人欺负等等。当此之时,随时都可以回到学校来。学校将为你们再次证明学校所教导的一切完全没有错误。并且,再指导你们应该如何采取适当的方法,以解决你们所面临的各种困境。亦将指导你们,万一遇到失败挫折,应如何挽救以及勿重蹈覆辙之良计。这一席临别赠言,表示日后亦将永远关心毕业生未来的发展,提供给毕业生最佳的精神依靠。《法华经》最后一品普贤菩萨的登场,就是代表着这种实质意义。

现在让我们来进入经的本文:

> 尔时,拥有自在神通力、威德名闻能使众生离惑,能感化众生的普贤菩萨,与无量大菩萨众,从东方一同来到娑婆世界。他们所经过之诸国普皆震动,自天飘然落下优雅的莲华雨,演奏美妙音乐,以此供养他们一行人。
>
> 此一行人当中,除了人以外,也包括住在天界之无量众生,还有种种鬼神。这些众生皆具种种殊胜的德行,能够感化其周遭之众生,各各展现其威德、神通之力。

这些人以外的鬼神众们,于《无量义经》之最初登场以来,一直不断地出席于说法会上。但是,在这里描绘着未曾出现的情景,就是这些鬼神们"各现威德神通之力"。这是当然的现象,长期以来熏修《法华经》的成果已呈现在他们的身上,所以能够获得这些威德神通之力。

> 他们一行人一到达娑婆世界的灵鹫山,即以最崇高的礼节头面顶礼释迦牟尼佛。于此之际,普贤菩萨走向前去对世尊说:

“世尊！我于宝威德上王佛之国土，遥闻此娑婆世界正在开示《法华经》，因此与无量菩萨众一同前来听闻。唯愿世尊教导我们，于如来灭后，要如何才能得到此《法华经》真实的功德。”

世尊告诉普贤菩萨：“假若善男子、善女人能够成就下列所举之四法，即使将来如来灭后，当得是《法华经》，也就是仍能够获此《法华经》真实的功德。此四法是什么内容呢？第一，为诸佛护念；第二，植众德本；第三，入正定聚；第四，发救一切众生之心。获此经功德之前行条件，就是要先圆满成就此四法。”

经文中的“得是《法华经》”，并非指得遇《法华经》。而是指得遇《法华经》便能够将此《法华经》“真正成为己用”。能够真正成为己用，才算是“得到真实之功德”。

正因为如此，所以教示我们此四法的重要性。这是《法华经》的总结，也是信仰佛法所应具备的正确概念，确实是相当地重要，所以必须甚深思惟；细心学习。

为诸佛护念

首先“为诸佛护念”，乃“受到诸佛护念”；亦意味着“绝对相信自己受到诸佛护念”。一言以蔽之，也就是“信仰的确立”。若未达此一境界，纵使对《法华经》的教理十分理解，亦无法将其善巧地运用于实际生活上。

植众德本

第二的“植众德本”，是为身体力行种种诸德之根本。换言之，就是“确实贯彻日行一善”。所谓的“德本”，即“为达觉悟境界所应增长之根本善心”。而所谓的“植”，乃“种植”善心，“种植”善心并非只是播撒种子或是种植树苗而已，其中还包含了浇水、施肥等栽培工作。

那么，要如何培养善心呢？最重要的就是行一切善。当然必须先要有种善心的因，才有可能实际去行善。相对地，行善之同时亦能培养善心。两者是相辅相成、互相关联的。就好像到底是先有鸡还是先有鸡蛋，是一样的道理，根本无法断定孰先孰后。不妨姑且试着行个小善，就能实际体会到行善为乐的感受。其实在行善的当下，已经培养了善心。善心与善行并无绝对的先后顺序。镜中的表情便能够得证这个道理，试对着镜子故意笑一笑，多重复几遍看看，真的会变得滑稽可笑，进而心情就会变得开朗起来。相反地，对着镜子装出一副要哭的样子，不由自主地就会悲从中来，心情就会变得郁闷。人的心境就是这样。

再切回主题，第二项所教示的就是日行一善，此项可以培养一个人的善根，由此可知《法华经》的教义可以真正融入行者的生命。

入正定聚

第三“入正定聚”，就是与行为正当的人为友为伴；亦意味着“进入从事正当活动的团体”。

佛法当中，将世间的团体分成“正定聚”、“邪定聚”、“不定聚”三种。“正定聚”是指从事正当活动的团体，亦指崇信正法之宗教团体。而“邪定聚”，就是从事不正当活动的团体，诸如盗窃集团、流氓帮派。“不定聚”，其性质正邪未属，遇善缘则成正定聚，得恶缘则成邪定聚，以其不定，故称“不定聚”。世俗凡夫的团体，大致上是属于第三种，近朱者赤、近墨者黑，总是在善恶的两端徘徊。

然而，信仰正法的我们，无论如何一定要进入“正定聚”的团体。与其独自求法，不如进入共同信仰的正当团体比较妥当，是毋庸赘言的。因为能够互相共勉，互相提携，才不至于退失道心。即使彼此并不交谈，只是大家聚在一起听闻佛法，彼此的心就能坚固地团结在一起，信仰的力量将会倍于自己潜修的二三倍。“入正定聚”所揭示的教义，其用意便在于斯。

发救一切众生之心

第四“发救一切众生之心”，意指只追求自我解脱、自我觉悟，并不是真正的成佛之道；自他共解脱，建设理想国土于此世间，才是大乘思想的根本。脱离此一根本思想，所闻的法、所修的行，都是虚幻一场，不可能成就真正的功德。

四法成就

此四法可归纳如次：

1. 确信自己因佛之指引，而找到自有佛性。
2. 随时随处发菩提心，时时刻刻留意行善助人。
3. 永远不要远离正信的团体。
4. 始终朝着牺牲小我、完成大我的目标前进。

这些都是非常宝贵的法语。到目前为止，我们已经学习了很多艰深难懂的义理，此中则对有关实践法门作了归纳，因此，对于行门我们只要留心注意以上所说的四种简易方法，应当就足够了。对于面临困难容易退缩并觉得《法华经》之经义过于深奥而裹足不前的人，听到此简易的四法，相信绝对会得到一份新的勇气。

再回到经文释。

身为《法华经》行者表率之普贤菩萨，正愁着不知如何引导末法时代众生之际，却听到世尊如此清晰易解的开示，内心非常感动。以炯炯的眼神崇敬地瞻仰着世尊而说：“感谢世尊的谆谆教诲，使我已经完全明白。我在此立誓，于后五百岁的浊恶世中，若有受持此经典者，誓当全力守护之。我当为其去除种种障碍，令其能在行门中安稳地修行；使心怀恶念、想要对其伺机行害者，没有得逞的机会；使其没有一切法障，绝对不会让恶魔能有靠近的机会。

“假使此人随时随处读诵此经的话，我将骑着六牙白象王，与大菩萨众们一同出现于其诵经之场所，感恩其修持此经，为使其修行能有所成就而尽全力地守护，以慰劳其修行过程中所受之种种苦。守护《法华经》之行者，是为了感谢经文所教示之义理，此亦为供养《法华经》之故。”

必须特别留意“守护《法华经》之行者，是为了感谢经文所教示之义理，此亦为供养《法华经》之故”这句话。要不然，很容易自认为因为自己是《法华经》行者，所以必然要受到加被，而把一切的功德都归功于自己。纵使在形式上是《法华经》行者，但对经教实际上并未真正落实于实践的人，不可能得到任何加被，也不可能成就任何功德。经文中的“亦为供养《法华经》故”，就是一句最佳的训诫。

还有，此中普贤菩萨“乘六牙白象王”，与乘坐狮子的文殊菩萨，刚好是绝妙的配对。狮子象征“真理妙法”，是百兽之王，是一切野兽的统治者，无有任何畏惧。所以，可以在森林中悠游漫步。以此比拟真理衍生一切万物，而不被任何事物所拘束。是宇宙之王，可以悠游自在地出现于宇宙的任何角落。

而相对地，象则是“彻底实践”之象征。其巨大之身躯，沉着稳重地移动之际，无有任何障碍物能抵挡其前进之脚步。若遇有遮挡去路的大树，能够轻易地将之推倒，继续向前移行；若遇岩石能够推开；若遇急流或水池，亦能踩得到水底，稳健地行走。因此，象是“彻底实践”之象征。

还有，象的六牙所代表的是六波罗蜜。而六波罗蜜，不必赘言，就是“自利、利他”之菩萨行。白象是佛陀的侍者，而普贤菩萨骑着具有六牙之白色巨象出现，乃象征着“能去除所有障碍，彻底实践佛法的行者”。

再回到经文释：

当有人静坐思惟此经之时，我亦骑着白象出现在其面前。假若此人于《法华经》忘失一句一偈的话，我必当示之以教，与之一起读诵，并使其完全通晓此中真意。

聚精会神地静坐思惟《法华惟》之教理，就是六波罗蜜中的禅定波罗蜜。因此，修此禅定之际，普贤菩萨将会出现在其面前。此乃表示，只要行者观想普贤菩萨的话，普贤菩萨随时就会浮现于其心中。

只要一偈一句有所废忘，就会再示之以教。当然不能随便望文生义。此中之意是无论如何用功都无法融会贯通之际，首先应该想办法试着"实践"，这样的话必定能够领悟出此中之真意。《法华经》是一部实践的教典，忘记实践而一味地只是向教理的深山挖凿，必定会迷路。当此之际，停下脚步静静地思惟《法华经》的最终指标，乃实践"自利、利他"的教说，如此地重新再思惟一遍，立刻就会发现康庄大道。因此，普贤菩萨能很有自信地说出下列一席话：

受持、读诵《法华经》者，只要能于心中观想我，便能够找到正确之道路，而觉受甚深之法喜，进而更能加倍精进。因于脑海中浮现出我的影像之故，即得三昧，能随时保持一心不乱，并且能获得陀罗尼的功德力——能持各种善法，能遮除各种恶法。有所谓的旋陀罗尼、百千万亿旋陀罗尼，这两种陀罗尼的影响力能遍及周遭的人，一传十、十传百地不断循环下去，能度化众多的人。还有一种法音方便陀罗尼，能以方便法门任运自如地诠释佛所说的法。

世尊！于未来后世的五浊恶世当中，假若有人一心欲更加深入修习此《法华经》，而受持、读诵、书写者，应于三七日之间一心精进修持。此精进日圆满之时，我将乘坐六牙之白象，与无量菩萨一同示现其面前。将会以一切众生所喜见之身相而示现其前，并为其说法，使其信仰水平提升至更高层次。

培养精神上的习惯

此中所谓的三七日，并不需要拘泥这个数字，必要的是我们应该偶尔抽出某段期间，专心一致地修行。现代这种分秒必争、时间就是金钱的高度竞争的社会中，长期地深居山寺，掩门修行，对在家居士来说，是非常不容易的。那么，即使只有三天，或者只有周日一天也好。只要能在那段期间抛开尘俗一切世事，放下万尘，精进地熏习教义教理，静坐进入甚深思惟，或是读经、写经。非常希望大家都能够有实现这种精进修行的机会。

为什么有此必要呢？人的行为模式会养成习惯，精神也一样会变成一种习惯性。经常深思熟虑，就会养成一种习惯性的思惟。

举个实例，例如，听到“学生们正在街头游行示威”的报导，纵使对示威活动的目的并不知情，有些人也许会对世局感到心灰意冷；可是有些人可能反而幸灾乐祸地隔岸观火。教育界的人士，必定会考虑到青少年教育的问题；证券业者可能会赶紧分析这件示威活动对股票价格的影响。这些思惟倾向都是依照这些人精神上的习惯而定。

所以，某一段期间，放下尘缘俗务，将念头只专注于一件事情上，就会成为一种精神上的习惯。比方说，三七二十一天当中，一心持续专注于“自他共成佛道”的念头上，久而久之这个念头就会成为习惯，很自然地，这个“自他共成佛道”的念头就会不时地出现在心中。

这种习惯反应的程度及其持久性，则视念头所思索问题的切身性、问题的深度以及思索期间长短的不同而有所别。只持续一小时的思考，立刻因其他事情而分心，这样是难以成为习惯的，如果是一整天，念头中只冥思着一件事，这样的思绪倾向可能持续一星期。就是因为具有这种意义，所以在欧美的基督教世界，每逢星期日都有到教堂做礼拜的习惯，煞是叫人羡慕。

总而言之，三七日当中一心精进，对虔诚信徒而言，必将得到很大的启示。这个启示到底是什么呢？先暂且不管，总而言之，在精神上一定会养成一种良好的习惯。对于非常忙碌、无法凑出整段时间的人，一天一小时也好，沉浸在甚深法海之世界，努力地思惟佛法之甚深含义，并且尽可能地不断反复练习。在不断反复思惟之下，最后还是会成为习惯。

这样精进修行之后所感受到身心舒畅，无上法喜的感觉，确实，犹如普贤菩萨骑着白象来到眼前的感觉，是一样的境界。

普贤菩萨接着又说：

> 将授予陀罗尼咒，因得此陀罗尼，无有非人之魔鬼来扰乱其修行，亦不为女人之所惑乱，我将经常守护此人。

所谓非人之魔鬼，就是现代所谓的“金钱”、“物质”。这些若是取之有道，用之有道，绝对不会成为信仰的障碍物，但是，往往对这些起了不当的贪念而扰乱自心。还有，所谓的“女人”，对男性而言就是女人，对女性而言就是男人，换言之，就是异性。当然，正当夫妇的感情，不仅是幸福家庭的基础，更是建造安定社会不可或缺的要素。但是，人对感情都有自私的倾向，而经常忽略了人类更重要的博爱精神。不仅如此，因情感纠纷所发生的情杀案件则是屡见不鲜的。然而，经常观“普贤行”，被异性惑乱的心，也能迅速地回到正确的轨道，能找到人类真正清净、广大无私的爱。

接下来，普贤菩萨得到世尊的允许，为守护行者而说陀罗尼咒：

> 无我[一]。除我[二]。方便[三]。仁和[四]。甚柔软[五]。下心[六]。佛知见之门[七]。诸佛回向[八]。总持[九]。自行教化[十]。回转[十一]。大众集会[十二]。灭诸恶趣[十三]。无数[十四]。尽知僧事[十五]。三世教化[十六]。超越自我[十七]。尽学一切真理[十八]。能辨众生音[十九]。法喜[二十]。
>
> 世尊！若有人（菩萨）誓愿实践、弘扬大乘法于世间，而得此

陀罗尼的话，当知乃是受到普贤神力守护之故。还有，若有人将传弘《法华经》于全世界之传播工作，视之为必行之志的话，这也是普贤威神力之故，皆应如是思惟。

还有，若有人能受持、读诵此经，经常甚深思惟其中义理，深解其妙义，并遵循教说如实地修行，当知此人正在行持普贤行。此人必当于前世已深种善根，并侍奉过无量无边诸佛。这样的行者，值得如来为其摩顶。

纵使只是书写此经而已，此人下一世将会转生到忉利天上，众多天女皆来迎接，能过着安乐的生活。更何况，受持、读诵此经，又能体解其真意者，临终之际，千佛将会伸手来接引，于此世中无有任何恐怖，不会堕入恶趣，来世即往生兜率天弥勒菩萨之道场。必定有如此之功德利益。

所谓的"值得如来为其摩顶"，所象征的是得到佛陀的称赞与信赖，对信仰者而言，是无上的荣耀与法喜。换言之，就是意味着生活在法喜充满当中。而接着所说的，在忉利天宫过着安乐的生活，乃意味着，透过法的修持，能破除烦恼，心中豁然开朗，自然能过着安乐的生活。

所谓的往生兜率天弥勒菩萨之道场，乃是具备弥勒菩萨的慈悲心，已经到达了天天身体力行菩萨行的境界。前面亦曾说明过，《法华经》的三大支柱——文殊菩萨（智）、普贤菩萨（行）、弥勒菩萨（慈）。因为弥勒菩萨为慈悲的代表，是释迦牟尼佛的接棒人，也是未来佛，因此有"补处菩萨"之称。所以，弥勒菩萨虽然暂且住在兜率天，机缘成熟时就会出现于娑婆世界，于娑婆国土中继续修行而成佛。因此，也是位阶最高的菩萨，所以与佛同样具足三十二相。

弥勒菩萨具此圆满功德之故，能往生其道场，表示在此娑婆世界行慈悲行，便能觉受到生命之美妙与无上之法喜。

一心信持、弘扬此经的人，能得到如此之功德与利益。因此，真正之智者能了解人生的意义，自己必当会一心书写此经，亦会引导他人书写，必当如实受持、读诵、甚深思惟、如实修行。智者行此一切行都是必然之事。

世尊！我今以神通力守护此经，于如来灭后，将令此经更加流布于此娑婆世界，绝对不令其失佚。

尔时，释迦牟尼佛听了普贤菩萨这一席话，感到非常欣慰而称赞普贤菩萨："说得很好，普贤！你能善尽一切力量广宣流布此经于世，一定能令无量众生得到安乐利益。你已成就不可思议甚深慈悲之功德力。从久远以来，发菩提愿，欲成就佛道，所以具此神通愿力，能任运自在地守护此经。我将守护与普贤菩萨持有共同信念的一切众生。普贤！假若有受持、读诵、正忆念、修习、书写此《法华经》者，此人能觉受与释迦牟尼佛同在之感受。如同从佛口中亲闻此经那般真实。并且应将此事切实铭记于心。也就是说，此人深受佛陀之称赞，深受释迦牟尼佛之信赖。释迦牟尼佛会将衣服覆盖其身以守护之。"

用衣服覆盖，表示受到佛陀眷顾。能得到佛陀的眷顾，当然是无上的法喜，至极的安乐境界。到达此一境地，无论遇到任何障碍，都无法减损此人的信仰心与实践的决心。

世尊继而说："如是之人不复贪着世乐，不好外道经书手笔。"

像这样的人，不会再贪著世间物质上、肉体上的享乐。也不再喜好佛教以外的知识，不会在文字游戏中意乱心迷。

应当留心"不复贪著"这个用词。绝对不是说过着幸福安乐的生活是不好的，而是要提醒大家，若是过度沉迷其中，不知满足，留连在欲望街车当中乐不思蜀，则不好。还有，佛教以外的知识探究，也不是绝对不好，若能扩大视野，善加利用这些知识，不要过度沉迷，反而是相得益彰之美事。"好"这个字，是带有情感性的，过度热中将会迷失真理,体悟不到妙法。

而“手笔”一辞,梵文原文是为“诗”,也可以说是文学。此处并非指文学不好。而是因为文学中的美会掠夺人心,蒙住人的眼睛,使之无法看清真理,所以不好。

亦复不喜亲近其人,及诸恶者。若屠儿,若畜猪、羊、鸡、狗,若猎师,若衒卖女色。

如《安乐行品》中“亲近处”标题下所说的,并非完全不可以亲近这些人,而是要我们不要忘记生命的可贵。假若欲弘扬佛法的人,不可亲近操持这类职业之众生的话,那么将违背佛陀誓度一切众生之真正本怀。这是非常重要之事,千万勿错解其意。

此人“心意质直”——内心坦然率直,“有正忆念”——心能系于正念,有福德力,能够为众生带来幸福。此安乐与幸福当然是指精神上的。

此人不为贪、嗔、痴三毒所恼,亦复不为嫉妒、我慢、邪慢、增上慢所毒。

我　慢

所谓“我慢”,就是以我独尊,凡事总是想要占上风,由此所执之“我”而形成憍慢心。

邪　慢

“邪慢”,犯着恶行却一点也不自觉,毫无反省之心。

增 上 慢

所谓“增上慢”,得到一点点的修行境界,却自以为已经证悟,只涉略一点点的教理,便以为自己已得甚深之解证,而起高傲自大之心。

事实上嫉妒是由自卑感所生。而我慢、邪慢、增上慢则是由错误的优越感自我膨胀所生。两者皆因忘失正见所引起，因此，能够真正体解佛法，持有“正见”者，绝对不会产生这种丑陋的心态。

少欲知足

“是人少欲知足，能修普贤之行。”所谓的“少欲”，乃指很少世俗欲望。不只是金钱、物质，甚至对名誉、地位的欲望也很淡薄。另外，贪求别人的关爱与希冀他人之崇敬，也是属于这种欲望。已经进入甚深信仰的人，对这些欲望已经非常淡薄。此中必须注意之事项，是为渐渐地淡薄世间名利，相反地，追求真理之心应该变得热烈，也就是应该对求真理之心生起强烈的欲望。一切讲求淡薄，连穷究真理实境之心也淡薄的话，则是一种怠惰的人生观，这种少欲淡薄并无任何意义，无法自利利他。

再者，所谓“知足”，乃是自知满足，不作过分的企求，懂得满足于自己所处的境遇。当然，这也是属于世俗的境遇。不埋怨现在的处境，而能悠然自得。即使这么说，也不是说没有进取之心，而是有向上之进取心，但却不会满腹牢骚，只是尽其在我地努力于目前之工作。然而，非常不可思议的是，这种少欲知足者，反而是一般社会大众所关怀的对象，并且永远不会受到社会的遗弃。这些人无论身处任何境地，都可以过着非常幸福的生活，因为他们在精神上可以完全主宰自己，不被任何事物所禁锢。

接下来：

> 普贤！假若如来灭后，于后五百岁的时代中，若见有人受持、读诵《法华经》，应作如是思惟：此人不久将会坐在佛陀伽耶的菩提树下，破诸魔之大军，得证无上正等正觉。然后从成道之菩提树下起身，广宣流布佛法。其所演说的法犹如大军前进，犹

如法轮常转没有止息之处，犹如法鼓、法螺之声响彻山林原野，犹如大雨降淋大地使一切花木扶疏。然后坐于天界、人间大众中之师子法座上，受到众多人的崇敬。

此乃描绘世尊成道以及传法的情景，也就是确切保证受持、读诵《法华经》的人，确实有成佛的资格。

接下来：

再者，像这样的人对物质生活应无贪欲与执著。所谓“资生之物”，就是日常生活中之必需物资。而所谓“所愿不虚”，此人心之所愿是乃希望一切众生都能得到真正的幸福，此一愿心一定会实现。因此，能“于现世得其福报”。

不贪著物质生活之享受，换言之，就是没有利己心。希望一切众生都能得到真正幸福之愿心，乃远离自利心之下所长养的慈悲心。能拥有这种宽阔之胸襟，确实能于现世得到福报。因为其生活充满希望，处处充满欢喜与安乐。

断法种罪

假若对信受、弘扬《法华经》者轻毁辱骂：“八成是疯了，徒劳做这些无益之事”，如此罪报将会生生世世做瞎子。

此中叙述有关谤法所受之种种果报，都是毁谤正法之情形。因此，歧视《法华经》的行者，都是违背佛心，不是为人所应行之行为，此一教诲应特别牢记于心。

那么，为什么这样的行为举止会有那么大的罪报呢？因为法的车轮本来是十方随处转动，却因此而半途停止。假若有一个无恶不作的人，到处行窃、诈骗，当然这些都是违背佛说的五戒，绝对是困扰他人之恶行。但若是将他们送进监狱，便可以警惕世俗的人不可随意犯罪。这种小恶所影响的范围是比较狭窄的。

然而，妨害弘扬正法之言行，在世俗法律上并不会构成犯罪的条件，但是其影响却是很大的。假如正法能广为流传，不知会有多少人因法益而获得幸福，不知会使多少人从恶道中改邪归正。将本来可以无止境流传下去的法流，断然地切断，此称之为"断法种"。虽然眼睛看不见，但其所犯之罪却是深不可测的。谤法罪的严重性，其道理就在于斯。

因此，"谤法"后面之经文中所举出种种谤法的后果，全是象征性的。

最后，世尊说道："是故普贤，若见受持是经典者，当起远迎，当如敬佛。"

此乃经过二处三会而结束全部说法的《法华经》最后的结语。

此中述说，因为《法华经》就是如来法身，所以深信、实践其教义，当如同佛一样地尊贵。真是非常宝贵之勉辞。

闻此说法之众菩萨们，得百千万亿旋陀罗尼，更加努力地辗转度化一切众生。还有其他无量菩萨，深信自己与普贤菩萨一样拥有绝对的实践力，并对菩萨道之行持更加信心十足。

世尊说完此品，身心寂然不动，以慈爱的双目凝视着弟子们，然后静静地离去。普贤等诸菩萨以及舍利弗等诸声闻，还有天、人以及其他一切有情众生，皆生大欢喜心，对世尊的教诲，一字一句地细细领会咀嚼，礼拜世尊后，退出会座。

佛说观普贤菩萨行法经

将此经作为《法华经》结经的人物及其起始并不明确。但是此说之创始人一定是位非常伟大的人物。怎么说呢？因为就其开讲的内容而言，作为《法华经》的续篇是可以相通的，其中并具体教示如何将《法华经》应用于实际生活中的实践方法。

此具体实践，就是忏悔法门。而彻底地讲解忏悔的意义及其方法的，就是这部经，因此此经别称为"忏悔经"。

那么，忏悔到底是什么呢？就其内容与方法可分为两个层次。

向师长与同参道友发露[1]忏悔

第一阶段是一般性的忏悔，坦承自己身心所犯的过错。通过忏悔，洗涤我们的身心，进而从罪恶感中解放出来，身心才会得到轻安。实际上，向法堂的师长以及同参道友坦承罪过，而使得宿疾得瘥，使失和的家庭找回幸福的真实例子，不胜枚举。奥地利的心理学家弗洛伊德[2]也应用这个原理治愈了很多的病人，后来广为心理医师们所沿用。此疗法自开创以来一直都具有丰硕的实验成果，至今在美国依然相当盛行。

---

① 发露：谓显露表白所犯之过失而无所隐覆。

② 弗洛伊德(Sigmund Freud，1856～1939)奥地利的心理学家，近代精神分析的创始者，对梦的解析有独特的见解，认为梦是人类行为受抑制而强求表现的自然反映，又认为梦是精神病的初型。他对性心理的贡献很大，认为人类一切表现都导源于性。

而宿疾得瘥能恢复健康，不过是忏悔的附带功能而已，真正忏悔的意义是在于发掘出我们的佛性。《法华经》的教说使我们明了众生平等，悉具佛性；此经使我们觉知我们自身确实拥有这颗无价宝石——佛性。甚至可以说，《法华经》就是彰显佛性的经典。

然而，刚刚挖出来的宝石，仍然浑身泥土，还无法散发出真正的光芒。倘若不将泥土洗掉，宝石之尊贵与其真正价值将无法显现出来。而这种洗净泥土的功课，也就是相当于最初阶段的忏悔。日常生活中所发生的种种烦恼遮盖了我们的佛性，而将犹如泥土的烦恼用清净的水洗净，就是忏悔。

佛前忏悔

对人行忏悔虽为忏悔的第一个必然阶段，但是渐渐深入信仰后，就会形成直接对佛忏悔。忏悔的真正内涵乃在于经常以佛陀的教诲，反省己过以及用心不及之处，进而对佛法闻、思、修，精勤地深入佛法，这样才可以称得上是真正的忏悔。

自己内藏之本有佛性犹如一块待琢之宝石，而忏悔就如同对这块待琢宝石进行精雕细琢的功夫。只是为宝石洗去泥土，并无法使其绽放出真正的光芒。因为宝石的表面还掺杂着一些矿物质，慢慢地细琢研磨，彻底磨去附着于宝石表面的矿物质，使其表面呈现光滑，才能绽放出宝石天然的绚灿光辉。我们的佛性仿佛一块宝石，因此第二阶段忏悔的意义，也可以说是雕琢出本有佛性的具体修行。

掘出佛性，精雕细琢

如《常不轻菩萨品第二十》中所述，常不轻菩萨为了显现众生本有佛性，而向所有的人顶礼。所以，行“拜出佛性”之举是非常重要的。本来严以律己，宽以待人，就是为人的基本态度。因此，应当先将自己的佛性“掘出”、“精雕细琢”，也是佛教徒最基础的修行。一边加水细细研磨，必然会伴随着某种痛苦，而压抑这种痛苦，加以洗濯、研磨、细雕，佛性才能完全绽放其光芒。

《观普贤菩萨行法经》就是具体、彻底地教示第二阶段忏悔意义的经典。那么，现在就要进入本文。

故事的缘起，为世尊宿于毗舍离国的大林精舍时所发生的事。有一天世尊在重阁讲堂，对诸比丘说："我于此世间应说的法几乎已经说完，再过三个月便要进入涅槃。"

听了这番话，阿难立即站起身来，理妥身上的衣服，合掌绕佛三周，跪在世尊面前，双手合掌，表情沉重，目不暂舍地瞻仰着世尊。教团中的长老摩诃迦叶与弥勒菩萨，亦合掌礼拜瞻仰世尊容颜。三人异口同声地向世尊启问：

"世尊！世尊入灭之后，众生应遵循什么法门发菩萨心？应如何修大乘方等法，平等救度一切众生呢？应如何正念思惟佛果境界（一实境界）呢？要如何才能永不退失而得无上佛慧之菩提心呢？要如何才能既不断日常生活中的烦恼、不离五欲，又能清净六根、灭除诸罪呢？要如何才能以不断五欲身、以父母所生眼，而不受烦恼纠缠并得见事物之真实本质呢？"

佛告阿难：

那么，现在便来解明这些问题，要仔细听并善加思惟。

我每每于所到之处，都曾经详细地解释过诸法实相的道理。但是，现在因为阿难有所疑问，为了未来世欲行成佛之道（大乘无上法）者，也就是为了欲学普贤法门、欲行普贤行之行者，我今当为其解说应该如何照顾自己的心念，以及如何保持一颗清净心。对于已经非常了解或是还不是十分了解普贤法门的人，从现在开始，只要能以此行法作为修行的基准，便能够洗荡一切罪业。因此，现在为了你们而详细解说。

阿难！普贤菩萨出生于东方净妙国土。有关此国土的介绍已详载于《杂华经①》，现在仅就其要点略而解说。

阿难！欲学诵大乘经、欲修持大乘法、欲到达佛之境界而发大乘意者，换言之，这些人就是乐见普贤菩萨色身者——欲以普贤行法作为修行蓝本；乐见多宝佛塔者——希望得到确切的证明，只要遵循大乘法门必定能成佛；乐见释迦牟尼佛及分身诸佛者——但愿得到久远实成本佛及其分身诸佛亲自度化的感受，乐得六根清净者——欲得眼、耳、鼻、舌、身、意六根清净。此等等人应当学习以下所述之观法（思惟、意念），必须切实修行。

达此深观者，能去除蒙蔽眼睛的障碍，内在的德行自然而然能彰显于言行举止中。纵使未入三昧，但能切实受持佛法，精勤读诵不懈怠的话，自然会努力将佛法实现于日常生活中。如实实践，经常思惟大乘法门，经三七二十一天，便能得见普贤菩萨。罪业深重者，行持七七四十九天，亦能到达此境地。若是罪业更重者，经于一生，或是二生、三生的轮回，亦能到达此境地。依行人所持之种种业因，而果报各不相同。

不断烦恼，不离五欲

此中已点示出许多非常重要的教说。其中特别重要的主题是，如何才能于"不断烦恼，不离五欲，而得净诸根，灭除诸罪"？作为我们修行的理想境界，当然要离于五欲、断一切烦恼。但是，出家沙门姑且不论，在家信徒必须一边顾及家庭生计一边修行。因此，这样的境界，对他们而言是非常困难的。身边时时刻刻充斥着刺激五欲的诱因，周遭的"人"、"事"、"物"，尽是烦恼的种子。

作为理想境界，当然必须完全出离这些烦恼与五欲，但实际上，

① 此处之经文，于大正藏中记为《法华经》(T. 9, p. 389c)，但大正藏的校定注，则注记宋本、元本为"杂华经"。《杂华经》，又称《大方广佛华严经》、《华严经》。乃大乘佛教要典之一。中国华严宗即依据本经，立法界缘起、事事无碍等妙义为宗旨。

对于初入门者作此要求，是非常不尽情理的。但是，尽管如此，只要是佛教徒，则应时时刻刻为了迈向此一究极境界而努力。如此的话，理想与现实之间所存在的差距、隙间应如何弥补呢？能够解决末法众生现实生活中实际问题的，就是这部经典。

但诵持故

“不断烦恼，不离五欲”是为本经非常重要的贯彻方针，于“不入三昧，但诵持故”这句话当中，亦已展现着此一精神。其中说示着此观法的功德，纵使未入三昧，只要能一心受持、读诵大乘法门，便能渐渐接近普贤菩萨行。有人能以三七二十一天完成，有人须经三世轮回转世，但总而言之，皆能切实一步一步地接近此一境界。这对我们而言，具有莫大的鼓舞作用。

接着，经文以优雅而颇具象征性的文章，描绘着普贤菩萨所具德行与功德力。在此仅就一些名相，简单解释其意涵，这样的话，整体文义所包摄之意义便自能明了。所谓的“普贤菩萨，身量无边、音声无边、色像无边”，是乃描述普贤菩萨的德行与功德力无量无边，深不可测。教化娑婆世界的菩萨，若是与我们相差过于悬殊，不但没有亲切感，反让人觉得终究到达不了普贤菩萨的成就，而容易使人于一开始就心生退缩。所以，普贤菩萨才以一般人的模样出现。这就是以前我们所说过“半步主义”的具体表现。而所谓“三障”，是乃贪、嗔、痴。娑婆世界的众生具有此三种深重的障碍，因此，先从贴近现实生活的事情开始引导，这就是普贤菩萨的功德力。因此，普贤菩萨骑着象征实践力的大象而且是清净无垢的白象而来。

此白象“六牙七支跓地”。“六牙”象征六波罗蜜，“七支”比喻“不杀生、不偷盗、不邪淫、不妄语、不恶口、不绮语、不两舌”之七戒。

接着，极尽各种词汇形容象的庞大身躯及其庄严外表，此乃象征实践佛陀之教说当有很大的价值并能成就如此庄严相貌。

而象牙上有莲花池，池中莲华现出美女，还有许多能奏出美妙旋律的乐器、珍奇异鸟。

这些都是表示只要能实践佛法，自然能净化周遭的一切。

象鼻上有含苞待放的金色花朵。此乃象征着信仰的花苞虽然已经鼓起，但是尚未达到完全觉悟之境地。要是能对此种情形有所感悟而行忏悔，专心一致穷究菩萨行的法门，必定会开出信仰的花蕾，绽放出金色光芒。

花中示现相好庄严的化佛，从化佛的眉间绽放出来的金色光辉，反射在象的眼眸中，此光再从象的眼眸射进象的耳朵，再从象耳照到象的头顶。

这些描绘正是表征实践佛法的每一个行门，都是通往佛心之路。

其象头上有三位化人，一位手持金轮，一位手持摩尼珠，一位执持金刚杵。

金轮，乃表示具有任运自在的指导能力，能对治众生烦恼；摩尼珠，则象征彻见一切事物实相的智慧力；金刚杵[①]，表示具有打击罪恶与破邪的威神力。实践佛法者自然而然具备这些力量。

将金刚杵指着象，象便举步迈开步伐。

表示佛法的实践，必须先从灭罪消愆的忏悔法门开始。

象于七尺高空中行走，并于地上留下脚印。

此乃绝妙的譬喻，也就是说，空中行走乃象征迈向理想，然于迈向理想之间，仍能在现实当中得到切实的成果。

---

① 金刚杵：原为古代印度之武器。由于质地坚固，能击破各种物质，故冠以金刚之名。盖以此杵象征如来金刚之智用，能破除愚痴妄想之内魔与外道诸魔障。

这个脚印犹如车轮的形状,其一一辋间生大莲华,一一莲华上又生一化象,七千大象跟随着大白象的脚步。

此乃意味着,由于佛法的教化,进入佛门的人接踵而至,而先入门者则成为后者学习之楷模。

接着,再次以种种言词描绘大白象,并说示结跏趺坐于大白象上的普贤菩萨种种之功德,其描述大致与前面所说类似,大家应该都能理解。

普贤菩萨所骑之大白象除了美化周遭,安详徐步,缓缓移动,只要遇到一心修行大乘法门者,便站在其面前张开嘴巴。象牙上的美女则鼓乐弦歌,赞叹大乘诸法实相之道。

也就是说,只要一心致力于修行,必定能得证此一境界。

证得诸法实相者得无上法喜,复更读诵甚深经典,遍礼十方无量诸佛,礼多宝塔及释迦牟尼,并礼普贤及诸大菩萨,而立下誓愿:“假若我具有得见普贤菩萨之宿福,但愿菩萨以慈悲心,明确地示现身相于我面前。”

立此誓愿,并非只是发愿,而是包括对此一誓愿所应为之努力。因此,立此弘愿后,昼夜六时礼十方佛,行忏悔法,读诵大乘经,思惟其甚深含义,誓愿实践,恭敬供养受持大乘者,将一切人视之如佛,以感恩心将一切众生当做父母。

只要能如此地努力,便能更深深体会出普贤菩萨无上的德行与其行门之可贵。

也就是说,此行者能觉知得佛智慧、证诸法实相,皆由实践普贤行所生,亦能了知,正因为力行实践才有可能圆满具备佛三十二相。还有,由此大光明的感招,得绝大的信心,相信自己能够引导周围众多的众生进入菩萨的境界。

再者，由善行再生善行，犹如等比级数地激增，亦能确信十方无量无边世界中充满善行的理想社会之实现。

能有如此种种觉知，信仰者得甚深法喜。但对法上的修行并未因此而满足，更发愿欲达更高的境界。于是，心中念言："大慈大悲的菩萨！请引导我进入更深的佛法。"此一愿心必定能够感应所有的菩萨，由于得助于诸菩萨的护持加被，故能真正体解大乘法门之甚深奥义，进而便能到达诸菩萨赞叹的境界。此一境界名为"始观普贤菩萨最初境界"，是得见普贤菩萨的第一个修行阶段。

梦中见普贤菩萨

达此境界者，犹更昼夜精进，念念之间不离大乘法门，即于眠中梦见普贤菩萨为其说法。

所谓作梦，后文当中亦经常出现，此有两种含义。

第一，白天清醒的时候，意识清楚，因此能够切实忆持大乘法门。但是于睡梦中，心是潜在意识的状态，不能按自己的意识自由地掌控。即使想做点美梦，即使不想在梦中说梦话，但是根本无法驾驭梦中的自己。

然而，达到甚深信仰的人，能于梦中见到菩萨，并听其说法。于梦中出现普贤菩萨，是为了鼓励我们、告知我们，确实可以到达菩萨境界。并且指示我们学习重点，纠正我们的错误知见，时时刻刻督促我们。此乃第一个意思。

第二，并不只是指睡梦中而已，而是指真正进入甚深信仰的人，多半能于忽然之间豁然明了法之真理。佛法已对其具有启发性，能有所体悟，所以说于梦中见普贤菩萨为其说法。

但是，启发性的启示只是忽然掠过心头，并未确实成为自己的东西，仍然只是梦中物。必须将此一启示在心中细细推敲思惟，就算遇到任何的唆使，亦能具判断力去分辨何为真理，此时此一启示方能为己所有。如此，才能变成具有传承作用的法门，于教化他人时，所说的法才能感动他人。

那么，每天不断地重复这样的行持，心会变得非常敏锐，能渐渐地体解真实之道。用普贤菩萨的实践法门，忆念十方诸佛。也就是说，过去以来，到达菩萨境界一直是修行的目标，而今再向前跨出一大步，向佛的境地迈进。

然后，无论遇任何境界，能时时刻刻正念、正思惟，用心眼得见东方佛。此乃意味着，虽然终点还很遥远，但大致已能体会佛可贵之处。

所谓“东方”，此词亦出现多次。东乃太阳升起之处，以此比喻万物起始之处，相反地，西乃太阳降落之处，以此比喻收摄万物之处。死后往生西方极乐净土，亦是出自此意。所以此乃象征行者达此境界，其信仰便真正展开，因而能见到“东方佛”。

接着，“见一佛已，复见一佛”，其意为真理只有一个，所以只要觉悟一种真理，便能见到真理不断地示现。

然后，能见东方诸佛，心眼将会越来越敏锐，因此亦能彻见十方一切诸佛。

达此境地，心中法喜充满，但是这份甚深法喜还不能令人十分满意，最后必须行忏悔法门。这就是接着所要说的。此处已经可以非常明白，真正的忏悔并非只有坦承罪恶而已。也就是说，所谓的忏悔，不仅是“掘出佛性”，还要“磨炼佛性”。

闭目则见，开目则失

那么，应该如何具体地行持忏悔法门呢？即使到达了刚刚所说的境界，更应如是思惟，也就是说，自己因大乘法门而知道菩萨大士是多么可贵的人物。然后，学菩萨行，因实践此行而能得见诸佛。但是，此一觉知还不能很清楚、很明确。闭目静思，集中精神，则能确实得见诸佛；张开眼睛一看到现实世界，佛陀的影像就显得遥远而模糊了。这就是自己的信仰心还不够。

“闭目则见，开目则失”真的是很好的一句话。正如句中所言，相信任何人都有过实际的经验。

因此，以此心念全心全意地礼佛、拜佛，一心合掌，于心中念言："具足十力、无畏、十八不共法、大慈大悲、三念处的诸佛世尊，经常以无上尊贵的德相降临世间。可是我到底有何重罪，尚不能得见诸佛德相呢?"

十　力①

所谓“十力”，指如来具足之十种智力，此对法华行者的我们是非常重要的。简单地说，十力即:(1) 谓如来能遍知一切事物确切的因缘。(2) 谓如来遍知一切众生过去、未来、现在三世业缘果报。(3) 谓如来于诸禅定自在无碍，持此定力便能不受周遭事物摆布，而能处于安稳境地。(4) 谓如来悉知诸众生根性之胜劣。(5) 谓如来如实遍知诸众生种种果报不同。(6) 谓如来洞知世间众生种种身世境遇。(7) 谓如来能预知众生的未来。(8) 谓如来能洞悉隐藏于事物背后的真理。(9) 谓如来如实了知众生之宿世因缘。(10) 谓如来具有除去一切习气(烦恼已灭，但仍残存其之习性)之能力。

“十八不共法”，是乃唯佛所具有之十八种功德法，于声闻、缘觉等圣者则未能通达，故称为不共法。此专有名词另有专门的解释，在此省略。

---

① 指如来十力，唯如来具足之十种智力，即佛十八不共法中之十种。又作十神力。谓如来证得实相之智，了达一切，无能坏，无能胜，故称为力。

三　念　处

所谓"三念处"，是为佛以大悲摄化众生，常住于三种之念，而无欢喜、忧戚之情。此三种念就是"初念处、二念处、三念处"。

初念处，即使佛受到众生的称叹，佛并不因此称叹而生欢喜之心，且常使称叹佛之众生心生法喜。

二念处，佛纵使遇到辱骂、受到诅咒，亦不生忧恼，反而对此等人心生悲悯。

三念处，谓众生中已归依、未归依者，佛对此两种人并无分别之心，皆平等慈悲地相待。因为一切众生悉有佛性，故以一视同仁的态度对待一切众生，是为三念处。

这些都是描述佛的慈悲心，我们于推广佛法时之态度，亦应以此三种念之境地作为理想目标。

那么，为什么自己还不能得见佛之德相呢？一面回顾自己之所行，一面彻底反省自己修行上的不足。这就是忏悔。

忏悔心能彻底生起，普贤菩萨将示现于行者面前，于此人梦与醒之际皆不离其侧。行人能于梦中听闻佛法，即使醒来之后，这份法喜仍能在现实中持续。这就是与普贤菩萨感应道交之故。

这样的忏悔行经过三七二十一天，即得陀罗尼而能持各种善法、能遮除各种恶法，然后得旋陀罗尼，进而能教化他人。因此陀罗尼之故，对于诸佛菩萨所说之妙法，皆能忆持不忘失。

唯释迦牟尼佛为其说法

能够如此，能于梦中见过去七佛德相，但其中只有释迦牟尼佛为我们说法，其他佛则称赞释迦牟尼佛所说的大乘法门。

过去世之诸佛，当然也都是非常可尊可贵，但是于娑婆世界教化我们的只有释迦牟尼佛。从无始以来早已存在的真理妙法，亦是透过释迦牟尼佛的教化，我们方得知晓。诸佛皆为真理之示现，因此我们虔诚一心归依释迦牟尼佛，亦等于归依其他诸佛。此中甚深含义必须细细精读与品味。

于梦中见佛德相，是表示这份觉受仍然有点模糊，尚不明确。虽然有些模糊，但只要有此感受，此行人将会越发法喜充满，而礼拜十方佛。那么，普贤菩萨将来到此人面前，为其揭晓为什么到现在尚不能见佛的原因，这是因为宿世业缘以及过去世意业所造之黑业①所致。

此乃依普贤菩萨的功德力用，使行人能于忽然之间察觉自己所犯之意业，而在佛前发露忏悔。“口自发露”就是用意念忏悔的意思。

既发露已，心已净化，佛性就越能显现出来，当此之时便得诸佛现前三昧，而有一份安定的感受，觉得佛总是在自己的身边守护着。继而见东方阿闳佛、十方诸佛及其各各国土，皆悉了了分明。此中意思乃诸佛所知的世界，亦能明了。

于是，梦中见象头上有一金刚力士，以金刚杵严厉地指出六根（眼、耳、鼻、舌、身、意）的尘垢。所谓金刚杵，即用于摧毁、打击错误知见之利器，以此表示以势如破竹的威势除去六根的尘垢，也就是证明忏悔心已经萌发。于是，普贤菩萨出现，为行者解说六根清净忏悔之法门。此中表示，已了解忏悔的功德在于能够净化身心。

以诸佛现前三昧，确信佛总是在自己的身边守护着，若能精勤于普贤菩萨的教说，笃行“法之实践”，烦恼障碍将从我们的六

① 为不善之业，以其因、果皆为黑秽，染污其性而招感苦果，故称黑业。

根渐次地除去，能正确知解所见与所闻。这么一来，身心欢喜，念头自然不起诸恶，而“心纯是法，与法相应”，亦即对此大乘法门专心一意、无有疑碍，然后不论遇到什么样的境界，自然而然能实现经中教说。如此行人依其德行，对周遭的教化能力（旋陀罗尼）则越来越强，并且得见佛之德相的觉受亦越来越明显。诸佛各伸右手摩行者头，而作是言：

“你们大家都非常殊胜，都是矢志力行大乘法门，悉愿身具一切功德，一心守护大乘法门的人。诸佛于过去世发大菩提心时，亦与你们一样。切莫忘记此刻的心境。我等正由于久远的前世力行大乘法门之故，现在能具此清净正遍知之身。你们亦应当勤修不懈，莫放逸。”

此大乘法门是诸佛之唯一宝藏。对十方三世诸佛而言，犹如眼目般地重要。诸如来皆从此法门生。受持此法门者，将佛身视为己身，以此身为佛行佛事。

此行人即是佛之使者，得受诸佛如来衣之被覆，是诸佛如来之真实法子。你们必须为延续法种，而勤行大乘法门，慎勿懈怠。正当此时，汝等当能清楚地彻见东方诸佛。

当佛之所说回响于心中之际，行者即彻见一切佛之庄严世界。

得知佛陀宝贵的教说与佛陀开示此法门之可贵，而且只要能广宣此一法门，便能明确地预见一切世间众生、整个社会、整个世界未来的康庄大道。此乃上述经文所要告诉我们的意思。

不见诸佛

纵然如此，行人的内心深处仍未达到真正的满足。因为只能见到宝地、宝座、宝树，不能见到诸佛法相。然而前面确实曾经说过能彻见诸佛，与现在所说是不是有所矛盾呢？其实一点也不矛盾。原因在于纵使得见诸佛的觉受非常深刻，对于尚未到达菩萨境界的人而言，只要一旦境界出现，妄心就会生起，这份感觉便立刻变得遥远而模糊。

因此，应于内心起忏悔心，是因为自己的努力尚有不足之处，所以才会见不到佛。当此忏悔心生起之时，即时得见一一宝座上各有一世尊，端严微妙，坐在宝座上。再次得见诸佛，心大欢喜，复更诵习大乘经典，并力行大乘法。

此处非常重要，不可因为曾经得见诸佛，便起增上慢而生怠惰心。必须更加努力学修大乘法。因为，在我们日常生活当中，五欲、烦恼魔等，总是接踵而至，不断来纠缠，只要稍不留神，原本明净的心境就会突然受到乌云遮蔽，而容易失去与佛同在之感受。

一旦复更读诵大乘经典，心中便会回响着一种声音："真好，真好！正由于行大乘法之功德，则能与诸佛相应。"虽然已深得此一觉知，但内心的某个角落仍有尚感不足之处。这到底是为什么呢？这是因为虽然已得见诸佛，却尚不能得见释迦牟尼佛、分身诸佛以及多宝佛塔。

也就是说，虽然能与诸佛相应，却未能于心中确实明了诸佛前来此世间为众生说法的心境。因此，内心总觉得少些什么。真正进入甚深信仰的人，自然而然会对自己的信仰抱持这种严谨的态度。而当此疑问生起之时，仍然是行忏悔法。

这样的音声回荡心中，久久挥之不去，进而自我激励，而更精勤读诵大乘经典。因诵大乘经之故，以此功德即于梦中见释迦牟尼佛在灵鹫山，对诸大众演说《法华经》，开示大乘根本意义的诸法实相。

得此境界，更行忏悔。虽然已几近证悟的境地，但还有一点

> 点仍然未能明确掌握。此则仍以自己信仰不足而忏悔之。心生忏悔之后,必定对佛陀心生恋慕渴仰。无论如何,非直入佛陀真意不可之愿心就会生起。于是,面向灵鹫山的方向合掌,而自念言:“我已十分确信如来常在世间。请愍念我而为我现身。”

既然已经得见释迦牟尼佛,却又请求“为我现身”,颇令人百思不解,但此亦为了更明确地体解、更深入地把握真实佛心之所为。

如是观想,当灵鹫山浮现于心头之时,前面《法华经》中所描述的庄严景象便在眼前展现:

> 释迦牟尼佛眉间放光,其光遍照十方世界。……十方分身释迦牟尼佛一时云集,广说如妙法华经。……百亿无量诸大菩萨以为眷属,一一菩萨行同普贤。……放眉间白毫大人相光,其光流入释迦牟尼佛顶。见此相时,分身诸佛一切毛孔出金色光,一一光中复有恒河沙微尘数化佛。

此处有很多重要的事项。第一,释迦牟尼佛眉间所放出来的光芒,照见无量分身诸佛。此乃意味着归依释迦牟尼佛的教说,将与诸佛相应,也就是证悟释迦牟尼佛所开示之真理妙法,便能体解一切法门之真实意。

第二,分身诸佛亦说示与《妙法华经》经意相同之教说。此乃证明所有一切法门会归、统摄于《法华经》。

第三,百亿无量诸大菩萨之行门,皆与普贤菩萨相同。此乃意味着菩萨法门的可贵就在于实践门。

第四,分身诸佛的眉间放射出来的光,流入释迦牟尼佛顶。分身佛之全身发出金色光芒,一一光中又见百亿化佛。此乃表示佛之教说无远弗届,次第辗转教化。在真理之光所遍照之处,能够与真理契合者则与此光相互辉映,而立即发出光芒。佛性被烦恼、恶业所覆盖者,受到此光的照射,亦无法发光。因此,若不依忏悔蠲除累世罪业,除去烦恼尘垢，烦恼与累世罪业将永远不会有任何改变。

是时，普贤菩萨将眉间所放出之相光，注入行者心中。

此乃意味着行忏悔法可以将我们本有的佛性发掘出来。

那么，行者便能自忆过去世随无数诸佛受持过大乘经典，但是每每经过轮回转世，却又受烦恼染著而覆盖了本有佛性。然而，曾经受持过的法门绝对不会白费。因此因缘，现在方得见佛，而能得知自己过去世的因缘。继而，在此之前自己所处恼人之黑暗世界，便于瞬息之间得一道曙光，豁然大悟，心中了了分明。当此之际，亦同时得陀罗尼，自然具备教化众生的能力。

既已“豁然大悟”，那么，便以为修行、忏悔均告结束，这样的想法是非常荒诞的。纵使自己有所证悟，但比起佛所证悟的境界当然还有很大的距离。因此，永远要保持高度的精进态度，为了除去烦恼尘垢，显现本有佛性，而永不懈怠。

行人不仅在入于三昧中，乃至平常的时候，亦能非常清晰了见佛之教说（分身诸佛）渐渐广为流传，受持大乘经典者无限地增加。此等情景清晰可见。亦能得见普贤菩萨之无量分身，在大众中开示大乘法门的情景。

念佛、法、僧、戒、施、天

或有说言，汝当念佛。或有说言，汝当念法。或有说言，汝当念僧。或有说言，汝当念戒。或有说言，汝当念施。或有说言，汝当念天。如此六法，是菩提心，生菩萨法。汝今应当于诸佛前发露先罪，至诚忏悔。

此乃诸菩萨们为使行者六根清净，而耳提面命种种应注意之行门。此一应注意之事项，就是将大乘经典中所出现菩萨道的法门，与自己的实践作一比较与省思，并反省自己努力不足之处。这就是所谓虚空的音声，也是发自内心的一种回响。

此一声音，首先说："汝当念佛。"此意为，虽然你已观想归依佛，但此观想尚不充分，应全身投入，与佛融为一体，否则不为真信仰。以此声音耳提面命。

接着，又声言："汝当念法。"此意为，应于心中敦促自己，自我警惕，是否自以为已能完全体认佛法？这样是不是增上慢呢？佛法是非常深奥的，若不往更深奥处钻研，不甚深思惟，毕竟无法了悟真实理境。

接着，声又再言："汝当念僧。"此意为，为使正法久住，使佛法于世间广为流传，结合有志的共同信仰者以及教团和合，是绝对必要的。因此，反思自己对佛法的传播事业是否已竭尽全力，或者反思是不是还不足够。应忘记小我，成就大我，为教团克尽一己之力而努力。应当如此地自我期许与自我勉励。

声又再言："佛所制戒，是否皆能如实善持？布施（此处特指法施）行有没有不足之处？是否已离苦得乐到达天的境地？"应如此灼灼质问自己。

当"佛"、"法"、"僧"、"戒"、"施"、"天"六种完全具足之际，方能开悟得证菩提。行此六种行，方为菩萨道。所以，行者当于诸佛前坦承自己未尽心之处，至诚对佛忏悔。

接着，列举忏悔心。

自己过去长久以来，以错误知见而知解世间事物。由此之故，被眼前现象所惑，贪著五官感受的享乐而生执著，因而无法生起真正智慧。总是在世间假相中反复执著，无法从此一泥沼中挣脱出来。受惑于这些假相，蒙蔽了可以彻见实相的清净眼。由此缘故而成了世间情爱的奴隶。也可以说，被每天眼前所发生的事相牵着鼻子到处走，而徬徨徘徊在三界中。被烦恼纠缠，身心疲惫不堪，所以无法看清事物的真相。

然而，最难能可贵的，就是现在能有学习大乘方等经典的因缘。于此经教中，开示着十方诸佛色身不灭之教说。因此，现在能打开新的视野再度出发。但是，长久以来由于眼根不善所造成的错误知解，对于现在所见到的真理实境，是否果真是圆融、圆满呢？内心并没有把握。所以，必须至诚地一心向诸佛、释迦牟尼佛求忏悔，忏悔过去以来之错误知见以及眼根所有罪咎。

生起这样的忏悔心后，需作如是观想：

> “诸佛菩萨，以慧眼平等看待众生佛性，从此慧眼流出来的明净法水，为我洗除内心之尘染污垢。”

眼　根　罪

作是观想已，遍礼十方佛，朝向释迦牟尼佛及大乘经典，复说忏悔：“我今所忏眼根重罪，乃因烦恼所执而生错误知见，每当观察世间一切事物之际，使我复造重罪。此罪障蔽心目，心受染著，而不能证入诸法实相。但愿佛陀以大慈，哀愍救护我。亦请乘大法船而来普度一切众生的普贤菩萨，慈悲听我悔过，给我力量。”

如是唱说三遍。时时刻刻正确思惟大乘法，并尽可能地永不忘失。此行称为忏悔“眼根罪”法。然后，称念诸佛名号，心怀感恩，忏悔眼根罪过，此人现世当得见佛，永不堕恶道。因发大乘菩提心，随时随处愿度一切众生，因而行人能与具足止恶扬善之陀罗尼菩萨共为眷属。作是念者是为正念，若离是心，只为自己着想、不作化他念者，名为邪念。

如此反思，能够根本地改变看待事物的态度，此一境地称为“眼根初境界相”。

纵使眼根净化后，还不能就此满足，而应更虔诚地发至诚心，读诵大乘经典，昼夜六时跪在佛前求忏悔。当于心中反省——虽然已见释迦牟尼佛及其之分身诸佛，却仍不见多宝佛塔全身舍利，此乃表示此绝对真实之境界，尚未彻底理解，必然是自己的眼睛浊染，是故不能见之。

多宝佛，如《法华经》所说，是为证明释迦牟尼佛所开示之真理而出现于世的佛。而不能见之，则表示自己对绝对真实之境界，尚未彻底理解。像这样严以律己、不蒙骗己心的行者，只要有一丝丝不明了之处，必然自责自己不够努力而生忏悔心。

如此经过七日，因忏悔功德而见多宝佛。仿佛佛性涌现于眼前，历历在目，清晰可见。而多宝如来则入定于普现色身三昧中。

所谓普现色身三昧①，是乃任何地方均可普遍示现色身法相，只要能与我们的心相应，随时都能得见。

多宝如来出大音声，赞叹依忏悔法而达此境地之行者，并称赞释迦牟尼佛化导有方。行者以无限感激之情观想普贤菩萨，请普贤菩萨观照，是否仍有需要悔过之处。

耳 根 罪

普贤菩萨教示言：

汝于多劫以来，重犯耳根罪业。由于心被烦恼所覆之故，而陶醉于外来的音声。当闻令人喜悦之音，则生乐著；当闻令

① 普现色身三昧：谓诸佛菩萨为方便摄化众生，顺应众生之根机而示现种种色身时所入之三昧。

人不快之音，八百种烦恼炽火燃烧，对人起敌对、报复的心理。以此恶耳、以此执著心听闻而感得恶事。因此总是将别人所说的话，老往坏处想（恒闻恶声），由此恶缘不断地生诸烦恼。以颠倒心听闻之故，心生嗔恚、妒忌而堕恶道，陷入无佛的边地世界，生错误知解邪见，使耳根失去闻法的机会。

然而，汝于今日，诵持蕴藏无量功德之大乘法藏，以此因缘得与十方佛相应，亦可以完全把握自性佛性。但是，修行并未因此而充足。应须更加揭露己过，必须忏悔诸罪。以此音声耳提面命。

此处，使我联想到一些现象。凡夫有一种与生俱来的习性，就是在听别人说话时，尽是往坏处想或是疑神疑鬼，多疑猜忌。特别是人与人之间口耳相传的时候，这种现象格外明显。话的内容一旦被曲解，就会产生先入为主的观念，就会激发出厌恶、怨怼心。这种情形，是我们平常生活当中特别应严加注意的地方。

是时，行者复更合掌而作是念："智慧圆满、圆融无碍的世尊，现在我所行的法门，若是为迈向佛陀境界之道没有任何错误的话，请为我证明。我已确信方等经典为慈悲主。请倾听我的忏悔。"

此中"方等经典为慈悲主"是非常重要的一句话。"方"是为正确，意乃人类所应行之正道。"等"是为平等，任何人都能实践之法门。因此，方等经典就是指大乘经典，大乘经典就是慈悲主。也就是说，大乘法是慈悲行的根本法门。依此大乘法门，觉悟出一切众生皆悉平等地具有佛性，方能生起大悲心，行慈悲行。

接着，说此忏悔文：

我于长久以来，由于智慧不具足，常以错误知见听取世间一切事相。听到一些令人高兴的事，仿佛溶胶附着草上、如胶投漆，难以分离，而生乐著。相反地，听到一些令人不愉快的事，便不由自主地动怒动气而生起厌心、憎心、妒忌心等等，而失去冷静的判断力，无论对任何人都抱以敌对的态度，这种仇怼心没有歇息的时候。然后，终至怒声相向，口出恶言，以为怒气可以发泄了，可是反而使心情更加阴霾重重。今始觉知此罪，而向诸世尊发露忏悔。

贪著香、味、触之罪

如此忏悔已讫，自己能明确感受到，罪愆洗尽，身心清净，自己正走在迈向佛境之道路。

但是，忏悔并未结束，普贤菩萨为敦促我们而更说忏悔法，教导我们发露"贪著香、味、触"所造之众业。贪著嗅觉、味觉、触觉这些感官享受而生乐著。为此缘故，随性地对事物起过度的好恶分别。对于喜欢的东西，恋著不舍；每当喜欢的东西在眼前消失或出现，情绪跟着起伏不定，有时欢喜有时愁地陷入患得患失的心境。

普贤菩萨严厉地教示："汝今应当观大乘因，大乘因者诸法实相。"

也就是告诫我们，应当善加思惟大乘法门之根本根源。而此根本根源正是洞悉诸法实相之智慧。只要具足此一智慧，不会再受身边周遭所发生的无法确实掌握的乐欲所迷惑，不会轻易地随之起心动念。

对此甚深思惟，礼拜、供养释迦牟尼佛及十方诸佛，忏悔发露过去所造十恶业。

所谓十恶业①，是乃杀生、偷盗、邪淫、妄语、绮语、两舌、恶口、贪欲、嗔恚、愚痴。

诸佛如来是汝慈父

既忏悔已，身心不懈，复更一心读诵大乘经典。

空中有声，……于诸佛前自说己过，诸佛如来是汝慈父，汝当自说舌根所作不善恶业。

“诸佛如来是汝慈父”是非常重要的一句话。刚才所说的忏悔法，一直都是非常严格地责备身业之忏悔。而忽视此一忏悔法门的人，可能有无法顿开茅塞之感。或许有人会觉得，这种行径仿佛是在监视身业的支配者面前，五体投地、诚惶诚恐地发露罪业，请求允许原谅的样子。

这是大错特错的想法。佛陀乃是我们的慈父，一心护念众生，一心欲救度众生。因此，经由忏悔使我们身心的染著一层一层脱落之时，佛陀必然会来称赞我们，为我们带来真正的法喜。

我们行忏悔法，并不是因为害怕自己的罪行无法在佛陀的慧眼前遁形，而是欲从令人恋慕渴仰的佛陀，获得法喜、得到赞叹，而在佛前生赤子之心。“诸佛如来是汝慈父”之中具有此一甚深涵意。

舌　根　罪

接着忏悔舌根罪，当然，此一罪业乃为意根所起。“口因恶念而动”而造种种恶业，因此，归根究底应需修正意念。但是相反地，口说出来的话，增长恶念之处亦常有之。意根、舌根，两者互为因果。因此，对于舌根，持意根戒当是多么地重要。

---

① 参前《无量义经》“十功德品第三”章节中“十恶”的标题。

舌根罪当中，有妄语（说谎）、绮语（说话敷衍搪塞、信口开河）、两舌（于两者间搬弄是非、挑拨离间，破坏彼此之和合）、恶口（即粗言恶语毁訾他人）、诽谤妄语（捏造出一些莫须有的罪状，诽谤他人）、赞叹邪见（褒扬错误的思想，扰乱人心）、说无益语（无意义语）等等。

“无益语”是世俗生活中的一种娱乐，看似没什么害处，但是尽说些无意义的言谈，头脑会变得愚痴，就难以培养出良好习惯，去做有意义的议论，或去做有意义的思惟。因此必须适可而止，谨慎小心。

口造此种种恶业，因此造成人与人之间互相排斥，扰乱彼此间和平共处的生活，颠倒是非，扰乱世间的安宁。应经常反省、忏悔自己所说过的话。

诚然如此，由舌根所惹起的祸端是无法估计的。因为恶口业，也会造断灭正法之罪。此等恶口，将会扼杀具有无限扩充可能的功德种子。因此，可以说是最大的罪。还有，强辞夺理、牵强附会，这些都是助纣为虐，犹如在火坑里加柴，煽动这些邪见，这种弊害等于是猛火烧身。犹如喝下毒药的人，虽不会使皮肤表面肿胀，但却能烧烂内脏而致人于死地，在自己尚未发觉之前便丧失意识能力，所以真的是非常可怕。

忏悔此等舌根罪，一心礼佛，诸佛将大放光明，普照行人。使行人内心净化、充满光明、洋溢法喜，然后而能与佛心感应道交。此时为救护一切众生之大慈悲心，就会自内心深处涌现出来。

尔时，诸佛广为行者说大慈悲及喜舍法，亦教爱语，修六和敬。

“喜”乃是与人共喜；“舍”乃是忘记施恩予人或受人陷害，无爱亦无憎；“喜舍”是为忘记自己，只为他人着想；“爱语”即和蔼亲切的言语;“六和敬”即求菩提、修梵行之人须互相友爱、敬重之六种事,乃是(1)身和敬,(2)口和敬,(3)意和敬,(4)戒和敬,(5)见和敬,(6)利和敬。

身心之罪

尔时,行者闻此教法心大欢喜,正当此时,空中复出微妙音声:“汝现在应当忏悔身心之罪。”

身体会犯何罪呢?就是杀生、偷盗、邪淫。而心罪就是心生恶念。身心一体,是不可分割的,身心合一则能造十恶业及五无间罪。

所谓五无间罪,就是杀母、杀父、杀阿罗汉、破和合僧、出佛身血等五逆罪。此五种罪业将会堕无间地狱,受大苦果。

这些身心所犯之罪业,犹如猿猴在树枝间跳来跳去,亦如黏胶到处紧黏着。欲望无有止境,不断造罪,而使六根受这种毒气所渗透。从六根所生的枝叶,甚至末梢枝叶(喻微细的起心动念)都受到这种毒气之毒害,继而到达三界,波及三界所有一切生处,都受到不良影响,并且永远在一切生处中轮回。

六根亦能渐增“十二因缘”中所说示的十二种苦事。八邪、八难不断发生。

八邪、八难是比较专门性的用词,所以不作详解。简而言之,八邪是乃“八正道”之对称;即身、语、意等所犯之八种误谬。八难即指不得遇佛、不闻正法等八种障难。

得闻“应当如是忏悔身心恶业”的行者,非常认真地对空中所出音声而问:“我今何处行忏悔法?”也就是说,当以什么样的心态行忏悔法呢?尔时,空中音声即教示如次:

“应身释迦牟尼佛，事实上是久远实成之法身佛，名毗卢遮那佛，佛常遍于一切处。”能深得此一觉受，是为忏悔最终、最究极的阶段。

其佛住处名为常寂光，此一世界充满祥和之光，以法身、解脱、般若为其体，具足圆满“常、乐、我、净”等四德。佛所住之世界为(1) 常波罗蜜所摄成处——远离对无常之执著，依常住(无生灭变化)修行所能到达之处；(2) 我波罗蜜所安立处——远离小我，于大我中觉悟，而致于安稳处；(3) 净波罗蜜灭有相处——用净化的心舍去自他、差别有相，而到达平等处；(4) 乐波罗蜜不住身心相处——内心得到真正和平，灭尽痛苦与烦恼；(5) 不见有无诸法相处——不以有或无作为判断事物存在的标准；(6) 如寂解脱乃至般若波罗蜜——已经从世间的烦恼与执著中解脱出来，圆满成就了佛之智慧。

此佛世界是色常住法，也就是无生灭变化之世界。因此，应当如是观十方佛之世界，而行忏悔法。此为甚深、最究竟的忏悔。当作如是观时，十方佛各伸其右手，摩行者头而赞叹。

接下来是叙述赞叹语，但是这里又出现很多艰深生涩的字眼，在此仅作通释。只要对照原典多读几遍，必然就会明白其真意。

正因为诵读大乘经后，心已决定行菩萨行之故，十方诸佛为说忏悔法，这是非常重要的起始点。于行菩萨行当中，纵使“结使(烦恼)”尚未断尽，但亦未沉没于烦恼大海，是非常重要的关键。试着观察凡夫心，因未生定心之故，而始终散乱不定。此乃由颠倒①妄想所生。此妄想心，乃由于将“非实”误以为“实”之错误知见所生。此妄想心犹如空中风而永无依止之处。一切万

① 参照《如来寿量品第十六》中“颠倒”标题项下。

物之真实法相，其本质则是不生不灭（空）。

何者是罪？何者是福？我心自空，罪、福亦当无有所依。一切万物并无固定不变之实体，是为不生、不灭、无住、无坏。如是忏悔，自观己心知为无心，体解一切心之作用，皆如云彩稍纵即逝，无法把捉；知世间一切法，不住法中，凡夫五种感官所觉知之世界并非真实之存在。

因此，诸法、一切万物，既已解脱，诸苦灭尽，乃涅槃寂静之状态。

如是觉悟者，名为大忏悔、大庄严忏悔、无罪相忏悔、破坏心识。

所谓“破坏心识”，乃是打破轻易自我妥协的心态，吹毁自己敷衍了事之恶习。

行此忏悔者，身心清净，不为世间种种事相所惑，精神获大自在解脱，犹如流水，任运而流。念念之中，得见普贤菩萨及十方佛。

能有此境界，便能明确体解世尊智慧所证之诸法实相。也就是内心深处确实能够掌握“一切法并无固定、特定相”。如此，即使行者闻说究竟空寂之义，亦能不生惊怖。时机一到，当能问心无愧地取得菩萨资格，进入菩萨正位。

于是，佛陀告诉阿难，所谓的忏悔，并非只是发露罪业而已。为了完全契合佛心，应先将牢牢附着在自己本有佛性之表面的尘垢抹去，而于最后，用与佛一样的大慈悲心，平等看待一切众生，平等救护一切众生，得此佛心，方为真忏悔。

接着教示如次。

于佛灭度之后，佛弟子们若欲忏悔自己所作恶业，读诵大乘经典是最佳行门。大乘经典是诸佛之眼目，诸佛皆因读诵大乘经典而得具肉眼、天眼、慧眼、法眼、佛眼等五眼，以此五眼洞悉诸法实相。

佛之三种身，法身、报身、应身①皆从大乘经所生。诚然如此，大乘法是为佛教的大眼目，教授着真正涅槃法。此三种清净佛身，由教授着真正涅槃法之大乘经所生，给予人、天众生福田，是我们最应感谢的对象。因此，读诵大乘经典者，当知此人具佛功德，永远远离诸恶，而不生恶心、不造恶事。可以说此人是从佛智慧所生，亦不为过。

是时，世尊以偈言而重演此说。此偈是特别重要的偈言。以下皆以概略性的方式通说解释之。

假若发觉自己的错误知见是由心中烦恼与业障所生，应当一心读诵大乘经典，愿生佛心，实现救度一切众生。此称之为忏悔眼，能灭尽不善之业。

以散乱心听闻世间物，而使人际关系发生不协调，感情越来越恶化，已经到了无法收拾的地步时，应当读诵大乘经，甚深思惟一切众生皆悉平等，具有佛性。能彻底觉悟此一真理，便能正确听取世间一切事相。

假若心生乐著，受此染著而起触乐（即指因触而发生之情乐），因此触乐而生种种烦恼。当尔之际，诵大乘经，思惟法如实际。灭尽一切恶业，并不再造恶。

“实际”指真如、法性，为绝离虚妄之涅槃实证。此乃指诸法实相，亦是为佛之究竟真实悟境。

舌根是为起五种不善业之根源，若欲调驭自己成为口出善言、言词和蔼的人，必须勤修慈心，处处“为他人”着想，时时护念

① 参照前《如来寿量品第十六》中“法身、报身、应身”标题项下。

众生。思惟法之“真”、“寂”之义——思辨真正的法，觉知世间真理，远离差别、变化，觉观真正实相。

也就是观照人人皆有佛性，去除分别妄想执著的心。这是去除舌根罪业的唯一法门。

意根犹如枝头跳来跳去的猿猴，没有片刻安静的时刻。假若欲调伏此恶习、欲入正道者，当勤诵大乘经，则能觉悟贯穿天地万物之真理。观想具足救度一切众生能力、不为任何外境所动的佛身，佛之身相具足无所怖畏之自信，勇猛而安稳。

人的身体具有种种作用，然此力用无论如何都会受到周遭的影响而变化，仿佛尘埃随风飘落。身体当中住着六贼，也就是放纵又任性的六根，纵情恣意地在身体里无法无天地为所欲为。假若欲灭此六根罪业，永远离诸尘劳（尘劳为烦恼之异称；因烦恼能染污心，犹如尘垢之使身心劳惫），欲常处涅槃之境地，安稳和乐，对他人无所奢求的话，应当一心读诵大乘经，观想诸菩萨之母——佛的慈悲。

促进社会向上之殊胜方法，皆可由观想诸法实相而得。现在所说的六法，正是使众生的六情根发挥正确作用力的方法。

端坐念实相

以上，综而言之，一切业障皆由妄想所生。因此，若欲忏悔自己的业障，端坐静思诸法之实相。

慧日能消除

所谓的罪，原本并不存在，乃由众生烦恼所产生的一种一时的虚象，犹如霜、露，只要智慧的太阳一照射，立刻就会消失遁形。因此，必须专心观想实相，来洗净六情根。

“若欲忏悔者，端坐念实相；众罪如霜露，慧日能消除。”此句虽短，但已充分彰显佛教之精髓，诚然是一句非常宝贵的法语。一定要将其背诵起来，刻骨铭心地牢记在心，永不忘失。

说完偈言，世尊继续开示于佛灭度后受持、读诵、解说大乘经典之功德，并说示忏悔的功德。

佛陀告诉阿难：“我与贤劫诸菩萨及十方诸佛，得证大乘真实义之故，已除却百万亿劫以来所造之罪业。因此胜妙忏悔法之故，而成就佛果。若欲速疾成就阿耨多罗三藐三菩提者，或者是若欲以此凡夫身得见十方佛及普贤菩萨者，当澡浴净身，在安静的空闲处，诵读大乘经典、思惟大乘义。”

这是对忏悔作正确的观想，其他想法则是非正确的观想。也就是说，昼夜六时礼十方佛，诵大乘经，思惟佛陀所证得之无上佛果，是为第一义甚深空法（空法：一切众生皆悉平等，具有佛性）。如是甚深思惟的话，普愿一切众生皆能见自有佛性的愿心，将会自然地涌现出来。当此一慈悲心生起，过去累劫以来所造诸罪，将于一弹指之间灭除殆尽。

行此忏悔者，堪称为真佛子。只是知道佛法而已，还不是佛之真弟子。行忏悔法能见到众生之佛性，并发大悲心，欲使一切众生皆能见到自有佛性，决定行大悲愿之时，才是真佛子。

十方诸佛及诸菩萨将成为此行者之“和上”。

所谓“和上”，指新出家受戒之时，必定要立誓遵守佛之制戒，而于戒场亲临指导、接受戒子誓愿之僧人。“和上”的角色就是代替佛而工作。

还有一名相“羯磨”，这是在行受戒仪式时，告白、书写过去以来身心经历，大声朗读此自白书。但就算没写这些自白书，只要一心行前所说之忏悔法门，也可以同样具足菩萨戒。

以上皆能领悟的话，接下来，对发愿具足菩萨戒之行者所教示的观想内容，相信应当都能理解。

诸佛世尊常住在世。我业障故，虽信方等，见佛不了。今归依佛，唯愿释迦牟尼正遍知世尊，为我和上。文殊师利具大慧者，愿以智慧授我清净诸菩萨法。弥勒菩萨胜大慈日，怜愍我故，亦应听我受菩萨法。十方诸佛，现为我证。诸大菩萨，各称其名，是胜大士，覆护众生，助护我等。今日受持方等经典，乃至失命，设堕地狱受无量苦，终不毁谤诸佛正法。以是因缘功德力故，今释迦牟尼佛，为我和上。文殊师利，为我阿阇黎。当来弥勒，愿授我法。十方诸佛，愿证知我。大德诸菩萨，愿为我伴。我今依大乘经甚深妙义，归依佛、归依法、归依僧。

如此唱念三遍。上段经文诚然已将佛教徒的信仰与愿望，诠释得淋漓尽致。“现为我证”以及“愿证知我”，是乃“请成为我的见证人，检证我是否确实实践所立之誓愿”。“胜大士”就是非常殊胜的菩萨。

此中所说的“设堕地狱受无量苦，终不毁谤诸佛正法”。能达此一境界，才可以说是真正的信仰。一般人对于信仰的功德若是不能快点兑现，谤法的恶言便立刻脱口而出，“哪有神、佛的存在”？这种人是自己放弃可以得度彼岸的缆绳。信受正法而却堕入地狱，那是绝对不可能发生的事。纵然真有此事发生的话，仍然不会毁谤正法。只有完全信受正法，才能具有纯然无杂质的信仰心，其信仰才是真正的信仰，这样的人可直接得度彼岸，得到解脱。

“阿阇梨”是在授戒仪式中，担当“和上”的助手指导受戒者，使之行为端正合宜。而“当来弥勒”，就是将于未来世作佛，出现于娑婆世界的弥勒菩萨。希望弥勒菩萨教授佛法，“愿为我伴”就是请以道友之身份，而指导我之意。

最后发愿归依佛、法、僧三宝，此于前面《如来寿量品第十六》中“三宝”标题项下已有详说，在此省略。

> 誓愿归依三宝已讫，接着则应对自己之所行，誓受六重法；次当广发济度心，愿救度一切众生，而誓受八重法。

所谓的六重，是为(1) 不杀生，(2) 不偷盗，(3) 不邪淫，(4) 不妄语，(5) 不饮酒，(6) 不举他人之过等六种戒；而八重则再加上(7) 不藏己过，(8) 不批评他人过失。

> 立此誓已，于安静之空闲处，供养一切诸佛、诸菩萨、大乘经典，而作是言：“我于今日发菩提心，愿成就佛陀智慧。但以此愿能普度一切众生。”
>
> 接着，复更顶礼一切诸佛及诸菩萨，思惟大乘经义，一日乃至三七日一心精进。不仅出家、在家，皆不须要和上、阿阇梨诸师之指导，不须行发露羯磨，而直接依受持、读诵大乘经典所得之功德力，并得普贤菩萨之助力，自然能成就戒、定、慧、解脱、解脱知见的五分法身①。在此我们再次忆及，诸佛如来亦非天生就是佛，皆依此大乘法而成佛。

接下来，详细分别说明沙门(出家僧众)、刹利、居士等之忏悔法，但本书欲强调在家众的忏悔法，所以将出家僧众的忏悔法予以省略，仅就世俗一般居士的忏悔门而解说。在家众之忏悔法门有五种：

> 第一，当以正心，敬重三宝，不违三宝，不障出家人修行，不为难梵行清净的人。应当系念修佛、法、僧、戒、施、天之六念法。所谓的天，亦可理解为“远离世间染污尘垢”。亦当尽可能地为

① 参照前《无量义经·德行品第一》中“供养”标题项下。

受持大乘法者提供生活上的种种方便，心怀感恩，当行礼拜。应当时时忆念大乘甚深法门第一义空（诸法实相）。此是为刹利、居士等一般凡夫的第一忏悔法。

第二忏悔，孝养父母、恭敬师长。

第三忏悔，以正法治国，不以邪见引导人民。

第四忏悔，于六斋日令行不杀。

第五忏悔，首先应当深信因果，并深信一实道。

第四忏悔法中的六斋日①是印度的风俗习惯，每月此六天为特别的精进日。若是应用于现实生活中，可以发挥尊重生命的作用，并将此精神种植于人们心中。

第五忏悔法中的深信因果，也就是必须相信种瓜得瓜、种豆得豆的道理，有好的耕耘才会有好的收获。纵使收获有快有慢，但总有一天一定会有收成。只要深信这个道理，就不会再滋生恶业。还有所谓“信一实道”，就是坚信此为到达佛果唯一所应行之菩萨行门。觉知久远实成的本佛时常在我们身边。无须赘言，此忏悔法是最根本的行门。

于是，佛陀对阿难说示最后结语：

阿难！于未来世中，若有人修习此忏悔法的话，当知此人能生惭愧心，具诸美德，受到诸佛之守护，不久当成就阿耨多罗三藐三菩提。

话一说完，诸天子们得法眼净，能洞悉一切万物真实之本质。弥勒菩萨等诸大菩萨，以及阿难等声闻、缘觉诸大弟子，内

① 六斋日：谓每月清净持戒之六日。即白月八日、十四日、十五日，黑月二十三日、二十九日、三十日。僧众每月于此六日须集会一处，布萨说戒。在家二众于此六日受持一日一夜八关斋戒。印度自古传说鬼神每于此六日伺机害人，故至此等日中，遂盛行沐浴断食之风，其后佛教沿用此一行事，并谓于此六日，四天王必下降世间，探查人间之善恶。

心觉受大欢喜，决心力行实践，而对世尊献上无限的感恩。

《普贤观经》的说法大会，在此无限的感恩中闭幕。

这是一部极为精致、思想周密严谨、非常艰深的经典，或许有点令人绞尽脑汁而难以消化。但总括而言，所谓的忏悔法门就是在于学习大乘经典、实践大乘法，不轻易自我妥协；其究极目标，就是要将内心的烦恼、污垢一个一个地除去，而将自有佛性呈现出来。而此究极之处，乃在于觉悟《法华经》所阐释的诸法实相。而且，唯有为世人、为社会而行菩萨行之时，方有实践忏悔法门之可能。

忏悔，是宗教生活中不可或缺的重要行门。反反复复读诵此经、体解其精髓，希望能够每天切实实践。

那么，"法华三部经"就此解说完毕。看到经中所言佛德、佛的慈悲，再猛然回顾自身，看看实际上的自己，真令人感到十分相形见绌，可能会因此而感到有点惘然，若有所失，也说不定。曾听过一些人告白，就是读《法华经》后，却对其过深的经意感到恐惧害怕。

这种感觉并非不能理解，但这毕竟是读诵方式不够充分，在反复深读之间，应当能领悟出"法华三部经"是随时随处引导我们迈向解脱的教说。只要从中择一法门即可，纵使只是从一些微不足道的事情开始着手也好，重点在于切实实践。《法华经》已经一再地强调，不可妄自菲薄，误认为佛法对自己是一门遥不可及、永远不可能办得到的功课。

关于这一点，《百喻经》中有一个非常贴切的譬喻，在此将以此譬喻作为本书的结语。

《百喻经》第五喻"渴见水喻"：

过去有人，痴无智慧，极渴须水。见热时焰，谓为是水，即便逐走至辛头河，既至河所，对视不饮。傍人语言："汝患渴逐水，今至水所，何故不饮？"愚人答言："君可饮尽，我当饮之。此水极多，俱不可尽,是故不饮。”尔时众人闻其此语,皆大嗤笑。譬如外道僻取其理,以己不能具持佛戒,遂便不受,致使将来无得道分,流转生死。若彼愚人见水不饮,为时所笑,亦复如是。

略释如下:

过去曾经有一个非常愚蠢的人,口渴得不得了,到处找水喝。这位男子终于走到河边,可是却在河边呆呆地茫然伫立,不知所措,一口水也不喝。旁人看了觉得很不可思议,而询问道:“你怎么不喝呢?”

这位男子回答:“非常想喝,但是水太多了,好像喝也喝不完。所以正不知该如何是好。”

无限期望世间一切众生,对《法华经》的教说都不要出现这种想法。